KB267301

설교학

설교학
PREACHING

제임스 콕스 지음 · 원광연 옮김

크리스찬 다이제스트

Preachimg

James W. Cox

차례

서언

전통적인 설교는 예배와 전도에서 아주 존귀한 위치를 계속 고수하게
될 것으로 보인다. 설교가 사라질 것이며 그것을 다른 것으로 대체시키는
갖가지 실험들이 있게 될 것이라는 끔찍한 예견들이 있어왔으나 설교는
그대로 자리를 지켜오고 있는 것이다.

본서는 목회 후보생들과 기성 목회자들이 설교를 잘 하도록 돕기 위한
것이다. 즉, 성경적·신학적 내용이 충실한 설교를 하도록, 지성과 감성 모
두를 대하는 설교를 하도록, 또한 흥미있고도 설득력 있게, 그리고 진실함
으로 설교하도록 돕고자 하는 것이다.

본서는 편협한 방법론에 치중하지 않는다. 오히려 설교자들마다 다른 개
성이 있고 또한 회중들 역시 각기 요구도 다르고 들을 수 있는 능력도 다
르다는 것을 충분히 인식한다. 그러므로, 본서는 기독교의 진리를 전달하
는 갖가지 방법들을 제시하는데 중점을 두는 것이다. 물론 이것은 개개인
마다 개성이 다른 현실을 감안한 것이지만, 더불어 '메시지를 심어주는'
남다른 방법들을 제시함으로써 창조적이며 효과적인 설교를 해야겠다는
도전을 받으면서 설교 준비를 하게 되도록 만들어 주고자 하는 노력의 일
환이기도 한 것이다.

이런 책을 집필하고 출간하는 데 수고한 여러 개인들이나 기관들에게
감사를 표하려 할 때에는 누구부터 먼저 해야 할지 아주 난감해진다. 필자
가 몸 담고 있는 남 침례교 신학교(Southern Baptist Theological
Seminary)의 학생들과 동료 교수들과 직원들과 이사회가 이 일에 특별히
기여하였다. 풀핏 다이제스트(*Pulpit Digest*) 지(誌)와 더 미니스터스 매

뉴얼(*The Ministers Manual*) 지(誌)의 편집인이었던 고(故) 찰스 월리스(Charles L. Wallis)와 하퍼 앤 로우(Harper & Row) 사(社)의 편집인인 존 솝(John Shopp) 제씨가 본서를 집필하도록 필자에게 강권하였다. 월리스씨가 급작스럽게 사망하지만 않았더라도 본서가 좀더 일찍 출간되었을 것이다. 필자가 그의 편집인 직책을 이어받는 바람에 그렇지 않아도 꽉 찬 나의 스케줄에 더 큰 부담이 생겼던 것이다.

「풀핏 다이제스트」 지와 「더 프린스톤 쎄미나리 뷸레틴」(*The Princeton Seminary Bulletin*) 지(誌)에게, 그리고 「설교자들이 과연 하나님 역을 해야 하는가?」(*Should Preachers Play God?*)의 편집자인 클로드 프레지어(Claude A. Frazier, M. D.)에게 특별한 감사를 드리며, 또한 필자가 쓴 글들을 광범위하게 인용하도록 허락해 준 인디펜던스 프레스(Independence Press)사(社)에게도 감사를 드린다.

갖가지 아이디어와 인용문들에 대해서 출처를 밝힐 수 있는 한 밝히려고 노력했다. 그러나 출처를 파악할 수 없는 것들도 많이 있음은 물론이다. 특히 존 브로더스(John A. Broadus), 아서 필립스(Arthur E. Phillips), 그리고 제임스 클리랜드(James T. Cleland) 등 몇 분은 나의 사상 형성에 큰 영향을 준 분들이다. 그들의 영향이 본서에서도 분명히 드러날 것이다.

서론

　설교는 지금도 존재하고 있고 계속 존재할 것이다. 때때로 비평가들은 설교의 가치에 대해서 의문을 제기하곤 했다. 대중들이 설교 이외의 다른 의사 전달 수단을 선호한다는 사실을 주목하기도 하고, 설교가 때때로 이런저런 중요한 이슈들을 효과적으로 다루지 못하는 현실을 직접 보기도 하기 때문에 그런 의문을 제기한 것이다. 그러나 사람들이 최소한 자기들의 문제 가운데 몇 가지에 대해서만이라도 해답을 얻으려고 계속해서 강단의 말씀 앞으로 돌아온다는 사실은 설교가 앞으로도 계속 건재하리라는 것을 여실히 입증해 주는 것이다.

　설교를 선호하는 주 요인은 설교자들이 아니라 설교의 내용에 있다. 배운 것도 없고 기술도 없는 설교자들이라고 해서 설교를 도외시할 수는 없었다. 정말 탁월한 설교자들의 경우에도 설교의 메시지가 언제나 판단을 받는 처지에 있기 때문이다. 이리하여 설교는 사회 속에서 그 역할을 축소시키는 여러 요인과는 일종의 독립성을 유지해 온 것이다.

　또한, 설교가 살아 남는 것은 그 지극히 인간적인 성격 때문이다. 고래(古來)로부터 사람들은 크고 작은 그룹을 형성하여 지내면서 그 중에 누군가가 아주 중요한 메시지나 재미있는 이야기를 전하면 그것을 들어왔다. 그렇게 이야기를 듣는 것이야말로 필요한 사실이나, 논증이나 영감, 혹은 동기를 얻는 자연스런 방법이었던 것이다. 설교가 물론 그 나름대로 독특한 특질들을 지니고 있는 것은 사실이지만, 그럼에도 불구하고 가장 초보적이고 필수적인 인간의 의사소통 수단과 공통적인 성질도 함께 지니고 있는 것이다.

그러나 설교의 내용만이 아니라, 설교자와 그들의 설교 행위도 중요하다. 설교의 메시지는 인간의 강점과 약점을 통해서 전달되기 때문에 그것으로 인해서 전달이 극대화되기도 하고 아주 빈약하게 되기도 하는 것이다. 어떤 상황에서든, 설교에 있어서 무엇이 옳고 무엇이 그르냐 하는 문제를 바로 이 점이 부분적으로 설명해 준다 하겠다. 또한 사회 속에 다른 요인들이 작용하고 있기 때문에 그것으로 인해서 설교를 받아들이는 면이 영향을 받는 것도 사실이다.

본서에서는 설교자, 메시지, 그리고 방법론 — 이는 설교자의 성공 여부를 결정하는 요인들이다 — 에 중점을 두고자 한다. 하나님께로부터 부르심을 받은 설교자라면 누구든지 그를 부르신 그분이 의도하시는 바를 성취할 수 있는 가능성을 다 갖고 있다. 그러나 이런 성취를 이렇게 저렇게 고정시켜서 말할 수는 없을 것이다.

어느 신학교의 학과장이 설교학 강사 두 사람을 비교했다고 한다. 한 강사에 대해서는, '학생들 개개인의 최대의 능력을 이끌어 내려고 애쓴다'고 했고, 다른 강사에 대해서는, '자기와 똑같은 복사판의 설교자를 만들어 낸다'고 말했다는 것이다. 본서에서 취하는 접근법은 전자의 강사의 접근법과 같다. 이런저런 것들을 자꾸 금지시키는 축소지향적인 방법론을 피하고, 오히려 설교자 개개인에게 자유와 가능성 있는 창조성을 격려하여 자기 스스로 최선의 방법을 찾도록 해 주며, 그러면서도 여러 유능한 설교자들의 경우에서 확인된 몇가지 유용한 접근법들을 제시해 주는 것이다.

시인 존 씨알디(John Ciardi)는 말하기를 시(詩)를 읽는 가치는 거기서 갖가지 경험을 얻는다는 데 있다고 했다. 즉, 사람의 삶의 용량을 확대시켜 준다는 데 있다는 것이다. 이와 비슷하게, 필자는 여러 가지 방법들을 제시함으로써 그 중에서 여러분 자신에게 효과적인 것을 여러분 스스로 취사 선택할 수 있도록 해 주고자 한다. 물론 그 방법들 가운데 어떤 것들은 당장에 유용하고 효과적인 것으로 보일 수도 있고, 또 어떤 것들은 실험과 시행을 통해서 나중에 유용하고 효과적이라는 것이 드러날 수도 있을 것이다. 어떤 설교자들은 지금 당장 좋아 보이는 어느 한 가지 설교 준비법이나 설교법에 너무 성급하게 사로잡혀서 모든 설교마다 그 방법에 맞추는 데 신경을 곤두 세우기도 한다. 물론 그들이 살아 남아 있을 수도 있고 혹 그보다 더 성공을 거둘 수는 있지만, 그러나 자유로이 이런저런 방법들을 다양하게 시행하고 실험했을 경우에 얻을 수 있는 최대의 효과에는 이를 수가 없는 것이다. 우리 가운데 아주 특별하게 성공을 거두고 있는 설교자들 가운데는 특유의 일률적인 개성으로 우리에게 아주 강한 인상을 주는 이들도 있다. 사람들은 자연히 이들을 모방하면서 그것을 지극히 성실한 아첨이라고 치부해왔다. 그들의 일률적인 설교 방식에서 결핍된 부분을 상쇄하고 남을 만한 좋은 특질이 그들의 설교에 있기 때문에 그렇게 모방하게 되는 것이리라.

그러나 사람들에게 감동을 주는 그들의 특징적인 설교법은 그들을 모방하려는 설교자들에게 불필요한 짐을 지우는 경우가 많은 것이 사실이다. 그들도 자기들 나름대로 소질을 얼마든지 계발할 수가 있는데 그렇게 하지 못하도록 오히려 방해를 받기 때문이다. 그러나 그렇다고 해서 설교에 있어서 모방이 금물이라는 것은 아니다. 사실, 우리가 대부분의 기법을 익히게 되는 것이 바로 모방을 통해서 되는 것이다. 다만 어떤 사람이나 어떤 과정에 평가하고 실험하고 본을 뜰 만한 여러 가지 중요한 특질이 있는데도 그 가운데서 한 가지 두드러진 것만을 배우고 나머지 것들은 무시해 버리는 그런 식의 모방이라면 문제가 된다는 것이다.

그러나 여기서 분명히 해 둘 것은 자유나 다양성이 "아무것이나 괜찮다"는 식의 자세를 의미하는 것은 아니라는 사실이다. 절대로 그렇지 않다. 진정으로 자유라는 이름에 합당한 자유는 언제나 한계가 있는 법이다. 다양성이라는 말도 확실한 진실성을 갖춘 실체를 그저 좀더 풍성하게 표현한 것일 뿐이다. 어느 설교학 저자는 말하기를, 설교자는 형성되어야 하는 것이 아니라 자유로워져야 한다고 했다. 본서의 맥락에서 볼 때에, 이 말은 설교의 여러 가지 다양한 방식들을 제시하는 것은 설교자 개개인의 독특한 은사들을 가장 효과적으로 발휘할 수 있게끔 그것들을 계발하도록 만들어 주기 위함이라는 뜻이라 하겠다.

I. 설교의 중요성

1. 설교의 본질

설교의 개념 이면에는 말(word)이 힘이 있다는 고대의 신념이 자리잡고 있다. 이 신념은 성경 이외의 세계에서도, 구약의 세계에서도 널리 퍼져 있었다. 특별히 축복과 저주의 관념 속에서 이를 잘 볼 수 있다. 강력한 의도를 가지고 발설된 말이 무언가를 만들어 낼 수도 있고 파괴할 수도 있으며 또한 축복으로 세워줄 수도 있고 저주로 찢어 놓을 수도 있다는 것이다. 그런 말은 너무나도 강력한 힘을 갖고 있어서 독자적인 생명이 거기에 있으며 따라서 발설된지 오랜 후에도 여전히 힘을 발휘한다고 믿었던 것이다.

구약에서는 창조를 하나님의 말씀의 역사로 묘사하고 있다. 또한 선지자의 메시지를 가리켜 주의 말씀이라고 부른다. 역사가 형성되는 과정도 하나님의 말씀의 실현이다. 심지어 자연도 하나님의 말씀이 실현되는 과정에 속하여 있는 것이다. 뿐만 아니라, 성경의 기록된 말씀도 신비한 능력을 지닌 것으로 나타난다. 그리고 때가 차매, 하나님은 자신의 결정적인 최고의 계시의 말씀을 그의 성육신하신 아들 예수 그리스도 안에서 말씀하신다.[1]

신약 성경은 말로 전해진 말씀(spoken word)과 기록된 말씀(written word)의 역사(役事)를 구약 성경처럼 극적인 용어로 표현하지는 않는다. 신약 성경은 예루살렘으로부터 시작하여 땅 끝까지 전파되어 가는 "방해 받지 않는 복음"의 전개 과정을 묘사하고 있다. 그 말씀, 곧 "우리가 전파하는 믿음의 말씀"(로마서 10:8)의 능력을 감히 누가 부인할 수 있단 말인가?

다음의 네 가지 단어가 설교라 일컬어지는 행위의 본질을 이해하며, 하나님의 말씀의 능력이 오늘날 표현되는 갖가지 방식들을 이해하는 데 도움을 주리라 생각된다. 곧, 선포(proclamation), 증거(witness), 가르침(teaching), 예언(prophesying)이 그것인데, 이것들을 차례로 약간 세밀하게 살펴 보기로 한다.

선포

설교는 선포다. 설교는 복된 소식의 메시지를 제시하는 것이요, 살아 계신 그리스도 자신을 제시하는 것이다. 그리스도께서 살아 계시다는 것과 또한 오늘날 우리가 그와 관계가 있다는 말은 곧, 하나님이 승리자이시며 예수를 핍박하며 십자가에 못박은 하나님의 원수들은 패배한 것이요 십자가가 그의 마지막이 아니라는 것을 의미한다. 그러므로 이 말은 하나님이 그를 죽은 자 가운데서 다시 살리셔서 그가 영원토록 살아 계시다는 것을 뜻한다.

이것은 또다른 의미에서도 복된 소식이다. 그리스도께서 살아 계시고 우리에게 임하신다는 사실은 하나님이 여전히 우리를 위하신다는 뜻이다. 이는 곧 우리가 하나님의 계획에 속하여 있으며 따라서 우리가 그에게 중요한 존재라는 확신을 준다. 더 나아가서, 이는 우리가 하나님의 생명을 나누어 소유하고 있으며 또한 하나님이 밝히 드러내신 "생명과 불멸"에 참예한다는 것을 의미한다.

이 모든 것이 우리에게 가능해진 것은 바로 예수 그리스도께서 우리의 죄를 위하여 죽으셨고 우리의 의롭다 하심을 위하여 다시 사셨기 때문이다. 하나님은 십자가와 부활을 통해서 죄의 형벌을 우리에게서 영원토록 제거하신 것이다. 새 날이 밝았고, 죄를 지은 자들이 하나님의 은혜로 말미암아 그리스도께서 행하신 일로 말미암는 축복 속에 — 뿐만 아니라 새로운 세대에서 그가 주실 축복 속에 — 들어갈 수 있게 된 것이다.

신약의 기자들은 여러 가지 헬라어 단어를 사용하여 이러한 선포의 의미를 표현하고 있다. 그 메시지는 케리그마, 곧 '소식, 선언, 포고문, 명령,

승리자의 선포'이다. 그 메시지를 전달하는 자는 케릭스, 곧 '메시지를 전달하는 전령'이다. 그는 자신이 선언하도록 명령받은 내용을 변경하지 않고 그대로 전달할 책임을 지고 있다. 메시지를 전달하는 전령(傳令)의 행위는 케리쎄인이라는 단어로 표현한다. 곧, '선포하다'라는 의미이다.

이보다 좀더 중요한 단어는 유앙겔리제스따이인데, '복된 소식을 선포하다'라는 뜻이다. 이 단어는 메시지의 본질을 시사해주며, 그렇기 때문에 더 중요한 것이다. 곧, 전령이 복된 소식을 전달해 준다는 의미를 담고 있는 것이다. 복된 소식은 유앙겔리온이며, 복된 소식을 전해 주는 자는 유앙겔로스이다. 고대 헬라인들은 배를 타고 오거나 말을 타고 오거나 도보로 오거나 간에 전장(戰場)에서 오는 사람을 가리켜 유앙겔로스라고 칭했다. 그 사람은 애타게 기다리는 전쟁의 소식을 백성들에게 전해 주는 자였던 것이다. 그 사람이 머리에 화관을 쓰고 오면 그가 좋은 소식을 갖고 온다는 표시였다. 멀리서 다가오면서 손을 높이 들고 "카이레 니코멘!"("안녕하십니까, 우리가 이겼습니다!")이라고 외치는 것이었다.[2]

설교자는 그리스도와 사단이 싸우는 전장(戰場)의 소식을 전하는 것이다. 그 소식은 바로 인류 전체를 위하여 예수 그리스도께서 십자가와 부활을 통해서 승리를 거두셨다는 것이다.

이러한 선언 혹은 선포는 초청의 의미를 담고 있다. 곧, 설교자가 전한 메시지를 믿으라는 초청이요, 진리를 받아들이고 그 진리에 함축된 모든 내용을 이미 사실로 밝혀진 것으로 받아들이라는 초청이요, 또한 하나님이 거두신 승리가 전 세계에 대해 가지는 모든 의미 속에 완전히 참여하라는 초청인 것이다.

증거

설교는 증거다. 예수께서는 승천하시기 전에 제자들에게, 옛 성경에 그에 관해서 기록된 모든 것이 성취될 것을 말씀하셨다. 구체적으로 그의 십자가의 죽으심과 부활 그리고 회개하고 그의 이름으로 죄 용서함을 받는 도리가 세계적으로 전파될 것임을 말씀하신 것이다. 그리고 난 다음 예수께서는 "너희는 이 모든 일의 증인이라"(눅 24:48)고 선언하셨다. 사도행전의 보도에 따르면 예수께서는 "너희가 예루살렘과 온 유대와 사마리아와 땅 끝까지 이르러 내 증인이 되리라"(행 1:8)고 말씀하셨다. 여기서 예수는 역사의 사실을 직접 목격한 제자들을 증인이라고 칭하고 계신 것을 보게 된다.

베드로는 가룟 유다를 대신해서 사도를 택할 때에 분명한 기준을 제시하였다. 증인으로서 예수의 생애와 고난의 사건들을 목격한 자여야 한다는 것이 그것이었다. "이러하므로 요한의 세례로부터 우리 가운데서 올리워 가신 날까지 주 예수께서 우리 가운데 출입하실 때에 항상 우리와 함께 다니던 사람 중에 하나를 세워 우리로 더불어 예수의 부활하심을 증거할 사람이 되게 하여야 하리라"(행 1:21-22). 누가는 "사도들이 큰 권능으로 주 예수의 부활을 증거하니 무리가 큰 은혜를 얻었다"(행 4:33)고 진술하고 있다.

그러므로 사도행전 초반부에서는, 증인이라는 단어는 예수께서 십자가에 달리시고 죽은 자 가운데서 부활하실 때에 "거기에" 있던 사람들을 지칭하는 뜻으로 사용되고 있다. 증인의 이러한 점은 목격자가 아닌 자들의 말씀 전파와 관련해서 결정적으로 중요한 문제였다. 지금까지 수세기 동안의 기독교 설교와 오늘날 우리의 설교는 바로 그 목격자들의 증언에 의존해온 것이다. 오늘날 살아 있는 사람 중에 "목격자"라는 의미에서 증인인 사람은 하나도 없는 것이다.

그러나, 설교는 또 다른 의미에서도 증거라 할 수 있다. 사도행전의 후반부에 가면 목격자가 아닌 자들도 증인이라 칭하는 것을 보게 된다. 이 사람들은 복음의 진리를 믿었고 그것을 증언한 자들이었다. 다소 사람 사울은 "네가 그를 위하여 모든 사람 앞에서 너의 보고 들은 것에 증인이 되리라"(행 22:15)는 말씀을 몸소 들었지만, 그들은 그런 특별한 이상을 본 일도 없다. 다만 말씀과 성령을 통하여 주님과 직접 대면한 사람들이었다. 바울은 자기가 성전에서 행한 기도를 인용하면서 "주의 증인 스데반"을 언급하고 있다(행 22:20). 이런 의미에서 보면, 누구든지 예수 그리스도와 그의 복음을 위하여 결연하게 서서 그를 공개적으로 담대하게 고백하는 자는 증인이 되는 것이다. "내가 이제 너희를 위하여 받는 괴로움을 기뻐하고 그리스도의 남은 고난을 그의 몸된 교회를 위하여 내 육체에 채우노라. 내가 교회 일군 된 것은 하나님이 너희를 위하여 내게 주신 경륜을 따라 하나님의 말씀을 이루려 함이니라. 이 비밀은 만세와 만대로부터 옴으로 감취었던 것인데 이제 그의 성도들에게 나타났노라"(골 1:24-26).

설교의 말씀은 세계의 구원을 위하여 단번에 일어난 일을 확고히 하고자 하는 의도를 지니고 있을 뿐 아니라, 또한 그 메시지를 전달하는 자들의 삶 속에 어떤 효과를 이루어 내고자 하는 의도를 지닌 것이다. 동전에 비유하면, 케리그마는 동전의 원료가 되는 구리와 같고, 증거는 그 구리 위에 전달자의 형상과 이름을 새겨놓은 것과 같다. 그러므로 복음이 그 전달자에게 행한 일이 설교의 내용의 일부가 되는 것이다. 사도 바울은 "나의 복음"이라고 말했는데, 이것은 어쩌면 그 자신이 몸소 체험한 복음을 말하는 것인지도 모른다. 전달자가 그 전달하는 메시지에 의해서 변화를 받았느냐 받지 못했느냐 하는 정도에 따라서 복음이 그 만큼 잘 전달될 수도 있고 방해를 받을 수도 있는 것이다.

여기서 분명히 해두는 것이 좋겠다. 본질적인 메시지 자체는 변하지 않는다. 바울은 동기가 불순한 무가치한 전달자들을 통해서도 그리스도가 전파된다는 사실에 기뻐할 수 있었다. 여기서 로울리(**H. H. Rowley**)의 묘사가 도움을 준다. 그는 말하기를, 하나님의 말씀이 선지자들을 통해서 임할 때에 그 말씀은 마치 태양 광선이 색 유리를 통과할 경우처럼 전적으로 선지자의 성품에 비추어서 임한다고 했다. 똑같은 광선이지만, 색 유리를 통과하면서 완전히 바뀌게 된다는 것이다.[3] 설교자가 전달하는 말씀도 이와 똑같다. 바울이 물론 사람들이 시기와 경쟁심으로 그리스도를 전할 때에 그것에 대해서 기뻐할 수 있었지만, 그러면서도 그는 디모데에게 권면하기를, "누구든지 네 연소함을 업신여기지 못하게 하고 오직 말과 행실과 사랑과 믿음과 정절에 대하여 믿는 자에게 본이 되라"(딤전 4:12)고

했다.

브로킹턴(L. H. Brockington)은 구약의 선지자에 대해서 말하기를, "그가 하나님의 뜻에 온전히 굴복하여 있기 때문에, 그의 행위는 하나님의 목적에 완전히 속하게 되고 그리하여 창조의 과정의 일부가 된다"[4]고 했는데, 이 말은 오늘날의 설교자들에게도 그대로 해당된다 하겠다.

필립스 브룩스(Phillips Brooks)는 그의 고전적인 명저(名著)「설교론」(*On Preaching*)(본사 역간)에서 이를 다음과 같이 아주 감동적으로 진술해 주고 있다:

> 진리는 정말 전달자의 인격을 통해서 나오는 법이다. 입술을 통해서만 나오는 것도 아니고, 그 사람의 이해력을 통과해서 그저 그의 펜에서 나오는 것도 아니다. 반드시 그 사람의 성격과 그의 감정과 그의 지성 전체와 도덕적 존재 전체를 통해서 나오는 것이다. 다시 말해서 순전히 그 사람 자체를 통해서 나온다는 것이다. 두 사람의 설교자가 아무리 지성과 연구의 수준이 똑같다 할지라도 그 두 설교자들 사이에 엄청난 차이가 있음을 우리가 느끼는 것이다. 한 설교자에게는 복음이 그저 지식적으로 임하여 결국 그의 얄팍한 개성의 색이 가미되어 우리에게 전달되며 그의 천함에 맞추어서 천하게 전달된다. 그러나 또 다른 한 설교자에게는 복음이 진정으로 임하여 그의 속에 있는 온갖 진지함과 강렬함이 배어나와서 우리가 감동으로 그 복음을 대하게 되는 것이다. 전자의 경우는 설교자가 그저 인쇄기나 나팔 역할밖에는 하지 못했다. 그러나 후자의 경우 설교자는 참된 사람이요 진정한 하나님의 사자(使者)의 역할을 한 것이다.[5]

가르침

설교는 가르침이다. 선언하는 내용은 설명을 요구하고 논리적인 입증을 요한다. 설교자가 메시지를 선포하고 자기들 개인이 받은 영향을 선언하고 나면, 얼마 지나지 않아서 누군가가 이렇게 물을 것이다: "이것이 어째서 그런가? … 어째서 이런 말을 하는가? … 이것이 사실이라는 것을 어떻게 아는가? … 그것에 대해서 더 말할 것은 무엇인가?" 사실 가르침은 복음을 적절히 듣도록 하기 위한 준비 단계로서, 복음 선포의 일부분으로서, 또한 복음 전파의 후속 단계로서 필수적이다. 복음 선포와 가르침을 서로 절대적으로 구분할 수는 없다. 그러나 설교의 가르침의 요소를 적절하게 강조할 수는 있을 것이다.

알폰소 네브레다(Alfonso M. Nebreda)는 1962년 방콕 대회의 초점에 대해서 "성인(成人)의 믿음의 여정을 대체로 세 단계로 구분하여 정리할 수 있다"고 진술했는데, 그 세 단계는 다음과 같다:

1. 복음화 이전(pre-evangelization) 단계: 케리그마의 준비 단계로서 사람을 있는 그대로 취하며 인간적인 대화를 가능케 만들며 그의 내면에 하나님에 대한 인식을 일깨우는 단계인데, 이는 메시지에 대하여 마음을 열게 하는 데 필수적인 요소이다.
2. 복음화(evangelization) 또는 케리그마(kerygma)의 단계: 기독교 메시지의 골자를 역동적으로 선포하는 단계로서 개인의 회심 또는 그리스도를 주로 받아들이는 것을 목표로 한다.
3. 교리 교육(catechesis)의 단계: 이전 단계에 의해서 이루어진 회심에 기대는 단계로서 메시지를 조직적으로 발전시키는 단계이다. 이 단계의 목표는 사람으로 하여금 그리스도인의 삶을 시작하게 하며 그리스도인의 성품을 세워가는 데 있다.[6]

복음화 이전(praeparatio evangelica: pre-evangelization) 단계는 미래의 신자들로 하여금 복음을 진지하게 듣도록 만들어 주는 것이다. 성육신(成肉身)의 원리가 이 단계에서 효과적으로 적용된다. 설교자는 다른 사람과 구별된 모습을 통해서 또한 진실한 그리스도인의 삶의 호소를 통해서 복음 선포를 위하여 길을 예비한다. 찰스 스펄전(Charles Haddon Spurgeon)은 이렇게 말한다: "경건하며 열심이 있으며 또한 큰 마음과 자기 희생이 있다고 알려져 있는 사람은 그 자신이 능력이 있으며, 그의 그런 성품 때문에 그의 권면과 말씀이 무게를 지니게 된다."[7]

이것은, 우리가 우리와 함께 살고 있는 사람들과 진정으로 하나가 되며 그들의 아픔과 소망을 함께 나누며 그리하여 우리의 공동의 삶을 증진시킬 목표에 이르도록 그들을 (그리고 우리 자신을) 돕는다는 것을 의미한다. 물론 형편에 따라서는 어떤 특정 그룹이나 '계층'을 대하게 될 수도 있지만, 그러나 우리는 이해와 정의와 협력을 위하여 노력할 것이며 한편으로는 강제적인 압박을 정당화시키는 행위를 거부하고 다른 편에서는 파괴적인 저항을 거부할 것이다.

어떤 이들은 자기들에게 손해가 되기 때문에 강압적인 사회 구조의 변화를 위해서 기울이는 설교자의 노력을 아예 반대할지도 모른다. 그러나 설교자가 그리스도의 정신으로 기울이는 그런 노력에 도움을 받거나 최소한 감동을 받은 사람들은 그 설교자의 그러한 관심과 용기에 대해서 하나님께 감사할 것이다.

또한, 복음을 전하기 위해서는 단순히 복음을 이해하는 데 필요한 정보를 제공할 필요도 있을 것이다. 지적(知的)으로 무지한 상태에서는 타당한 믿음의 결단을 하지 않는 것이다. 기독교 신앙에 대한 관심이 생겨난 다음에도 오랜 교육 기간을 거친 후에야 비로소 결신하는 경우도 있는 것이다.

이런 과정은 회심자들이 다른 종교에서 기독교로 돌아서는 경우가 태반인 선교지에서 표준 과정으로 적용되어 왔다. 또한 기독교 신앙의 초보는 알지만 갖가지 잘못된 편견을 함께 갖고 있는 사람들도 교육을 통해서 도움을 얻게 된다. 때로는 설교 강단이 이러한 도움을 주기도 하지만, 그렇지 못할 경우에는 다른 수단을 통해서 복음을 받아들이는 준비 작업을 할 수가 있다. 어쨌든, 기독교 신앙에 대해서 관심을 가진 자나 회심할 가능성이 있는 사람이 기독교에 대해서 많은 정보를 이미 갖고 있다고 해서 그들이 그 의미를 파악하고 있다고 단정해서는 안되는 것이다.

의사 전달 과정에 대한 연구 결과, 다음과 같은 일곱 가지 단계가 제시되었다.

1. 메시지를 취하여 전달(transmission) 한다.
2. 전달되는 메시지를 듣는 사람과 접촉(contact)이 일어난다.
3. 듣는 자가 전달하는 자에게 반응을 보임으로써, 메시지를 보다 선명

하게 혹은 정교하게 하는 효과를 일으키는 단계로서 피드백
(feedback)이라 한다.

4. 메시지를 실제로 이해하게 되는 단계(comprehension)가 온다.

5. 그 이해한 내용에 동의하게 되는 수용 단계(acceptance)가 온다.

6. 내면화(內面化) 단계(internalization)로서 믿는 바를 자신의 적절한 행실의 일부로 삼는 것이다.

7. 행동 단계(action)에서는 내적인 헌신이 일어나 적절한 행동으로 드러난다.[8]

한 목사가 경험한 다음과 같은 일에서 이러한 과정을 잘 볼 수 있다. 어떤 사람이 교회에 나와서 뒷 자리에 앉아 그 목사의 설교를 듣곤 했다고 한다. 그런데 어느 날 설교가 끝난 후 그 사람이 그 목사의 설교 내용에 도전하는 질문을 했다. 그 목사는 그 다음 주일 그 사람의 질문 내용에서 주제를 끌어 내어 설교를 시작했다. 그러자 더 많은 질문이 제기되었고, 설교자는 그 다음 설교에서 그 질문들에 대해 대답했다. 이런 마음과 마음이 부딪히며 정신과 정신이 대면하는 싸움이 계속되면서, 그 사람은 점점 앞 자리로 다가오게 되었고, 급기야 맨 앞 자리에 앉게 되었다는 것이다. 이런 극적인 사건은 각 교회의 강단에서 반드시 일어나야 할 일을 시사해 주고 있다. 설교자들이 '주의 길을 예비하라'는 세례 요한의 정신으로 자기들에게 주어진 가르치는 임무를 진지하게 수행하게 되면 그 사건만큼 드라마틱하지 않아도 반드시 어떤 반응이 나타나게 되어 있는 것이다.

기독교 변증학은 비단 신학교의 교과 과정에만 있는 것이 아니라 전도자와 목회자의 사역에도 있는 것이다. 그러나 칼 바르트(Karl Barth)는 그런 필요를 인정하지 않았다. 그는 말하기를, "현대인이라고해서 [성경에서 하나님의 말씀을 분명하게 듣기가] 더 쉬운 것도 그렇다고 더 어려운 것도 아니다. 그것은 모든 사람에게 있어서 하나님은 낯선 존재이기 때문이요 또한 하나님 자신이 사람에게 말씀하셔야만 비로소 듣고 이해할 수가 있기 때문이다"라고 하였다.[9]

언젠가 에밀 브루너(Emil Brunner)가 바르트와 자기 자신을 비교하면

어떻게 말할 수 있느냐는 질문에 대답하는 것을 들은 일이 있다. 그는, "바르트 교수가 교회의 설교자라면, 나는 선교사입니다"라고 대답하였다. 누구든지 기독교 신앙에 대해 합리적인 설명을 해주도록 만드는 것이 바로 이 선교사적 기능인 것이다. 그리고 대개의 경우 일반 교회의 목사가 할 일이 바로 이런 것이다.

헬무트 틸리케(Helmut Thielicke)는 이렇게 쓰고 있다:

> 내가 보기에 복음의 가장 위대한 기적은 언제나 거기에 이런 모든 인간의 가능성이 포함된다는 사실과 또한 자기의 처지에 따라서 '먼 나라'에서 헤매고 있는 개개인을 찾아낸다는 사실에 있다. 정말 처절한 타락의 상태에 빠져 있는 창녀나, 겉만 번지르르한 빈곤 가운데 있는 젊은 부자를 정확하게 찾아내는 것이다. 복음은 기회주의자인 본디오 빌라도에게도, 절망 가운데 빠진 가나안 여인에게도 똑같이 말씀한다. 복음은 자기의 양심과 씨름하는 루터에게도 다가가며, 제임스 볼드윈(James Baldwin)의 소설 「또 다른 나라」(*Another Country*)에 등장하는, 자신을 저주하면서 죽음의 나락으로 떨어져가는 불행한 루프스(Rufus)에게도 마지막 평안의 소망을 갖게 만든다. 복음은 이들 모두를 품에 안아 안전하게 보호하였다. 모든 것을 포괄하는 그 위대한 봉투에 그들 모두의 주소가 기록되어 있는 것이다.[10]

그러므로, 복음화 이전 단계에서는 사람에 따라서 다른 도움이나 다른 가르침이 필요한 것이다.

어떤 때에는 단순히 아주 적절한 순간을 포착하기만 하면 되는 경우도 있다. 물론 종교꾼들(religious predator)이 이런 '취약한 면을 드러내는' 순간을 비윤리적으로 악용하는 좋은 기회로 삼을 수도 있지만, 이것이 하나님의 기회일 수도 있는 것이다. 존 베일리(John Baillie)는 현대 사상이 붕괴의 위협을 받고 있는 상황에서 하나님의 심판을 보았다. 그러나 그는 한 걸음 더 나아가서, "하나님의 심판은 … 우리를 절망이 아니라 회개로 인도하며 우리의 길을 수정하도록 만들고자 하는 의도로 주어지는 것이다. 그리고 이 땅의 사회가 자연적으로 진보해 가리라는 소망에 기대를 걸어 온 사람들이 최근 몇 가지 심각한 충격들을 당했으나, 그런 충격들로 인해서 실제로 그들 가운데 일부가 내가 말한 성경적 역사관에 대해서 좀더 호의적으로 마음을 열게 되었다는 징후가 없는 것이 아니다"[11]라고 하였다.

이와 마찬가지로 하나님의 계명인 율법도 복음을 위하여 길을 예비해 준다. 사실 율법은 복음의 한 기능이다. 칼 바르트의 표현대로 율법은 '복음 속에 내포되어 있는 것'이다.[12] 어쨌든, 사도 바울은 율법은 죄에 대한 지식을 만들어내는 기능을 갖고 있다고 결론지었다. 그리하여 율법은 파이다고고스('몽학선생')의 역할을 했고, 또 하고 있다. 곧, 그의 용서하시는 은혜로써 불순종하는 자들을 의롭다 하시는 예수 그리스도께로 나아가는 동안 일시적으로 우리를 감독하는 하나의 관리자인 셈이다(갈라디아서 3:23-26을 보라).[13]

십계명 가운데 어느 한 계명이나 산상수훈에 속한 가르침을 대할 때에 그것을 막연한 도덕적인 가르침으로 듣지 않고 그것을 하나님의 말씀으로 대하게 되면, 우리의 소외당한 처지와 우리의 필요를 인식하게 된다. 그리하여 우리 자신이 하나님께로부터, 우리의 이웃으로부터, 우리 자신으로부터 소외 당하여 있다는 것을 알게 되는 것이다. 하나님의 율법을 직접 대면하게 되면, 죄에 대한 생각이 깊어지게 되고, 바울의 경우처럼 죄가 더 증가되는 것을 느끼게 되기도 한다(롬 5:20). 왜냐하면 "율법은 사람으로 하여금 내면을 보게 하여 더욱더 자기 중심적이 되게 만들기"[14] 때문이다. 그리하여 인간의 마음의 단단한 흙이 깨뜨려지고 복음의 씨를 받을 준비를 갖추게 되는 것이다: "죄가 더한 곳에 은혜가 넘쳤나니"(롬 5:20).

스펄전은 그의 스승 가운데 한 사람인 로비 플록하트(Robbie Flockhart)가 다음과 같은 말을 하곤 했다고 말했다: "복음이라는 가느다란 명주실로 꿰매려고 아무리 애써도, 먼저 율법이라는 날카로운 바늘로 구멍을 뚫지 않고서는 전혀 소용이 없다."[15]

가르침은 또한 구원의 복음을 실제로 선포하는 데에도 큰 영향을 미친다. 초대 교회 설교의 기사에는 교훈적인 자료가 가득 들어 있다. 케리그마와 디다케 사이를 확실하게 선을 그어서 구분할 수는 없다. 그러나 복음을 듣고 지적이며 정당한 헌신을 하는 자들의 경우 그런 헌신을 했을 때는 이미 신실한 가르침을 통해서 전달되는 정보를 받아서 나름대로 평가한 다음이라는 것만은 확실히 알 수 있다. 가르침이 전혀 들어 있지 않은 열정적인 호소를 들은 다음 결정적인 결단을 내렸느냐, 아니면 전달되는 메시지를 조심스럽게 따져본 다음에 결단을 내렸느냐 하는 문제는 별로 중요하지 않다. 어느 단계, 혹은 어느 때인지는 모르나 가르침이 진행된 것이고, 또한 가르침이 복음 전도의 일부가 된 것이다.

그러나, 대개 제자의 삶을 위하여 헌신을 한 다음에 이루어지는 과정을 특별히 가르침과 연관짓는 경향이 있다. 그 과정에서는 분명 가르침이 강조된다. 물론 '선포' — 케리그마 — 가 밑바탕을 이루고 있지만, 그럼에도 불구하고 그 과정은 분명히 의식적으로 '가르침' — 디다케 — 이다. 목회자가 하는 일은 가르치는 것이다. 왜냐하면 목회자야말로 지교회의 가장 으뜸이 되는 선생이기 때문이다. 엘튼 트루블러드(Elton Trueblood)는 각 교회가 작은 신학교가 되어야 한다고 말했다. 사실, 에베소서에서 그리스도의 몸 안에 있는 사람들에게 주어진 특별한 사역들을 열거하는 가운데, '목사와 교사'를 언급하고 있는데 이는 한 가지 직분을 지칭하는 것이라 여겨진다. 그런데, 목사들 가운데 사도들로부터 전수받은 사명을, 곧 그리스도의 제자들에게 그리스도께서 명하신 모든 것을 가르치는 사명을(마태복음 28:20을 보라) 소홀히 하는 자들이 있는 것이다.

지성을 자극하는 설교보다는 감정을 불러일으키는 설교가 준비하기도 쉽고 설교하기도 더 즐거운 것처럼 보일 수도 있다. 그러나, 기꺼이 사명을 다하는 설교자들은 그 두 가지를 다 다루는 법을 터득하고 있고 그리하여 강단에서 이례적인 성공을 (좋은 의미에서) 거두고 있는 것이다. 조지 다나 보드맨(Geroge Dana Boardman, 1828-1903)은 그의 사역 초기에 유능한 강단 웅변가(pulpit orator) — 이 말이 어떤 의미이든간에 — 로서 널리 인정을 받았다. 그런데, 목회지를 바꾸고 나서는 교육적인 목표를 가진 설교 스타일을 도입하여 평생토록 그 방법을 고수하였다.[16] 예수께서는 요한복음에서 보면 예수께서는 랍비, 곧 선생이라는 호칭을 마다하지 않으셨다는 사실을 기억해야 할 것이다. 분명히 말하자면, 그는 어디를 가든지 "하나님의 나라를 반포하시며(케루쏜) 그 복음을 전하셨지만(유앙겔리메노스)"(누가복음 8:1), 또한 "입을 열어 가르치기(에디다스켄)"도 하셨다(마태복음 5:2). 전도의 지상명령이라고 알려져 있는 말씀 가운데서 예수님은 그의 사자들에게 세 가지 불가분리의 요소를 한데 묶어서 명하셨다. 곧, 제자를 삼는 것, 세례를 주는 것, 그리고 가르치는 것이 그것이다 (마태복음 28:19-20).

예언

설교의 네번째 강조점은 바울이 말하는 '예언'(prophesying), 혹은 윌리엄 바클레이(William Barclay)가 말하는 '대언'(代言: forthtelling)의 요소이다. 여기서 내가 말하는 '예언'이란 미래에 대해서 미리 말한다는 뜻이 아니다. 오히려 현재의 필요를 채워주는 메시지를 전하는 것을 뜻한다. 공생애 시초에 예수께서는 나사렛의 회당에서 "이 글이 오늘날 너희 귀에 응하였느니라"(누가복음 4:21)라고 말씀하셨는데, 내가 말하는 '예언'이 바로 그런 것이다. 예수님의 말씀이나 그가 그 자리에 계셨다는 사실은 수세기 전에 이사야가 기록한 내용을 시의적절하게 적용시킨 것이다.

바울은 방언과 예언을 서로 대비시키면서, 방언은 당사자 자신에게만 유익을 주는 것인 반면에 예언은 교회에게 유익을 주는 것이라고 했다. 계속해서 그는 예언이 무엇인지를 말씀하고 있는데, 그것은 바로, 덕을 세우는 것이요, 권면이요, 안위하는 것이라고 했다(고린도전서 14:3). 여기에 '마음과 마음이 함께 하는' 요소가 있다. 이런 점에서 볼 때에, 설교는 지극히 인격적인 것이다. 실제로 대화를 나누는 것은 아니지만, 그러면서도 대화의 정신이 생겨나게 되는 것이다. 설교자와 청중 사이에 '나와 너'의 관계가 형성되는 것이다. 비단 하나님이나 성경이나 기독교 전통이나 우리 자신의 마음이 하는 말만을 듣는 것이 아니다. 우리의 설교를 듣는 사람들이 겪는 시험과 죄와 슬픔과 고난과 의심을 알게 되면서 바로 그들이 하는 말을 듣기도 하는 것이다. 그들의 일상생활을 접하면서, 그들이 무심코 하는 대화를 통해서나 상담을 통해서, 심지어 설교 시에 그들이 하는 행동을 통해서도 그 사람들의 삶을 읽게 된다. 그리하여 메시지가 그 내용과 함께 살아서 전달되는 것이다. 이런 마음과 마음이 함께 하는 설교의 만남이 쌍방간에 신실하게 이루어진다면, 그것이야말로 바로 성령의 역사가 아니고 무엇이겠는가?

설교자마다 각기 다른 목소리를 낼 수도 있다. 이 설교자는 전도형 설교자이고, 저 설교자는 예언형 설교자요, 이 설교자는 경건 위주의 설교자요, 저 설교자는 성경 강해 위주의 설교자라는 식으로 말할 수도 있다. 사실 교회사를 통해서 보건대, 이런 각기 다른 방면의 전문가들 모두가 특정한 시기, 특정한 장소에서 유용하게 사용함을 받았던 것이다. 또한 설교자들이 상황과 잘 맞지 않게 설교하는 경우도 있었던 것이 사실이다. 예언적이었어야 할 상황에서 경건 위주의 설교를 한다든지, 성경 강해를 했어야 옳을 상황에서 전도 설교를 하기도 했던 것이다. 상황에 맞게 설교하기 위해서는 교회와 공동체의 필요에 아주 민감해야 한다. 그래야만 창조적인 반응을 얻어낼 수가 있는 것이다.

그러므로 모든 유형의 필요에 적절히 반응하는 것은 엄청난 도전이기도 하고 동시에 아주 값어치 있는 목표이기도 하다. 외부적인 도움을 주든지, 아니면 폭넓은 융통성 있는 설교를 터득함으로써 설교에 대한 온갖 종류의 반응을 다 포괄할 수 있도록 하든지, 그것은 매우 중요한 일이 아닐 수 없다. 본서가 지향하는 한 가지 목표는 설교자가 그의 관심사를 넓힐 수 있는 길들을 제시해 줌으로써 필요가 생기는 대로 적절히 설교하도록 만들어 주는 것이라 하겠다.

2. 설교자의 권위

생각이 있는 사람들은 가끔, "설교자가 무슨 권리로 이런 말을 할까?"라고 질문할 것이다. 그런 질문은 메시지의 진실성과는 관계가 없고, 다만 그 설교자가 과연 그 메시지의 전달자로서 합당한가 하는 데 대한 문제의 제기일 수도 있다. 이것은 참 타당한 질문이다. 한 개인이 교만하게도 아무런 근거도 없이 하나님을 위해서나 교회를 위해서 말할 권위가 자기에게 있다고 주장하는 경우가 많기 때문이다. 연사(演士)가 강한 확신을 드러내 보이거나, 성경을 자유자재로 사용한다거나, 목소리가 크다거나, 심지어 반론을 도저히 참아내지 못하는 강한 독단을 드러내 보일 때에, 사람들은 그것을 하나님께서 주시는 메시지로 믿고 받아들이게 될 수도 있다. 이런 경우 하나님과는 전연 상관이 없이도, 일종의 권위가 — 물론 허울좋은 겉모양만의 권위이기는 하지만 — 그 연사에게 생겨나게 되는 것이다.

몇 가지 권위의 근거들

설교를 듣는 회중이나 호의적인 일반인들이 느끼는 설교자의 권위를 결정지어 주는 요인에는 몇 가지가 있다. 그 가운데 어떤 요인들은 주로 설교자만이 느끼고 다른 사람들은 그냥 믿기만 하는 것이고, 그 밖에 모든 사람들이 분명하게 알 수 있는 객관적인 요인도 있다.

설교자에게 있어서는, 신적인 소명(a divine call)이 가장 결정적이라 할 수 있다. 구약의 몇몇 선지자들과 신약의 사도 바울은 자기들의 직분 혹은 사명이 자기들 자신이 택한 것이 아니라 하나님이 정하신 것이라는 사실을 보여주기 위해서 상당히 애를 쓰기도 했다. 또 어떤 이들은 무슨 드라마틱한 소명 기록을 남기지도 않고 선지자 혹은 사도로서 사명을 감당하기도 했다. 그러나 그런 부류의 사람들에 대한 기록을 잘 살펴 보면, 진정한 소명에 대한 확증이 없는 것이 아니라는 것을 알게 된다.

오늘날의 설교자들에게도 하나님을 위하여 사역했던 성경 시대의 사람들과 맞먹는 그런 독특하고 이례적인 신적인 소명을 받은 체험이 있을 수가 있다. 그 이외에, 그런 독특하고 이례적인 체험은 없지만 점차 자신의 생의 목적과 사명을 깨닫고 하늘의 소명에 응답함으로써 그 점에 대하여 고요하고도 안정된 확신을 갖게 된 그런 설교자들도 있다. 그러니 이 소명 문제에 대해서는 열매를 보아서 나무를 판단하는 수밖에 다른 도리가 없다.

안수(ordination)는 안수받는 사람이 특별한 사역을 위한 은사와 헌신이 있는 자라는 것을 교회가 공적으로 인정해 주는 것이다. 이것이 안수를 받은 당사자에게 공동체의 무게를 지속적으로 실어 주는 것이다. 안수 받은 사람이 설교하면, 그 설교자 혼자서 말씀하는 것이 아니다. 그 설교자가 자신이 지정받은 목적에 신실하는 한 그의 말씀은 바로 교회의 목소리가 되는 것이다. 안수를 받았다는 것은 그 당사자의 성품의 안정성, 개인적인 신앙적 체험과 사역에 대한 헌신의 순수성, 그리고 신학적 믿음의 건전성을 의미하는 것이다.

병원 원목은 특별한 도움이 필요한 환자의 방에 들어가서 봉사를 하게 되는데, 환자가 "당신이 여기서 일하는 하나님의 사람인가요?"라고 물을 경우 기꺼이 그렇다고 대답하는 것이다. 이와 마찬가지로 설교자가 교회당에서 말씀을 전할 때에, 듣는 사람은 무의식적으로, '이 사람이 하나님을 대신해서 말씀하는구나!'라고 느끼게 되는 것이다.

또한 성례라 불리는 예식을 집행하는 일이 안수와 관련되어 있다. 여기서 성례라 함은 세례와 성만찬 혹은 성찬(Lord's Supper, Eucharist)을 가리킨다. 말씀과 성례는 오랫동안 서로 연관되어 왔다. 신학적인 진술에서는 물론 교회의 실례에 있어서도 그러했다. 한 마디로 정리하자면, 하나님의 말씀이 신실하게 선포되며 성례가 적절히 시행되는 곳에 권위가 존재하는 것이다. 복음 선포를 통해서 믿음이 생겨나고 그 믿음은 세례를 통해서 표현되고 확인되며, 또한 세례받은 신자들이 성찬에 참여함으로써 그 믿음이 재확인되는 것이다. 그런 일들이 순전하게 일어나는 그곳에 교회가 있는 것이다. 그러므로 그런 상황에서 사역하는 설교자는 어떤 권위를 불러일으키게 된다. 교회 조직이 작용하여 성례를 시행하는 그 사람에게 하나님이 제정하신 권위를 빌려주는 것이다.

교육(education)도 권위를 갖게 하는 데 기여한다. "항상 배우나 진리의 지식에 이르지 못하는"(딤후 3:7) 사람들도 있는 것은 다 알고 있는 사실이다. 그러나 설교자의 신념이나 확신이나 행동이 진지하게 받아들여지기 위해서는, 그가 성경과 오늘날의 세상을 철저하게 공부한 사람이어야 하며 또한 그런 학식을 상호 관계에서 드러내 보여야 하는 것이다. '말 재주'가 아무리 재미있고 현학적이라 할지라도 생각이 있는 사람이라면 그 이상의 것을 요구한다. 찰스 스펄전은 말하기를, "말 재주는 신학적인 무식(無識)을 숨겨주는 일종의 무화과 나무 잎사귀와 같을 경우가 너무나도 많다"고 했다.[1] 그러나, 얼마 지나지 않아서, 위기와 변화의 바람이 일면, 허울 좋게 위장해 놓은 것이 날아가 버릴 것이다. 진실로 지식이 있는 설교자가 회중의 존경을 받는 것이다.

경험(experience)도 권위를 세워 준다. 경험에는 두 종류가 있을 수 있다. 첫째는, 위기의 시기에 얻은 경험이 있다. 가장 중요한 것은, 설교자가 직접 얻은 지식을 갖춘 것이다. 바울은 그리스도인이 된지 얼마 지나지 않아서, 자기가 다메섹 도상에서 당한 일과 그 다음에 바로 일어난 일들을 사람들에게 이야기함으로써 많은 사람이 그를 따르게 되었다. 드라마틱한 회심의 체험이나 기타 믿을 만한 체험을 이야기해 줌으로써 신뢰와 존경을 받게 되는 경우가 많은 것이다.

더 나아가서, 점점 성장하며 축적되어 가는 경험이 가장 중요하다. 설교자가 우리 주 예수 그리스도의 은혜와 지식 가운데서 자라고 있다는 증거를 보여줄 때에, 그것을 관찰하여 그런 진보를 느낀 사람들은 그 설교자를 진지하게 대하게 되는 것이다.

확증된 진리에 대한 개인적인 체험을 기반으로 이야기하면, 그 이야기하는 내용이 굉장한 무게를 지니게 된다. '상처받은 치료자'가 엄청나게 유리한 위치에 서 있는 법이다. 그러나 그렇다고 해서 개인적으로 체험하지 않은 진리를 전하는 일은 정직하지 못하다고 생각한다면, 그것은 잘못이다. 우리 자신의 체험 주위에 원을 그려 놓고 다른 사람이 체험한 것들은 무시해 버린다면, 우리가 전하는 복음은 그야말로 빈약한 복음이 되고 말 것이다. 하나님의 은혜의 충만함을 한 사람의 체험 속에 다 담을 수는 없는 것이다.

그러나 설교자는 성실한 **성품**(character)의 견고함을 소유하는 것이 무엇보다 중요하다. 물론 완전할 수는 없겠지만, 그래도 우리의 도덕성이 건전해서, 모든 사람의 존경을 받을 정도가 되어야 하는 것이다. 사도 바울은 믿음의 아들 디모데에게, "오직 말과 행실과 사랑과 믿음과 정절에 대하여 믿는 자들에게 본이 되라"(딤전 4:12)고 권면하고 있다. 아리스토텔레스(Aristotle)나 키케로(Cicero) 또한 퀸틸리아누스(Quintilian) 등 고대의 수사학자들도 웅변가가 청중을 설득하는 주요 수단으로 그의 '기품'(ethos) — 그의 성품 — 을 들었다면, 하물며 영혼을 구원하며 신자의 성품을 형성시키는 위대한 관심을 가진 설교자는 얼마나 더하겠는가?

설교자는 교회 안의 많은 사람들에게 부모와 같은 존재일 경우가 많다. 사람들이 자기 부모를 대하듯이 그렇게 설교자를 바라보고 대하는 것이다. 부모가 자녀를 양육하면서 엄청난 잘못을 저지르는 경우를 주위에서 비근하게 접할 수 있다. 첫째는, 부모들이 자녀들을 가르치기는 하지만 정작 자기들이 가르친 대로 정직하고도 진실하게 살려고 노력함으로써 그 가르침을 뒷받침해 주지 못하기도 하고, 둘째는, 부모 스스로도 도덕성이 있는 체하지 않고 자녀들에게 아무것도 기대하지 않고 그냥 내버려두기도 하는 것이다. 옛말처럼, "그 목사에 그 사람들이다!"

성경 본문이 또한 설교자에게 권위를 빌어준다. 오늘날의 설교자가 주일 오전에 옛날 선지자들처럼 "여호와께서 말씀하시되"라는 서두로 시작되는 새로운 하나님의 말씀을 들고 사람들 앞에 설 수는 없는 일이다. 그 대신 설교자는 성경의 한 본문을 들고 그들 앞에 서게 되는데, 그것이야말로 진정한 의미에서 "하나님의 말씀"이다. 설교자가 자기의 개인적인 사견(私見)만 가지고 청중 앞에 선다면 그 얼마나 안된 일일까! 분명히 말하자면, 설교자들이 때로는 성경을 잘못 사용하는 경우도 있다. 잘못된 본문 주해나 치우친 해석이나 혹은 성경 본문을 일단의 구호(口號) 쯤으로 취급하는 사례 등이 성경에 대한 경의감을 손상시키는 것이다.

그러나, 대다수의 회중들은 설교자가 성경 본문을 진지하고 정직하게 대하며 오늘날에 제기되는 문제들을 공정하게 바라보며 그리하여 지극히 타당하면서도 듣기에는 불편한 그런 메시지를 전할 때에 그 설교자의 설교를 진지하게 받아들이는 것이다. 성경 본문을 값어치 있게 사용하면, 하나님의 계시의 뒷받침을 받을 뿐 아니라 지나간 시대 동안 축적된 하나님의 백성들의 지혜와 경건의 뒷받침을 받는 것이다. 한 개인이나 한 사회나 일이 엉망으로 얽혀 있을 때면, 사람들은 지금은 비록 무시되고 조롱을 받지만 과거에는 통했던 그런 옛 진리들을 동경하는 경우가 많다. 그리하여 옛 본문은 중요한 약속과 함께 굳게 서게 되고 또한 거기에 동조하는 설교자들에게 권위를 빌어주는 것이다.

특별한 권위

결국 결정적인 것은, 그리고 성령과 관계되는 것은, 바로 본문의 도구로서의 권위이다. 성령은 특별히 교회 안에서 활동하시는 하나님이시다. 성령은 설교자의 권위의 모든 면 하나하나를 진정으로 살아 있게 만들어 주신다. 그러나 신약 성경에 나타나는 개념 가운데 성령이라는 개념보다 더 파악하기 어려운 것은 없을 것이다. 사람들은 이 용어를 여러 가지 현상을 가리키는 뜻으로 사용한다. 예를 들어서, 예감이라든가 황홀경, 굳건한 용기에 대한 느낌, 이해력을 뛰어 넘는 마음의 평화, 종교적 확신, 조명 등의 뜻으로 사용하는 것이다. 물론 이런 모든 경험들이 성령의 역사와 연관될 수 있고 또 연관된다. 그러나 많은 사람들은 성령의 역사를 개인이 하나님의 활동을 지각하는 것으로 축소시키고 싶은 유혹을 받아왔다. 그렇기 때문에 주위에서 "성령께서 내게 이렇게 말씀하셨는데 …"라는 식으로 이야기하는 사람들을 가끔 볼 수 있는 것이다. 물론 성령이 개인에게 말씀하셨고 현재도 말씀하시며, 또한 늘 기도하는 경건한 사람들의 강력한 견해와 반대되는 말씀을 하실 때도 있다는 것은 의심의 여지가 없는 사실이다. 그러나 성령은 보통 공동체 안에서 역사하시는 것 같다. "두세 사람"이나 혹은 그 이상이 "함께 모인 곳"에서 역사하시는 것이다. 예루살렘 교회는 아주 중요한 결정을 한 일이 있는데, 그 때에 말하기를, "성령과 우리에게 요긴한 것 같다"고 하였다(행 15:28).

설교에서 이런 유의 권위를 얻는 일은 우리의 개인적인 장점이나 학문적인 업적이나, 아니면 시몬이 그랬던 것처럼(행 8:18-24) 돈의 힘에 의지해서 되는 것이 아니다. 이 권위는 하나님이 특정 그룹 내에서 행하고자 하시는 일에 순전히 참여하는 데서 얻어지는데, 그러자면 그들을 돌보아야 하고 그들을 위하여 기도하고 그들과 함께 기도하며 하나님의 뜻을 찾아 행하기 위해서 자기 부인이라는 값을 치러야 하는 것이다. 브라운(R. E. C. Browne)은 그의 고전적인 저서인 「말씀 사역」(*The Ministry of the Word*)에서 이렇게 말하고 있다: "권위란 어느 특정한 시점에 능력이 나타나 그 능력이 계속해서 이후 모든 세대들에게 의심의 여지가 없는 방향을 제시해주는 그런 것이 아니다. 권위란 살아 있는 교제에 속하는 한 가지 요소를 가리키는 명칭이므로 정확한 정의를 내리기가 여간 어려운 것이 아니다."[2]

설교자로서 우리가 지닌 권위는 그것이 우리 자신을 넘어서, 우리의 설교의 대상이신 그분을 가리키지 않는 한 절대로 아무 권위도 아니다. 그러므로 우리의 개인적인 약점이나 불확실한 면이 오히려 우리의 진정한 권위를 세워주는 경우가 많다. 우리의 진정한 자아를 대면하고 보면, 우리가 정말 아무것도 아니라는 사실을 잘 알게 되고, 그렇게 되면 우리 자신을 하나님께 철저하게 내어던지게 되고, 그렇게 되면 우리의 자율적인 권위

(autonomous authority)가 절망 가운데 있다는 것이 오히려 하나님의 권위에 사용함을 받는 도구가 되리라는 소망의 근거가 된다는 것을 깨닫게 되는 것이다.

흥미있는 사실은 사람들마다 설교자의 권위의 이런저런 면을 통해서 하나님의 권위를 접하게 된다는 점이다. 어떤 사람은 설교자가 "소명"을 받았다는 사실을 알면 그것으로 만족할 수도 있다. 또 어떤 사람은 설교자가 안수를 받았다는 사실로 만족할 수도 있다. 그리고 또 어떤 사람은 목회 사역을 위한 충분한 교육을 받았다는 사실만을 중요시할 수도 있다. 그리고 어떤 사람의 경우는 설교자가 지속적으로 신앙 체험을 하는 사람이라는 것이 만족감을 줄 수도 있다. 또 어떤 사람은 설교자가 성경을 성실하게 해명해준다는 것에 만족을 얻을 수도 있다. 뿐만 아니라, 우리가 "성령을 받았다"는 사실에 만족감을 느끼는 사람도 있다. 설교자의 목회의 삶에 나타나는 이 가운데 어느 한 가지 면에서도 하나님의 역사하심이 개인에게 나타날 수 있는 것이다.

추가로 고려할 사항들

설교자의 권위의 근거와 관련해서 다음과 같은 사실들을 더 고려해야 한다.

권위가 주어질 수도 있고 억지로 부여될 수도 있다. 즉, 어떤 기구나 기관의 중요한 지위에 올라 있는 지도자들에게 권위가 생긴다는 것이다. 교회에서도 목사들이 일단 직분을 차지하면 자동적으로 권위가 부여되는 그런 면이 존재한다. 분명하게 한계가 그어져 있든 그렇지 못하든 일정한 영역에서 그들이 하는 일은 대개 결정적인 권위를 갖는다. 이 점은 상위 기관에서 임명을 받았든 회중의 투표로 임명을 받았든 상관이 없다.

권위를 얻을 수도 있다. 나사렛 예수의 경우 교회 상회(上會)의 임명을 받지도 못했고, 교회의 회중이 그를 선출한 것도 아니다. 그러나 그는 권위를 지닌 자로서 말씀했다. 물론 성부 하나님이 그에게 권위를 부여하신 것이지만, 그가 권위 있는 자라는 사실을 인지하는 일은 그의 말씀과 행위를 근거로 하는 확신이 계속 쌓여서 이루어진 것이다. 이렇게 저렇게 해서 공식적인 권위를 부여 받은 설교자라 할지라도 공적인 인정만큼 객관적이지는 못하지만 그래도 확실한 어떤 기준에 의해서 사람들에게 권위를 인정받을 수가 있다. 어떤 공식적인 자격 요건 때문에 사람의 말과 천사의 말로 말하여 사람들에게 칭찬을 받을 수도 있다. 그러나 우리에게 맡겨진 사람들을 향한 우리의 순전한 사랑이 여러 가지 정황을 통해서 계속해서 드러나게 되었을 때는 우리가 어떤 말을 할 때에 사람들이 목숨을 걸고 우리를 좇는 것을 보게 되는 것이다. 예수님의 제자 가운데 가장 큰 자는 이방인의 정신으로 능력을 추구하고 발휘한 자가 아니다. 자기들이 이끄는 양들 가운데서 스스로 종이 되는 사람들이야말로 가장 큰 제자들인 것이다.

권위를 나눌 수도 있다. 물론 성령이 기독교 공동체의 특정한 사람들에게 특별한 은사들을 나누어 주셨고 그리하여 특정한 분야에서 지도력을 발휘하도록 능력을 부여하셨지만, 성령은 과연 공동체 전체에 속하여 계신 것이다. 권위는 나누는 것이다. 회중의 지지나 협력이 없이는 설교자가 올바로 기능을 발휘할 수가 없다. 설교자의 위대한 은사가 널리 인정을 받을 수도 있다. 그러나 그 은사들이 예수 그리스도의 영으로 시행되지 않으면 그 은사들이 아무런 의미도 없게 되고 마는 것이다.

그리고 마지막으로, **권위를 잃어버릴 수도 있다.** 사도 바울은, 자기 몸을 쳐서 복종시키노라고 말씀했는데, 그 이유는 다른 사람에게 복음을 전한 후에 자기가 버림을 받게 되지 않도록 하기 위함이라고 했다. 사람은 났다가 가지만, 하나님의 말씀은 영원토록 있는 것이다.

브라운은 또 한 가지 아주 중요한 말을 했는데, 그 말을 이 장의 결론으로 삼고자 한다: "말씀 사역자들이 하는 말이 너무나 단명(短命)한 것처럼 보일 수도 있다. 그러나 그렇다고 해서 사역자들이 자기의 권위를 강력하고 분명하게 만들기 위해서 잘못 자기의 권위를 넘어서는 일이 있어서는 안된다. 그렇게 자기의 한계를 넘어서는 일은 언제나 불신앙적인 근심의 결과이거나, 아니면 사역자가 스스로 신(神)이 되어 말하고 싶고 자기의 이름으로 자기의 권위로 나아가고 싶은 유혹에 굴복했다는 증표인 것이다."[3]

II. 설교의 정황

3. 문화적 정황

설교는 그것이 선포하는 진리만큼 오래된 것이요 또한 그 진리를 행하는 시대만큼 현대적인 것이다. 설교의 메시지는 영원 전에 주어진 것이지만, 그것을 적용하는 데 있어서는 오늘 조간 신문만큼이나 신선하고 새로운 것이다. 그런데 문제는 바로 여기에 있다. 그렇게 오래 됐고 시간적으로 과거에 속한 그런 것을 과연 어떻게 하면 오늘날 이 시대에 의미를 줄 수 있도록 전할 수 있겠느냐? 하는 것이다.

과학의 시대

오늘의 시대는 과학 기술의 선입견이 강한 시대이다. "시대에 맞아야" 한다는 것이다. 어떤 사람들은 이를 이제는 사람에게 하나님이 필요 없게 되었다는 뜻으로 이해한다. 과학 기술의 발전으로 말미암아 과거에는 하나님께 구했던 것을 이제는 우리 스스로 해결할 수 있게 되었다는 것이다. 인간 존재의 온갖 면들을 과학적 증거에 근거하여 평가하게 된 것이다. 우리는 분명한 증거가 있는 것 이외에는 아무것도 믿지 말라고 교육을 받아 왔다. 그런 증거가 없는 것들도 물론 사실일 수 있겠지만, 확실한 증거가 나타나기 전에는 판단을 유보해야 한다고 가르침을 받아온 것이다. 성경에서 당연한 것으로 인정해온 것들이 이제는 많은 사람들에게 진정한 지식에 걸림돌이 되어 버린 것이다. 그래서 차라리 성경의 "과학 이전의" 관념을 버리고 오늘날 현대인의 사고 방식에 걸맞는 것을 취하는 것이 더 낫다고 생각하기도 한다.

이러한 현실은 젊은 청년들에게는 정말 큰 호소력을 갖고 있으며, 또한 내적인 갈등을 일으키는 것이다. 머리로는 이런 것이 생각되는데 마음으로는 무언가 신비하고 이상야릇하면서도 사실인 어떤 것, 케케묵은 성경의 기사 속에 이상스럽게 숨겨져 있는 그런 것에 끌리는 것이다. 심리학자인 칼 로저스(Carl Rogers)가 보고한 대로, 진료를 받던 한 젊은 청년은 "저는 지성과 마음으로는 이교도인데, 알맹이는 완전한 청교도입니다"라고 말했다고 한다.[1)]

동시에 이러한 현대의 세속주의적 세계관이 수많은 사람들의 가치관에 깊은 영향을 미쳤다. 하나님의 자리를 허용하지 않는 경직된 과학적 우주관이 인생의 의미와 도덕성의 근거에 대해서 심각한 문제점을 제기하고 있다. 만일 하나님이 존재하지 않거나 하나님이 그저 우주 속에 운행하는 느낌이 없는 어떤 법칙에 불과하다면, 과거 한때 매우 중요하다고 여겨져 온 많은 문제들이 전혀 중요치 않은 것들이 되고 말 것이다. 그렇게 되면 결국, 우리가 거짓말을 하든 물건을 훔치든 남을 속이든 사람을 죽이든 별 차이가 없게 되어 버린다. 신중을 기하여 그런 일들을 하지 않는 방향으로 선택할 수도 있으나, 그러나 결국 끝까지 분석해 들어가면 옳고 그름의 개념이 아무런 호소력을 발휘하지 못하게 되는 것이다.

또한, 사회적·정치적 현실이 설교를 침해한다. 똑같은 사회적·정치적 상황 속에서도 두려움 없는 결연한 선지자도 나오고 도덕적인 비겁자도 나오는 법이다. 또한 조심스럽게 용기를 발휘하는 사람도 나오게 된다. 사실, 설교는 때로 사회와 정치 구조에 변화를 일으키는 입장을 취하기도 한다. 동시에 사회적·정치적 세력들이 설교의 방향과 강도(強度)를 변화시키는 효과를 가져오는 경우도 흔히 있다. 교회의 강단이 여러 면에서 현재 만연되어 있는 정치적 기질을 반영하는 경우가 얼마나 많은지 놀랍기도 하다. 이렇게 해서 진리가 타협하게 되고, 눌린 자와 불행한 자들이 아무런 도움을 받지 못한 상태로 그냥 있게 될 수도 있는 것이다.

과거 미국의 남북 전쟁과 그 전에 일어난 사건들만 보아도 이 점을 분명하게 볼 수 있다. 노예 문제에 대해서 보면, 강단의 설교가 그 사회에 지배적으로 퍼져 있는 정치적 감정을 그대로 반영한 경우가 태반이었던 것이다. 몇몇 타협하지 않는 목소리가 나오기도 했으나 육체적인 폭력으로 위협하여 이내 잠잠해져 버렸던 것이다.

언어와 심리학의 개념들

심리학은 과학 중에서도 엄밀성이 가장 적은 학문인데, 이것이 오늘날의 사회에 아주 주도적인 역할을 담당하고 있다. 심리학의 원리들 가운데 어떤 것은 인류의 역사만큼이나 오래된 것들도 있다. 인간의 행동의 동기를 분석하는 아리스토텔레스의 책 「수사학」(*Rhetoric*)에서도 이미 몇 가지 심리학적 원리들이 제시되고 있다. 심리학이 인간 지식의 한 가지 구분된 분야로 등장한 것은 불과 몇십 년 전의 일이지만, 오늘날 인간의 삶의 갖가지 면 가운데서 심리학에서 다루어지지 않는 것이 없을 정도다. 인간의 인격에 대한 이해의 발달로 인해서, 우리에게 친숙해 있던 성경의 일부 본문들이 오늘날의 상황을 보다 분명하게 투영하고 그리하여 더 의미있게 되고 있는 것이다. 한 성직자는 심지어 — 좀 지나친 것 같기도 하지만 — 복음을 헬라 철학이나 히브리인의 메시야적 언어보다는 차라리 현대의 깊은 심리학의 언어로 옷을 입히는 것이 오늘날 많은 사람들에게 더 낫다고까지 말하기도 한다.[2]

개신교에 속한 한 주요 교단은 목회자로 세우기 전에 철저한 심리학 교육을 받도록 규정하고 있다. 그리고 여러 교단에서는 선교 자원자들을 해외 선교 현장에 내보내기 전에 심리 평가를 하도록 요구하기도 한다. 점점 더 많은 지교회의 목회자들이 일상적인 상담을 효과적으로 시행할 수 있는 자질을 갖추고 위험 신호를 인지하고 적절한 대책을 세울 수 있도록 힘을 쓰고 있다. 이 목회자들은 또한 **갈등 해결의 원리들**(the principles of conflict management)을 더 많이 이용하고 있고 또한 그 원리들만을 효과적으로 이용하는 경우도 많다. 이 모든 사실이 심리학이 오늘날 확고하게 자리를 잡고 있다는 증거라 할 수 있다. 목사들이 빨리 이에 대해 습득하고 심리학이 종교에 줄 수 있는 가능한 도움을 이해하고 분별하는 능력을 갖출수록, 복음을 아주 밝히 더 효과적으로 전달할 수 있게 되는 것이다.

그러나, 심리학을 잘못 사용하면 복음을 흐리게 할 수도 있다. 어떤 교인은 심리학에 전문 지식을 지닌 한 목사에 대해서 불평하기를, "그 목사는 우리가 죽도록 계속 분석만 하고 있다!"고 했다. 심리학에 대한 지식이 오히려 아주 위험한 율법주의 — 온갖 곳에서 신경 증상이 드러나 마음이 침체되는 그런 현실과는 대조적으로 끊임없이 정상(正常)을 고집하는 완벽주의 — 의 경향을 촉발시킬 수도 있다. 은혜가 뒤로 제쳐지면 "율법"이 넘치게 될 수 있는 것이다. 물론 심리학적인 통찰이 하나님의 은혜에 휩싸일 때에 구원의 과정에 도움을 줄 수는 있지만, 우리가 구원받는 것은 그런 통찰로 말미암아 되는 것이 아니다.

하나님을 필요로 하는 영혼에게 더 중요한 문제는 그들의 과거가 어땠느냐 아니면 지금 그들 속에 어떤 고질적인 갈등이 끓어오르느냐 하는 것이 아니다. 가장 중요한 문제는 하나님의 용서하심이요 또한 갈등을 해결하고 극복하게 해주는 은혜이다. 그런 경험이 있게 되면, 과거를 올바른 시각으로 바라볼 수 있게 되고, 따라서 현재의 문제점들을 용기를 갖고 대면할 수 있게 된다. 심지어 회심의 경험조차도 지혜로운 심리학적 사후 상담(debriefing)을 통해서 유익을 얻을 수 있는 것이다. 그런 상담은 강단에서도 이루어질 수 있고, 또한 목사의 서재에서 사적(私的)으로도 이루어질 수 있는 것이다.

또한 임상 목회 훈련 프로그램들(programs of clinical pastoral training)이 목사 후보생들과 기존의 목회자들에게 도움이 되는 것으로 나타났다. 그런 프로그램들을 통해서 사람들은 이해와 격려의 분위기 속에서 자기 자신에 대해서 통찰을 얻고 동시에 일반 성도들이 일상 생활에서 접하는 갖가지 문제들을 더 깊이 있게 다룰 수 있는 능력을 계발하는 데 상당한 도움을 얻었다. 임상 목회 교육 프로그램을 만든 안톤 보이슨(Anton Boisen)은 「내적 세계의 탐사」(*Exploration of the Inner World*)라는 그의 책에서 목회자들이 정신과 병동의 환자들을 다루는 것을 보고서 그 프로그램을 창안하게 되었다고 밝히고 있다. 목회자들이 물론 환자들을 도우려는 마음으로 병원에 오지만, 대부분의 경우 현실과 아주 괴리되어 있는 사실을 본 것이다. 위로와 치유의 말을 전하면 좋았을 그런 상황에서 해외 선교의 문제에 대해서 설교하는 경우도 있었다. 보이슨은 이런 상황을 변화시키기로 마음 먹었고, 결국 해낸 것이다.

목회자에 대한 기대감

게다가 현대의 목회자들은 온갖 곤혹스러운 교회와 사회의 기대감 속에서 강단 사역을 해야 하는 어려움이 있다. 초대 교회의 사도들도 비슷한 문제점에 봉착해 있었다. 가난한 자들을 구제하는 일에 많은 시간을 소비하다보니 개인의 지적 영적 성장을 소홀히 할 수밖에 없는 현실을 맞게 된 것이다. 또한 그들은 그런 구제와 관련한 행정 처리에 별 재주들이 없었다. 그렇지만, 사람들의 기대감 때문에 그런 사회 사역을 그만 둘 수도 없었다. 이미 불만이 고조되고 있었던 것이다. 그리하여 어쩔 수 없이 그런 사역을 위하여 특정한 사람들을 뽑아서 일을 맡겼던 것이다.

오늘날 목회자에 대한 요구는 참으로 종류도 많고 매우 복잡하다. 사실 노동을 절약시켜 주는 갖가지 도구들이 목회자의 짐을 덜어 주고는 있다. 만일 전화로 전해져 오는 갖가지 요구에 노예가 되어 버린다면, 목회자에게는 어려움이 끝이 없을 것이다. 그런데 불행하게도 수많은 목회자들이 이런저런 방해 거리를 그대로 환영하고 받아들임으로써 목회의 임무를 계속 늘여가고 있다는 사실이다. 그러면서 이런 현실을 연구와 설교 준비에서 벗어나는 아주 그럴 듯하고 타당한 핑계 거리로 삼고 있는 것이다. 토요일 밤이 되어서야 다급하게 설교 준비하느라 법석을 떠는 현실에 아주 좋은 핑계로 삼는 것이다.

그러나 이런 것은 목회자로서는 죄를 짓는 것이다. 복잡하고 바쁜 스케줄은 자기들에게 주어진 시간을 효율적으로 운용하지 못한 결과로 나타나는 것일 수도 있기 때문이다. 그러나 반면에, 이런 잘못된 현실은 교인들이 교회의 목회상의 잡다한 요구들을 자기들이 도와서 함께 해결해 나가야 한다는 사실을 깨닫지 못하기 때문에 더 악화될 수도 있다. 그러나 한 가지 분명히 말해 둘 것은, 목회자들이 자기들에게 지워진 요구들을 해결하고 극복할 길을 찾아야 한다는 것이다. 목회자들의 설교와 또한 그 설교를 듣는 청중들은 얼마든지 고통을 당하겠지만, 하나의 전문가로서 그들의 삶에 대한 기대치는 다른 전문가 그룹과 비교해도 전혀 줄어들지 않는 것이다.

목회자에 대한 교인들의 기대가 전혀 비현실적이고 불공평할 수도 있다. 과학주의라든가 사회적·정치적 압박이라든지 심리학적 축소주의 등등의 문화적 경쟁 요인들이 주의를 흐트러뜨려서 하나님에 대한 여지가 거의 남아 있지 않을 수도 있다. 그러나 그럼에도 불구하고, 인간적인 요구의 목소리는 계속해서 높아만 간다. 이런 어지러운 현실 속에서도 우리는 우리가 부르심을 받고 안수를 받고 또한 훈련을 받은 본연의 임무인 말씀 전하는 일을 감당하며 그 말씀을 필요로 하는 자들에게 나아가도록 싸워서라도 방법을 찾아야 하는 것이다.

마찬가지로, 현대 과학에 진 빚이 있다면 모두 인정해야 하고, 출처가 어디든 진리가 있다면 기꺼이 받아들여야 하고, 우리와 일반 교인들이 함께 어울려 기능을 발휘하고 있는 하나의 사회 구조 내에서 활동해야 하며, 또한 인간 행위의 역학에 대해서 심리학이 가르쳐 주는 내용도 우리의 믿음을 증진시키는 데에 사용해야 한다. 인생이 불완전하기 때문에, 살인적인 경쟁과 갈등 속에서 살아 남기 위한 고통 속에서 나오는 인간적인 고뇌에서 인간 모두에게 공통적으로 나타나는 온갖 좌절감에서 갖가지 의문과 위험 신호와 호소와 요구들이 나오는데, 목회자로서는 도무지 이런 것들을 외면할 수가 없다. 그러나 그런 문제들에 민감해지면, 그것들이 우리의 우선 순위를 정리해줄 것이다. 그러면 무엇을 설교해야 할지, 또한 어떻게 하면 삶의 처지에 알맞게 설교할 수 있을지를 알게 될 것이다.

오늘날의 사람 다루기

하나님의 계시의 근원과 그 계시의 기록에 대해서 우리는 잘 배워 알고 있다. 그렇지만, 인간의 상태에 대한 계시의 근원에 대해서는 어떠한가? 사람의 공허감, 갈등, 그리고 끈질기게 이어지는 필요에 대해서는 어떻게 알게 되는가?

목회 상담이 살아 있는 인간적인 현실을 알게 해준다. 상담의 상황이 공식적이고 또한 고백적인 분위기이든, 아니면 아주 비공식적이며 즉흥적인 대화의 분위기이든, 목회 상담을 통해서 사람에게 과연 무엇이 필요하냐 하는 것이 한꺼풀씩 벗겨지는 것이다. 한 유명한 설교가는 정기적인 상담 시간에 사람들이 그에게 이야기해 주는 내용을 설교의 주제로 삼아서 설교하였다고 한다. 그는 절대로 신뢰를 깨뜨리지 않으면서도, 문제를 있는 그대로 적나라하게 볼 수가 있었고 그리하여 많은 회중과 그 문제에 대한 해답을 성경에서 함께 나눌 수가 있었던 것이다. 한 사람에게 일어나는 문젯거리는 모든 사람에게 다 공통적으로 일어날 수 있는 문제라고 가정하고 그렇게 한 것이다. 그리하여 그의 설교는 서재에서 들은 이야기에 의해서 주제가 잡혀지곤 했던 것이다.

예술(the arts)은 인간의 처지를 비추어주는 거울로서 볼 줄 아는 눈이 있는 사람에게는 어떤 도움이 필요한지를 생각할 수 있게 해준다. 그러나 볼 줄 아는 눈이 있는 사람에게만 그렇다! 참 안타까운 일은 우리들 가운데 많은 이들이 현재의 실상(what is)과 반드시 되어야 마땅한 필수적인 상태(what ought to be) 사이의 차이를 전혀 보지 못한다는 사실이다. 어떤 이들은, 현실이 어떻든지간에 그럴 수밖에는 달리 도리가 없다는 식으로 생각하기도 한다. 현실(is)이 필수적인 이상(ought)이 되어 버리는 것이다. 어느 시점에서 어떠한 일이 일어나든 그것을 정상(正常)으로 보는 것이다. 이론적으로는 논란을 벌이면서도, 실제로는 그것을 변호할 수도 있는 것이다. 가장 고매한 인격은 바로 눈에 보이는 대로의 인생과 세계를 그대로 받아들이는 것이라고 여기는 것이다.

사실, 예술이 우리 인간의 현실을 드러내는 매개체라고 보는 것은 지극히 엘리트주의적인 사고라 할 수 있다. 과연 피카소의 작품 게르니카(Guernica)에 담긴 깊은 의미를 생각하고 음미할 수 있는 사람이 과연 몇 퍼센트나 될까? 「세일즈맨의 죽음」(*The Death of a Salesman*)이나 「고도를 기다리며」(*Waiting for Godot*)에서 어떤 메시지를 찾은 사람이 과연 얼마나 되겠는가?

부정적인 모습이 오늘날 시대에는 아주 중요하다. 그리고 그런 모습은 사회의 한 구석에서 나타난다. 값싸게 생각하여 실행에 옮기는 성 행위나 폭력 같은 것조차도 우리의 현실이 어떠하며 우리에게 무엇이 모자란지를 웅변적으로 말해 준다. 그러한 모든 인간의 상태에 대한 사실들은 기독교 신앙이 대답해 주어야 할 문제들을 제기하는 것이다. 폴 틸리히(Paul Tillich)의 말처럼, "우리 중에 누구에게도 모든 시대 모든 장소의 모든 사람 하나하나에게 다 말씀을 전하라고 하지 않는다. 의사 전달이란 참여의 문제인 것이다."[3]

이러한 사실은 적극적인 응대(應對: engagement), 대화, 싸움이 필수적이라는 사실을 강조해 준다. 한번은 나일스(D. T. Niles)에게, 종교적 전통이 다른 사람이 있을 때에 그리스도인은 어떻게 그 사람에게 접근해야 하느냐고 물은 적이 있다. 그때에 그의 대답은 이것이었다: "움직이는 기차에 올라타려면 그 기차만큼 빨리 움직여야 하지요? 이와 마찬가지로 그 사람에게 하나님을 위해서 무엇을 말할 것인가를 알고 싶어하는 만큼 하나님이 그 다른 사람을 통해서 무엇을 말씀해 주시는지를 듣기를 원해야 합니다. 당신과 그 사람이 모두 그리스도를 바라보고 여러분 각자에게 그가 어떻게 말씀하시는지를 듣는다면 더 좋겠지요."

이처럼 적극적인 응대, 대화, 싸움, 그리고 정신적인 부딪침이 필수적인 것이다. 참여가 반드시 있어야 한다. 그러나 또한 바깥에서부터 오는 말씀(a Word)이 있어야 한다. 틸리히는 이렇게 말한다: "사람들의 관심사에 함께 참여해야만 그들에게 말할 수가 있다. 그러나 위에서 내려다보는 자세가 아니라 그들의 관심사를 함께 나누는 자세로 참여해야만 한다. 그러나 반면에 우리가 그들과 똑같아서는 안된다. 우리가 그들과 달라야만 그들에게 기독교의 대답을 줄 수 있는 것이다."[4]

바로 그리스도의 성육신이 가르쳐주는 것이 참여가 아닌가? "우리에게 있는 대제사장은 우리 연약함을 체휼하지 아니하는 자가 아니요 모든 일에 우리와 한결같이 시험을 받은 자로되 죄는 없으시니라"(히브리서 4:15). 무디(D. L. Moody)는 어디선가, "나는 이교도의 책은 절대로 읽지 않는다"고 했다고 한다. 그 이유는 믿음을 달라고 열심히 기도했었는데 이제야 그 믿음을 찾았기 때문이라는 것이다. 그러므로, 그렇게 어렵게 얻는 믿음에 저촉되는 그런 사상에 자기를 노출시키는 행위는 하나님을 망령되게 하는 것이요 또한 그를 시험하는 것같이 여겨졌던 것이다. 그러나 그는 정말 자비로운 마음을 가진 사람이었다. 자기에게 그런 문제가 있음에도 불구하고 그는 의심하거나 믿지 않는 사람들과의 관계를 단절시킨 일이 없었다.

그러나, 그런 사람들을 대하고 그들에게 사역하는 데 있어서는 심각한 제약이 뒤따랐던 것은 분명한 사실이다. 그런 제약 때문에, 그러한 문제는 다른 사람에게 맡겨야 했던 것이다. 무신론자나 불가지론자(不可知論者)도 누군가는 도와야 한다. 그리고 그런 일은 고통스러울 수도 있다. 수술을 준비하는 일이 너무나 어려워서 도저히 그것을 감당할 수 없는 사람도 있다. 그러나, 생살과 피를 다루는 일이 끔찍하기는 하지만, 누군가는 그 일을 해야 생명을 살리지 않겠는가? 정신병 환자를 치료하는 일은 너무나 불안하기 때문에 그것을 도저히 감당할 수 없는 사람도 있다. 그러나 그들에게 소망과 건강의 빛을 가져다 주기 위해서는 누군가 그 정신나간 지옥에까지 내려가는 사람이 있어야 하는 것이다.

한 사람이 동시에 모든 곳에 다 있을 수도 없고, 모든 일을 다 할 수도 없다. 우리는 우리가 할 수 있는 일을 하며, 또한 고통을 통해서 그 전보다 더 많은 일을 하도록 배워가는 것이다. 효과적으로 설교하기를 바라면 상아탑 속에서만 있어서는 안된다. 회중이 그런 것을 내버려 둔다 해도, 설교의 본질 그 자체 때문에라도 그렇게 있을 수는 없을 것이다. 우리들 대부분은 특별한 은사를 갖고 사역을 시행하고 있으며 특별한 일들을 이루기도 한다. 진정 인간적으로 사람들을 대면해야 하기 때문에 온갖 수준에서 사람들과 접촉하는 것이다. 결국, 그리스도의 몸에는 많은 지체들이 있다. 모두가 똑같은 역할을 하는 것이 아니라, 각자 각자 다른 지체들과 함께 역사하여 유기적인 전체의 필수적인 일부로서 기능을 발휘하는 것이다(고린도전서 12:12-31).

　구별되어야 한다는 점에서 보면, 우리의 참여란 곧, 우리가 함께 대화하고 나누는 그 사람들로 하여금 그리스도의 세계, 곧 우리가 속한 그 세계를 접하도록 해주어야 한다는 것을 뜻한다. 메시지를 전하는 자가 그것을 받는 사람의 쪽으로 완전히 기울어질 위험이 상존하는 것이다. 신자가 의심하는 자의 그 의심에 함께 빠질 수도 있는 것이다. 수술을 담당하는 의사가 수술대 앞에서 쓰러질 수가 있는 것이다. 정신과 의사 자신이 미쳐버릴 수도 있고, 선한 사람이 죄의 유혹을 받을 수도 있는 것이다. 그리스도인들이 그리스도의 세계의 문을 열어서 세상의 유혹을 좇는 그런 사람들로 하여금 얼마든지 그 세계를 접할 수 있도록 만들어 주기 위해서는 그런 위험 부담을 기꺼이 져야 하는 것이다.

4. 예배의 정황

"정치적 혼돈과 붕괴에서 이 세계를 구해낼 수 있는 것은 오직 한 가지, 곧 예배밖에는 없다"고 캔터베리 대주교 윌리엄 템플(William Temple)은 말한 바 있다. 템플은 이 말이 너무 지나치게 들릴 수 있다고 시인하면서 다음과 같이 계속해서 그 말을 좀더 분명하게 설명하고 있다: "[사람들은] 그리스도께서 그의 삶과 죽음을 통해서 보여주신 그 신적인 사랑에 응답해서 마음을 하나님께 드리면서 서로 간의 교제를 찾아야 한다."[1)]

어쩌면 예배를 무언가 좀더 생동감 있다고 여겨지는 것과 반대되는 것으로 생각하기가 쉬울 것이다. 예배라고 불리어온 것은 처음부터 의혹을 받아왔고, 거기에 그럴만한 이유가 있었던 적도 많다. 가인이 드린 예배에 무언가 잘못이 있었으므로, 하나님은 그 예배를 받지 않으셨다. 이스라엘의 예배에 무언가가 잘못되었으므로, 하나님은, "내가 너희 절기를 미워하며 멸시하며 너희 성회들을 기뻐하지 아니하노라"(암 5:21)라고 말씀하셨다. 예수님 당시 사람들의 예배에 무언가 그릇된 것이 있었기 때문에, 예수님은 이렇게 말씀하신 것이다: "기록된 바 내 집은 만민의 기도하는 집이라 칭함을 받으리라고 하지 아니하였느냐? 너희는 강도의 굴혈을 만들었도다"(막 11:17).

이렇게 볼 때에, 최소한 무언가 혼란스런 상황이 있었던 것이다. 그러나 동시에 예배는 또한 설교에 긍정적인 영향을 준다는 사실이다.

긍정적인 가치

예배 시간은 설교의 기회를 제공해 준다. 회중이 모여 예배할 때에 무언가 말씀할 만한 가치있는 일이 주어지는 것이다. 활동이나 성경 봉독, 혹은 어떤 일에 대해서 설명하고 논의하는 일이 주어지는 것이다. 이것은 지극히 자연스러운 일이라 할 수 있다. 기독교의 예배는 신약 시대의 회당 예배와 공통되는 점이 많다. 회당 예배의 주요 요소는 바로 율법과 선지서의 일부를 읽기, 그 성경에 대한 해설, 찬양, 그리고 기도였다. 누가복음에는 초기 유대인 회당 예배의 모습을 조금이나마 볼 수 있는 기사가 나타나 있다. 나사렛 예수께서 지정된 성경 본문을 읽으시고 그 다음에 해설을 하신 장면을 볼 수 있는 것이다.

기원후 140년경, 저스틴 마터(Justin Martyr)는 초기 기독교 예배에 대해서 좀더 포괄적이고 상세한 상황을 서술하고 있다. 곧, 사도들이 남긴 비망록이나 선지자들의 글을 읽은 후 회중의 장(長)이 회중을 향하여 권면하고 그런 덕행을 모범으로 삼아 실천할 것을 말씀했다고 보도하고 있는 것이다.[2] 교회사를 보면, 모든 예배 의식마다 다 설교가 포함되어 있었던 것이 아닌 것을 알 수 있다. 그러나 설교의 순서가 있든 없든, 설교의 가능성은 상존하고 있었던 것이다. 대주교 잉베 브릴리옷(Yngve Brilioth)은 그가 쓴 「설교약사」(*Brief History of Preaching*)라는 책에서, 유대교의 선포와 기독교 설교를 서로 연관지어 볼 때에 설교사에는 세 가지 기본 요소가 나타난다는 주장을 출발점으로 삼았다. 곧, 예배의식적인 연관성이요, 성경 해석적인 연관성이요, 또한 선지자적인 연관성이 그것이다.[3] 다시 말해서, 교회의 설교는 예배의 정황 가운데서 나타난다는 것이다.

예배 시간은 설교를 위한 최상의 분위기를 제공해 준다. 설교 앞의 순서들은 모두가 "예비적인 순서들"이라고 말하면 어떤 사람들은 설교가 시작될 때까지의 순서들은 별로 의미가 없다는 말처럼 들려서 기분이 상하기도 한다. 마땅히 그래야 할 것이다. 그러나 설교 앞에 나오는 예배의 행위들이 설교의 메시지를 받아들일 수 있는 정신 자세와 마음을 갖도록 분위기를 만들고 준비시켜 준다는 사실은 분명하다. 칼 바르트는 설교의 서론은 대부분 생략할 수 있다고 믿었다. 왜냐하면 "설교 앞에 계속되는 순서들이 이미 설교의 서론으로서 충분하며, 설교는 바로 그 절정이기"4) 때문이라는 것이다. 사실 설교는 그 앞에서 행해진 것을 받아들이고, 또한 그 이후의 순서를 돕는다. 설교는 회중의 헌신과 헌금을 위해서, 성찬예식을 위해서, 중보 기도를 위해서, 교회 문바깥으로 나아가서도 매일 "하나님이 기뻐하시는 거룩한 산 제사로 드리는"(롬 12:1) 예배의 삶을 살도록 마음을 준비시켜 주는 것이다. 구약 성경에는 아주 감동적인 예배 장면이 나타나고 있다: "번제 드리기를 시작하는 동시에 여호와의 시로 노래하고 나팔을 불어 번제를 마치기까지 이르니라"(대하 29:27). 오늘날도 마찬가지다: 선포의 나팔은 여호와의 거룩하신 이름에 대한 분명하고도 확실한 찬양으로 온 회중이 노래함으로써 울려 퍼지기 시작하는 것이다.

이는 두 가지 방향으로 작용한다. 회중은 설교를 통해서 하나님의 말씀을 해명하고 설득하고 적용할 때에 더 잘 반응하게 된다. 동시에 설교자 자신도 아주 높은 수준의 영감 속에서 강단 사역에 임하게 되는 것이다. 주일 오전 예배에 참석 인원이 별로 없을 경우 설교자가 느끼는 느낌을 우리는 잘 이해할 수가 있다. 참석한 몇 사람도 그저 덤덤하게 앉아 있는 것을 보고서 설교자는 시무룩한 얼굴로, "뒤를 받쳐줄 성가대조차도 없어!"라고 한다. 그러나 이 설교자는 다른 주일에는 힘이 생겨서 말씀을 전하고는, "위대한 회중이 위대한 설교자를 만드는 법이다"라는 사실을 깨닫게 된다. 그 말을 약간 수정해서 이렇게 말하면 좀더 도움이 될 것이다: 신령과 진정으로 예배하는 회중이야말로 설교를 아주 중대한 사건이 되게 만든다! 그런 일이 일어나기 위해서 반드시 많은 무리가 있어야만 되는 것은 아니다.

레이몬드 아바(Raymond Abba)는 다음과 같은 이야기를 하고 있다. 제일차 세계대전 때에 한 프랑스의 어느 마을에 주둔한 영국 대령이 그 오랜 마을의 사제를 이런저런 이유로 집적대곤 했다고 한다. 어느 주일 아침, 몇명 안되는 교인들이 미사를 마치고 나올 때에 그 대령이 그 사제에게 이렇게 말했다: "안녕하십니까, 신부님? 오늘 아침 미사에는 몇명 참석하지 않았군요. 정말 몇명 되지 않는데요!" 그러자 그 사제는 대답하기를,

"아니요, 당신이 잘못 본거요. 수천 수만 명이 참석했다오!"라고 하였다고
한다. 그 사제는 쌍투스에 나오는 다음과 같은 가사를 생각하고 그렇게 대
답한 것이다: "그러므로 천사와 천사장과 하늘의 모든 무리와 함께 주의
영광스러운 이름을 찬송하며 높이세. 더욱 주를 찬송하세. 거룩, 거룩, 거룩,
만군의 주 하나님이여, 하늘과 땅에 주의 영광이 가득 하도다. 주께 영광,
오 지극히 높으신 주여."[5]

예배에 갖가지 "큰 계획"이 있다는 사실은 설교를 위한 가장 중요한 주
제를 시사해 준다. 곧 교회력에 따라서 설교하는 것이 그것이다. 사실 설교
자의 개인적인 취향과 제한된 경험에 의해서 결정된 그런 설교만으로 영
적 양식을 삼는 회중이 있다면 그것은 참 안된 일이다. 그렇다고 해서 교
회력에 대해서 들어보지 못한 설교자나 회중은 반드시 영적으로 빈곤한
상태에 있다는 말은 아니다. 어떤 설교자들은 성경의 책들을 통해서, 혹은
최소한 관련 부분들을 연속적으로 설교를 함으로써 그 때 그 때마다 임의
로 생각하는 대로 설교하는 행위를 삼가기도 한다. 모든 중요한 주제들을
다루고 설교해 가거나 아니면 의도적으로 무시하고 지나가기도 한다. 그러
나 교회력은 다른 이점을 제공해 주기도 한다. 교회력은 물론 교회에서 기
념하는 가장 중요한 절기들을 기초로 한 것이다.

요셉 융만(Josef A. Jungmann)은 이런 기념적인 성격이 아주 이례적
이라는 점을 지적했다: "일반 사회의 기념 예식의 경우 사람들은 이런저
런 과거의 사건을 기념하고, 말과 행동으로 그 사건을 회상한다. 그러나 교
회는 그런 식으로 기념하는 것이 아니다. 교회의 경우는 그 기념하는 사건
이 아주 신비적인 방식으로 과거로부터 현재로 들어오는 것이다. 그 사건
자체가 그렇다는 것이 아니라 — 오래 전에 일어난 그 사건이 그것을 기
념하는 현장에서 다시 일어나는 것은 아니고 — 그 사건의 효과와 근원에
있어서 그렇다는 것이다."[6]

조지 깁슨(George M. Gibson)은 교회력이 발전해온 역사에 네 가지
주요 원칙이 있음을 지적하였다. 첫째는 **반복의 원칙**(the principle of
reiteration)으로서 "신실한 반복을 통해서 신앙적 불변성을 인식하는 것"

이며, 둘째는 적절성의 원칙(the principle of appropriateness)으로서 "특정한 영적인 연상(聯想) 심리가 작용하는 것"이며, 셋째 "성속을 구별하는" 원칙이 있고, 넷째 신앙적 대비(religious preparation)의 원칙이 있는데 이는 "일년 내내 기독교의 주제가 계속 이어지도록 하는 것"이다.[7] 그러나 앞에서 말씀한 내용을 근거로 다섯째 원칙, 곧 대면(對面)의 원칙(the principle of confrontation)을 여기에 첨가시킬 수 있을 것이다. 왜냐하면 회중으로 하여금 기독교 진리 전체를 대면하도록 하는 것이 설교자로서 매우 중요하기 때문이다.

폴 쉬러(Paul Scherer)는 예일 대학교 설교학 연례 강좌(the Yale Lectures on Preaching)에서 이렇게 말하고 있다. "지금까지 근 이십 오 년 동안 저는 주일 오전 설교의 경우 대부분은 주제별 연속 설교를 해오고 있습니다. 서신서와 복음서의 본문을 택하여 일년에 기독교 신앙의 내용 전반을 골고루 다룰 수 있도록 신경을 써왔습니다. 그런데 그것들이 방해거리가 된다거나 혹 제가 거기에 완전히 매인다는 느낌은 한 번도 가져본 적이 없습니다. 제 경험에 의하면 그 일은 참으로 놀라운 것이었습니다. 한 주 한 주마다 주제들이 계속 연결되어 새로운 시야를 열어주는 것을 깨달았거든요. 성경의 친숙한 말씀들이 회중들 속에 하나님의 그 다함이 없는 풍성함으로 들어 박히게 하는 것으로 그것 이상 좋은 것이 없다고 봅니다."[8]

설교 자체도 하나의 예배 행위가 될 수 있다. 예배 시에 설교자와 회중에게 그 어떠한 의미있는 영적 반응이 일어난다면, 그런 반응은 하나님이 예배자들에게 임하셨기 때문에 일어나는 것이다. 하나님은 죄의 용서와 구속도 주시지만, 말씀이 전파되는 가운데서 자기 자신을 주시는 것이다. 마틴 루터가 말했듯이, "그리스도께서 여러분에게 임하시고 여러분이 그에게 이끌리는 것은 바로 설교를 통해서 이루어진다. 왜냐하면 설교는 우리의 말이 아니라 하나님의 말씀을 선포하는 것이기 때문이다."[9] 물론 성만찬 가운데서도 임하시지만, 이것은 또 다른 주제고, 하나님의 강림하심은 분명 설교와 관련이 있는 것이다.

독일어로 예배는 고테스딘스트(Gottesdienst)인데, 이는 "하나님의 봉사, 혹은 신적 봉사"이란 의미이다. 이것은 물론 우리가 하나님 앞에서 행하는 우리의 봉사를 가리킬 수도 있지만, 또한 하나님이 우리에게 베푸시는 봉사를 뜻할 수도 있다. 예배 시에는 대화가 이루어진다. 보르트(Wort)와 안트보르트(Antwort), 곧 "말씀"과 "응답"의 상호 대화가 이루어지는 것이다. 하나님이 과거에 행하신 일과 그가 현재 행하시는 일, 그리고 앞으로 하시겠다고 약속하신 일을 떠나서는 우리는 아무 일도 할 수가 없는 것이다.

이와는 다른 의미에서도 설교를 예배의 행위라 할 수 있다. 설교 자체도 찬송가와 마찬가지로 하나님의 놀라우신 역사를 칭송하고 찬양할 수 있는 것이다. 로이 피어슨(Roy Pearson)이 지적하듯이, "신실한 설교는 예배에 둘러싸여 있기만 한 것이 아니라, 그것 자체가 예배의 행위에 속한다. 설교하는 동안 설교자가 예배하지 않고 있다면 그것은 설교의 이유와 설교의 능력을 스스로 부인하는 것이 된다. 예배와 설교의 이러한 긴밀한 관계는 입양에 의해서 자녀가 되는 그런 관계가 아니라 출생에 의해서 자녀가 되는 그런 관계에 비할 수 있는 것이다. 설교는 그저 예배를 용인하는 것으로 그치는 것이 아니다. 공기 탱크 없는 잠수부가 있을 수 없듯이, 예배 없는 설교도 존재할 수가 없는 것이다."[10]

어떤 의미에서 설교는 우리의 말이 아니라 하나님의 말씀이라는 루터의 말에 물론 동의하지만, 그러나 그럼에도 불구하고 설교가 우리의 말이며, 인간의 말이며, 우리의 최고의 것을 하나님께 드리는 행위라는 것도 또한 사실이다.

설교자가 설교를 하나님께 드릴 때에 그것은 다시 회중으로 하여금 하나님을 찬양케 만드는 기회가 된다. 설교자가 회중을 향하여, "오 내 영혼아 주를 송축하라. 내 속에 있는 것들아 다 주의 거룩하신 이름을 송축할지어다"라고 하면, 회중은 그런 말을 그대로 따라서 함께 예배하게 되는 것이다.

포사이스(P. T. Forsyth)는 다음과 같이 말하고 있다: "설교는 … 예배

의식(cultus)의 일부분이다. … 설교가 무엇인지를 잘 아는 개신교 교회는 설교를 예배의 중요한 부분으로 인식해왔다. 설교는 복음의 말씀이 고백이 되어 그 말씀을 주신 하나님께로 다시 돌아가는 것이다. 설교가 분명 사람들에게 전해지는 것이지만, 그러나 사실은 하나님께 드려지는 것이다. … 나머지 예배의 모든 부분이 그렇지만, 설교도 복음의 열매인 것이다." 포사이스는 설교를 가리켜 "질서 있는 공동체의 조직적인 할렐루야"라고 부르는데, 이것이 큰 무리가 아니라 여겨진다.[11]

자, 지금까지 설교와 관련한 예배에 대해서 말씀했는데, 이 내용이 실리적이라는 느낌이 들 수도 있고, 부분적으로 실리적인 근거(utilitarian ground)에서도 이를 정당화시킬 수가 있을 것이다. 그러나 그것을 떠나서라도, 예배에는 의무론적인 근거(deontological ground)가 있다. 곧, 예배가 우리의 의무라는 것이다. 영어의 워쉽(worship)은 고대 영어의 워쓰쉽(weorthscipe)에서 온 것인데, 이는 하나님께 드려진 경의나 공경을 뜻하는 것이다. 우리가 예배에서 개인적으로 어떤 유익을 얻든 얻지 못하든 그것과는 상관 없이 하나님은 우리의 예배를 받아 마땅하신 분이다. 만일 예배를 순전히 우리의 설교를 발전시키는 근거로 또한 설교를 듣게 하는 한 방법으로만 생각한다면, 그것은 예배의 개념과 실천을 완전히 오도(誤導)하는 것이다.

더욱이, 인간 본성에 우리의 예배를 요구하는 그런 부분이 있기 때문에 예배가 필요하기도 한 것이다. 사도 바울은 고대의 아테네를 다니면서 온갖 우상들을 다 보았는데, 그것은 개화된 사람들이든 야만인이든 상관 없이 모든 시대의 모든 사람들에게 전형적으로 나타나는 현상이다. 사실 여러 가지 면에서 인간은 종교성이 매우 강하다. 요한 호이징가(Johan Huizinga)는 문화의 놀이의 요소가 어린아이들의 게임으로부터 신성한 종교 의식에까지 전이해 간 과정을 보여준 바 있다. 놀이를 한 사람들이 ― 놀이를 해본 일이 없는 사람이 어디 있겠는가? ― 또한 예배도 한다는 것이다.[12]

그러므로 여기서 이슈는 다음과 같은 것으로 집약된다: 어떤 식의 예배

가 제공되는가? 예배가 무언가 설교를 높여주는 일을 하는가? 예배가 의
식 위주로 진행될 경우 설교를 망가뜨리는 경향이나, 삭제나 혹은 과장 같
은 것이 있는가?

부정적으로 고려할 점

이제 앞에서 제시한 몇 가지 점들을 다시 살펴 보면서 그것들에 대한
부정적인 증거를 살펴 보기로 하자.

앞에서 "예배는 설교의 기회를 제공해 준다"고 했다. 물론 지정한 장소
에서 정기적으로 드려지는 예배는 설교를 위한 아주 귀한 기회를 제공해
주지만, 효과적인 설교는 예배가 아니고서라도 행해질 수 있다. 존 웨슬리
(John Wesley)는 말하기를, 한때 자신은 교회 건물 바깥에서 설교하는 일
은 거의 죄악에 가깝다고 생각했었다고 하였다. 그러나 그는 자기 아버지
의 무덤 위에서도, 마을 사거리에서도, 개활지에서도 — 사람들이 모여서
자기의 메시지를 들을 만한 곳이면 어디서든지 — 설교했다. 물론 그 일이
노천(露天)에서 행해졌지만, 그의 동생 찰스의 노래와 찬양과, 또한 시의적
절한 기도와 한데 어울려서 예배가 행해졌다고도 말할 수가 있는 것이다.

지나간 여러 세기 동안 교회 건물 바깥에서 행해진 설교의 놀라운 긍정
적인 결과들을 과연 어떻게 측량이나 할 수 있겠는가? 로마 가톨릭 사제
인 이베스 콩가르(Yves Congar)는 이렇게 말했다: "고대의 각종 문헌을
살펴 보면 대개가, 설교가 없이 미사만 30년 동안 드려진 나라와 미사가
없이 설교만 30년 동안 행해진 나라를 비교할 때에 설교가 행해진 나라에
훨씬 더 많은 그리스도인이 있을 것이라는 것을 증거해 준다."[13] 그러면서
콩가르는 이어서 로마 사람 홈베르트(Humbert of Romans, 13세기), 시
에나의 성 베르다니누스(Saint Bernardinus of Sienna, 15세기), 요한 에
크(Johann Eck, 16세기)의 문헌을 인용한다.

오늘날에는 라디오와 텔레비전과 인쇄매체를 통해서도 복음이 선포될
수가 있다. 물론 기도나 노래나 성례의 도움이 없이도 얼마든지 복음이 전

파되는 것이다. 사용가능한 모든 매체를 통해서 그리스도가 전파된다는 것이 얼마나 기쁜 일인지 모른다. 그러나 동시에 이런 교회 바깥의 설교자들 모두가 청중들을 지교회로 인도하는 데 관심을 갖기를 바라는 것이다.

자, 여기서 한 걸음 더 나아가 보자. 앞에서 "예배가 설교를 위한 최상의 분위기를 제공해 준다"고 진술했었다. 그러나 불행하게도, 교회사의 어느 시기 동안은 예배가 오히려 설교를, 최소한 정규 예배시에 행해지는 **설교를 방해하는** 경우도 있었다. 중세 말 설교가 번창했고, 아주 높은 예술이 되었었다. 수도원의 스콜라주의자들이 그렇게 시행했었다. 또한 이리저리 돌아다니는 수도사들이 행하는 설교가 대중들의 열광적인 환영을 받기도 했다. 그러나 미사 때에 행해지는 설교는 전혀 그렇지 못했다. 사람들이 의미있는 설교를 듣는 것은 대개 금식일이나 절기 때 뿐이었던 것이다. 사제들이 복음의 말씀보다는 성자(聖者)에 대해 설교하기를 선호했던 것이다. 브릴리옷에 따르면, "설교와 예전(禮典, liturgy)이 서로 이반(離反)된 상태였다고 말해도 절대 과장이 아니다. 이런 현상은 곧 예배 의식(ritual)과 말로 전해지는 말씀 사이의 건전한 상호 교류가 작용이 중지되어 결국 이 둘 모두 손상되는 결과를 낳았다"[14]고 한다.

설교를 제외한 예전만의 중요성을 강조한 나머지 설교가 전반적으로 쇠퇴하는 상태에 이른 것 같아 보인다. 그리하여 주의 말씀이 "hocus-pocus"(틀에 박힌 주문)가 되어버리기 십상이었다. 왜냐하면 신비가 미신으로 대체되어 버렸기 때문이다. 예전에 포함되어 있는 갖가지 통찰들이 전달되어야 마땅했으나 이렇게 저렇게 가려진 것이다.[15] 그리하여 제2차 바티칸 공의회(Vatican II)는 다음과 같이 지침을 내렸다: "설교의 사역이 정확히 성실하게 시행되어야 한다. 설교는 … 주로 성경과 예전의 문헌에서 그 내용을 이끌어 와야 한다. 설교의 성격은 구원 역사 속에 나타난 하나님의 놀라운 역사(役事), 즉 우리 속에서 항상 — 특히 예전이 시행될 때에 — 임재하고 능동적으로 역사하는 그리스도의 신비를 선포하는 것이어야 한다."[16]

로마 가톨릭 교회는 이 교훈들을 정말 어렵게 얻었는데, 개신교에서도 예배 의식이 메말라 있는 사실에 대해서 관심을 갖고서 그것을 풍성하게 하고픈 열망이 있으면서도 어떤 한 방향을 지나치게 강조할 가능성이 있음을 깨닫지 못하고 있는 사람들은 이 교훈들을 진지하게 취해야 할 것이다. 제2차 바티칸 공의회에서 한 로마 가톨릭 학자는, 자기들의 예배에서 가톨릭 사람들은 오랜 동안 개신교 사람들의 특징으로 되어 있던 그런 강조점들을 향하여 움직여 가고 있고 또한 개신교 사람들은 전통적으로 가톨릭 교회의 것으로 되어 있는 그런 면에 이상스럽게도 관심을 갖고 있는 그런 현상을 발견했다. 그는 다음과 같이 결론을 내렸다: "가톨릭 교도와 개신교 교도가 서로 만나고 서로를 지나치지 말았으면 좋겠다!"

더 나아가서, 교회력을 사용하여 하는 설교의 가치에 대해서도 강조가 있었다. 그러나 거기에도 다른 일면이 있다. 표준 성구집들(lectionaries)은 일년에 기독교 진리 전체를 다 포괄하도록 배려하고 있고, 또한 이년 내지 삼년에 신구약 성경 대부분을 포괄하도록 만들어져 있다. 그러므로 그것을 사용하면 설교의 주제나 본문이 전체적으로 균형을 유지할 수가 있다. 그러나 가끔씩 이런 의문이 제기되기도 한다: "이것이 성령의 역사를 제한하는 것은 아닌가? 교회나 국가나 세계에 어떤 시급한 문제가 있다고 하자. 그리고 성구집의 말씀이 그런 상황과 맞지 않고 도움이 되지 않는다면 어떻게 하겠는가?"

바로 이것이다! 종교개혁 이후 칼빈주의자들은 교회력을 예전의 가이드로 사용하기를 거부했다. 그들은 성경 각권을 택하여 계속해서 설교해 나갔다. 그러므로 설교자로서는 설교자 자신이나 회중을 판단하고 책망할 수 있는 그런 본문까지도 무시하지 못하고 다루고 지나갔던 것이다. 뿐만 아니라 사람들은 이런 연속 설교를 통해서 성경 전반에 대해서, 그리고 성경 각권에 대해서 좀더 지적인 이해를 얻을 수가 있었다. 그러나, 앞에서 인용했듯이 폴 쉬러의 경우 주일 오전 예배 설교는 대부분 — 전부라고는 하지 않았다 — 주제별 연속 설교를 한다고 말하고 있다는 것을 주목하자. 그렇기 때문에 그는 절대로 그것이 방해가 된다거나 거기에 노예가 되어 있다는 느낌을 받아본 적이 없다고 말할 수 있었다.

설교자가 교회력에 따라서 그 날의 말씀을 읽고는 이어서 그보다 더 시급한 말씀을 다른 본문을 근거로 전해 줄 수 있는 것이다. 사실, 회중의 지속적인 필요와 특별한 필요를 염두에 두고서, 필요할 경우 얼마든지 상황과 형편에 맞출 수 있도록 그런 식으로 성구집을 만들어낼 수도 있다. 설교자는 자유로워야 한다. 그러나 교회력에 따른 성구들을 사용하지 않는 것보다 그것들을 사용하면서 자유를 누리는 것이 바람직할 것이다.

또한, 설교가 예배 행위라고 말했다. 설교가 예배 행위라는 사실은 설교 그 자체가 목적인 것처럼 보이게 만들 소지도 있다. 곧, 설교를 행하고 회중이 들으면 그것으로 설교의 목적이 이루어지는 것처럼 생각하게 될 수도 있다는 것이다. 그러나 예배는 절대로 예배 행위 자체를 의식하도록 하기 위한 것이 아니며, 또한 단순히 신(神)과의 대화만도 아니다. "그러면 보통 '신성한 예배'(divine service)라고 칭하는 그 행사는 과연 무엇인가?"라고 에두아르드 슈바이처(Eduard Schweizer)는 묻고 이어서 이렇게 답하고 있다. "그것은 간단히 말해서 교회가 '함께 나아오는 것'(coming together)이며 그 속에서 그 하나님에게서 봉사를 받는 것이다. 이것은 곧 예배란 주로 하나님께 듣는 기회이며 우리로 하여금 그를 찬양케 하고 그의 봉사를 세상에 갖고 나아가도록 만들어주는 기회다. 그러므로 '신성한 예배'는 말 그대로 하나님의 봉사(God's service)이며, 그러한 봉사는 예수 그리스도로부터 그의 교회에게로 또한 교회로부터 세상에게로 언제나 흘러나오는 것이다."[17]

이렇게 볼 때에, 그저 "복 받기 위해서" 교회에 가는 것만으로는 안된다. 또한 하나님께 복을 받아서 그 복을 다시 하나님께로 돌려주기 위해서 교회에 간다는 생각도 약간 더 낫지만 이것도 부족하다. 하나님의 복을 받고 그 복에 대해서 하나님을 찬송하고 그 복을 형제 자매 및 외인들과 함께 나누기 위해서 교회에 모이는 것, 이것이 진정한 예배인 것이다. 설교가 자기중심주의나 자기 도취, 혹은 탐욕을 부추겨서, 사람들로 하여금 우상숭배를 즐기게 만드는 경우가 너무나 많은 것이다.

비평가들은 예배를 하나의 의무로 보는 개념, 곧 하나님이 예배를 요구하시기 때문에 예배한다든가, 인간 본성이 예배를 요하기 때문에 예배한다든가 하는 사고는 받아들일 수가 없다고 말하는데, 이런 말을 귀담아 들어야 할 것이다. 어떤 이들은 공 예배가 없어도 괜찮고, 오히려 그것이 없으면 더 좋다고 말하기도 한다. 그들은 교회 내에서 흔히 나타나는 선포와 실행 사이의 불일치, 갈등과 파당성, 그리고 평균치의 교회에서 정기적으로 행해지는 설교보다 라디오나 텔레비전의 설교가 훨씬 더 낫다는 사실을 그 이유로 제시하는 것이다.

바울은 고린도 교회에게 말씀하기를, "저희의 모임이 유익이 못되고 도리어 해로움이라"(고전 11:17)라고 하였다. 비단 사단을 숭배하는 이단적인 예배를 들지 않더라도, 일반 교회에서 행해지는 소위 예배라고 하는 것이 없는 것이 차라리 낫겠다고 생각하는 것도 무리가 아니다. 라오디게아 교회를 생각해 보자. 살아계신 그리스도께서는 그 교회 회중을 향하여 이렇게 말씀하신다: "네가 말하기를, '나는 부자라! 부요하여 부족한 것이 없다' 하나, 네 곤고한 것과 가련한 것과 가난한 것과 눈먼 것과 벌거벗은 것을 알지 못하도다"(계 3:17). 교회가 그런 모양이라면, 하나님을 진정으로 예배하고 싶어하는 사람에게 그 교회가 과연 무엇을 해 줄 수 있겠는가?

지금까지 몇 가지 점들을 다시 살펴보면서, 어두운 면을 보았다. 여기서 주요 문제점들을 분명하게 파악한다면, 아마 그런 명확한 인식이 설교에 미치는 예배의 영향을 더 의미 있는 것으로 만들 수 있는 여러 가지 방법들을, 그래도 문제점은 있겠지만, 강구하게 될 것이다.

개선을 위한 제안

「초대 교회의 예배」(*The Worship of the Early Church*)라는 저서에서, 페르디난드 하안(Ferdinand Hahn)은 예배에 대해서 구약과 신약이 어떻게 말씀하는지를 살펴보고, 이어서 우리가 갱신 혹은 개선을 시도할 때에 반드시 적용되어야 할 필수적인 원리라고 생각되는 것들을 정리해 주고 있다. 그리고 다음과 같이 결론을 맺는다: "예배의 적절한 형태는 언제나 그 시대에만 적절한 것이다. 왜냐하면 그래야만 비로소 예배의 선교적 기능과 세상에서 봉사하도록 성도를 구비시켜주는 기능이 진지하게 반영될 수 있기 때문이다."[18]

하안에 따르면, 다음과 같은 것들이 필수적으로 고려해야 할 점들이다:

- 교회의 예배 모임은 "그리스도 안에서 하나님이 이루신 종말론적 구원 사역"을 근거로 한다. 이는 오늘날 성령의 활동을 통해서 그 능력을 보여주고 있다.
- 예배에는 선교적 기능이 있다. 교회가 예배 속에서 세워지는 것이기 때문이다.
- 예배는 예배 의식으로 말미암아 고립된 상태에서 행해지는 것이 아니라 현실 세계에서 행해진다.
- 예배는 언제나 성령의 활동을 위하여 여지를 남겨 두어야 한다. 단, 동시에 법과 질서를 융통성 있게 유지해야 한다.
- 예배는 하나님이 미래에 하실 일에 대해서 개방성을 지녀야 한다.

만일 오직 예수 그리스도만이 주(主)시라면, 그가 예배를 통해서 우리를 서로 더욱 사랑하도록 만들기를 원하신다면, 우리가 서로 다른 영적 은사들을 표현할 장소를 만든다면, 장소나 시간 문제에서 어떻게 하는 것이 적절한지를 생각하고 있다면, 그리고 신자와 불신자에게 사역함으로써 교회가 세워지도록 하는 목표를 위해서 모든 일을 강구하고 있다면, 그러면 설교가 내용이 충실하며 성숙하며 현실에 맞고 영감을 주며 삶을 바꾸는 것이 될 것이다. 그러면 설교가 여러 시대에 합당한 하나님의 말씀이 될 것이요, 진정한 의미에서 성례의 성격을 띠게 될 것이다.

성경 시대의 예배를 더 잘 이해함으로써 우리의 설교에 도움이 되는 점을 찾아야 하는 것은 물론이거니와, 그때 이후 교회의 경험에서도 도움이 되는 점을 찾아야 한다. 우리의 예배 전통을 ― 그리고 어째서 그런 전통이 내려왔는지 그 이유를 — 잘 알아야 한다는 말이다. 전통이 아무런 원칙이나 근거도 없이 내려오는 법은 없기 때문이다. 처음 그런 전통이 생길 당시에는 합당한 이유가 있었으나 지금은 그런 이유가 존재하지 않을 수도 있고, 따라서 변화를 꾀할 때가 도달했을 수도 있다. 또는 이유는 여전히 합당하지만, 다만 그것을 현실에 맞게 새롭게 갱신하기만 하면 될 수도 있다. 또 어떤 경우는 무언가 아주 전폭적인 변화가 요구되기도 한다.

1962년 10월 20일, 제2차 바티칸 공의회는 다음과 같은 메시지를 인준하여 배포했다: "본 공의회는 성령의 인도를 따라, 그리스도의 복음에 우리가 더 충실해지도록 우리 자신을 어떻게 갱신하여야 할지를 조사하기 원한다. 그리하여 이 시대의 사람들에게 하나님의 진리를 성실하고도 순결하게 제시함으로써 그들이 그 진리를 이해하고 기꺼이 동의할 수 있게 되도록 최선을 다할 것이다."[19]

그리스도인 그룹은 각기 바로 이같은 자기 연구를 계속 정기적으로 행해야 한다. 교단 전체로서는 아니라 하더라도, 최소한 목회자 개인이 같은 관심을 가진 다른 동료들과 합류하여 지교회를 갱신하는 방법과 수단들을 함께 논의하고 탐구할 수 있을 것이다. 교회 간행물들에서 나오는 정보를 가지고서는 개선이 어려울 것이다. 장식물만으로는 오히려 방해가 되기 때문이다. 변화가 바람직하게 보일 때에는 목회자들이 정말 필요한 것이 무엇인지를 알고 거기에 대처해야 하며, 변화를 시도할 경우는 언제나 그 변화가 연구와 논의와 이해한 바를 반영하는 것이어야만 하는 것이다.

로마 가톨릭 교회의 예전 가운데 특정한 부분들이 자유롭고 신축성 있게 운용되며 또한 개신교 그룹 가운데서도 예배에 대한 실험이 진행되면서, 오늘날 설교자는 새롭고 아주 다른 상황을 접할 경우가 많다. 존 킬링거(John Killinger)는 예배에 관한 그의 책 「성령께 맡겨라」(*Leave It to the Spirit*)의 서론을 다음과 같이 시작하고 있다: "이후 몇년 내에 교회의 예배에 무언가 획기적인 변화가 일어날 것이다. 지난 반세기 동안 세상에는 정말 많은 일들이 일어났고 또한 실체를 지각하는 방식에도 많은 변화가 있었기 때문에, 이제는 교회가 아무런 방해도 받지 않고 지난 삼, 사백 년 동안 시행되어온 그런 방식으로 예배를 계속 시행해 갈 수가 없게 되었다."[20] 변화하는 새로운 상황 때문에, 우리로서는 무언가 다른 일을 하지 않으면 안되는데, 상상력과 협력과 용기를 가지면 그 일을 해 낼 수가 있다.

설교자가 어떻게 이런 다른 일들을 — 곧, 사람에게 지극히 감동적인 효과를 이끌어낼 수 있는 그런 예배와 설교 방식을 — 발견해 낼 수 있을까? 사실, 그런 것을 회중의 도움이 없이는 발견해 낼 수가 없다. 물론 목회자가 누구보다도 가장 중요한 인물이다. 그러나 목회자가 목회자의 시각에서 분별력을 가지고 문제들을 다룸으로써 회중이 그 문제들을 잘 볼 수 있도록 해주고자 하는 노력이 없이 그저 자기의 개인적인 취향을 사람들에게 강요하기만 하면, 그는 실패할 수밖에 없다. 목회자들은 자기들의 특별한 연구와 지식을 통해서 회중과 나눌 줄 알아야 하며, 또한 성령의 인도하심을 따라야 하는 것이다. 회중 역시 목회자와 보조를 맞추어 생각해야 하고, 그들 또한 성령의 인도하심을 따라야 한다. 분명히 해둘 것은 성령이 목회자에게만 주어지는 것이 아니라 교회 전체에 주어지며, 또한 그리스도의 몸에 속한 신자는 누구나 예배자의 필요를 충족시켜주며 동시에 하나님을 영화롭게 하는 그런 방식의 예배를 고안하고 시행하는 데 기여할 수 있다는 사실이다.

교회가 예배를 풍성하게 하는 일을 시행할 때에는 아주 질서 있는 방식으로 그 일을 진행해야 한다. 데이빗 랜돌프(David Randolph)는, "예배의 변화 과정이 그 변화의 결과보다 더 중요할지도 모른다"고 했다. 랜돌프는 예배 의식의 변화를 이룩하기 위해서는 다음의 단계들이 필요하다고 말한다. 첫째로, 예배 그 자체로부터 시작해야 하는데, 기존의 예배가 어떠한지를 먼저 잘 인식해야 한다. 그 다음에는 변화에 대한 연구를 위하여 소 그룹을 운영하는데, 워크샵이나 전문가의 도움을 활용하면 좋을 것이다. 이 과정을 통해서 예배를 위한 성경적·신학적·문화적 기반을 조사하게 된다. 그것이 끝나면, 연구 그룹이 교회의 예배에 참석하는 자들과 참석할 가능성이 있는 자들에게서 여러 가지 데이타를 수집한다. 그 다음에는 그 데

이타를 검토하여 예배를 위한 자료를 만든다. 이 과정이 끝나면, 그 연구 그룹은 다음의 기준들을 근거로 예배를 기획한다: 성경적 근거, 역사적 의식, 개인과 공동체의 순수성, 신학적 지각, 선교에 대한 민감성, 그리고 예전적 건전성.

이것은 참으로 엄청난 책임을 지닌 일이다. 그러므로 실제의 예배 경험을 토대로 수정을 해나갈 때에 회중의 견해를 진지하게 수용하여 시행해 나가야 할 것이다.[21] 물론 랜돌프가 제시한 것만이 예배를 더 의미 있게 경험할 수 있는 것으로 만드는 유일한 방법은 아니다. 어떤 경우에는 상황에 따라서 좀더 비공식적인 계획이 필요하기도 할 것이다. 그러나 어쨌든 가장 시급히 필요한 것은 무언가 더 나은 것을 향한 간절한 마음이다.

어떻게 할까? 옛날 고전적인 예배 방식에 향수를 느끼며 그리로 다시 돌아가자는 것도 아니요, 아무런 근거도 없이 무작정 현재의 예배 방식에 안주하자는 것도 아니다. 제프리 웨인라이트(Geoffrey Wainwright)가 "통시적 정체성"(diachronic identity)이라 부르는 그것을 유지하여 예배 속에서 하나님에 대한 우리의 비전을 살아 있도록 만들기를 바라는 것이다.[22] "교회는 그 비전을 진리로 믿는다. 그 비전이 예수 그리스도 안에서 또한 그를 통하여 결정적으로 계시되었다는 것을 믿는 것이다. 곧 하나님이 인류를 위해서 보편적이고도 항구적인 관심을 가지셨다고 믿는 것이다. 그렇기 때문에 교회는 예배 의식을 위하여 시간을 통해서 변함 없는 본질적인 정체성을 추구하는 동시에, 역사와 함께 변하는 문화적인 적절한 형식을 추구하는 것이다."[23]

그리고, 교회의 설교가 고대의 사료들에까지 거슬러 올라가면서도 그것을 현재의 상황에 적용시킬 수 있다는 사실을 보여주고 있는 것을 볼 때에, 그 설교야말로 함께 모여 예배를 드릴 때마다 우리가 시도하는 모든 일을 위하여 하나의 전형(典刑: pradigm)을 제시해 준다고 말할 수 있지 않겠는가?

5. 의미를 나눔

　설교의 목적은 설교자의 정신과 마음 속에 있는 것을 청중의 정신과 마음 속에 집어 넣어 주는 데 있다. 이 점은 곧, 설교란 일방통행이요, 일방적인 의사 전달이라는 사실을 말해 준다.

　설교는 일방적인 의사 전달이다. 메시지를 전달받았으니 그것을 전달해 주는 것이다. 복음을 가리켜 케리그마라고 부르는데, 이는 전령(傳令)이 선포한 메시지라는 뜻이다. 이처럼 설교자를 전령으로 보면, 듣는 청중보다는 그가 전하는 메시지와 그 메시지의 근본 출처가 더 중요한 것이 된다.

　그러나 설교는 또한 청중이 함께 일정한 역할을 하는 기능을 지니기도 한다. 전령의 임무는 듣는 사람을 전제로 하기 때문이다. 더 나아가서, 듣는 자가 그 메시지에 응답할 것도 상정하게 된다. 전령과 듣는 자가 결국 서로가 받은 메시지를 함께 나누는 셈이다. 만일 그 메시지가 듣는 자들에게 정말로 중요한 내용을 담고 있다면, 그들은 그 메시지에 무관심하다든가 중립적인 태도를 가질 수가 없다. 그 메시지에 대해서 의문을 가지거나 다른 견해를 갖거나 메시지를 좀더 확충시켜 이해하거나 환영하는 등 그 전령의 주목을 끄는 그런 어떤 반응을 보이기 마련일 것이다. 또한 그 메시지에 대해서 불신과 저항, 적대와 거부의 반응을 보일 수도 있다. 그렇게 되면 그 메시지에 대해서 전혀 반대 방향의 사상이나 견해나 느낌이 생겨나게 되는 것이다.

　그렇게 되면, 이런 청중의 반응은 다시 전령에게도 어떤 반응을 유발시키게 된다. 말씀과 느낌이 쌍방 간에 오가며 대화가 시작되는 것이다. 그런 교류 속에서 본질적인 결단이 일어날 수도 있고 순종이 이어질 수도 있을 것이다. 초기 기독교 설교가 "여호와께서 이렇게 말씀하셨도다"라는 힘을 전해 주는 것이었지만, 그 뒤에 조사와 논의가 뒤따라 있었던 것을 볼 수 있다. 어떤 때에는 믿음과 순종이 결과로 나타나기도 했고, 어떤 때에는 전달된 메시지에 대한 불신앙과 불순종이 나타나기도 했던 것이다.

의사 전달의 문제점

메시지 전달에 있어서 문제가 되는 요인은 무엇인가? 설교자의 태도가 문제가 될 수도 있을 것이다. 설교자의 태도가 아주 권위주의적으로 비쳐서 그의 메시지가 마치 동의를 강요하는 협박처럼 들릴 수도 있을 것이다. 그런 방식에 대해서 굴복하는 사람들이 항상 있는 법인데, 그런 사람들이 거기에 굴복하게 되면 그 방법이 성공을 거두는 것처럼 보이게 되는 것이다. 반면에 그렇지 않은 사람들은 전혀 감동을 받지 않은채 조용히 등을 돌리게 된다. 이 두 부류의 사람들 모두 사실 설교자의 메시지와 진정한 접촉을 하지 않은 것이다. 대화도 없었고, 의미를 나누는 일도 없었기 때문이다.

심리학자인 해리 건트립(Harry Guntrip)은 권위주의적인 설교자를 이렇게 묘사했다:

일상 생활에서 반대와 의견 차이를 용납하지 못하며, 의견이 전혀 다른 사람과의 논쟁에서 쉽게 감정을 상하며, 항상 인정을 받아야 직성이 풀리며, 고정 관념을 확고히 갖고 있어서 변화에 부정적이며 배울 줄을 모르는 사람은 자기가 선포하는 말을 도전할 수 없는 권위 있는 하나님의 말씀과 동일시하여 청중들에게 무조건적인 순종을 요구함으로써 자기의 그런 완고하고 저항적이며 또한 염려가 많은 자세를 합리화시키기가 얼마나 쉬운지 모른다. 정통 신조의 절대적인 군림과 그 신조를 타인들에게 강요하려는 시도는 남을 지배하고자 하는 욕구를 분출하는 통로를 정당화시켜 주는 도구가 되기도 하는 것이다. 신학적 정통성의 문제와는 하등 관계 없이, 그 뒤에 그 사람들의 기질적인 허약성이 감추어져 있는 경우가 많은 것이다.[1]

이런 경우 의사 전달이 방해를 받을 것은 물론이다.

또한 **방법**이 문제가 될 수도 있다. 설교는 보통 독백의 형식(monological)을 띤다. 한 사람이 여러 사람들을 앞에서 말을 하며, 듣는 사람들은 말하지 않고 그저 듣기만 하는 것이다. 강단에서 하는 설교는 쌍방 간에 다 말을 하는 대화의 형식을 취하지 않는다. 그러므로 듣는 자가 이해하지 못한 상태에서 여러 단어나 구문이나 혹 문단 전체가 그냥 지나가 버릴 수도 있다. 그렇다고 중간에 질문을 하는 것도 아니다. 듣는 자들의 느낌이나 감정도 억눌려진다. 어떤 경우는 설교가 지루해지기도 전에 잠이 들어버리기도 한다. 그런데, 설교의 이러한 독백의 방법에서 오는 약점을 보완할 수가 있다. 여러 설교자들은 메시지를 분명히 하고, 청중의 주목을 유지하여 놀라울 정도의 의사 전달 효과를 이루어내기도 한다. 그러나 그런 일은 쉬운 것이 아니다. 독백이라는 방법 자체에 한계성이 내재되어 있기 때문이다.

또한 이와 관련된 또 다른 문제에서 어려움이 생길 수도 있다. 곧, **설교가 개인적이지 못한 성격을 지닌다는 문제가 그것이다.** 독백의 방법이 이런 현상을 만들어 낸다. 그리고 회중의 규모가 커질수록 이런 문제가 더욱 심화되는 것을 볼 수 있다. 이제는 설교가 서로 알며 서로 돌보는 사람들 간에 이루어지는 마음 대 마음의 교감이 아니다. 무수한 얼굴들 앞에서 그냥 무감각하게 뱉어내는 일종의 낭송이 되어버리는 것이다. 그리고 라디오나 텔레비전에서 나오는 설교를 들으면서 그 설교자들이 그들을 진정 염려하고 아끼는 것이 아니라 그들에게서 나오는 재정적인 헌금을 기대하고서 설교하는 것이라는 생각을 갖게 되면, 그것이야말로 개인적인 요소를 상실한 설교에 대한 궁극적인 모욕이 되는 것이다.

마지막으로, **설교자와 회중의 차이 때문에** 어려움이 생길 수도 있다. 가장 초보적인 수준에서는, 설교자와 청중의 언어가 다를 수도 있다. 설교자는 오직 영어밖에 하지 못하고, 청중은 오로지 한국어밖에는 하지 못한다면, 서로 간의 의사 전달이 (완전히 불가능하지는 않겠지만) 극도로 어려워진다. 몸짓으로 기본적인 의사는 전달할 수 있을 것이지만, 말이 없이는 설교자의 가장 중요한 메시지가 전달될 수 없는 것이다. 헬퍼드 루콕 (Halford Luccock)은 말하기를, "신학생들은 헬라어와 라틴어는 잘 배우는데 영어는 잊어버린다"[2]고 했다. 학문 세계의 언어나 신학의 전문 언어는 회중 석에 앉아 있는 사람들에게는 전연 낯선 외국어와 마찬가지일 것이다. 어떤 경우는 말을 제대로 전달하지 못하는 희미한 설교자가 아주 깊이 있는 설교자로 명성을 얻기도 한다. 큰 말은 사고의 결핍을 비추는 스크린과도 같다 하겠다.

또한 문화적 차이도 의사 전달의 장애가 된다. 정치가들은 이 사실을 아주 잘 알고 있다. 그래서 자기들이 영향력을 행사하고자 하는 그 사람들을 자기들이 잘 이해하고 있는 것처럼 보이기 위해서 자기들과 그 사람들과의 공통점을 최대한 부각시키고 과장시킨다. 그런데 그 정치가들이 그 사람들과는 거리가 먼 삶을 살고 있다는 사실이 우연히 드러나게 되면 쓴 웃음을 짓게 되는 것이다. 설교자가 문학이나 예술, 음악, 신학의 세계 속에서만 살면서 성경 연구와 기도에 대해서는 한 마디 말도 하지 않는다면, 그는 청중 대부분의 일상 생활과는 거리가 먼 것처럼 보이게 될 것이다. 이 설교자가 실제로 그들과 거리가 멀 수도 있고, 그렇지 않을 수도 있다. 그러나 어느 정도 문화적 괴리감은 피할 수가 없을 것이다.

또한 경험의 유무(有無)가 사람을 차별하게 만들기도 한다. 사도 바울은 그의 신앙적인 제자 디모데에게 권면하기를, "누구도 네 젊음을 멸시하지 않게 하라"고 하였다. 성격적인 결함뿐만 아니라 어떤 일에 대해 무경험하다는 사실이 권위를 인정하지 않고 무시하도록 만들 수도 있다. 또한 반면에, 장년의 목회자에게는 "누구도 네 나이를 멸시하지 않게 하라"고 말해도 무방할 것이다. 젊은 사람들이 구세대는 자기들을 이해할 수도 없고 자기들의 필요를 알지도 못한다는 식으로 생각할 수도 있기 때문이다.

정신과 마음이 서로 교감하지 못하도록 막는 가장 큰 요인은 바로 우리가 속해 있는 그룹에서 오는 압력에 있다. 가족, 교단, 정치 집단, 사교 클럽, 직업적인 그룹 등, 이 모든 것들이 편견과 고정 관념을 만들어내어서 서로 상대하는 그룹들끼리의 의사 소통을 어렵게 만드는 경우가 많은 것이다. 어떤 생각이나 자료를 바라볼 때에, 우리는 개신교도로서 혹은 가톨릭교도로서, 근본주의자로서 혹은 자유주의자로서, 공화당원으로서 혹은 민주당원으로서, 로타리 회원으로서 혹은 제이시 회원으로서, 사무직원으로서 혹은 노무자로서, 등등 내가 속해 있는 어떤 그룹의 일원으로서의 시각을 갖고서 대하는 경우가 얼마나 많은지 모르는 것이다.

상호 간의 존중

그러나, 이런 모든 장애거리에도 불구하고, 의사 전달은 이루어진다. 이해가 싹트고, 확신이 뿌리를 내리고, 감정적 장애물이 무너지고, 은혜가 넘친다. 이런 일들이 과연 어떻게 일어나는 것일까?

무엇보다도, 우리는 객관적 진리가 존재한다는 점을 인식하거나 또는 가정하고 있다. "성도에게 단번에 주신 믿음의 도를 위하여 힘써 싸우라"(유 3)는 유다의 말씀은 이 사실을 잘 보여준다. 그러므로 우리는 우리가 받은 메시지로부터 시작하고 그것을 우리의 만남의 공통적인 기반으로 삼는 것이다. 처음에는 설교자와 청중 간의 이런 만남이 딱딱하고 의례적일 수도 있다. 성경이, 혹은 성경의 어느 본문이, 아니면 신앙고백서가 진리라고 말씀하는 부분에 대해서만 의견이 일치하고, 그 구체적인 의미에 대해서는 의견이 다를 수도 있다. 그러나 그 정도면 충분하다. 최소한 설교자가 청중에게 성경이 하나님의 말씀이라는 사실을 인정하라고 요구할 필요는 없으니까 말이다.

그리스도인이 된 어느 과학자가 신학교 교수들과 사적인 대화를 나누었다고 한다. 그 자리에서 그는 말하기를, 하나님의 존재에 대한 고전적인 "증거들"을 논증만 해서는 사람을 믿음으로 이끌 수가 없다고 하였다. 그리고 그러면서 계속 말하기를, 그러나 신자가 불신자와 그 문제를 함께 이야기하는 것은 아주 중요하다고 하였다. 대화가 진행되는 동안 무언가 더 중요한 일이 일어날 수도 있기 때문이라는 것이다. 살아 계신 하나님은 삼단논법의 마지막 단계에서 나타나시는 것이 아니라, 성령의 체험 가운데 나타나시는 것이다. 그런데 성령의 역사는 절대로 혼자에게만 따로 나타나는 것이 아니라 공동체 속에서 나타나는 것이다.

우리는 우리 자신들에게와 청중들에게서 믿음과 순종의 반응이 나타나기를 바란다. 하나님의 진리의 임재 속에서 사는 삶이 믿음으로 이끌 수 있고 또한 순종의 열매들을 낼 수가 있는 것이다. 우리가 읽고 듣는 사실들이 반드시 반박할 수 없는 논리로 지성(知性)을 압도하는 것은 아니다. 그것들은 다만 구속사의 물결 속으로 우리를 집어넣어서 세상에서 역사하시는 하나님의 역사의 조류에 따라서 흘러가도록 해 줄 뿐이다. 그렇게 되면 믿음이 자리를 잡고, 우리도 모르는 사이에 내적 확신을 통해서 의심과 두려움이 잠잠해지는 것이다. 설교자와 청중이 자기들을 넘어서서 말씀을 보고 듣게 되면 그런 일이 계속 이루어진다. 오직 그 말씀이 판단하며 설교자와 청중을 구원할 수 있는 것이다. 그리하여 결국 그들이 의심하고 논란을 벌이던 그 말씀이 "주께서 말씀하시도다!"라는 강력한 권위를 갖고서 그들에게 말씀하게 되고, 그들은 그 말씀의 임재 속에서 경외감으로 잠잠케 되는 것이다.

이런 결과가 나타나는 것은 진정으로 이해하기 위해서 순전하게 탐구하는 자세가 있었기 때문이다. 진리는 일방 통행을 하는 예가 거의 없다. 하나님의 진리를 가장 효과적으로 선포하는 사람은 그 진리를 다른 사람에게 전달하는 동안 거의 예외 없이 고귀한 통찰로 풍성해지는 것이다.

상호 간의 존중이 있으면 정신과 마음이 서로 만날 수 있게 된다. 아주 놀랍게도, 우리 모두 죄인들임을 인식하는 사람들에게 이러한 존중이 있게 된다. 청중이 설교자에 대해서 바리새적인 태도를 취할 수도 있을 것이다: "이 사람의 입에서 과연 무슨 선한 것이 나오겠는가?"라는 태도 말이다. 아니면, 정도 이상으로 설교자를 높게 생각할 수도 있을 것이다. 사도 바울과 그의 동료 바나바는 그들을 신으로 섬기려는 무리들에게 "여러분이여, 어찌하여 이러한 일을 하느냐? 우리도 너희와 같은 성정을 가진 사람이라"(행 14:15)라고 선언하여 진실을 드러냈다. 말씀을 전하는 자가 누구며 듣는 자들이 누구인지에 대해서 무언가 환상이 없고 분명히 알 때에 비로소 상호 간의 존중이 이루어지는 것이다.

하나님이 그의 진리를 그가 기뻐하시는 대로 어디서나 누구에게나 전하실 자유가 있으시다는 사실을 양 편이 다 인정하면 이러한 상호 간의 존중이 더욱 증대된다. 여러분이 대화하고 있는 상대가 누구든지간에 — 원수든, 신자가 될 가망이 있는 자든, 의견이 다른 자든 — 그 사람이 진리의 주인이신 하나님께로부터 진리의 일면을 전달받은 상태일 수도 있다. 그래서 대화가 풍성해지고, 전달자 쪽에서도 진리에 대한 깨달음이 더해질 수도 있는 것이다. 전달자의 신학 체계 속에 하나님이 갇혀 계셔서 그 체계 밖에서는 아무 말씀도 하지 못하신다는 식의 가정을 미리부터 하고 대화를 시작한다면, 그것은 대화를 불가능하게 만들 뿐 아니라, 하나님으로 하여금 침묵하게 만드는 처사일 뿐이다. 하나님은 어느 사람이든 어느 체계든 거기에 갇혀 계시는 분이 아니신 것이다.

우리는 옆의 동료들과 공통점이 아주 많다. 일상적인 면을 정직하게 드러내기만 해도 이 점이 드러나게 된다. 셰익스피어의 희곡 「베니스의 상인」(*Merchant of Venice*)에 나오는 샤일록은 아주 현명하게 자기를 변호하는 가운데 진실을 말해 주고 있다. 그는 이렇게 말한다: "나는 유대인이오! 유대인에게는 눈이 없소? 유대인에게는 손도, 기관도, 부피도, 감각도, 애정도, 열정도 없단 말입니까? 그리스도인들과 마찬가지로 똑같은 음식을 먹고, 똑같은 무기에 상처를 입고, 똑같은 질병에 걸리고, 똑같은 약으로 낫고, 똑같이 겨울에는 따뜻하게 보내고 여름에는 시원하게 보내지 않습니까?"[3]

일상 생활에서 일어나는 많은 사건들과 의례적인 일들이 사람마다 다 똑같은 것이다. 마찬가지로, 기본 목표도 서로 비슷하다. 파머(H. H. Farmer) 교수는 아주 예리한 고백을 하고 있다. 그는 말하기를, 복음 사역자로서 과거에는 "개성이 각기 다른 사람들을 객관적으로 보고 인식하는" 능력이 자기에게 있다고 확신했었는데 점점 그 능력을 잃어버렸다고 한다. 그리하여 모든 사람을 우선은 "변화될 필요가 있는 죄인들"로 바라보게 되었고, 그리하여 "사랑을 갖고 보면 변화되기를 원치 않을 그런 면"을 이

제는 그들에게서 볼 수가 없게 되었다고 한다. 그는 다음과 같이 말하고
있다:

> 언젠가 기차 여행을 하다가 내가 그와 똑같은 태도에 사로잡혀 있는 것을 깨
> 닫게 되었다. 어떤 사람들이 열차에 올라 타더니 곧바로 카드를 꺼내어 노름을
> 시작하는 것이었다. 그리고 노름을 하면서 자기들의 가정 이야기며 아이들 이
> 야기며 정원 이야기를 하기 시작했다. 그런데 내게 희미한 실망의 느낌이 마음
> 속을 퐉 지나가는 것을 보고서 얼마나 무서웠는지 모른다. 표현은 하지 않았지
> 만 내 마음 속에 있던 생각은 그렇게 노름에 빠져 있을 만큼 죄악된 사람은 어린
> 아이나 정원에 대해서 기쁨을 가질 만큼 그렇게 깨끗하고 정숙할 수가 없다는
> 것이었다. 그들이 내가 정해 놓은 패턴에 — 즉, 사람을 우선 무엇보다도 구원받
> 을 대상으로 생각하는 그런 사고 방식에 젖어 있는 그런 사람이 정해 놓은 패턴
> 에 — 맞으려면, 그들은 아내를 때리는 자들이어야 했던 것이다.[4]

상호 간의 존중은, 그리고 거기에 속한 정직은, 우리가 공통적으로 가진
것들만이 아니라 우리의 차이점들까지도 드러내 준다. 우리는 모두 다르
며, 여러 면에서 비슷한 점이 거의 없기도 하다. 성별, 출신국, 종교, 정치관,
나이, 직업 등이 각기 다 다른 것이다. 아무리 무슨 구호나 논리로 묶는다
하더라도 이런 차이들을 모두 바꿀 수는 없다. 그러나, 이러한 차이점들을
인정하고, 그 차이점들을 초월하는 어떤 것과 연결시키게 되면, 창조적인
이해 속에서 마음과 마음이 만날 수 있게 될 것이다.

그러나 동시에, 하나님께로부터 선교적 사명을 부여받아 보내심을 받았
다고 믿는 설교자들은 자기들의 확신과 메시지가 서로 상충되는 이런저런
의견의 바다에서 용해되기를 허용치 않을 것이다. 물론 다른 사람들과 그
들의 견해들을 존중할 수 있다. 우리가 다 함께 공통적인 일상에 묶여 있
다는 것을 인정할 수도 있다. 또한 여러 가지 차이점들이 우리들 사이에
존재한다는 사실도 정직하게 인정할 수 있다. 그러나, 하나님이 우리에게
주신 사명을 이루는 일도 성실하게 수행해야 하는 것이다. 하나님이 말씀
하셨다면, "주께서 말씀하시도다!"라고 말하며 하나님이 하신 말씀을 전달

해야 마땅하다. 이것이 우리의 말을 듣는 무리들을 짓누르는 것처럼 들릴지 모르지만, "나팔이 분명하게 소리를 내지 못하면 누가 스스로 전쟁을 준비하겠는가?" 그러나 우리가 얼마나 단도직입적으로 말씀을 전해야 하느냐 하는 문제와는 관계 없이 이 점은 피할 수 없다. 곧, 마땅히 행하여야 할 바를 사랑으로 행하여야 하고 말해야 할 바를 사랑으로 말해야 한다는 사실 말이다. 우리가 행동하고 말하는 내용에 못지 않게 사랑이 중요한 것이다. 사실 사랑이 우리의 메시지이다. 우리는 하나님의 진리를 전하고자 하는 열심을 갖고서, 사랑은 허다한 차이를 덮어 주며 인간의 각양 의견이나 각양 성취나 실패보다 오래 간다고 말할 수 있는 것이다.

Ⅲ. 설교의 내용

6. 본문

　본문은 이해하고 믿고 개인과 공동체의 필요에 적용하기 위해서 있는 것이다. 그러므로 본문의 해석법은 본문을 명확하게 만드는 것이어야 하고, 신빙성이 있어야 하고, 실제적이어야 한다. 그렇다고 해서 우리가 행하는 해석의 작업이 불완전하다는 것을 인식하지 않는다는 것은 아니다. 본문의 언어가 광범위하고 도저히 파악할 수 없는 미스테리를 표현할 경우도 있고, 그럴 경우 우리는 본문 앞에서 그저 경이로움으로 멍하니 서 있을 수밖에 도리가 없을 것이다. 그러나 그럼에도 불구하고, 해석자의 임무는 그가 어느 정도나 진리를 파악할 수 있든간에 그 진리를 가능한 한 많은 청중들이 알고 깨닫도록 해주는 데 있다.

　설교자는 신학적 훈련과 직업적 관심을 통해서 보통 사람보다는 "하나님에 관한 일들"에 대해서 더 큰 지식을 갖고 있기 마련이다. 성경 언어와 고대 문화와 관습, 게다가 성경 진리에 대한 조직적 체계에 대한 지식을 갖고 있어서, 설교자는 특별한 권위를 부여받게 되는 것이다. 그러나, 그렇다고 해서 설교자가 마치 어떤 밀교(密敎)의 교주처럼 보통 사람이 전혀 닿지 못하는 비밀한 지식을 여기서 조금 저기서 조금 전달하는 식이 되어서는 안된다. 어떤 설교자들은 종말에 대한 미스테리 속에 헤매면서 장차 되어질 일들의 시기와 모양을 아주 강한 확신을 갖고 이야기함으로써 당치도 않게 어리석은 자들에게서 존경을 받기도 한다.

　책임 있는 성경 해석은 오히려 미스테리를 있는 그대로 인정하고 그것에 대한 적절한 태도를 추구한다. 또한 이해하도록 해명함으로써 미스테리를 제거하며, 가짜 미스테리를 지어내고 사용하는 행위를 폭로하는 것이다. 성경 해석에는 지극히 성숙한 학문적 지식이 요구된다. 그러나, 그런 학문적 지식을 통해서 보통 사람들로 하여금 성경을 더 자유롭게 대하도록 만들어 주어야 하고, 중간에 오히려 장애거리가 되어서는 안된다. 해석자의 동기와 해석 작업에 따라서 많은 것이 좌우될 것이다. 누구든 어떤 분야에 전문적인 지식을 가진 사람은 그 분야에 대해서는 어느 정도 "구별된" 위치에 서게 되는 것은 피할 수 없는 일이다. 그 분야에 대해서만큼은 보통 사람들보다 그 사람이 더 많은 전문 지식을 갖고 있기 때문이다. 그러나 그렇다고 해서 이 때문에 해석자와 청중 간에 도저히 극복할 수 없는 의사 전달상의 문제가 일어날 필요는 없는 것이다. 책임 있는 설교자라면, 충격을 주거나 혼미하게 하거나 화를 내도록 하기 위해서가 아니라 청중을 신앙 가운데 세워주기 위해서 진리를 전달할 것이다.

청중 앞에 설 때에는 언제나 온갖 종류의 청중들에게서 도전을 받을 것을 예상할 수 있다. 그 가운데는 너무나 편견이 심해서 우리가 전하는 말씀을 분명히 깨닫고 생각할 수가 없는 사람도 있을 것이다. 그런 사람들은 우리가 제시하는 해석을 단호하게 거부하든지, 아니면 자기 자신의 체계에 끼워 맞추어서 우리의 해석이 자기의 견해를 지지해 준다고 주장하든지, 둘 중의 하나일 것이다. 또한 개중에는 혼동이 심한 사람도 있을 것이다. 곧, 뜻은 좋지만 잘못된 정보를 많이 갖고 있거나 아니면 생각이 전연 없는 사람들 말이다. 그리고 그 가운데는 진리를 알기를 원하고 진리에 헌신하고자 하는 강한 열심이 있는 사람들도 있을 것이다. 분명한 사실은 본문 해석의 과정이 그저 단순히 지적인 이해의 문제만이 아니라는 것이다. 그 과정은 또한 감정적인 반응과 체험의 문제이기도 한 것이다.

본문의 선택

해석의 과정이 이렇듯 지적이며 동시에 감정적이라면, 사실 그 자체를 분명히 이해하기 위해서 감정의 강도(剛度)를 누그러뜨릴 필요가 있다. 진리를 진리로 깨닫게 되면, 그것과 결부된 편견과 왜곡된 것들을 제거할 수가 있게 된다. 그러면 그렇게 편견과 왜곡을 제거할 수 있게 해주는 어떤 특별한 설교 본문 선택법이 있을까? 최소한 설교자가 자신의 개인적인 편견을 지지해주는 성경 본문만을 택한다는 의혹만이라도 없애 줄 수 있는 그런 객관적인 설교 본문 선택법이 과연 있겠느냐는 말이다.

좋은 성구집을 사용하면 이곳 저곳 마음에 드는 본문을 선택하여 설교하는 습관에서 벗어날 수 있고 결국 성경적 진리에 대한 전체적인 조감을 잘 할 수 있게 될 것이다. 그렇게 되면, 설교자가 순간적으로 선택한 본문이 아니라 미리 선택되어 있는 본문이 메시지를 결정하게 된다. 물론 이 경우에도 설교자가 본문 속에 자기의 편견을 집어 넣을 소지는 있다. 그러나 성경 전체에서 골고루 대표적인 본문들을 계속 다루게 되면 그럴 소지를 어느 정도 방지할 수가 있는 것이다. 지나치게 주관적인 본문 선택에서 벗어날 수 있는 또 한 가지 방법은 성경 각권이나 성경의 어느 특정 부분(예컨대, 산상수훈이라든가)을 연속으로 설교하는 것이다. 그러나 이 방법을 사용해도, 설교자가 자기의 개인적인 편견을 성경에다 집어 넣을 소지는 여전하다.

두 가지 객관적인 본문 선택법에 대해서 말했지만, 설교자가 지극히 개인적으로 본문을 선택하는 일에 대해서 좀더 말할 것이 있다. 최소한 가끔씩은 이 방법을 사용할 수 있다. 우리는 모두 자기 나름대로 진리를 바라보는 시각을 갖고 있다. (더욱이, 반드시 다루어야 할 시급한 사안들에 대해서는 주관적인 반응이 있게 마련이다.) 성경을 읽을 때에 사람마다 꿈도 꾸고 이상을 보기도 하는 것이다. 존 로빈슨(John Robinson)의 말처럼, "하나님은 그의 거룩한 말씀에서 아직도 드러내실 진리가 더 많이 남아 있다."

좀더 개인적인 본문 선택법으로서 넓은 어떤 주제 아래 여러 본문을 그룹으로 묶어서 연속으로 다루어 나가는 것이 있다. 아니면, 설교자가 청중들의 필요에 그대로 맞추어서, "그늘진 곳에 빛을 비추어주는" 그런 본문을 선택할 수도 있을 것이다.

본문의 해석

특정한 본문에 대해서 어떻게 해야 할까?

먼저, 가짜 본문을 피해야 한다. 즉, 신빙성 있는 성경 학자들의 연구 결과 지지 받지 못하는 본문을 택해서는 안된다는 말이다. 성경의 여러 판본들을 비교하다가 거기에 상호 모순된 내용들이 없는지 주석을 참조하게 된다. 그러나, 여러 판본들 간에 약간 다른 내용들이 나타나더라도 그것들이 때로는 도움이 되기도 한다. 그것들은 초기에 성경 본문을 어떻게 이해했는지를 보여주기 때문이다. 그러나 그런 본문을 설교의 주제로 선택할 수는 없는 것이다.

본문을 오해하지 않도록 조심해야 한다. 여기서도 여러 역본들을 비교해 보는 것이 도움이 될 것이다. 예를 들어서, 흠정역(King James Version)에 나오는 "prevent"라는 영어 단어(데살로니가전서 4:15)는 오늘날의 용례와는 다른 뜻이다. 흠정역본이 출간된 1611년에는, 그 단어가 파생된 라틴어의 뜻을 그대로 취해서 "앞에 오다"라는 뜻으로 사용되었다.

공인된 해석에 묶여 있어서도 안된다. 본문을 살필 때에, 어떤 한 분파의 신앙 고백을 기억하는 것은 좋지만, 성경이 우리의 고백과 교의(敎義)를 판단한다는 사실을 반드시 염두에 두어야 한다.

알레고리식 해석을 피해야 한다. 즉, 본문에 나타난 어떤 내용이 그것과는 전혀 다른 어떤 것을 의미한다는 식으로 보는 임의적인 해석을 피해야 한다는 말이다. 어거스틴 같은 탁월한 신학자도 그런 오류에 빠진 예가 있다. 그는 교회의 교리는 반드시 성경의 명백한 가르침에만 근거해야 한다고 주장하면서도, 어떤 본문을 자기 나름대로 영적으로 해석하고서는 그 해석이 그 명백한 가르침을 지지한다고 믿었던 것이다. 그러나, 사실상 이런 방법이 얼마나 비근하게 행해지고 있는지 모른다. 문자적 의미와 영적인 의미를 구분하는 선(線)이 희미해지고 있는 것이다. 예를 들어서, 폭풍을 잠잠케 하신 이야기(마 8:23-27; 막 4:35-41; 눅 8:22-25)를 그 문자적인 의미에다 덧붙여서 핍박과 박해 등을 폭풍으로 여기고 그런 식으로 적용하는 예도 있는 것이다. 이런 본문들은 매우 조심해서 다루어야 할 것이다.

모형론적 해석(typological interpretation)도 매우 조심스럽게 사용해야 한다. 모형론적 해석(또는 예표론적 해석)은 알레고리식의 해석과는 다르다. 고전적인 모형론은 신약 성경에 제시되어 있는 것들이 구약 성경에 미리 제시되어 있다고 간주하며, 때로는 그것들이 미리 그렇게 계획된 것으로 여기기도 한다. 그러나 여기서도 해석자는 매우 사려가 깊어야 한다. 사도 바울은 구약 성경 해석에서나(고전 10:1-11; 갈 4:21-31) 예수의 생애의 사건들을 그리스도인의 삶과 연관시키는 데에서도(빌 2:5-11; 롬 6:35) 모형론을 적용시키고 있다.[1]

그러나 설교자로서 안전한 방법은 모형론은 성경 저자들에게 맡기고 그들이 제시한 모형들만 설교에 사용하는 것일 것이다. 그러나 게르하르트 폰 라트(Gerhard von Rad)가 제시한 모형 이해를 취하면 구태여 그렇게 할 필요도 없어진다: "어디든지 하나님이 그의 백성을, 혹은 어느 개인을, 다루시는 역사(役事)가 증거되는 곳에서는 그런 역사 속에서 신약의 그리스도 계시의 그림자를 보게 될 가능성이 상존한다. 구약의 수많은 모형들이 제한이 없는 것이다."[2]

그러나, 지나치게 공상적인 본문 주해를 하게 되면 전통적으로 이해되어 온 모형론적 해석을 의심스럽게 만들 수가 있다. 람페(G. W. H. Lampe)의 조언을 들어 보자: "본문에서 영구한 가치가 있는 것과 잘해야 설교를 위하여 치장해 놓은 것밖에 아닌 것을 구분해야 하는 아주 어려운 임무를 가장 안전하게 수행하는 길은, 모형론은 반드시 신적 경륜에 대한 성경적 견해에 따라서 해석되어지는 순전한 역사에 근거해야 하며 또한 성경의 문자적 의미와 비평적 학자들의 연구 결과를 합당하게 존중해야 한다는 사실을 따르는 것이라 하겠다."[3]

책임 있는 해석에 대하여

이제는 성경을 청중에게 해석해주는 일을 시행할 때에 실수를 최소한으로 줄일 수 있는 방법들에 대해서 살펴 보기로 하자. 우선 절대적으로 필수적인 것은 성경의 자료를 아는 것이다. 그저 본문에 나타나 있는 사실들을 아는 것만이 아니라 그 본문이 기록될 당시에 그 의미가 무엇이었느냐 하는 것까지도 아는 것이다.

성경을 알라

성경은 설교자의 주된 교과서이다. 그러므로 그 책을 아는 일에 최선의 노력을 기울여야 한다. 심지어 신학교 교육도 그런 지식을 보장해 줄 수가 없다. 그런 지식을 얻기 위해서는 평생의 연구가 필요한 것이다. 성경의 어느 한 부분을 올바로 해석하려면 반드시 다른 부분에 대해서도 지식이 있어야 한다. 어떤 특정한 설교를 위해서 택한 어떤 본문에서 제기되는 문제나 이슈가 성경의 다른 부분에서 더 충분하게 잘 다루어질 수도 있기 때문이다. 그럼에도 불구하고 진리의 보다 큰 면을 더 예리하게 지적하기 위해서 본문을 강조할 필요도 있을 것이지만 말이다. 이런 일은 성경의 가르침 전체에 대한 전반적인 지식이 없이는 이루어질 수가 없는 것이다. 조직 신학의 목적 중의 하나는 성경이 가르치는 내용에 대해 포괄적인 지식을 제공하기 위한 것이다. 그러나, 조직 신학의 추상적인 진술들이 그 기반이 되는 성경 그 자체에 대한 지식을 대신할 수는 없는 것이다.

성경 각 부분에 대한 모든 해석이 성경 전체의 테스트를 받아서 이루어졌다면, 시대마다 있었던 수많은 이단들과 논쟁의 역사를 피할 수 있었을 것이다. 아주 희미한 본문을 따로 떼어내어서 그것만을 최고로 강조하고 보다 넓은 성경의 의미를 무시하게 되면 바로 거기서 문제가 발생하게 되어 있다. 전도자인 드와잇 무디(Dwight L. Moody)는 비록 공식적인 교육은 제대로 받지 못했지만 성경 해석에 대해서 아주 지혜로운 발언을 했는데, 곧 그 자신은 한 성경 본문에서 깨달은 의미를 다른 성경이 말씀하는지 확인하는 한 가지 간단한 원리를 따르고 있다고 말했다. 그에게 있어서 성경의 중심 주제는 하나님의 사랑이었고, 어느 성경 본문을 다루든지

간에 그 주제가 언제나 거기서 그를 감시하고 있었던 것이다. 그러나 그의 설교를 읽기만 해도, 그가 말하는 사랑의 개념이 하나님 자신이 그의 사랑을 표현하신 방법에서 나온 것이고 사랑이 어떤 것인지에 대해서 보통 사람들이 갖고 있는 희미한 생각들에서 나온 것이 아니라는 것을 분명히 볼 수 있다.

그러나, 성경의 모든 본문이 다 그 중요성이나 유용성의 수준이 동일하다고 본다면, 그것은 성경을 잘못 보는 것이다. 영감을 어떻게 정의하느냐 하는 것에 따라서, 사단이나 마음 속으로 "하나님이 없다"고 이야기하는 어리석은 자들의 진술로 나타나는 것까지 다 포함해서 구약과 신약의 모든 부분이 다 영감을 받았다고 말할 수도 있다. 그러나 그렇다고 해서, "눈에는 눈, 이에는 이"라는 말씀 속에 계시된 내용이 "네 원수를 사랑하라"라는 말씀과 똑같은 수준으로 하나님의 마음을 보여준다는 말은 아니다. 그러므로, 어떤 이들의 적절한 조언처럼 우리는 "계시의 발전"이라는 것을 진지하게 대해야 하는 것이다. 어떤 사람은 "계시의 발전"이라는 말보다는 하나님이 계속해서 계시하신 것에 대해서 인류가 점점 더 많이 지각하게 된 것이라고 말하는 것이 더 좋다고 보기도 한다. 아무 것이라도 상관이 없다. 우리는 "옛 사람에게 말한 바 … 하였다는 것을 너희가 들었으나 나는 너희에게 이르노니 …"(마 5:21-22)라는 예수의 말씀을 귀 담아 들어야 하는 것이다.

성경 각권 가운데서도 어떤 책은 다른 것들보다 성경의 중심되는 가르침들을 더 충실하게 담고 있기도 하다. 마찬가지로, 구약 성경과 비교하면 신약 성경이 더 충만한 계시를 제시해 준다. 히브리서 기자는 이 점을 잘 표현해 주고 있다: "옛적에 선지자들로 여러 부분과 여러 모양으로 우리 조상들에게 말씀하신 하나님이 이 모든 날 마지막에 아들로 우리에게 말씀하셨으니 이 아들을 만유의 후사로 세우시고 또 저로 말미암아 모든 세계를 지으셨느니라"(히 1:1-2).

성경이 의미하는 바를 알라. 크리스터 스텐달(Krister Stendahl)은 본문이 본래 무슨 의미였느냐를 알아야만 비로소 강단의 임무를 올바로 시행할 수가 있다고 올바로 강변했다. 사실이 그러하다면, 교회와 교회의 가르침과 설교 사역이 성경의 본래 의도와 의미에 노출되어 있는 것이라면, 그것들은 또한 온갖 면에서 "언제나 새로이 다가오는 도전"에도 노출되어 있을 것이다.[4] 우리 자신의 사고 방식을 거꾸로 본문에 집어 넣어서 읽는 것으로는 되지 않는다. 본문이 그 자신의 언어로 말하도록 할 때에 비로소 그 본문을 현대의 언어로 바꾸어 전달할 준비를 갖추게 되는 것이다.

그러면 본문의 본래의 의미를 어떻게 알 수 있는가? 여기서 가장 중요한 것은 본문을 정경의 형태로 받아들여진 대로 다루어야 한다는 것이다. 지금 우리가 가지고 있는 구약과 신약이 우리가 다루어야 할 성경이다. 그것들은 믿음의 공동체에게 유용한 것으로 인정을 받아 공인되어 정경의 형태로 우리에게 주어진 것들이다. 때때로 역사적 비평적 연구가 지금 우리가 갖고 있는 형태의 본문들에 대해서 진행되어 그보다 초기의 형태를 분별해 낼 수도 있고, 그 결과가 우리의 해석 작업에 유용하게 쓰일 수도 있다. 성경에 대한 역사적 연구가 어떠한 가치 있는 것을 제공하든 우리는 그것을 환영해야 한다. 그러나, 현재 우리 앞에 있는 본문이 결국 우리에게 더 크게 작용할 것은 분명한 사실이다.

성경 해석 작업을 하면서, 우리는 먼저 개개의 단어들의 의미를 찾는다. 본문 해석이 단어 하나의 의미에 좌우되는 경우가 많은 것이다. 특정한 단어의 중요성을 결정하는 데는 로벗슨(A. T. Robertson)의 기념비적인 역작인 「역사적 연구에 근거한 신약 희랍어 문법」(*Grammar of the Greek New Testament in the Light of Historical Research*) 같은 책이 도움을 줄 것이다. 또한 방법론이 다르기는 하지만, 게르하르트 키텔(Gerdard Kittel)의 「신약 신학 사전」(*Theological Dictionary of the New Testament*)도 귀중한 도움이 줄 것이다. 구약 연구에 대해서도 이와 비슷한 책들이 나와 있다.

그러나, 해석 작업은 개개의 단어의 개별적인 의미보다는 주변의 문맥에 나타나는 연관된 의미들을 파악하는 데서 진행된다. 보통 이 단어 혹은 문구가 무슨 의미냐 하는 것이 아니라 문장이나 이야기 전체가 무슨 의미냐

하는 것이 문제가 되는 것이다. 개개의 단어의 의미가 그것이 파생된 본래의 어근이나 다른 문맥에서도 나오지만, 그 주변의 문맥에서 나오는 경우가 허다한 것이다.

어떤 문구를 해석할 때에, 특별한 시기와 상황을 기억해야 한다. 그리스도께서 이미 오셨기 때문에, 과거 유대인들에게 의무적으로 적용되었던 특정한 율법들을 오늘날 우리에게는 적용되지 않는 것으로 해석하는 것이다. 사도 시대의 교회에 주어진 이런저런 지침들도 과거 일세기의 상황에는 합당한 것들이었지만, 지금은 상황이 달라졌기 때문에 이제는 적용되지 않는다. 그러나, 그런 일시적인 지침들 이면에는 오늘날의 시대에도 합당한 원리나 메시지가 있을 수도 있다.

어떤 성경 본문이든 진지하게 조심스럽게 다루어야 한다. 그렇다고 해서 모든 본문을 문자적으로 해석해야 한다는 뜻은 아니다. 어떤 본문들은 비유적으로 이해하도록 하는 의도를 지닌 것이 분명하게 드러나기도 한다. 요한계시록의 일부가 여기에 해당할 것이다. 또한 역사 기록처럼 보이는데도 사실은 처음부터 비유와 비슷한 것으로 이해해야 하는 본문도 있다. 그러나, 성경의 어떤 부분을 문자적 의미가 아니라 상징적 의미로 취할 경우 성경의 권위를 무시하게 되지 않을까 하는 두려움을 갖기도 하는데, 어떤 경우에 그런 두려움을 가져야 할지를 결정한다는 것은 아주 어렵기도 하고 그래서 논쟁의 씨앗이 되는 경우도 많다.

이와 반대로, 어떤 성경 본문을 표면적으로 나타난 것보다 더 크고 깊은 것을 상징하는 것으로 취급하지 않아서 그것이 거침돌이 되는 경우도 있다. 책임 있는 해석자라면 어떠한 성경 본문이든 단번에 무시해버린다든지 혹은 본래의 의도와는 전연 다른 뜻으로 바꾸어 놓는 따위의 일은 하지 않을 것이다. 그러나 때로는 "성령이 주시는 자유"를 누리는 가운데 믿음에 대한 책임 있는 결단을 내려야 하는 경우도 있는 것이다.

해석자로서는 하나님의 방법에 대한 축적된 지식을 기반으로 이루어지는 윤리적이며 신학적인 정교한 진술들을 보는 것이 매우 중요하다. 이것은 무엇보다 먼저 성경의 시대에 적용된다. 그러나 정경이 완성된 이후에 살았던 성경 해석자들에게서도 하나님의 진리에 대한 풍성한 통찰들을 얻을 수가 있다. 그들도 성경이 규범성이 있는 것으로 받아들였지만, 그들이 깨달은 진리가 전부는 아니다. 어거스틴이나 앗시시의 프란체스코나 루터나 웨슬리나 스펄전이나 칼 바르트 같은 사람들이 하나님의 말씀의 진리를 풍성하게 밝혀 준 사람들이다. 성경 본문을 놓고 오늘날의 문제들을 대면할 때에 그들에게서 얻는 통찰이 특별히 좋은 계발을 줄 수도 있을 것이다.

"본문을 실행하라"

본문과 그 본래의 의도와 또한 그 본문이 지나간 수세기 동안 수많은 사람들의 삶에 일으킨 역사에 대해서 정당한 관심을 기울여야 하겠지만, 해석자로서 우리의 주 임무는 본문을 해석하는 것이 아니라 본문을 실행하는 것이다. 본문을 해명하는 것보다도 본문을 실행에 옮기는 것이 훨씬 더 중요한 것이다. 취리히(Zurich)의 해석학 연구소(the Hermeneutical Institute)에서 게르하르트 에벨링 교수(Prof. Gerhard Ebeling)와 나눈 대화가 기억난다. 우리는 두 가지 독일어 단어에 대해서 이야기를 나누었는데, 이것을 구분하는 것이 설교를 위해서 가장 중요할 것이다. 그 두 단어는 곧, auslegung("해설")과 ausführung("실행")이었다. 그는 논문 가운데서 판사와 피고의 비유를 사용하고 있다. 판사 앞에 서 있는 사람에게 중요한 것은 그 판사가 법을 어떻게 해설하느냐가 아니라 그 법을 자기의 사건에 어떻게 적용하느냐 하는 것이다. 물론 법을 적용하여 판결을 하기 전에 필요하다면 그 법을 설명하기도 하겠지만 말이다.[5] 내가 어떤 본문에 대해서 말하거나 그 본문에 대한 논의를 읽거나 들을 때에 일어날 수 있는 가장 중요한 일은 바로, 하나님이 내게, 혹은 내 말을 듣는 자들에게 그 본문을 통해서 말씀하고 계신다는 것이다.

또한 다른 중요한 일들도 일어날 수 있다. 설교마다 목표가 다르며, 똑같은 설교를 들어도 개인에 따라서 받아들이는 메시지가 다를 수가 있다. 어떤 설교는 주로 한 본문을 설명하는 것이 목적일 수도 있고 본문이 말하는 진리에 대해서 논증하는 것을 목표로 할 수도 있다. 그러나 궁극적인 최종적인 목표는 청중으로 하여금 하나님과 인격적으로 대면하도록 하는 데 있을 것이다. 그러므로, 요한복음 14:19, "이는 내가 살았고 너희도 살겠음이라"라는 예수님의 말씀을 본문으로 한 칼 바르트의 설교에서 나타나는 것처럼 설교가 그렇게 직설적인 성격을 띠지 않을 수도 있을 것이다. 본문을 읽은 다음 바르트는 이렇게 말을 시작하고 있다: "사랑하는 여러분, 내가 살아 있습니다. 예수께서 그렇게 말씀하셨습니다. 그가 지금도 우리에게 다시 '내가 살아있다'고 말씀하고 계십니다."[6]

든는 자가 본문을 하나님이 그에게 주시는 메시지로 받아들이게 되면 언제나 거기에 대한 관심이 일어나게 된다. 거기에 자기 개인의 운명이 달려 있기 때문이다. 그 메시지가 위로의 성격을 띨 수도 있고 경고의 성격을 띨 수도 있으나, 그 메시지를 그저 덤덤한 자세로 받아들일 수는 없는 것이다. 이런 일은 심지어 아주 오래된 과거 시대의 성경의 이야기에 대해서도 일어난다. 설교자가 깊은 통찰과 생생한 상상력으로 그 이야기를 전달함으로써 든는 이들은 그것을 자기들의 이야기로 받아들이게 되는 것이다.

그 이야기가 아담과 하와의 이야기일 수도 있고, 아브라함과 사라의 이야기, 혹은 모세나 다윗의 이야기일 수도 있다. 그러나 그 이야기는 또한 나의 이야기도 되는 것이다. 프레드 크레독(Fred Craddock)이 「복음을 엿듣기」(*Overhearing the Gospel*)라는 책에서 말한 것처럼, 말하자면 내가 그 메시지를 "엿들은 것"이다. 그 메시지가 내게 더 강력하게 부딪혀 온 것은 아마도 그 메시지가 간접적으로, 내가 보통 사용하던 모든 방어 수단을 다 내려놓고 있을 때에 내게 임했기 때문일 것이다.

해석자는 본문에 대해서 여러 종류의 질문을 해 보아야 한다. 본문이 개개인에게 주는 실제적인 의미를 하나하나 검토해야 한다는 말이다. 또한 사회적 이슈나 정치적 이슈도 함께 대면해야 한다. 성경은 삶의 모든 면에 다 관계되기 때문에, 설교자는 "성령으로 행하려" 하는 자들을 위해서 심지어 영적인 것과는 관계 없는 것처럼 보이는 문제들까지도 그 의미를 잘 따져 보아야 한다. 바울 서신의 경우, 윤리적 명령들과 아주 실제적인 조언들이 교리적 부분에서 비롯되어 나온다는 사실을 주목할 필요가 있는 것이다.

본문이 말씀하고자 하는 주제가 언제나 본문 그 자체 속에서 나타나는 것은 아니다. 이에 대한 간단하면서도 분명한 예는 욥기에 나타나는 다음과 같은 질문에서 볼 수 있다: "사람이 죽으면 과연 다시 살리이까?"(욥 14:14). 이에 대한 해답은 분명히 다른 곳에서 나타난다. 어쩌면 부분적인 해답이 그 질문을 제기한 그 책 속에 들어 있을 것이다. 그러나 보다 충분한 해답은 신약 성경에 나타나는 예수님의 말씀이나 사도 바울의 말씀에 들어 있는 것이다.

이보다 더 어려운 문제는 어느 한 문맥에서 나오는 진리를 다른 문맥의 진리와 연결시키거나 혹은 다른 두 부류의 사람들에게 그 진리를 적용시키는 일이다. 예를 들어서, 갈릴리 바다의 예수의 제자들에게 합당한 진리는 예수 안에서 계시된 하나님은 자연을 지배하시는 주시며 따라서 맹렬한 폭풍이 몰려와도 그들은 그의 안전한 보호하심 가운데 있다는 것이었다. 또한 이 진리는 극심한 위험 가운데서 바다를 항해하는 여행객들에게도 위로를 주었을 수도 있다.

그러나 이 진리는 아마도 박해의 폭풍이 일어나 작은 교회를 전복시키고 하나님의 담대한 선지자들을 위협하는 상황을 접하는 후세대의 제자들에게 가장 확실한 의미를 전해 줄 것이다. 그리스도의 말씀이 모든 것을 평온케 만든 것이다. 서로 다른 두 부류의 사람들에게 동일한 진리를 적용시키는 문제에 대해서는 이스라엘 백성이 홍해를 건넌 이야기를 생각해 보라.

제임스 샌더스(James Sanders)는 한 본문을 두 가지 방식으로 설교할 수도 있다고 지적했다. 억압 당하는 자들을 위로하는 목적으로 설교할 수도 있고, 억압하는 자들에게 경고하는 목적으로 설교할 수도 있다는 것이다. 그의 표현대로 하자면, 본질적으로(constitutively) 설교할 수도, 예언자적(prophetically)으로도 설교할 수도 있다. 그러나 이렇게 상황에 맞게

설교하려면 청중을 잘 알아야 하는 것은 물론이다.[7]

또한 어떤 경우에는 "하나님은 사랑이시다"라는 것과 같은 일반적이고도 보편적인 진리에서 출발하여 구체적인 어떤 경우 혹은 여러가지 실례에 그 진리를 적용하는 데로 나아갈 수도 있다. 아니면 구체적인 성경의 실례를 취한 다음 일반적이며 보편적인 진리에게로 나아가고, 이어서 다시 여러가지 방향에서 적용시킬 수도 있을 것이다.

에릭 루틀리(Eric Routley)는 "죽은 자들로 죽은 자를 장사하게 하고 너는 가서 하나님 나라를 전파하라"는 예수의 단도직입적인 명령을, 죽어가는 아내나 형제를 즉시 버려두고 당장 신학교에 들어가라는 명령으로 받아들여서는 안된다고 경고한 바 있다.

먼저 그 말씀을 들은 사람의 상황을 여러분의 상황으로 전환시켜야 하고, 복음서에 기록된 그리스도의 가르침 전체에 비추어서 이 문구를 더 깊이 해석하고 그리고 난 다음에 그 문구에 대해 결단을 내려야 하는 것이다. 그렇게 해야 하는 것은 중생치 못한 충동에 휩싸여서 여러분이 성경을 의도적으로 잘못 이해할 수도 있기 때문에 그런 일이 없도록 가능한 모든 경계를 다 동원하여야 할 필요가 있기 때문이다. 여러분의 경우, 치료할 수 없는 부당한 충동을 돌보다 보면 도저히 동의할 수 없는 어려움에 빠지기가 쉬운데, 이에 대해서는 복음의 메시지가 매혹적인 대안이 될 것이다.[8]

아주 불행하게도, 그리스도의 복된 소망인 그리스도의 재림(再臨)이 성경을 공상적으로 잘못 이해하고 잘못 적용하는 가장 비근한 예가 되어왔다. 그 동기는 루틀리가 묘사한 그 사람의 동기보다 절대로 나을 것이 없다. 다른 교리도 마찬가지이지만 특히 이 교리는 해석상의 공상이나 환상 같은 것들의 도움이 전혀 필요가 없다. 성경의 분명한 가르침만으로 족한 것이다. 한 구절이 다른 구절을 합당하게 해석해 주기도 하고 그 메시지를 확장시키거나 메시지에 단서를 붙일 수도 있다. 그러나 그 구절의 순수성을 침해하는 일은 절대로 없을 것이다.

성경의 언어 가운데는 오늘날 우리에게는 아주 이상스럽게 들리는 것도 있고, 대부분의 사람들이 현실에서나 상상 가운데서 전혀 경험해보지 못한 그런 인물이나 사건들을 묘사하는 것도 있다. 신화나 역사적인 이미지, 은유, 상징, 비유, 그리고 시(詩) 같은 것들이 이런 현상에 해당된다. 그런 용어들이 때로는 신자들에게 거부감을 주기도 했다. 그래서 성경 가운데 어떤 부분들은 그저 하나의 허구(虛構)로 무시를 당하기도 하는 것이다. 그리고 이런 용어들은 그 언어만을 무시하는 것으로 그치지 않고 그 언어가 나타내주는 진리까지도 무시해 버리도록 만든 것이다. 그러나, 단순히 성경에 나타난다는 이유만으로 어떤 용어를 경솔하게 무시한다든가 액면 그대로 받아들이지 않는 것보다는, 그 진리의 의미를 이해하려고 노력하며 또한 그 진리를 가능한 대로 오늘날 우리 시대의 언어와 사고 형식의 역동적인 구조 속에 제시하도록 노력하는 것이 마땅할 것이다. 예를 들어서, "귀신 들린" 경우가 성경에 많이 나타나는데, 오늘날에는 이것들을 가리켜 미친 상태(insanity)라고 부를 수 있는 것이다.

복음서 이야기들 가운데 중요한 사실은 예수께서 그렇게 고통을 당하고 있는 수많은 사람들을 고치시고 축복하셨다는 사실이다. 어렵지만 아주 절실한 설교자의 과제는 사람들로 하여금 현대의 세계 속에 견고하게 발을 디디고 있으면서 동시에 성경적으로 생각하도록 도와주는 일이다. 이런 노력은 설교자와 청중 모두에게 갈등을 일으킬 수도 있다. 두 세계를 하나로 묶는다는 것이 쉬운 일이 아니기 때문이다. 믿음을 저버리지 않으면서 이해하도록 해 주어야 하며 또한 맹목적으로 믿게 하지 않으면서도 동시에 믿음을 장려해 주어야 하는 것이다. 그러나, 우리의 노력을 다하고 나면, 우리가 시작해 놓고 힘이 없어서 끝맺음을 하지 못한 것을 하나님이 그의 신비한 방법으로 끝맺음하셨다는 것을 깨닫게 될 것이다.

해석자는 또한 본문의 진리를 본문 그 자체의 형태로 제시해야 할 임무도 지니고 있다. 본문을 문자 그대로 혹은 의식적으로 제시하는 가운데도 의미가 드러날 수 있는 것이다. 존 시알디(John Ciardi)는 「시가 어떻게 의미를 지니게 되는가?」(*How Does a Poem Mean?*)라는 제목의 책을 출간했는데, 거기서 주장하기를 시의 본질을 짜내려 하면 그것 때문에 그 시의 의미를 찾지 못하고 빗나갈 수 있다고 한다. 모든 본문이 다 그런 것은 아니지만 어떤 성경 본문들은 그 본문의 이미지를 반영하는 설교 혹은 예전의 형식을 빌어서 표현되어 있기도 하다. 설교가 본문의 내적인 흐름을 따르는 경우에는 — 반드시 본문의 단어를 그대로 취하거나 그저 본문을 풀어서 설명하는 것은 아니라 하더라도 — 그 설교는 그 본문의 모양을 그대로 취할 수도 있다. 교훈도 아주 잘하면 놀라운 설교가 될 수도 있다. 이와 마찬가지로 성경의 이야기나 사건도 마찬가지로 설교가 될 수 있는 것이다. 교훈이 성경을 한 구절씩 따를 수도 있고, 이야기도 그 내용의 역학 관계를 따라서 움직여갈 수 있는 것이다. 만일 본문의 형태에서 암시를 받아 그것을 사용하되 모든 설교마다 똑같은 형식을 취하지 않도록 노력하기만 하면, 성경의 다양한 자료에 맞는 형식을 취함으로써 관심을 고조시키는 것은 물론 성경의 의미를 더 잘 전달할 수가 있을 것이다.

본문 해석을 돕기 위한 질문들

학문적인 수준의 성경 해석은 온갖 종류의 성경 비평에서 야기되는 기술적인 문제들에 주목할 것을 요한다. 그러나 그런 문제는 이 장의 초점이 아니다. 그런 문제는 설교 준비의 초기 단계에서 각각 정도가 달리 개입되는 것이다.

다음에 이어지는 목록은 필자의 몇몇 스승들이 제기한 질문들을[9] 한데 모아 놓은 것이고 또한 필자 자신이 본문에 대해 물어보기를 원하는 질문도 거기에 함께 포함되어 있다. 이 질문들은 성경 비평의 기술적인 문제들을 점검하도록 유도할 수도 있고, 그렇지 않을 수도 있다. 이 목록이 완전한 것도 아니고 설교를 위한 본문 해석에 필수적인 모든 관련 질문을 다 모아 놓은 것도 물론 아니다. 그러나 이 질문들을 출발점으로 이용할 수는 있을 것이다. 각 본문마다 여기 질문들을 전부 다 제기할 필요는 없다. 본문이 어느 시기 어느 청중에게 설교할 만한 것이라면, 어느 한 설교에서 사용될 수 있는 것보다 더 많은 자료들을 구할 수가 있을 것이다.

1. 본문의 주제는 무엇인가? 조직 신학의 각 분야(예컨대, 종말론, 예배, 혹은 신론 등)에 따라서 본문의 대략적인 주제를 잡으라.

2. 본문이 나에게 무슨 의미가 있는가? 이 질문은 어쩌면 성급하게 보일 수도 있을 것이다. 먼저 본문을 세심하게 주해하고 본문의 해석사(解釋史)를 먼저 살펴야 하지 않을까? 반드시 그럴 필요는 없다. 내가 처음 받은 인상이 본문을 읽는 평범한 독자의 이해와 똑같을 가능성이 높기 때문이다. 그러므로 거기서부터 출발하는 것이 좋다. 계속 연구한 결과 내가 처음 받았던 인상과는 다른 사실이 드러난다 할지라도, 염려할 필요가 없다. 비교나 대조를 통해서도 배우는 법이기 때문이다. 뿐만 아니라, 나는 이제 보통 사람의 해석을 잘 알고 있는 셈이고, 따라서 거기서부터 일을 할 수 있게 된 것이다.

3. 본문의 정확한 해석을 좌우할 만한 주해 상의 결정적인 쟁점들은 무엇인가?

4. 예수 그리스도 및 구속사와 관련해서 본문은 어떤 의의를 지니는가? 이 질문은 구약과 신약의 본문 전부에 다 적용된다. 게르하르트 폰 라트(Gerhard von Rad)의 다음과 같은 말을 기억하라: "하나님의 백성이나 개인을 하나님이 다루시는 역사를 볼 때에 그 속에서 그리스도라는 신약의 계시의 그림자를 볼 수 있는 가능성이 존재하는 것이다."[10] 뿐만 아니라, 예수와 사도들의 윤리적 가르침은 우리와 및 그리스도 사건 속에 있는 모든 사람들을 향한 하나님의 은혜의 역사와 동떨어진 것이 아니라 그 은혜의 역사의 일부분으로 보아야 하는 것이다.

5. 다른 해석자들은 그 본문을 어떤 의미로 보았는가? 이 질문은 어거스틴, 크리소스톰, 루터, 칼빈, 바르트 등의 해석자들을 지칭하는 것이다. 어떤 점에서 그들의 해석의 상황이 오늘날 우리와는 다르지만, 그들의 통찰은 본문에 대한 우리의 개인적인 이해를 풍성하게 해 줄 수 있다. 과거의 해석자들은 오늘 우리만큼 본문에 대한 과학적 연구에 있어서 많이 부족할 수도 있다. 그러나 본문의 영적 깊이를 드러내는 데에는 탁월한 능력을 보인 것이다. 개신교도들은 "교부들"의 해석에 묶인다

는 느낌을 절대로 갖지 않을테지만, 그들은 교부들을 지나치게 무시해 버리는 우(愚)를 범하는 경우가 많다.

6. 본문이 즉각적으로 닿는 접착점은 무엇인가? 본문이 나의 삶의 어느 부분에 가장 가깝게 와닿는가? 즉각적인 접착점은 때와 장소에 따라서 다를 수 있다.

7. 본문에서 의사 전달을 어렵게 만들 소지가 있는 것은 무엇인가? 나의 경우에는 받아들이기 어려운 것이 무엇인가? 내가 나 자신을 정직하게 직시하면 청중들의 어려움들을 미리 예상할 수가 있다. 그러나, 모든 청중이 전부 다 나와 같은 의문을 갖고 있으리라고 생각한다면 그것은 잘못이다. 개중에는 다른 의문이 있는 이들도 있을 것이다. 여기서 약간의 영적인 "투시력"이 필요한 것이다.

8. 본문에 나타난 진리가 홀로 설 수 있는 것인가, 아니면 다른 진리와 균형을 맞출 필요가 있는가? 설교자가 설교할 때마다 기독교 진리의 총체를 다 제시할 필요는 없다. 또한 반쪽짜리 진리를 설교 때마다 그 반대편의 진리와 반드시 종합시켜야 하는 것도 아니다. 그러나, 그렇게 종합할 수 있다면 매우 도움이 되는 경우가 많고, 또한 어떤 경우는 그런 종합이 필수적일 때도 있다. 그러나 그렇다 하더라도, "설교가 지나치게 균형이 잡혀 있으면 그 메시지를 진정으로 전달하지 못하는" 법이다.

9. 본문에 조건이나 상황이 붙어 있을 경우, 그 원인은 무엇인가? 가장 흥미있는 설교는 대개 청중의 상황에 꼭 들어 맞는 것이다. 현재의 문제나 어려움을 다루기 때문이다. 질병을 성공적으로 치료하기 위해서는 그 원인을 아는 것이 큰 도움이 되듯이, 설교를 통해 처방을 하는 과정에서도 병인(病因)을 인식하는 것이 큰 도움이 될 것이다. 뿐만 아니라, 인간이 처하는 보통 상황(반드시 죄악되거나 불쾌한 상황만은 아니다)의 원인들을 인식하게 되면, 이것이 더 높은 목표의 필요성을 직시하도록 도움을 주기도 한다.

10. 본문의 진리에서 파생되는 신학적 의미는 무엇이며 실천적 의무는 무

엇인가?

11. 본문에 나타난 진리의 의미와 적용에 대한 나의 결론에 대해서 제기될 수 있는 반론은 어떤 것들인가? 여기서 감정적인 반응과 지적인 문제점들을 예상해야 한다. 임무를 다하는 설교는 그냥 자동적으로 이루어지는 것이 아니다. 때로는 감정적인 반응이 해를 주거나 파괴적인 것이 되지 않도록 막아야 할 경우도 있다. 더 나아가서, 때로는 지적인 문제점들에 얽매어 헤매지 않도록 하기 위해서 그저 그런 문제점이 있다는 것만 지적하고 설교자와 청중이 함께 더 효과적으로 다룰 수 있는 그런 문제들에게로 넘어가야 할 경우도 많다. 어떤 쟁점들에 대해서는 깊이 있게 전문적으로 논의하는 일이 강단에서는 적절하지 않을 수도 있다. 그러나 옛날 수사학자들은 강론 중에 "반론에 대한 응답" 부분을 설정해 놓았다는 사실을 주목해야 할 것이다. 누구보다도 설교자는 따뜻하고 사려가 깊어야 하고 공명정대해야 할 것이다.

12. 본문이 가르치는 바를 알고 믿으며 행할 경우나 알지 못하고 믿지 못하며 행하지 못할 경우 어떤 결과가 일어나겠는가? 우리의 결단과 행동의 결과를 생각하는 일은 현실에 맞아야 한다. 우리의 의지가 약하기 때문에 때로는 징벌에 대한 두려움이나 — 반드시 임의적인 징벌일 필요는 없지만 — 상급에 대한 기대감을 부추겨야 할 필요가 있다. 이것이 가장 바람직한 동기일 수는 없겠지만, 그럼에도 불구하고 그것은 인간 경험의 일부분으로 얼마든지 인정할 수가 있다. 성경은 전체적인 사실을 제시하기를 원치 않는 것이 아니다.

13. 본문의 메시지가 나 자신의 삶 속에서 진정 진리로 와닿도록 하기 위해서는 무엇을 해야 하는가? 바로 이 시점에서 케리그마("메시지")가 마르투리온("증거")이 된다. 복음이 육체를 입게 되고, 또한 그 복음이 우리 자신의 필요의 차원과 형체로 얻는 우리의 경험을 통해서 드러나는 것이다.

14. 일반 문헌이나 성경의 자료나 개인 상담이나 개인의 관찰과 경험 가운데서, 본문의 진리의 실례가 될 수 있는 것들이 무엇인가? 실제적인

진리의 실례가 주는 강력한 힘이 없으면 아무리 탁월한 논리라도 무색해지고 만다. 더욱이, 재미있는 사람 이야기들은 끝없이 매혹을 끄는 것이다.

7. 본문에 등장하는 진리

설교라는 개념의 핵심은 바로 본문 연구를 통해서 등장하는 진리를 진술하는 데 있는데, 그 진술이 설교의 내용을 결정 짓는다. 각 설교마다 반드시 하나의 중심되는 사상이 있으며, 아니면 최소한 관련 사상들이 함께 어우러져 있을 수도 있다. 이것을 여러 가지 명칭으로 부르는데, 명제, 주제, 문제, 메시지 등이 그것이다. 중심 사상은 신학적인 진술이거나 또는 신학적인 형태를 띤 진술이다. 그리고 이 중심 사상이 설교의 관념적 전개를 주도하고 통제하는 것이다.

여기서 중심 사상(central idea)이라는 용어를 쓴 것은 명제(proposition)라는 용어를 쓸 경우, 주제(subject)라는 용어와 마찬가지로 논리의 전개가 전제되며 또한 완전한 사상을 다 담을 수가 없는데, 설교에서는 반드시 그런 것이 아니기 때문에, 명제라는 용어를 사용하는 것이 바람직하지 않다고 본다.

중심 사상의 가치

중심 사상은 설교에서 본문이 말씀한다고 여겨지는 그런 내용을 간략한 진술이나 주제의 형태로 표현하고자 하는 조심스러운 노력의 결실로 나타나게 된다. 그런 진술이나 주제의 사용을 장려하는 취지로 몇 가지를 말할 수 있을 것이다.

먼저, 중심 사상은 설교자의 창의성을 자극시켜 준다. 여러 가지 관념들이 흘러가도록 해주며, 그것이 결국 확장되어 하나의 완성된 설교가 된다.

설교자들이 중심 사상을 작성하지 않은 채로 설교하는 경우가 많다. 성경 본문 중심의 설교자나 강해 설교자일 경우, 본문 자체나 본문의 일부가 중심 사상의 역할을 할 것이다. 그러나, 설교할 만한 성경의 본문들 가운데는 연속적으로 다루어가도록 되어 있지도 않고 의미의 중심이 어느 한 절 속에 들어 있지 않은 경우가 태반인 것이다. 그럴 경우, 설교자는 본문에 나타난 사상을 가장 잘 대변할 수 있는 하나의 진술을 뽑아내도록 노력해야만 한다. 그 작업이 이루어지고 나면, 그 중심 사상에서 갖가지 관념들이 스며 나오기 시작하여 본문의 진리가 가장 잘 드러날 수 있게 되는 것이다.

이 때에 나타나는 중심 사상은 그 본질상 어떤 특정한 형태로 다루어야 할 수도 있다. 아니면 그 메시지를 들을 청중이 어떻게 다룰지를 보여줄 수도 있을 것이다. 어떤 진리들은 그저 확충시켜서 설명하기만 하면 된다. 더 고도로 발전된 형태로 뽑아낼 필요가 있는 것이다. 이런 작업에는 때로 세심한 용어 정의나 긴 설명이 필요할 수도 있다. 또한 실례나 유비 (analogies) 같은 것도 도움이 될 것이다.

본문의 의도가 무엇인지를 결정하고 나서 가장 먼저 할 일은 이 "진리"에 모순점이 없는지를 확인하는 일일 것이다. 왜냐하면 설교자 개인이 자기가 발견한 내용에 대해 저항감이 있을 수도 있고 청중에게서도 가장 먼저 부정적인 반응이 나타날 것으로 예상할 수 있기 때문이다. 물론, 그런 차이점들을 계속 찾을 것이다. 왜냐하면 결국 설교자의 임무는 자기나 혹 다른 사람이 그 순간에 인정하는 그런 내용을 제시하는 것이 아니라 성경이 가르치는 바를 제시하는 것이기 때문이다. 그러나 반면에, 설교자가 본문에 나타나는 진리를 입증하고 싶어할 수도 있다. 청중에게서 어떤 회의나 회의의 가능성을 감지하고서, 본문을 입증함으로써 그 신빙성과 실제성을 한층 드높일 수 있다고 느낄 수도 있는 것이다. 그러면 이런 중심 사상을 지지해 주는 논리적인 증거들이나 신빙성을 높여주는 실례나 유비점들을 찾으려 할 것이다.

또한 질문을 하는 것도 창의성을 높여주는 자극제가 된다. 이미 살펴 보았듯이, 본문에 대해서 여러 가지 질문을 하면 한 번의 설교에서 다 사용할 수 없을 만큼 많은 생각들이 떠오르게 된다(6장을 보라). 그러나 일단 중심 사상이 결정되면, 이것에 대해서 다시 질문을 던짐으로써 더 많은 생각들이, 더 세련된 생각들이 생겨날 수 있는 것이다. 그 다음에는 당위성에 관한 질문을 던질 필요가 생긴다: 그래서 어떻다는 것인가? 신학적인 형태를 띤 이러한 진술을 어떻게 실제적으로 적용할 수 있는가? 하는 것이다. 만일 그것이 오늘날의 삶과 연결되지 않는다면, 과연 이 사상이 다룰 만한 가치가 있는지를 물어야 할 것이다. 그것이 별로 중요치 않은 사소한 것일 수도 있을 것이다. 만일 그렇다면, 그 사상은 버리고, 그것과는 다른 어떤 것을 찾아야 할 것이다.

그러나, 어떤 사상이 당장에 직접 현실에 맞지 않는다고해서 무조건 그것을 버려서는 안된다. 어떤 것들은 오랜 뒤에 결국 아주 적절한 효과를 낼 수도 있는 것이다. 어떤 사상이 그렇고 또 어떤 것이 그렇지 않은지를 아는 솜씨가 여기서 필요하게 된다. 그러나, 그럼에도 불구하고 중심 사상의 실제적인 효용성을 발견하고자 하는 노력은 아주 풍성한 결실을 낼 수가 있다.

오스틴 펠프스(Austin Phelps)는 다음과 같이 지적한다: "창의력이 아주 더딜 경우, 주제를 제한시키면 그것이 자극을 받을 것이다. 그리고 창의력이 아주 왕성할 경우에 주제를 제한시키면 그 창의력의 범위가 설정될 것이다. 제한된 명제에 대해서 미시적(微視的)인 창의력이 기울여지기 때문이다. 넓은 범위를 이리저리 오갈 경우 잃어버리고 말 것을 범위를 제한시킴으로써 발견하게 되는 것이다. 그 창의력은 침투성이 있다. 주제의 핵심에까지 파고 들어가는 것이다. … 설교자는 그 정신의 풍성함을 충만히 체험한 가운데서 설교하는 것이다."[1]

중심 사상이 설교에 무게를 실어주는 것이다. 헨리 그레이디 데이비스(Henry Grady Davis)가 지적한 바와 같이, 중심 사상은 두 가지 질문에 해답을 준다. 곧, 설교자가 무슨 주제에 대해서 이야기하고 있는가? 하는 것과, 설교자가 그 주제에 대해서 무엇을 말하고 있는가? 하는 것이다. 첫번째 질문은 주제를 제시해 주며, 두번째 질문은 술어(述語)를 말해 준다. 이 두 가지를 합치면 설교의 골자가 되는 문장이 생기게 된다. 말하자면, 설교의 알맹이, 곧 중심 사상이 나오는데,[2] 이것이 설교에 무게를 실어주게 된다. 왜냐하면 설교는 더도 덜도 아닌 바로 그 중심 사상을 다루는 것이기 때문이다. 중심 사상에 매여있지 않은 설교는 아무데서나 아무렇게나 주워온 각양 사상들을 그냥 배열해 놓고 아무데로나 나아가는 엉성한 것일 경우가 태반이다. 그런 사상들이 진리일 수도 있고, 성경적일 수도 있다. 그러나 그 특정한 설교에는 해당되지 않는 것들이다. 그것들이 또 다른 중심 사상과 밀접한 관계가 있었다면, 그 설교에 견실함과 무게를 실어줄 수 있었을 것이다. 그러나 사상들을 아무렇게나 끼워 맞추어놓으면, 설교를 오히려 엉성하게 만들어 버리는 것이다.

중심 사상은 설교를 간편한 것으로 만들어 주며 또한 설교에 방향을 제시해 준다. 중심 사상은 설교의 필수적인 특징을 결정지어주는 기본 인자(因子)를 담고 있다. 설교가 완전히 작성되어도, 오로지 그 중심 사상이 약속한 것이 완전하게 구성되는 것이다. 설교가 어디에 살고 어디로 움직이느냐 하는 것은 이와는 약간 다른 문제다. 그러나 중심 사상의 본질 그 자체가 설교의 용도를 제한해 준다. 설교는 청중이나 여건과는 관계 없이 반드시 어느 한 방향으로 나아가기 마련이며, 절대로 자가당착에 빠지지는 않는다. 하나님은 사랑이시다 라는 주제를 설명하든, 증명하든, 아니면 개인의 문제나 사회의 문제에 적용을 시키든, 언제나 하나님은 사랑의 하나님이시라는 것을 말씀하는 것이지, 그 이외에 어떤 것을 말씀하는 것이 아닌 것이다.

중심 사상은 설교에 통일성을 부여한다. 중심 사상을 진지하게 다루면, 설교는 반드시 그 중심 사상에 관한 내용이 된다. 물론 그렇다고 해서 설교가 반드시 흥미로워지는 것은 아니지만, 그래도 일상적인 관심보다는 좀 더 나은 관심을 끌고 이례적인 효과를 발휘할 가능성이 매우 높아지는 것은 분명할 것이다.

중심 사상의 출처

두 가지 위대한 사건이 유대인들과 그리스도인들 모두의 신학적 개념을 형성케 만들었으니, 곧, 출애굽 사건과 그리스도 사건이 그것이다. 분명히 말해서, 출애굽 사건 이전에도 아주 중요한 사건과 경험들이 있었다. 그러나 그 사건들에 형체와 의미를 부여한 것은 바로 출애굽 사건이었다. 성경신학은 성경 전체를 관통하는 주요 주제들의 원인과 역사를 추적하고 묘사하며, 조직 신학은 그 동일한 주제들을 특정한 철학적·역사적 관심사와 관련지어서 논의한다. 그러나 어떤 경우는 성경 신학이 조직 신학적 관심사에 아주 강하게 영향을 받기도 하며, 반대로 조직 신학이 성경 신학의 관심사에 영향을 받는 경우도 있다. 이렇게 해서 어떤 큰 신학적 개념들이 본문 해석의 시금석이 되기도 하는 것이다.

성경 신학의 관심사와 조직 신학의 관심사는 때때로 신조나 신앙 고백에서 초점이 되어왔다. 그런 진술들은 크고 작은 신학적 위기로 말미암아 생겨난 것들이므로, 그것들은 역사적으로 제한성을 지니고 있다. 그러나 그럼에도 불구하고, 그것들은 매우 중요하다. 왜냐하면 그와 동일한 이슈들이 다시 제기될 때마다 고려할 만한 충분한 가치가 있는 진지하고도 의미있는 사상들이 그 진술들 속에 구체화되어 있기 때문이다. 마틴 루터는 교황과 공의회들이 잘못을 범했다고 믿었고, 그리하여 모든 신조와 교황의 선언들을 하나님의 말씀을 근거로 테스트해야 한다고 믿었다. 오늘날도 마찬가지이지만, 오늘날에는 이런 작업이 필요하다고 구태여 강변할 필요가 없다. 누가 반대하든지간에 이미 그런 작업이 진행되고 있고 또 진행될 것이기 때문이다. 오늘날의 문제는 오히려 어떻게 하면 현대인들로 하여금 신앙의 문제들을 이 신조와 신앙고백들에 비추어 생각하도록 만들고, 그리하여 중요한 교리의 문제를 해결하는 데 도움을 얻도록 하느냐 하는 데 있을 것이다.

성경을 귀납적으로 점검해 보면, 성경의 주요 가르침들에 대해서 어떤 결론이 얻어질 것이다. 그리고 이 결론들을 연역적으로 사용하면 그 주요 가르침들을 조직적으로 다룰 수 있게 될 것이다. 그러므로 어떠한 구절이 중심 사상의 배경이 될 경우에는, 기독교의 고전적인 신조들과 설교자 개인이 속한 그룹의 신앙고백이나 성경 신학 혹은 조직 신학의 가르침들이 언제나 그 배경의 일부를 형성하게 되는 것이다. 그렇다고 해서 이것이 설교자의 창의성과 독창성을 가로막을 필요는 없지만, 그럼에도 불구하고 그것이 언제나 판단하는 기준이 되는 것이다. "경의 모든 예언은 사사로이 풀 것이 아니니라"(벧후 1:20).

신학적 진리의 또 한 가지 출처는 믿음의 공동체에 있고, 때로는 심지어 사회의 불신자들도 그 출처가 되기도 한다. 설교의 자료 가운데 아주 소홀히 대접받는 것은 바로 그 설교를 듣게 될 사람, 혹은 들을 가능성이 있는 사람이다. 지혜로운 설교자라면 자기 설교를 듣는 사람들로 하여금 신학적 의제(議題)를 설정하는 데 도움을 주도록 할 것이다. 물론 그들이 주는 도움은 기껏해야 제대로 된 질문을 던지는 것밖에는 없을 것이다. 그러나 그 던져진 질문들에 대해서 성경 본문과 명제로 작성된 성경적 진리를 통해서 답변을 시도할 수 있는 것이다.

에두아르드 슈바이처(Eduard Schweizer)는 말하기를 청중 가운데 경건성이 덜한 자들이 가장 좋은 질문을 한다고 했다. 왜냐하면 그들이야말로 무엇보다 복음을 듣는 사람들이기 때문이라는 것이다.[3] 이렇게 해서 설교의 중심 사상이 하나님이 정말로 말씀하기를 원하시는 그런 것이 될 가능성이 더 많아지게 된다. 왜냐하면 하나님의 말씀은 신학적으로만이 아니라 인간적으로도(anthro-pologically) 결정되기 때문이다. 하나님은 물론 사람도 무언가 기여하는 것이다!

신학적 관심이 있는 설교자에게 주는 도전은 존 로빈슨(John Robinson)의 말처럼, "하나님의 말씀에서 아직도 신선한 빛이 비쳐오도록" 하는 방법들을 발견하고 사용하여야 한다는 것이다.

중심 사상의 주제와 형식

주제에 대해서는, 설교자는 한 가지 또는 그 이상의 이야기를 하고, 사건과 사상을 설명하고, 논제를 제시하고, 거기에 영감과 지지를 불어넣고, 책임 있는 결단을 촉구하는데, 이 모든 것을 아주 조심스럽게 설정한 신학의 가이드라인 내에서 해야 한다. 이 신학은 성경의 기록에도 맞고, 오늘날의 철학적이며 실제적인 이슈들에도 맞아야 한다. 설교의 테두리를 보여주는 몇 가지 신학적 가이드라인을 들어 보면 다음과 같다:

- 하나님은 사랑, 거룩, 권능의 하나님으로서 자신을 성부와 성자와 성령으로 계시하셨다. 그는 우주를 창조하셨고 그 위에 초월해 계시며(transcendence) 또한 그의 내재하심(his immanence) 가운데서 우주의 역사에 개입하신다.
- 사람은 하나님의 특별한 피조물로서 하나님의 형상을 따라 남자와 여자로 지으심을 받았다. 사람은 연약함과 악함 때문에 죄의 상태 — 하나님과 다른 피조물들과 자기 자신에게서 소외된 상태 — 에 있게 되었다. 사람이 스스로 하나님과 올바른 관계를 회복할 수 없었고 또한 사람의 죄에도 불구하고 하나님이 사람을 사랑하셨으므로, 하나님이 주도적으로 사람을 구속하는 데 필요한 일을 행하셨다. 이 구원은 예수 그리스도 안에서 가장 충만하게 표현되고 보편적으로 적용되었는데, 그는 하나님의 아들로서 사람들의 손에 죽으시고 하나님의 권능으로 부활하심으로써 죄인들을 향한 소망과 구원의 복된 소식이었다.
- 구원은 개인적으로나 공동체적으로 경험되며 또한 현세적 차원과 영원한 차원으로 경험되는데, 이 구원은 하나님의 값없는 은혜에 믿음으로 응답하는 모든 자들에게 주어진다.
- 믿음의 삶의 특징은 하나님과 평화의 상태와 성품의 성장, 개인적이며 공동체적인 예배, 그리고 인류를 향한 봉사에 있다. 이런 믿음의 삶은 하나님의 섭리를 통하여, 또한 신자들의 결단과 세례 또는 입교 시에와 계속적인 성찬의 체험 속에서, 또한 알든 모르든 무수한 섭리의 작용 가운데서 신자들에게 항상 임하는 하나님의 은혜를 통하여 가능케 된

다.

• 우리의 구원의 완성은 하나님의 임재와 하나님의 복락 속에 있는 영원한 삶에 있다. 처음부터 마지막까지 모든 것이 하나님의 은혜에 속한다.

이런 가이드라인들은 물론 불완전하며, 이 가이드라인 속에 흐르는 사상들은 시기와 장소에 따라서 다른 속도로 움직이기도 하고 색깔이나 어조가 바뀌기도 할 것이다. 신학자인 조셉 시틀러(Joseph Sittler)는 이를 다음과 같이 잘 표현해 준다:

> 내가 이해하기에 신학의 과제는, 기독교 신앙의 내용을 분명하게, 지적으로, 또한 정당한 관계 속에서 기독교 신앙의 내용을 교회에서 알려지고 전수되는 대로 제시해주는 진술들을 작성하는 것이다. 신학을 이렇게 정의하면 우리는 신학을 하나의 내용으로 이해하는 동시에 또한 하나의 과제로 이해해야 한다. 신학이 하나의 내용인 것은 신적이든 인간적이든 이야기하는 이슈가 동일하기 때문이며, 또한 그 이슈들에 대해서 인정하는 내용의 본질에 연속성이 있기 때문이다. 그러나 그런 진술들은 또한 지적이어야 한다. 즉, 그 내용이 정확하게 다른 사람에게 전달될 수 있는 방식으로 진술되어야 한다는 것이다. 그런데 이런 진술 활동은 명확성의 기준이 있고 인식에 대한 요구가 있는 세상에서 이루어지기 때문에, 또한 즉각적인 인간적인 필요들의 본질이 계속해서 유입되기 때문에, 신학의 과제는 또한 절대로 끝이 없는 것이기도 하다.[4]

설교의 내용은 몇 가지 기본 형식으로 표현될 수 있다. 이 형식들은 각기 그 설교에서 설교자가 의도하는 각각의 목표를 표현하는 것이다.

해설(exposition)

설교자가 정보를 제공해야 할 수도 있다. 자료를 전달해 주는 것이야말로 의사 소통의 중요한 기능이다. 물론 정보 제공에는 설교자가 아는 것과 믿는 것과 느끼는 것과 결단하는 것, 또는 설교자가 행하는 것이 다 포함될 것이다. 그러므로, 해설은 정보를 정렬시켜 주는 것이다. 해설은 또한 무언가를 설명해 주는 것이기도 하다. 어떤 성경 본문에 대해서 설교하거나 어떤 사상을 다룰 때에, 가장 먼저 할 일은 사실을 죽 나열하는 일이다. 그 다음에, 그 때까지 말한 내용을 설명한다. 정의도 하고 예도 들고 비교도 해서 듣는 자들이 그 사실을 알도록 하는 것은 물론 그 사실의 의미까지도 알도록 하는 것이다.

"하나님은 사랑이시라"는 간단한 본문을 예로 들어 보자. 먼저 용어 정의부터 할 수도 있을 것이다. 하나님이란 단어는 무슨 뜻인가? 사랑이란 무슨 뜻인가? 이 문장 전체의 뜻은 무엇인가? 아니면, 성경 본문의 표현을 약간 바꾸어서 "하나님이 우리를 사랑하신다"는 식으로 이야기할 수도 있을 것이다. 접근 방법은 비슷하지만, 본문에 표현된 내용 그 자체가 해설이 취하는 형태를 다소 좌우하는 것이다. 예를 들어서:

중심 사상: 하나님이 우리를 사랑하신다.
전체적인 목표: 설명함.
구체적인 의도: 청중들로 하여금 하나님이 우리를 사랑하심을 이해하도록 도움.

논증(argument)

또한 설교자가 본문의 진리나 본문에서 빌어온 주제를 위하여 논증을 전개할 필요가 있을 경우도 있다. 그저 단순히 사실을 제시하거나 그 사실의 의미를 해설하는 것만으로는 충분치 않을 수가 있다. 편견을 제거해 주어야 할 경우가 많은 것이다. 또한, 합리적인 사람들은 자기들에게 제시되는 내용에 대해서 증거를 요구하는 경우가 많기도 하다. 믿음을 위해서 제시된 명제에 대하여 정당한 논증이 있어야 되는 것이다. 그러므로 그런 논증이 해설 다음의 단계가 된다. 해설을 완결짓기 위해서 논증이 반드시 필수적인 것은 물론 아니다. 문제를 제기하지 않을 경우는 해설만으로도 족하기 때문이다. 그러나 논증은 언제나 사실, 자료, 정보를 전제로 한다. 논증은 해설을 기반으로 하여 그 위에 세우는 것이다. 물론 때로는 분명한 해설이 가장 좋은 논증일 때도 있다. 그러나 해설만으로는 안될 경우도 많은 것이다. 자, 앞에서 예로 들은 똑같은 본문 — "하나님은 사랑이시라"나 혹은 "하나님은 우리를 사랑하신다" — 을 살펴 보기로 하자. 논증 단계에서 주 관심사는 그 사상을 하나의 쟁점(爭點)으로 대하는 것이다. 어떤 사람들은 그 사상이 논란의 여지가 있다고 믿을 수도 있는데, 그들에게는 믿기 전에 먼저 증거가 필요할 것이다. 그러므로 동일한 사상이라 할지라도 믿음을 불러일으키기 위해 사용할 경우는 그 형식 자체가 전혀 달라질 수밖에 없다. 이런저런 증거들에 호소할 수도 있고, 성경이나 전통이나 고대나 현대의 권위, 또는 직관(直觀), 경험, 이성, 신앙 같은 것에 호소할 수도 있을 것이다. 물론, 여기서 증거를 잘못 사용할 수도 있고, 공평하지 못할 수도 있고, 심지어 속이려 할 수도 있다. 그러나 한편으로는 조심스럽고, 정직하고 공평을 유지함으로써 우리의 논증이 청중들에게 도움을 줄 수도 있을 것이다. 이런 과정을 통해서, 설교가 특정한 형식을 취하게 되는 것이다.

논증은 탐구(exploration)의 형식을 취할 수도 있다. "하나님이 우리를 사랑하실까?"라는 식으로 주제가 질문 형식을 취하는 것이다. 하나님이 정말 우리를 사랑하신다는 것에 대해서 많은 사람들이 확신을 갖지 못하고 있다. 그러므로 이것을 하나의 정당한 쟁점으로 대할 수가 있다. 어리둥절해 하는 청중의 회의적인 생각을 진지하게 취해서 그들과 함께 탐구를 시작하여 여러 가지 방식으로 조사 작업을 해갈 수 있는 것이다. 청중들이 제기하는 모든 질문을 공정하게 대하려고 최선을 다할 것이고, 결국 그 문제에 대한 올바른 견해라고 믿어지는 내용에 도달하게 될 것이다. 이것은 하나의 귀납적 방법으로서, 권위를 주장하는 어떤 얄팍한 답변을 제시하는 것으로는 만족하지 않고 스스로 문제를 생각하여 결론을 얻기를 좋아하는 사람들에게 이례적으로 호소할 수 있는 방법이다. 이 방법을 사용하면서도 설교자는 설교의 끝에 가서 제시될 해답을 미리 갖고 있어야 하는 것은 물론이다. 설교자는 귀납적 방법론을 적용하거나 아니면 설교를 준비하는

동안 자신이 도달한 결론에까지 과연 어떻게 도달하는지 그 귀납적인 과정을 보여줄 것이다. 예를 들면:

중심 사상: 하나님이 우리를 사랑하신다.
전체적인 목표: 믿게 함.
구체적인 의도: 청중으로 하여금 하나님이 우리를 사랑하심을 믿도록 도움.

영감(inspiration)

설교자가 본문 또는 주제를 그저 청중에게 새로운 생명력을 불어넣어 주는 데에만 사용하고자 할 수도 있다. 이 때에 설교자는 청중이 이미 본문 또는 주제를 잘 알고 있고 또한 그 의미까지도 잘 알고 있다는 것을 전제한다. 뿐만 아니라, 사람들이 그것을 잘 알고 또한 이해하고 있다고 단정하는 것이다. 그러면 그 다음은 어떻게 할까? 곧, 그 본문 또는 주제를 소망, 용기, 신뢰, 위로, 또는 갈망의 근원으로 제시하는 것이 남아 있는 것이다. 다음의 예를 생각해 보라:

중심 사상: 하나님이 우리를 사랑하신다.
전체적인 목표: 생명력을 줌.
구체적인 의도: 청중으로 하여금 하나님이 우리를 사랑하신다는 사실에서 위로와 함을 찾도록 도움.

설득(persuation)

설교자가 사람들에게 무언가 행동으로 이어지는 결단을 하기를 원할 수도 있다. 이미 사실을 제시했고, 필수적인 내용을 설명했고, 신빙성 있게 그 내용에 대해서 논증했다. 그러므로 이제 청중으로서는 이미 배우고 믿게 된 그 내용에 대해서 결단을 내릴 기회와 동기 부여가 필요하다. 새로이 출발할 때가 된 것이다. 여기서 설교자는 본문 또는 주제 — "하나님은 사랑이시다" 또는 "하나님이 우리를 사랑하신다" — 를 긴박성 있게 풀어 놓고 결정적인 신뢰와 단호한 영접과 감사의 순종과 섬김을 촉구해야 한다. 예를 들어보면:

중심 사상: 하나님이 우리를 사랑하신다. (또는 좀더 구체적으로, 하나님은 우리를 사랑하시기 때문에, 우리를 구원하사 그와 교제하게 하신다.)
전체적인 목표: 실천하게 함.
구체적인 의도: 청중 가운데 행동하지 않는 사람들로 하여금 하나님이 그들을 사랑하심을 받아들이고 그 사랑으로 말미암아 살아 가도록 이끌어 줌.

중심 사상의 스타일

중심 사상은 반드시 현실감이 있어야 한다. 무시간적인 언어로, 곧 언제나 시의적절한 언어로, 진술하는 것이 가장 좋다. "시몬 베드로가 주님을 부인한 것은 예수님을 모욕한 것이요 스스로 후회막심한 것이었다"라는 진술은 역사적으로는 옳다. 그러나 설교에서는 "우리가 우리 주님을 부인하면 그것은 곧 그를 욕하는 것이요 우리 자신에게도 후회가 생긴다"고 말하는 것이 더 낫다. 심지어 하나님의 주권이나 그의 초월하심에 대해서 설교할 때에도, 그 주제가 오늘날 우리의 경험과 관련이 있도록 그런 식으로 중심 사상을 설정해야 하는 것이다.

중심 사상은 완전해야 한다. 즉, 설교 전체의 내용을 다 담고 있어야 한다는 뜻이다. 물론, 구체적인 내용이나 적용 등 모든 사실 전체를 다 담을 수는 없을 것이다. 그러나 중심 사상은 반드시 그런 구체적인 모든 내용과 어긋나서는 안된다. 단, 그레이디 데이비스(H. Grady Davis)가 "논의된 주제"라고 부르는 것은 예외다.[5] 이 경우는 중심 사상이 완결된 문장의 형식을 취하지 않는다. 중심 사상이 하나의 주제가 되는 것이다. 그리고 설교의 주요 요점들이 "여기 저기 분배된 술어"가 된다. 그러므로 중심 사상을 완결짓기 위해서는 이런 요점들이 필요하다. 또한 중심 사상의 진술들에서 주어와 술어가 모두 생략되어 있는 경우도 있다.

중심 사상은 반드시 단순해야 한다. 무겁고 복잡한 신학적·철학적 언어는 피해야 한다. 조금만 조심하면 우리의 사상을 청중들이 쉽게 이해할 수 있는 언어로 제시할 수 있을 것이다.

중심 사상은 홀쭉해야 한다. 불필요한 형용사나 부사와 또한 불필요한 조건절이나 구를 삭제하면 이를 성취할 수 있다. 우리가 전달하고자 하는 사상의 미묘한 부분들과 의미들은 설교의 논의 자체에서 다룰 것이고, 중심 사상에서는 다만 "중심 되는 관심사"만을 제시하는 것이다.

중심 사상은 직설적이어야 한다. 비유적인 언어는 때로 사상을 희미하게 흐리게 만들 뿐 아니라, 설교자로 하여금 시종일관 주류를 이루는 이미지를 계속 추구하게 만들 경우가 많은데, 그렇게 되면 설교의 자연적인 흐름이 제한을 받게 될 것이다.

중심 사상은 충격적인 것이어야 한다. 비유적인 언어를 사용하면, 이를 이루기가 도저히 불가능해 질 것이다. 그러나 중심 사상을 심어주고 또 심어주어서 — 물론 그 때마다 표현은 달리 해야 하겠지만 — 그것이 깊은 감동을 주고 청중의 뇌리에 고정되도록 해 주면, 이것을 이룰 수가 있다. 이 목표를 이루기 위해서, 중심 사상은 반드시 간결해야 한다. 문장이 길어질수록, 의미가 산만해지고 기억하기가 더 어려워지기 때문이다.

중심 사상의 몇 가지 귀중한 실례들

다음의 중심 사상에 대한 진술들은 오랜 동안 다양한 환경 속에서 사역한 설교자들의 것들인데, 분명하며, 상대적으로 간결하고 복잡하지 않으며, 또한 흥미나 진지한 논의를 유발시키는 진술들이다.

로버트 사우스(Robert South): "하나님의 의도는 악한 행실을 위한 변명거리가 아니다."

라인하르트(F. V. Reinhard): "현재의 의무에 충실하는 것이 더 높은 일을 위한 자격 조건이 된다."

오스틴 펠프스(Austin Phelps): "이론으로서는 신앙에 깊은 관심을 가진 사람이 경험으로는 신앙을 배반하는 경우가 많다."

토머스 찰머스(Thomas Chalmers): "하나님을 대적하는 마음의 적개심을 깨부수는 복음의 능력."

호레이스 부쉬넬(Horace Bushnell): "하나님께 대한 의무는 하나의 특권이다."

나다니엘 에몬스(Nathaniel Emmons): "사람의 신앙이 그를 파멸시킬 수도 있다."[6]

베일리(D. M. Baillie): "기독교 복음 전체가 성부 성자 성령의 삼위가 한 하나님으로 계신다는 이 신비한 교리 속에 정리되어 있다."

해리 에머슨 포스딕(Harry Emerson Fosdick): "성(聖)과 속(俗)은 서로 분리할 수가 없다."

어얼 구인(Earl Guinn): "기독교 신앙은 예수의 부활 여부에 따라서 굳게 서거나 넘어진다."

월래스 해밀턴(J. Wallace Hamilton): "회심이란 하나님의 구속의 능력이 인간 존재의 모든 능력을 완전한 초점과 협력 속에 집어 넣는 과정이다."

웨인 오츠(Wayne E. Oates): "그리스도 안에 나타난 하나님에 대한 이상은 우리 주변의 인격들의 고통 속에서 가장 생생하게 드러난다."

노먼 빈센트 피일(Norman Vincent Peale): "여러분의 모든 어려움들을 극복할 만한 능력을 여러분이 지닐 수 있다."[7]

존 로빈슨(John A. T. Robinson): "생각 있는 그리스도인은 예수가 독특한 분이었다는 사실을 어떤 의미에서 유지하기를 원해야 할까?"

로버트 슐러(Robert Schuller): "여러분의 약점을 강점으로 바꾸라."

폴 틸리히(Paul Tillich): "여러분은 영접받았습니다."

존 클레이풀(John Claypool): "우리 인간으로서는 모든 것을 즉시 다 가질 수가 없다."[8]

8. 목표

　우리가 설교하는 것이 하나님의 목적을 실행하고 그리하여 그에게 영광을 돌리기 위함인가, 아니면 설교를 듣는 이들에게 무언가 좋은 일을 하기 위함인가? 설교가 목적인가 아니면 수단인가? 설교가 인간의 요구에 부응하지 않는가, 아니면 부응하는가?[1]

　우리가 설교하는 복음은 인간의 목표와 동기에서 나온 것이 아니다. "일반적인 심리학적 원리로는 복음의 핵심과 본질에 절대로 이를 수가 없다."[2] 복음은 다른 세계가 하나의 초월적인 목적을 가지고 우리의 세계에 침입하는 것이다. 우리가 전하는 복음은 우리 인간들을 위한 하나님의 구원 활동을 선포하는 것이다. 그것은 하나님을 사랑할 분으로 순종하고 예배할 분으로 말씀하며 또한 그런 반응들을 정당한 주장으로 촉구하는 것이다. 인간의 안목으로 보면, 설교는 우리의 여러 가지 관심사와는 거리가 먼 것처럼 보일 수도 있다. 복음은 이리저리 변하는 인간의 변덕이나 기호에 맞추어주지를 않는 것이다.

　그러나, 복음은 우리의 모든 관심사와 밀접한 관계가 있다. 우리의 관심사를 판단하든지, 긍정하든지, 아니면 변화하든지, 어쨌든 그것에 관계하기 때문이다. 그러므로 설교는 그 목적과 형식에 있어서 성육신적인 성격을 띠는 것이다. 복음이 우리와 우리의 청중들에게 타당한 것으로 만들어질 필요는 없다. 복음의 타당성을 발견하기만 하면 되는 것이다. 그러나, 그런 타당성에 대한 경험을 촉진시키는 방법들이 있다. 설교자가 아주 실제적인 절차를 따름으로써, 특정한 요구에 대한 인식을 일깨워 주고 그리하여 청중의 실제적인 요구에 하나님의 구원 사역을 아주 밀접하게 제시할 수 있는 것이다.

설교의 목표를 결정하는 일은 청중들을 이해하는 데 근거한다. 우리의 설교를 듣는 사람들의 필요 사항에 대해서 무언가를 알아야 하는 것이다. 가장 좋은 설교는 설교자가 "활을 무작정 당기기만 하는" 그런 설교가 아니다. 목표점이 없다면, 아무것도 맞추지를 못할 것이 뻔하다. 물론 보편적인 인간의 필요에 대한 전반적인 기독교적 이해를 갖고 있다면, 목표가 흐릴 수는 있어도 가끔씩은 과녁을 맞출 수가 있을 것이다.

그러나 무언가 좀더 구체적인 것이 필요하다. 목회자는 상담과 방문에서 온갖 종류의 인간의 필요들과 일상적으로 접촉한다. 목회자가 옆에 다가갈 만 하고, 충격을 주지 않고, 이해심이 많고, 도움이 된다고 느끼면, 회중은 더욱더 자기들의 마음과 양심에 있는 것들을 털어 놓을 것이다. 그러면 목회자는 정말 신뢰성을 얻게 된다. 그렇게 되면 목회자는 그런 관계 속에서 온갖 필요 사항들이 끝없이 나오는 것을 보게 될 것이다. 그러므로 설교자는 영혼을 구원한다든가, 본문을 설명한다든가, 교리를 가르친다든가, 양심을 인도한다든가, 마음에 위로를 준다든가, 아니면 예배자로 하여금 하나님과 대면하게 해준다든가, 아무튼 무언가 명확한 목표를 지향해야 할 것이다.

이러한 여섯 가지 목표들을 검토해 보고, 그것들이 설교에서 어떻게 적용되는지를 살펴 보기로 하자.

전도 설교 (evangelistic preaching)

전도 설교는 교회를 세우는 설교이다.

어떤 지역에서는 이런 타입의 설교가 아주 곤란을 당하기도 한다. 우리가 상상할 수 있는 가장 나쁜 설교가 전도와 관련된 것이라고 여겨져왔다. 찰스 브라운(Charles Brown)이 묘사한 바 있는 설교자가 문제를 분명하게 보여 준다. 그 설교자는 이렇게 투덜댄다: "사랑하는 여러분, 여러분을 그렇게 부를 수 있다면 말입니다만, 여러분은 말하자면 어느 정도 회개해야 할 도덕적인 책임을 지고 있습니다. 그런데 만일 그런 책임이 여러분에게 없을 경우는, 위험을 무릅쓰고 말씀드리지만, 말하자면 어느 정도는 여러분이 저주를 받을 가능성이 아주 희박하게나마 있습니다."[3]

예배에 대한 어떤 세미나에서 한 강사가 전도에 대해서 경의를 표했다. 그러면 어떻게 하면 그 외부 사람들이 그리스도에 대해서 배우게 할 수 있겠느냐고 묻자, 그는 "예배에 참석시키면 되지요!"라고 대답했다고 한다. 그의 대답은 정말 아이러니가 아닐 수 없었다. 그는 사람들이 있는 현장에서 그들에게 복음을 전하고 그들의 모습 그대로 하나님의 은혜와 대면하도록 하는 상상의 노력의 결과로 사회 속에 기독교가 세워진다고 생각한 것이다.

어떤 교회들의 성장을 보면 너무나 기생적(寄生的)이다. 그런 교회에 교회 생활을 하는 가정에서 자라지 않은 새로운 회원이 들어오게 된다면, 그 사람은 고속도로에까지 나가서 사람들을 하나님 나라에로 인도하는 데 열심이 있으면서도 여러 가지 면에서 질이 떨어지는 교회가 전도하여 회심시킨 사람일 가능성이 아주 높은 것이다.

우리의 설교가 전혀 전도 설교의 성격을 띠지 않는다면, 그것은 어쩌면 다른 복음을 전하는 죄를 범하는 것일 수 있지 않을까?

"복음 전하는 자"는 구약 성경의 선지자와는 다르다. 물론 궁극적으로는 하나님이 그의 말씀에 대하여 좋은 목적을 갖고 계셨지만, 고대의 선지자는 나쁜 소식을 선포했다. 그러나 신약 성경의 전령(傳令)은 어두움과 심판과 멸망 가운데서 사람이 들을 수 있는 것 가운데 가장 좋은 소식들을 선포했다.

진정한 전도와 효과적인 전도는 언제나 견고한 신학적 기초에 바탕을 두고 있다. 하나님의 위대하심과 선하심과 그의 사랑에 대하여, 인간의 필요와 죄의 용서와 구원에 대하여, 확신이 없고서야 어떻게 사람이 순수하게 회개할 수 있으며 또한 삶이 변화될 수가 있겠는가?

전도 설교는 기독교 신앙의 여러 가지 면들을 다루게 된다. 기본 진리들을 보다 세분화하여 무수한 구체적인 사실로 나누어 가르칠 수 있다. 복음의 결과로 나타나는 윤리적 사회적 책임들 역시 폭넓게 형성될 것이다. 그러나 이런 모든 구체적인 내용과 적용들은 반드시 건전한 신학이라는 기초 위에 세워져 있어야 하는 것이다. 그리고 그런 관계가 청중에게 분명하게 전달되어야 한다. 꽃을 자르는 식의 궤변이나 도덕주의로는 안된다. 사도 바울은 로마서 12장에서 시작되는 윤리적인 상부구조의 기초를 세우기 위해서 열한 장에 걸쳐서 신학적 논의를 행하고 있는 것을 보게 된다. 어쩌면 로마서에 나타나는 신학과 윤리의 양극적인 면들은 대부분의 설교에 필요한 것보다 더 심할지도 모른다. 그러나 설교에서 다루어지는 모든 내용은 쉽게 그런 큰 진리들에게로 소급될 수 있어야 하는 것이다.

기독교 신앙은 역사에 근거를 두고 있다. 사도 바울은 고린도 교회에 편지하면서, 복음이 "너희가 받은 것이요 또 그 가운데 선 것이라"(고전 15:1)고 말한다. 그들에게 신앙을 생기게 한 것이 무엇이었던가? 그것은 바로 역사적인 사실이었다! "내가 받은 사실을 먼저 너희에게 전하였노라"(고전 15:3).

출애굽 사건과 그리스도 사건을 비롯해서 어떤 사건들은 인간 역사의 장(場)에서 일어났다. 그리하여 하나님이 한 백성을 선택하셨고 그 백성을 위하신다는 사실이 그런 사건을 통해서 분명히 드러난 것이다. 발터 아이히로트(Walther Eichrodt)의 말을 빌면, "이 하나님과 함께 사람들은 자기들이 정확히 어느 위치에 있는지를 알게 된다. 그리하여 신뢰와 안정의 분위기가 생겨나서 그런 분위기 속에서 하나님의 뜻에 기꺼이 굴복하고자 하는 힘과 인생의 문제들에 대처하고자 하는 즐거운 용기를 찾게 되는 것이다."[4]

매우 의미심장한 사실은 사도행전에 나타나는 결정적인 설교들의 경우, 회개와 믿음을 촉구하기에 앞서 하나님이 그의 백성을 다루시는 역사를 자세하게 언급하며 그리하여 과거에 일어난 일과 이제 곧 일어날 일을 연관짓는 노력을 신중하게 하고 있다는 점이다. 지적인 진공 상태에서는 누구라도 믿음을 고백하기를 기대할 수 없었기 때문이다.

어떤 때에는 기독교를 변증하는 과제가 설교자에게 가장 도전이 되는 전도의 기회가 되기도 한다. 피터 곰즈(Peter Gomes)는 "생각 있는 마음과 사랑하는 정신"이 전도의 기회를 위한 이상적인 상태로 지적한다.

하나님 나라에 조금 들어와 있거나 혹은 많이 들어와 있다는 말은 성립이 되지 않는다. 예수께서 말씀하신 대로, 어떤 사람은 "하나님 나라에서 멀지 않을" 수도 있다. 그러나 하나님 나라 안에 있든지 바깥에 있든지 둘 중의 하나밖에는 없는 것이다. 하나님 나라에서 멀지 않은 사람들이 곧 들어올 수는 있겠지만, 그 나라에 들어오기까지는 여전히 그 나라 바깥에 있는 것이다.

세례 요한이나 예수나 사도들은 모두 분명한 선택을 촉구하였다. 사람들은 신앙 고백을 통해서, 세례를 통해서, 삶이 변화되는 것을 통해서 자기들의 결단을 공적으로 극적으로 보여주었다. 신약 성경은 이 두 가지의 선택을 생명과 사망, 구원 받은 상태와 잃어버린 바 된 상태, 빛과 어두움, 구원과 멸망 등 서로 완전히 대조가 되는 용어들로 진술하고 있다. 모세는 이것을 이스라엘 백성들에게 아주 회화적(繪畵的)으로 말씀한 바 있다: "내가 오늘날 천지를 불러서 너희에게 증거를 삼노라. 내가 생명과 사망과 복과 저주를 네 앞에 두었은즉 너와 네 자손이 살기 위하여 생명을 택하라"(신 30:19).

성경은 믿음과 실천에 관한 가장 중요한 결단을 촉구하면서 반드시 두 가지 길을 분명하게 제시한다. 두 가지 길을 생각하기에 앞서서 우리에게 좋은 쪽으로 끌릴 수 있는 것은 사실이다. 어린 아기는 음식을 거부함으로써 생겨날 결과들에 대해서 생각할 능력이 없음에도 불구하고 음식을 찾는다. 우리도 이와 비슷한 방식으로 하나님의 사랑과 은혜를 구할 수도 있을 것이다. 그러나 그럼에도 불구하고, 두 가지 길과 그 결과들을 생각하면 사람들은 자기들에게 좋은 쪽으로 선택할 가능성도 많다. 윌리엄 템플(William Temple)은 말하기를, "반드시 예리한 단절(斷絶), 회심 혹은 거듭남이 있어야 한다. 물론 여러 차례의 연속적인 회심들이 있을 수도 있겠지만, 진정한 단절이 필요한 것이다"라고 하였다.[5] 두 가지 길을 분명하게 제시함으로써 이러한 예리한 단절을 이루는 예가 많은 것이다.

윌리엄 제임스(William James)는 새로운 삶의 방식을 취하는 문제에 대해 논의하면서 이렇게 말하였다: "우리는 가능한 한 강하고 결정적인 주도권을 갖고서 우리 스스로 일을 진행하도록 주의를 기울여야 할 것이다 … 그 새로운 삶의 방식을 계속 강화시켜주는 그런 조건들 속에 부지런히 여러분 자신을 집어 넣으라 … 가능하다면, 공적(公的)으로 서약을 해도 좋다. 간단히 말해서 여러분이 알고 있는 모든 도움의 수단들을 다 동원해서 여러분이 행한 결단을 둘러 싸라는 말이다."[6]

신앙적 회심에 관해서 이를 적용한다면, 신자의 세례를 받든지, 유아 세례를 받았을 경우는 입교(入敎)를 하든지 둘 중의 한 가지 행동을 취하는 것이다.

공적으로 신앙을 고백하는 일은 심지어 세례를 받지 않아도, 매우 중요하다. 그러나 예수 그리스도께 자신을 내어 놓는 행위로서 세례야말로 의무요 또한 가장 의미있는 일이다. 세례를 받은 이후에 자신을 주께 드리는 일을 계속 갱신할 기회로서 성찬(聖餐)을 갖게 되는 것이다.

신앙에 대해 문의하고자 하는 사람들에게는 즉각적으로 상담을 해 주어야 한다. 왜냐하면 상담을 통해서 계속 북돋아 주지 않으면 기독교 신앙에 대한 따뜻한 관심과 결단하고자 하는 마음이 식어버릴 수 있기 때문이다. 다른 사람들의 자문이나 간섭을 전혀 받지 않고 믿음을 가진 사람은 별로 많지 않은 법이다. 신앙 고백을 하는 새 신자들이 계속 늘어나는 교회는 그 회원들이 왕성한 개인적인 증거를 통해서 불신자들에게 믿음을 전해 주는 교회인 것이다. 그런데 설교자가 먼저 모범을 보이지 않으면 이런 일은 거의 일어나지 않는다.

개인적으로 전도한다는 것은 쉬운 일이 아니다. 그 일을 쉽게 할 수 있는 사람이 있다면 십중팔구는 그 일을 아주 형편 없이 하는 사람일 것이다. 아무리 좋은 소식을 전할 목적을 갖고 하는 일이라 하더라도, 다른 사람의 사생활을 침해한다거나 갑자기 비공식적으로 방문한다는 것은 모두가 꺼리는 일이다. 그러나 다른 사람의 인격의 존엄성을 해치지 않으면서도 얼마든지 기도나 친교를 통해서, 혹은 하나님의 섭리로 그런 일이 이루어질 수가 있다. 이 일에 관심이 있고 아주 민감하기도 한 목회자라면 그 일을 하는 구체적인 방법을 평신도들에게 몸소 보여줄 것이고, 그렇게 되면 평신도들이 오히려 그 목회자보다도 그 일을 더 잘 감당하게 될 것이다. 이런 일은 개인적인 대면이 필요한 일로서 아주 부담스럽고 두렵고 꺼려지는 일이기 때문에, 설교자가 강단에서 이 문제들을 효과적으로 다루어 주는 것이 훨씬 더 나을 것이다.

참된 믿음, 곧 구원 얻는 믿음은 신자의 삶에 변화를 이루어 낸다. 야고보는 이를 부정적으로 이렇게 표현하고 있다: "행함이 없는 믿음은 죽은 것이라"(약 2:20). 동기가 변화되어서, 사람이 좋고 나쁨이 나타나는 것은 그 사람이 행하는 일 때문이 아니라, 그 사람이 그 일에 대해서 갖고 있는 동기나 마음 자세 때문인 것이다.

그러나 필요한 변화가 하룻밤 새에 곧바로 다 일어나는 것은 아니다. 의심의 여지가 있는 습관들이 점차로 극복될 수도 있다. 아주 뿌리가 깊은 문제점들은 극복하는 데 평생이 걸릴 수도 있다. 그러나 변화는 분명히 있다. 그러므로 설교자는 그 변화에 대해서 계속 강조해야 한다. "내가 하나님의 모든 자비하심으로 너희를 권하노니 너희 몸을 하나님이 기뻐하시는 거룩한 산 제사로 드리라 이는 너희의 드릴 영적 예배니라"(롬 12:1)라는 바울의 권면이 좋은 모범이 될 것이다.

강해 설교(expository preaching)

소위 강해 설교라는 이름으로 많이들 설교하고 있지만, 그 설교들이 너무나 나빠서, 진짜 강해 설교를 마치 아주 나쁜 것으로 만들어 버리는 경향이 있다. 어떤 성경 본문에 대해서 길게 이야기하고 그 역사적 배경과 원어의 의미를 상세하게 다루면서도, 강해 설교로서는 실패작이라고 할 수밖에 없는 그런 설교를 얼마든지 할 수가 있다. 또한 이와 반대로, 특정한 본문을 택하지 않으면서도 그 정신이나 메시지 면에서 진짜 성경적인 설교를 할 수가 있고, 그러면서도 본문에 대해서 많이 이야기해야만 성경적인 설교라고 생각하는 설교자보다도 훨씬 더 신실하게 살아계신 하나님을 제시할 수가 있는 것이다. 이런 두 타입의 설교자들 모두 각기 배워야 할 중요한 교훈이 있다: 첫째로, 진정한 성경 강해는 청중으로 하여금 지금 성경을 해명하고 있다는 사실을 계속해서 인식하고 깨닫도록 하는 것이라는 사실이다; 둘째로, 오늘날에 절실한 메시지는 그것이 어떤 것이든 간에 구체적인 성경 본문에서 나오거나 그 본문과 분명하게 연결될 때에 풍성해지고 강화된다는 사실이다.

성경적으로 근거가 분명한 좋은 설교가 반드시 "강해식"이어야만 건전한 성경적인 설교가 되는 것은 아니다. 성경적 설교는 기독교 설교자에게는 필수불가결한 요소이다. 강해 설교는 성경적 설교가 취하는 하나의 — 그러면서도 매우 중요한 — 형식일 뿐이다.

존 브로더스(John A. Broadus)는 성경을 해설하는 일이 주가 된다는 점이 바로 강해 설교의 특징이라고 지적했다. 그런 해설의 분량은 필요한 적용의 분량에 반비례할 것이다. 브로더스에 따르면, 가장 바람직한 강해 설교의 경우 본문이 설교의 주요 사상만이 아니라 그 상세한 내용까지도 제공해주는 것이라고 한다.[7]

설교의 주된 목표에 기여하는 바가 전연 없다면, 무엇 때문에 본문의 상세한 내용을 설명하고 길게 이야기하고 점검하겠는가? 설교 때에 정상적으로 행하는 것은 설교자가 이루고자 하는 것을 이루는 데 도움이 되기 때문에 행하는 것이다. 아무리 경건한 내용이라도 설교 주제와 별로 상관없는 것들을 — 심지어 성경에서 나오는 내용이라도 — 이리저리 끼워 맞춘다면, 그것은 전혀 소용이 없으며 오히려 효과를 저해할 수도 있다. 설교에서 필요한 것은 본문의 의미를 밝혀 주는 직접적인 진술을 본문의 표현을 사용하지 않고 제시하는 것일 경우가 많다. 설교 전에 본문을 읽었을 경우나 청중이 성경 본문을 펴놓고 있을 경우는 그 본문을 구태여 다시 되풀이할 필요가 없을 것이다.

디트리히 리츨(Dietrich Ritschl)은 다음과 같이 제안하고 있다: "곧바로 현대적인 표현 방식을 취하는 것이 좋다. 그렇게 하게 되면, 성경과 '현대인' 사이에 존재하는 그 유명한 '이천 년의 간격'이 설교의 주류를 이룰 때에 일어나는 지적인 혼란을 피할 수가 있게 되는 것이다."[8] 리앤더 켁 (Leander Keck)은 주장하기를, "성경적인 설교는 책의 내용에 대한 보고가 아니다. 본문 속에서, 또한 본문을 통해서 들은 바를 선포하는 것이다"라고 한다.[9]

타당성이 언제나 즉각적으로 얻어지는 것은 아니다. "마지막에 가서야" 비로소 설교가 도움을 줄 수도 있다. 가장 흥미있는 설교는 아마도 청중의 현재의 필요에 관계 되는 설교일 것이다. 그러나 가장 값어치 있는 설교는 청중의 미래의 필요에 관계 되는 설교일 것이다. 주님 가르치신 기도나 시편 23편을 배운지 오랜 후에 비로소 그 의미와 능력을 발견한 예가 얼마나 많은가! 성경의 사건에 대한 조심스러운 설명이나 성경 가운데 의미있는 절이나 문구를 정확하게 거듭 사용함으로써 몇년이 지난 후 사람이 영적 위기를 당할 때에 그 말씀이 큰 축복이 되는 경우도 많은 것이다.

본문을 그냥 무턱대고 다루는 설교는 좋은 설교라 할 수 없다. 설교자가 본문에 대해서 가장 먼저 갖는 생각이 반드시 가장 좋은 것일 수는 없다. 마치 섬광처럼 설교를 위한 생각이 떠오른다 하더라도 그 본문의 원어를 읽고 ― 최소한 몇 가지 역본들을 비교하고 ― 또한 신빙성 있는 주석들을 살펴보아서 그것이 과연 합당한지를 시험해 볼 필요가 있는 것이다. 그렇다고 해서 설교자가 강단에서 자기가 어떻게 해서 그 본문의 메시지를 찾게 되었는지를 일일이 논할 필요는 없다. 대개는 명확하고도 진실한 메시지 자체만으로도 충분할 것이다.

제시 위더스푼(Jesse B. Weatherspoon)은 학생들에게 연구에서 얻은 크림은 강단에 가지고 가되 크림 분리기구까지 갖고 가지는 말라고 이야기하곤 했다고 한다. 프레드 크래독(Fred Craddock)은 이에 동의하지 않을 것이다. 그는 설교에서 귀납적인 방법을 사용하게 되면, 본문의 의미를 어떻게 발견했는지 그 과정을 함께 나누는 것이 오늘날의 청중에게 관심도 끌고 교육도 되는 중요한 요인일 수 있다고 보기 때문이다. 크래독은 전통적인 연역적 방법론보다는 그런 귀납적 방법론이 오늘날의 사람들에게 더욱 친화성이 있다고 믿는다.[10] 본문을 다루는 구체적인 상황에 따라서 위더스푼과 크레독 모두 옳다고 할 수 있지 않을까?

진정한 강해 설교는 대개 본문의 중심 사상을 해명하는 것이다. 도널드 밀러(Donald G. Miller)는 이렇게 표현한다: "설교는 각기 주제가 있게 마련이고 그 주제는 그 설교가 근거하는 성경 본문의 주제여야 한다."[11] 성경의 어느 책 한 권 전체를 본문으로 하든, 한 장이나 한 문단 혹은 한 절을 본문으로 하든 이 사실은 그대로 적용된다. 그러나 밀러의 견해에는 단서가 붙어야 한다. 어떤 책의 문단이나 장(章)의 중심 사상을 주제로 잡아 설교하게 되면, 그 책 전체의 주제에 종속되는 주제에 대해서 설교하기가 십상이다. 마찬가지로 각 장에도 그 장의 주요 주제에 종속되는 주제들이 있어서 설교를 위하여 적절하고도 정당한 주제들을 제공해 줄 수가 있을 것이다. 이론적으로는, 설교자가 동일한 본문에 대해서 열 가지 이상의 다른 설교를 할 수도 있고, 그 각 설교가 참되며 서로 보충해주는 것일 수가 있다. 예를 들어서 요한복음 1:1-18은 전체적으로 통일성이 있어서 한 편의 설교를 위하여 아주 바람직한 본문이 된다. 그러나 중간에 삽입되어 있는 6-8절만 따로 떼어도 그 역시 하나의 설교 본문이 되는 것이다.

"설교가 본문 자체의 리듬을 그대로 따르고 본문의 비율을 그대로 지키면" 설교의 중심 사상을 정렬시키는 가장 바람직한 방법 역시 본문에서 찾을 수 있다. 대부분의 경우, 성경 기자의 사상 전개 과정이 설교에 있어서 사상의 전후 관계를 연결시키는 가장 합당한 방식을 보장해 준다. 그러나 발터 뷜크(Walter Bülck)가 지적하듯이, 어떤 본문은 설교에서 직접 사용할 수 있도록 되어 있지 않는데, 그럴 경우는 절이나 사상의 순서를 다시 정리하여 제시하여야 가장 효과적으로 설교할 수가 있다.[12]

교리 설교(doctrinal preaching)

에베소서는 그리스도께서 어떤 사람들을 "목사와 교사"로 주셨다고 말씀한다. 여기서 목사와 교사는 두 가지 다른 직분이 아니라 동일한 직분의 두 가지 기능을 의미한다. 목사는 양떼들의 주요 교사이기도 한 것이다.

한 가지 유형의 가르침은 소위 교리 설교라 불리는 것을 통해서 교리를 가르치는 것이다. 어떤 청중들은 그런 설교를 지나칠 정도로 환영한다. 어떤 설교자는 교리 설교를 정말 꺼리기도 한다. 왜 그런지 이해가 된다. 필자 역시 전도사 시절 교리 설교 시리즈를 시작했다가 중도에 포기한 경험이 있기 때문이다. 교리 설교를 하기 위해서는 그 당시 필자의 능력보다도 더 많은 것이 요구되었었다. 무슨 말을 하고 싶은지는 알겠는데, 그것을 흥미있게 전달하는 법을 몰랐던 것이다.

그러나 의사 전달의 능력 이상의 것이 더 필요하다. 설교자는 가치 있는 내용을 지니고 있음으로써 말하고 싶은 내용을 전달할 권리를 이미 획득하고 있어야 하는 것이다.

본문을 알레고리식으로나 비유적으로 풀어서 아주 도움을 주는 교리 설교를 할 수가 있을 것이다. 로널드 녹스(Ronald Knox)는 솔로몬의 아가서의 본문으로 설교하면서, 그 본문을 알레고리식으로 해석하여 성찬에 대해서 말씀을 전했다. 먼저 본문의 문자적인 의미를 묘사하고난 다음 계속해서 본문을 영해(靈解)해 나간 것이다. 그러나 사실 다른 본문의 의미를 그 본문에다 끼워 맞춘 것밖에 아무것도 아니었다. 자기가 전하고자 하는 내용을 더 생생하게 또 좀더 흥미있게 표현하기 위해서 그 본문을 사용한 것이었다.[13] 어거스틴은 녹스보다도 더 많이 알레고리식의 해석을 사용했다. 그러나 어거스틴은 기독교 교리는 성경의 명확하고도 직설적인 — 알레고리식의 해석에서가 아니라 — 내용을 근거로만 세워져야 한다고 믿었던 것이다.

제임스 스튜어트(James Stewart)는 "영혼의 닻"이라는 제목으로 설교하면서 사도 바울의 여정 가운데 일어난 한 가지 사건을 비유적인 틀로 사용하였다.[14] 그 본문의 의미는 아주 분명했다. 바다에 폭풍이 이는 동안 사람들이 뱃 고물에서 닻을 내렸다는 것이다. 이것은 문자적이요 역사적인 사실이었다. 본문의 문자적·역사적 의미가 청중 모두에게 너무도 분명한데, 스튜어트는 그 본문을 그런 닻과는 전연 다른 종류의 닻 — 소망의 닻,

의무의 닻, 기도의 닻, 그리스도의 십자가의 닻 — 에 대해서 이야기할 기회로 삼은 것이다.

어쩌면 녹스와 스튜어트의 그런 설교는 정당한 것일지도 모른다. 그들은 본문의 문자적인 의미를 부인하거나 무시하지 않았다. 그러나 여기서 정말 중요한 문제는 바로 이것이다. 그들이 말하고자 한 그 내용을 분명하게 가르쳐 주는 다른 본문을 택해서 설교하는 것이 훨씬 더 낫지 않았을까? 하는 것이다.

칼 바르트(Karl Barth)는 이적 이야기들은 그 문자적 의미를 넘어서서 선포할 만한 큰 가치가 있다고 올바로 지적한 바 있다: "교부들은 이 점을 크게 의식하였다. 그렇기 때문에, '알레고리식 해석'이라고 뿌리째 정죄받는 그런 것에 빠질까 겁이 나서 그런 방향으로는 아예 바라보기조차 거부하는 그런 사람들보다는 오히려 그들이 이 방면에서는 훨씬 더 나은 해석자들이었다."[15] 이적이 보다 폭넓은 의미를 지닌다는 것을 보여주는 생생한 실례는 — 바르트가 제시한 것이 아니다 — 풍랑을 잠잠케 한 이야기이다. 이 이야기가 복음서에 포함된 주 목적이 박해와 고난의 폭풍 가운데서 애쓰며 주께서 과연 그들이 망하도록 내버려 두시는지 아니면 그 가운데서 돌보시는지에 대해 의심하게 될 신자들을 위로하고 용기를 주기 위함이었다는 것은 의심의 여지가 없는 사실이다. 이런 이해는 본문의 역사적 진실성을 부인하는 것도 아니요, 그저 설교하기 위해 편의상 그렇게 해석한 것도 아니다. 오히려 본문의 의미를 확장시킨 것이라 하겠다.

성경으로 하면 증명하지 못할 것이 없다는 말을 자주 접하게 된다. 그러나, 그런 말을 하는 사람들이 과연 성경 전체의 폭넓은 지지를 받지 못하는 어떤 내용을 단호하게 성경의 가르침으로 인정하기를 거부했는지 묻고 싶다. 그렇다고 해서 어떤 가르침이 타당성이 있으려면 반드시 성경에 한 번 이상 언급되어야만 된다는 말은 아니다. 그러나, 어떤 한두 구절에 대한 우리의 해석이 성경의 주된 가르침과 어긋날 경우에는 그 해석을 의심해 보는 것이 좋은 것이다.

신조와 신앙고백들이 어떤 가르침의 진리성 여부를 보장해 주는 것은 아니다. 마틴 루터는 말하기를, "나는 교황들과 공의회의 권위를 받아들이지 않는다. 자기들부터가 먼저 서로 모순이 되기 때문이다"라고 했다. 그의 이러한 주장은 과연 옳다. 그러나 그럼에도 불구하고 기독교의 고전적인 신조들과 신앙고백들에서 배울 것이 많은 것이다. 신조와 신앙고백은 의심과 혼란과 논쟁의 상황 속에서 등장한 것들이다. 아주 중요한 이슈들이 쟁점이 되어 있었다. 양심적이며 헌신된 사람들이 그들의 최고의 학문과 사고와 헌신을 동원하여 그러한 신조들이 작성되었고, 그리하여 그것들은 기독교 신앙의 역사적 유산을 보존하는 동시에 그 시의적절한 의미를 전달해 주는 것이다. 이런 신조와 신앙고백들의 신학적 진술들을 진지하게 대하여야 하지만, 동시에 그것들이 역사적인 상황의 산물이라는 점을 잊어서는 안된다. 그러므로 우리는 어떤 쟁점들에 대해서는 그것들과 살아 있는 대화를 나눌 수도 있는 것이다. 특히 성경의 특정한 부분들을 더 잘 이해하고자 할 때에는 더욱 그러하다.

그리스도인들은 — 그리고 신앙을 고백하는 문제를 생각하고 있는 사람들도 마찬가지로 — 죄론, 심판론, 구속론, 중생론, 성화론, 기도론, 신앙론, 회개론 등 성경의 가르침들을 개괄적으로 훑어 봄으로써 유익을 얻는 경우가 많다. 설교의 주제가 포괄적일수록, 설교의 구체적인 내용에 있어서 더 선별적일 수밖에 없다는 것이 분명한 것 같다. 어떤 의문점들에 대해서는 답변하지 않고 그냥 지나쳐야 할 경우도 있다. 어떤 문제에 대한 추론은 미리 간단하게 줄여야 하기도 할 것이다. 설교 자체를 사람들이 이해할 수 있으려면, 그럴 수밖에 없는 것이다. 설교자가 하나라도 빠뜨리지 않으려고 결심하고 전하는 장황한 교리 설교만큼 회중을 당혹케 하고 지루하게 만드는 것은 없을 것이다.

기독교 신앙에 관한 주요 교리를 설교하고 난 후에, 회중과 다시 한번 그 교리를 좀더 상세하게 살펴보기를 원할 수도 있을 것이다. 그렇게 하는 방법은 너무나 분명하다: 전체의 주제에 대해서 여러 시리즈로 설교하는 것이다. 여러 해 전 해리 에머슨 포스딕(Harry Emerson Fosdick)은 기도에 관한 책을 썼는데 후에 그 책은 고전이 되었다. 「기도의 의미」(*The*

Meaning of Prayer)(본사 역간)라는 책인데, 이 책의 각 장마다 한 편씩 설교를 해가면 아주 좋으리라 여겨진다. 포스딕이 기도라는 주제의 세부적인 내용을 어떻게 포괄적으로 다루는지를 각 장별로 살펴보면 다음과 같다: (1) 기도의 자연스러움, (2) 하나님과의 교제로서의 기도, (3) 하나님이 개인을 돌보심, (4) 기도와 하나님의 선하심, (5) 장애와 어려움, (6) 기도와 율법의 통치, (7) 응답되지 않는 기도, (8) 가장 주된 열심으로서의 기도, (9) 전장(戰場)으로서의 기도, (10) 기도에서 이기심을 버림.[16) 기도에 대해서 — 혹은 다른 주요 교리들에 대해서도 — 한 편의 설교로 말하고 싶은 모든 내용을 다 말하기는 불가능할 것이다. 많은 설교자들이 발견한 사실에 따르면, 설교 시리즈가 네 편 혹은 다섯 편 정도의 길이로 끝날 때에 설교 시리즈에 대한 관심이 최고조에 이른다고 한다.

가치 있는 교리 설교는 직접 간접으로 우리의 삶에 영향을 미친다. 설교를 듣는 순간에 영향을 주는지, 아니면 나중에 그 영향이 나타나기도 한다. 그러나 현실에 맞는 설교가 가장 사람들의 주목을 끄는 설교임은 너무도 분명한 사실이다. 보통 설교에서 말씀하는 진리를 현실에 적용할 때에 보통 쓰는 방법은 설교의 끝부분에 가서 적용하거나 도덕적인 교훈을 제시하는 것인데, 그보다 더 나은 방법이 있다. 설교자가 하는 말 속에 무언가 중요한 것이 있다는 것을 빨리 인식할수록 청중이 더 속히 듣기 시작하게 된다. 적용은 이미 서론에서부터 시작되어 결론에 이르기까지, 심지어 결론에서도, 계속되는 것이 이상적이다.

존 듀이(John Dewey)는 반성적인 사고의 다섯 가지 단계 중 첫번째가 느껴지는 어려움을 인식하는 단계라고 했다.[17) 설교에서는 이 단계가 아주 무겁고 분명하게 시행될 필요는 없다. 암시나 제언 정도면 족할 것이다. 설교자가 어떤 이야기를 하면, 듣는 이들은 그 이야기 속의 어떤 인물을 자기와 동일시함으로써 이미 개인적으로 적용을 하게 되는 것이다.

옛날 초기부터 연설가들은 연설 중간에, 주요 논지를 전달한 다음부터 결론을 내리기 전까지, 그 논지에 대해서 제기될 만한 반론들에 대해서 응답하는 일을 했다. 어째서 그럴까? 그렇게 하는 것이 정말 정직한 일이기 때문이다. 아무리 전통에 의해서 고귀하게 인정받고 있다 할지라도, 성경의 가르침 가운데 어느 점에서 의문을 제기할 수 없는 것은 하나도 없다. 어떤 때에는 해답이 없다는 것을 인정하는 것이 반론에 대한 유일한 답변이 될 경우도 있다. 그런 문제는 더 분명한 사실이 드러날 때까지 그저 신비의 영역에 남겨 두어야 하는 것이다. 반론을 시인하고 공정하게 다루어 주는 일은 또한 아주 지혜로운 일이기도 하다. 설교의 표면 바로 밑에 감추어져 있는 문제점들을 그냥 흘려 지나치지 않는다면, 우리의 설교 내용의 신빙성이 더 높아질 수 있는 것이다.

그러나 그렇다고 해서, 청중을 우리가 믿는 모든 것을 일일이 문제 삼는 그런 확고부동한 회의론자(懷疑論者)로 취급해야 한다는 뜻은 아니다. 다만, 청중들 가운데서 일어날 가능성이 있는 의문이나 반론을 예리하게 내다보고서 그것을 드러내 놓고 다룰 수 있는 용기를 가져야 한다는 것이다. 그러나, 설교에서 반론에 대한 답변을 제시하는 시점을 하나로 정해 놓고 그 패턴만을 계속 따를 필요는 없다. 반론에 대해서 정직하게 응답하는 것이 도움이 될만한 시점이라고 여겨질 바로 그때에 얼마든지 반론을 다룰 수 있을 것이다. 그러나, 교리 그 자체를 세워서 정리하여 진술하기 전에 반론에 대해 답변하는 것이 좋을 것이다.

어떤 경우에는 어떤 용어를 분명하게 정의하거나 어떤 개념을 명확하게 설명하기만 해도 목표를 이룰 수가 있다. 그 일을 철저하게 해 놓으면, 다른 것이 더 필요 없을 경우도 있는 것이다. 가령 성화(聖化)에 대한 그릇된 생각을 교정시키고자 하는 목적이라면, (1) 성경의 용례와 성경의 이해를 근거로 용어를 정의하는 것과, (2) 그 용어의 현대적인 의미를 설명하는 것으로 설교가 충분할 것이다. 그러나 다른 내용을 이야기하다가 우연히 성화(聖化)라는 용어를 사용할 수도 있을 것이다. 그러나 그럴 경우 청중이 우리가 사용하는 그 단어의 의미를 명확하게 이해하는 것이 필수적이다. 우리로서는 그 단어와 비슷한 동의어를 사용하기만 해도 의미가 전달될 것이고, 아니면 지나가면서 짧게 설명해 주어도 무방할 것이다.

어떤 사상을 전달해 주는 가장 확실한 방법은 실제적인 예를 — 실제로 일어난 일이나 사례를 — 드는 것이다. 기도가 일을 변화시킨다는 사상을 감동적으로 전달하고자 할 경우는, 기도를 통해서 삶이 변화된 어떤 사람의 실화를 이야기해 줄 수도 있을 것이다. 그 다음으로 좋은 방법은 전달하고자 하는 사상의 유비(喩比: analogy)를 사용하는 것이다. 즉, 그 사상에 신빙성을 실어줄 수 있는 그와 유사한 경험이나 가설을 제시하는 것이다. 프랭크 로박(Frank C. Laubach)은 기도를 가리켜 "세상에서 가장 강력한 힘"이라 부르면서, 기도의 작용을 이해하는 한 방법으로 그 유명한 텔레파시의 성과를 지적하였다.[18]

성공회의 설교자인 고든 아이어슨(Gordon W. Ireson)은 다음과 같이 쓰고 있다: "나는 수년 동안 신학 서적을 읽을 때마다 나 나름대로 예화를 적어놓는 일을 조직적으로 해오고 있다. '이 진리를 다른 사람들에게 가르칠 경우가 생긴다고 가정해 보라. 이 진리를 어떻게 예화로 설명할 것인가? 요점이 무엇이고, 무슨 원리가 나타나는가? 일상의 경험 가운데서 이 진리와 비슷한 것은 없을까?' 그 일은 몹시 힘이 들었지만, 엄청난 유익을 주는 훈련이었다. 어떤 진리에 대해서 예화를 제시하지 못한다면, 그것은 그 문제에 대해서 내가 제대로 이해하고 있지 못하기 때문이다."[19]

윤리 설교(ethical preaching)

설교가 윤리적인 문제에 대한 것일 경우는 한 가지는 확신할 수가 있다. 곧, 우리의 설교가 현실에 맞는다는 점이다. 그런 설교는 우리에 관한 것이요, 우리의 생활 가운데서 계속 일어나는 일에 관한 것이기 때문이다. 그렇다고 해서 윤리적인 설교가 모두 다 도움이 된다는 뜻은 아니다. 해를 주는 경우도 있다. 윤리적인 설교가 오늘날의 삶에 확실하게 와 닿을 수는 있어도, 하나님이 인간에게 요구하시는 것에 대해서, 이 사람들이 서로 간에 어떻게 행동해야 하느냐 하는 것에 대해서, 또한 우리 자신에 대해서 어떻게 생각하는지에 대해서 뒤틀린 견해를 제시할 수도 있는 것이다. 좋은 소식인 복음을 왜곡시켜서 나쁜 소식처럼 들리게 만들 수도 있을 것이다. 게다가, 본문의 의도를 새로운 상황 속에서 실행할 것을 빼먹음으로써 성령의 창조적 사역에 응답하지 못할 수도 있을 것이다.

그렇다면, 어째서 윤리 설교를 하는 것일까? 사람들은 옳고 그름의 문제에 대한 성경의 가르침에 대해서, 그런 가르침에 대한 교회의 경험에 대해서, 또한 윤리적으로 민감한 사람들이 오늘날 우리의 삶을 위한 하나님의 뜻이라고 믿는 바에 대해서 분명한 이해를 필요로 한다. 이런 상황에서 목회자야말로 그런 중요한 사안에 대해서 도움을 줄 수 있는 주요 인물인 것이다.

처음부터 마지막까지 성경은 인간의 행실에 관심을 갖는다. 하나님은 우리가 어떻게 행동하는지를 살피심으로써 인류를 향한 그의 사랑을 보여주셨다. 만일 우리가 어떻게 행동하느냐에 대해서 전연 관심을 보이지 않으셨다면, 하나님은 창조주로서 아버지로서 우리에게 실망을 주는 분일 수밖에 없을 것이다.

성경에는 도덕적인 절대 기준이 나타나고 있다. 옛날 이스라엘에게 주는 명령인 쉐마는 우리의 모든 것으로 하나님을 사랑하라고 권면하는 것인데, 거기에는 이웃을 우리 자신만큼 사랑하라는 명령이 함께 붙어 있고, 또한 도덕적인 문제에 대한 원리들의 실례들이 함께 제시되어 있다. 그 외에 다른 의무들도 똑같이 반드시 지켜야 할 것들이지만, 그것들은 이 절대적인 원리들에서 파생되어 나오는 것들이다.

또한 성경에는 특정한 주어진 상황 속에서 지켜야 하는 법이나, 규칙이나 행위들이 나타난다. 그것들은 모든 상황에 직접 다 적용되지는 않고, 다만 유사한 상황에만 적용되는 것들이었다. 이런 법과 규칙들과 행위들이 하나님에 대한 사랑과 이웃에 대한 사랑과 관계될 때에는 언제나 그 비슷한 경우에 그것들을 적용할 가능성과 필요성이 제기되었던 것이다.

기독교 설교라 이름하는 설교는 모름지기 도덕에 대한 성경의 가르침을 진지하게 다루며, 원리로 고정된 사안과 가변적인 사안을 구분하여야 한다. 개인적인 견해를 성경의 판단에 굴복시켜야 하는 것이다.

어떤 특정한 윤리적 입장이 기독교 전통의 지지를 받느냐 하는 것은 아주 까다로운 문제다. 예수께서는 바리새인들에게 물으시기를, "너희는 어찌하여 너희 유전(전통)으로 하나님의 계명을 범하느뇨?"(마 15:3)라고 하셨다. 그러나, 우리가 필요로 하는 답변을 성경에서만 얻을 수 있는 것은 아니다. 성경 시대 이후 교회가 경험해온 사실들 가운데서도 도움이 되는 답변을 얻을 수가 있다. 예를 들면, 구약이나 신약 모두에서 어느 누구도 노예 문제를 반대하는 말을 한 일이 없다. 그러나 후대에 가서 어떤 사람들이, 하나님과 사람에 대한 사랑에 감동되어, 자기들의 목소리를 높였다. 그들은 성경이 계속해서 지향해 나가는 내용을 구체적으로 아주 시의적절하게 전면에 드러낸 것이다. 법정의 판례들이 당면한 특정한 옳고 그름의 문제를 다루는 방식의 유비가 될 수도 있다.

어떤 특정한 윤리적 견해에 대한 지지를 성경에서 찾을 수 없을 경우, 과거 교회의 경험 속에서 지지를 찾을 수 있지 않을지를 찾을 필요가 있는 것이다.

때로는 너무 쉽게 성경에서나 전통에서 우리의 견해에 대한 그릇된 지지를 찾을 수도 있다. 어떤 규칙이나 변명거리를 찾을 경우, 무언가를 찾을 수가 있다. 아마도 이 세상에서 범해진 어떠한 유형의 범죄도 언제, 어디서, 누군가가 성경을 통해서 정당화하려고 시도해본 일이 없는 것은 없을 것이다. 어떤 사람은 성경을 읽으면서 온전한 인도하심을 구한다. 그러나 또 어떤 사람은 함정을 찾기도 한다. 설교자가 자기 중심적으로 성경을 판단할 경우도 얼마든지 있다. 어떤 사안에 대해서 반대하는 설교를 하거나 지지하는 설교를 하거나 할 때에, 성경 진리를 드러내기보다는 오히려 우리가 믿고자 하는 사실을 더 드러낼 경우가 있는 것이다.

알코올 중독 때문에 고통을 당하는 일을 생생하게 보았거나 실제로 체험했을 경우, 상당히 아무리 절제하며 술을 마신다 할지라도 무조건 반대하기가 쉽다. 또는 우리 자신이 알코올에 너무나 중독되어 있거나, 아니면 술 마시는 사람의 눈치를 살필 입장에 있을 경우, 알코올로 야기되는 도덕적·사회적 문제점들을 진지하게 다루지 않고 지나쳐 버릴 수도 있을 것이다. 그 외에 다른 사안에 대해서도 그런 양극단의 오류를 범할 소지가 얼마든지 있다. 그렇게 되면 기독교 진리가 우리의 개인적인 성향 때문에 많은 상처를 입게 되고 말 것이다.

심판이 임의적이고 성급한 신(神)의 형벌로 비쳐지는 경우가 너무나 많았다. 하나님은 무정하게 보이는 규칙들을 정해 놓고서 그것에 불순종하는 사람들을 내리치기를 좋아하신다는 것이다. 사랑을 베푸시는 하나님을 이렇게 본다면, 그 얼마나 끔찍하고 부당한 일이겠는가!

마치 원인에 따라서 결과가 오듯이 심판은 잘못된 행실에 따라서 오는 것이다. "사람이 무엇으로 심든지 그대로 거두리라"(갈 6:7). 우리가 죄라고 부르는 것 가운데 많은 것이 순전히 어리석은 것이다. 물론 죄를 죄라고 정당하게 부를 경우도 마찬가지이다. 설교가 어떤 태도나 행동이나 습관의 결과를 보여주면, 하나님이 인정하지 않으신다는 사실이 그의 사랑의 증거로 보여지게 될 것이다.

그러나, 윤리에 대한 실용적인 접근을 통해서 하나님의 지혜가 완전히 드러나는 것은 아니다. 하나님의 방법과 생각은 우리의 한계를 뛰어넘는 것이다. 어떤 때에는 우리로서는 이유를 도무지 알 수 없지만 하나님이 명령하신다는 이유만으로도 순종해야 할 경우도 있는 것이다.

그러나 그저 심판만을 설교할 이유는 없다. 언제나 무언가 치료해주고 교정해 주는 면을 보아야 한다. 죄 용서함 받는 사실을 제시해 주어야만 삶을 참되게 교정하게 될 수가 있는 것이다.

그러나 회개가 없는 죄 용서는 아무런 의미가 없다. 또한 그것은 좋은 신앙도 아니다. 쉽게 용서를 선포하게 되면 하나님과 기독교 신앙을 하찮은 것으로 만들어 버리기 때문이다. 죄 용서는 그것을 베푸는 쪽에서는 큰 희생이 따르는 것이다. 하나님이 베푸시는 죄 용서는 그 중심에 십자가가 있는 것이다. 죄를 용서받는 사람에게서 변화를 일으키지 않는 한, 그 일은 완전한 것이 못되는 것이다.

하이델베르크의 신학자 페터 브루너(Peter Brunner)는 말하기를, 사죄의 선언(the Declaration of Absolution)만이 아니라 예배 전체에 걸쳐서 죄 용서함 받았다는 사실이 울려 퍼져야 한다고 한다.[20] "용서함 받지 못하는 죄" — 그것이 무엇이든간에 — 에 대해 잘못된 정보를 제시하는 설교는 유익보다는 해를 끼치는 것이며, 사실 "사람의 모든 죄와 무릇 훼방하는 훼방은 사하심을 얻느니라"(막 3:28)라는 주님의 말씀을 무시할 경우도 많은 것이다.

모든 문제마다 한결 같이 예와 아니오로 곧바로 답변할 수는 없다. 어떤 문제들은 예와 아니오로 대답하기가 매우 고통스러울 수도 있고, 또 어떤 문제들은 아주 천천히 예와 아니오의 결론에 도달하는 경우도 있다. 예루살렘의 사도 공의회는 아주 곤란한 문제를 다루면서 신중한 논의를 거치고 난 다음에 비로소 해결점에 이른 것을 보게 된다(행 15장). 윤리적 사안이 개재되는 사회적·정치적 문제들은 면밀하게 조사하고 검토하여 생각할 필요가 있고 또한 그렇게 해야만 합당한 것이다.

신앙적 의무는 자동적으로 거부하는 침울한 자세로 실행해서는 안된다. 예를 들어서, 예수께서는, "금식할 때에 너희는 외식하는 자들과 같이 슬픈 기색을 내지 말라. … 너는 금식할 때에 머리에 기름을 바르고 얼굴을 씻으라"(마 6:16-17)라고 말씀하셨다. 예수께서는 자기를 따르게 될 사람들에게 자기의 길을 그릇되게 표현하신 것이 아니다. 그는 철저하게 솔직하신 분이었다. 심지어 십자가를 지는 일을 그들이 따라야 할 삶의 모습으로 말씀하기까지 하셨다. 그러면서도 예수는 끊임없이 이어지는 기쁨 가운데서 사셨다. 그리고 그 기쁨을 제자들에게 유산으로 남겨두셨다. 곧, "우리 구주 하나님의 교훈을 빛나게 하는"(딛 2:10) 그런 기쁨이었다.

해리 에머슨 포스딕은 다음과 같이 말했다:

> 멀찌감치 떨어져 있어서 절대로 만나고 싶지 않은 그런 타입의 사람들이 있다. 오랜 생애 동안 남에게 존경받을 만한 일 같은 것은 별로 해본 일이 없고 언제나 지나치게 자기 자신만을 자랑하는 그런 틀에 박힌 선인(善人)이 있으며 … 자기의 악한 점이 밀려나오는 것을 억지로 뚜껑을 탄탄하게 닫아서 나오지 못하도록 만들어서 스스로 선하게 보이며, 그리하여 언제나 억눌려 있고 메마르고 언짢은 그런 부정적인 선인(善人)이 있으며 … 온통 특별한 사람들만 이룰 수 있는 그런 도덕성을 갖고 있고 또 우리를 좋게 해준다는 구실로 다른 사람의 일에

끝없이 끼여드는 까다로운 선인(善人)이 있다. 언제나 별로 중요하지 않은 자질 구레한 문제들에 대해 끝없이 관심을 가지면서 당시의 큰 윤리적 이슈는 전혀 보지 못하는 좁디 좁은 선인(善人)이 있다.[21]

사람이 설교자의 말씀을 듣고서 "내가 원하는게 바로 그거야!"라고 말할 수 있도록 그렇게 예수 그리스도와 그의 길을 제시할 수 있다면 설교자로서 그만한 성공이 없을 것이다. 히브리서 기자는 예수를 "그 앞에 있는 즐거움을 위하여 십자가를 참으사 부끄러움을 개의치 아니하시더니 하나님 보좌 우편에 앉으신" 분이라고 말하고 있다(12:2). 그리스도의 영웅적이며 자기를 부인하는 사랑이야말로 정말 도전적이고 결단을 촉구하는 설교를 비추어줄 놀라운 요인이 되는 것이다.

많은 설교들이 "아, 우리가 서로를 얼마나 사랑해야 하는지요"라는 식이다. 서로 사랑하면 우리에게 평화가 있을 것이라고 한다. 또는 우리가 진실로 신자라면, 마땅히 모든 일에서 그리스도께 순종할 것이라고 하는 것이다.

그리스도인의 사랑을 표현하는 데에는 아주 복잡미묘한 방법들이 있다. 오늘날의 사회 질서의 상황 — 지역적·국가적·국제적 상황 — 에서는 매우 어렵다. 그러므로 한 사람 또는 몇몇 사람이 그 사랑을 함께 나누지 않는 사람들에게 그 사랑을 전달해 주어야 할 것이다. 그 일은 마치 아주 귀중한 보물을 실은 배를 암초와 얕은 여울을 피해서 지나가도록 인도해 주는 것과도 같다. 그리스도인의 사랑이 때로는 법이나 계약의 형식을 취하여 표현될 수도 있는 것이다.

순종은 인간의 조건들 하에서 일어나야 한다. 사람에 따라서 습관과 환경과 육체적인 제약들로 인해서 순종을 한다는 것이 더 어려울 수도 있다. 조금이라도 나아지고, 보통 정도의 순종이 나타나고, 심지어 아주 더딘 성장이라 할지라도 그런 것이 전혀 없는 상태보다는 낫다. 에두아르드 슈바이처는 이렇게 말한다: "[예수의] 말씀을 오늘날 정확하게 반복할 수도 없겠지만, 그 말은 우리를 혼자 내버려두지 않는다. 그리고 예수가 우리를 다스리는 주인이 된다. 그 나머지 것들이 예수보다 더 큰 힘을 가지기 위해서 언성을 높여 소리지른다. 그러나 그래도 예수는 절대로 우리를 버리지 않을 것이다. 그리하여 온갖 혼란과 유혹 속에서도 우리의 마음은 예수가 주시라는 것을 아는 것이다. 그는 내가 알기도 전에 이미 나를 인정하였고 나를 용서하였다. 그러므로, 그를 기쁘게 하지 않은 온갖 일들을 기쁨으로 처리할 수가 있는 것이다."[22] 전부가 아니면 아무것도 아니라는 식의 사고(the all-or-nothing approach)는 현실을 모르는 것이요 또한 복음마저도 왜곡시키는 것이다.

우리가 아는 가장 확고한 명령의 말씀은 바로 십계명이다. 그러나 우리는 십계명 앞에 나오는 그 강력한 직설적인 말씀을 간과해 버릴 때가 많은 것이다: "나는 너를 애굽 땅, 종 되었던 집에서 인도하여 낸 너의 하나님 여호와로라"(출 20:2).

하나님이 행하셨고, 지금 행하고 계시며 장차 행하시리라고 약속하신 그 사실을 직설적으로 진술하는 그 위대한 말씀이야말로 그 뒤에 이어지는 명령들을 가능케 만드는 것이다. 그리고 가장 좋은 명령들은 구태여 수많은 말로 우리에게 마술을 걸지 않아도 우리 마음 속에서 조용히 우러나는 것이다. 명령법을 정당하게 또한 의무적으로 사용할 것을 말씀한 다음, 헨리 그레이디 데이비스(Henry Grady Davis)는 계속해서 다음과 같이 말한다: "이렇게 해야 합니다 라는 식의 설교가 아주 흔하다. 독단적인 도덕주의자나 권고하는 사람이 사용하는 법이 바로 명령법이다. 그 법이 파는 상품은 훈계(admonition)다. 그 법이 지닌 위험은 율법주의이다. 그것은 온통 율법뿐이기 때문이다. 그 법의 약점은 사람에게 무엇을 해야 한다고 말하는 것이 상대적으로 쓸데없는 일이라는 데 있다. 보통은 무엇을 해야 하는지를 이미 알고 있기 때문이다. … 설교자가 명령법으로 설교하는 한, 그가 말할 것은 그 쓸데없는 것밖에는 없다. 그러나 복음을 선포하기 시작하는 그 순간, 설교자는 직설법으로 말을 하게 되는 것이다."[23]

목회 설교(pastoral preaching)

전도 설교를 제외하고 — 불신자들에게 행해지는 설교이므로 — 모든 설교는 어떤 의미에서 목회적 성격을 띤다. 그러나 여기서는 그 용어의 좁은 의미로 사용하고자 한다. 목회 설교는 교회의 회원을 위로하고 격려하며 감동을 주고자 하는 목적으로 행하는 설교를 말한다. 목사의 보살피는 역할을 그 설교가 담당해 주는 것이다. 그런 설교가 전도의 목적을 위해서도 기여할 수 있는 것은 물론이다. 왜냐하면 목회 설교를 잘 하면, 청중 가운데 믿지 않는 자들이 믿음을 갖게 될 수도 있기 때문이다. 믿는 자들에게 주어지는 복음의 도움에 믿지 않는 사람도 얼마든지 이끌릴 수 있는 것이다.

오늘날의 설교자에게 주는 성경의 도전은 바로 이것이다: "너는 말씀을 전파하라. 때를 얻든지 못얻든지 항상 힘쓰라. 범사에 오래 참음과 가르침으로 경책하며 경계하며 권하라"(딤후 4:2).

우리의 설교들은 인간의 폭넓은 필요를 전체적으로 포괄하는 것이어야 한다. 설교가 너무 지나치게 설교자 자신의 경험 중심이 되는 경향이 얼마나 많은지 모른다. 우리가 관심 갖는 문제에 대해서 설교하고, 우리 자신의 필요에 와닿는 것에 대해서 설교하고, 아니면, 우리의 죄를 피해 가는 설교를 하는 것이다.

이런 경향을 극복할 수 있다. 표준 성구집을 근거로 해서 설교 본문을 정기적으로 택할 수도 있다. 아니면 성경의 각 권을 연속적으로 설교해 나갈 수도 있다. 그렇게 하면 온갖 종류의 인간의 필요들을 다 대면하게 된다. 사람들이 경험하고, 또한 우리 자신도 경험하는 죄와 상처들이 드러날 것이다.

설교에 배정된 시간을 성경 본문과는 관련이 없는 어떤 도움이 될만한 권고로 채울 수도 있을 것이다. 일상적인 라디오나 텔레비전 프로그램, 또는 신문의 칼럼이나 잡지의 기사 같은 것들에서 그런 권고를 얻을 수가 있다. 그러나 설교는 달라야 한다. 인간적인 견해로 할 수 있는 모든 것들이외에, 성경에만 독특하게 나타나는 믿음과 소망과 사랑의 자원들을 활용해야 할 것이다.

웨인 오츠는 다음과 같은 중요한 발언을 하고 있다: "효과적인 설교자는 그의 설교를 성경의 기초 위에 세우고 치수에 맞추어 올리며 성경적으로 배관을 한다. 그렇게 함으로써, 한두 사람이 경험한 것을 가지고 성급하게 기초로 삼아서 모든 사람에게 도맷금으로 적용시키는 오류를 피하는 것이다. 파내도 파내도 고갈되지 않는 성경의 지혜야말로 모든 시대에 주시는 하나님의 계시인 것이다."[24]

오로지 한 책에만 정통한 설교자는 심각한 핸디캡을 안게 될 것이다. 반대로, 심리학, 의학, 사회학들에 대해서 조금 알게 되면 설교자의 유용성이 그만큼 확장될 것이다. 심리학에 대한 지식은 어떤 형태의 죄책감을 이해하는 데 도움을 줄 것이다. 의학에 대한 지식은 침체 상태의 문제점과 적절한 치료법에 대한 통찰을 얻게 해 줄 것이다. 사회학에 대한 지식 역시 특정한 타입의 편견을 다루는 데 도움을 줄 것이다. 그런 분야에 대해서 지식이 있는 사람이라면 정신과적인 도움을 얻고자 상담을 요청하는 교인에게, "집에 가셔서 시편 23편을 읽으시고 돈을 저축하세요!"라는 식으로 말하지는 않을 것이다. 뿐만 아니라 그런 지식이 있는 설교자라면, 삶을 더 낫게 해주고 더 살 만하게 해줄 수 있는 도움이 되는 요인들을 설교에서 무시하고 지나치지도 않을 것이다. 더 적극적인 자세를 갖고서 문제를 그대로 대면하여 과연 어떻게 이야기할지를 알고, 또 목회 사역과 관련되는 여러 분야들에 대해서 지식을 얻고자 노력한다면, 우리의 신임도가 더 커질 뿐 아니라 결국 우리의 사역이 더욱 효과가 있게 될 것이다.

목회자의 주목을 끌게 되는 가슴 아픈 문제점들 가운데 많은 것들이 윤리적인 타락과 관련된 것들이다. 그런데 이 문제들에 대해서는 예방 설교(preventive preaching)가 치료 설교(remedial preaching)만큼이나 중요하다. 설교자가 하나님의 뜻에 대해서, 또한 우리의 삶을 통해서 하나님의 의도를 이루려면 어떤 의무를 이행해야 하는지에 대해서 분명하게 제시하는 것이다. 거기에 덧붙여서, 잠언처럼 설교자가 아주 사려 깊은 지혜를 제시하는 것이다. 즉, 조심스럽게 계산된 도덕성을 고수하는 지혜를 제시하는 것이다. 그리하여 한편으로는 하나님께 순종하는 것이 의로운 길임을 제시하며 도전을 주고, 또 한편으로는 바른 일을 행하는 것이 왜 좋으며 그릇된 일을 행하는 것은 어째서 어리석은 짓인지를 설명해 주는 것이다. 아무리 죄인들에게 위로와 격려가 필요하다 하더라도, 하나님의 공의를 무시해 버리는 설교는 시험받고 상처받은 죄인들에게 아무런 도움이 안되는 것이다.

그러나 죄책감에 대해서는 어떻게 다루어야 할까? 어떤 70대 노인은, "내 양심이 항상 나를 찌른다"고 말했다고 한다. 그러나 그런 느낌은 그 사람에게만이 아니라, 말하자면, 10세부터 100세에 이르기까지 모든 사람에게 다 있는 것이다.

죄책(guilt)은 참 미묘하다. 전적으로 죄책이 있으면서도 전혀 죄책감을 느끼지 않는 사람도 있고, 또 어떤 사람은 전혀 죄책이 없으면서도 — 최소한 자기가 저질렀다고 느끼는 범죄에 대해서만큼은 — 죄책감을 느끼기도 한다. 그러므로 불건전하고 비현실적인 죄책감에 대해서는 해명해 주어야 하고, 가능하다면 제거해 주어야 한다. 진짜 죄책이 있고 그런 죄책에 대하여 의식이 있는 경우는 그것이 무엇인지를 볼 수 있는 수준에까지 이르도록 해 주고, 또한 그 원인을 제거해 주어야 한다. 어떤 경우에는 조그마한 죄, 혹은 상상 속에 있는 죄에 관한 죄책감에 대한 선입견으로 큰 범죄와 죄악의 상태가 가리워지기도 하는 것이다.

이름 없는 알코올 중독자들(Alcoholics Anonymous)이라는 단체의 활동의 강점 가운데 하나는 알코올 중독의 경험이 있는 자들이 그런 경험이 없는 자들은 도저히 줄 수 없는 그런 수준의 도움을 서로 나눈다는 데 있다. 그렇다고 설교자가 죄인을 돕기 위해서 함께 죄를 지어야 한다는 뜻은 아니다. 다만, 우리 자신도 유혹에 넘어가기 쉽고 우리에게도 용서가 필요하며, 우리도 교인들로부터 뒷받침을 받아야 한다는 사실을 기꺼이 고백할 자세를 가지고 있으면, 청중들이 자기들의 문제점들을 보다 정직하게 그리고 꾸준히 처리해 가는 데 도움을 줄 수가 있다는 것이다. 그렇다고 해서 공적으로 터놓을 수 없는 부끄러운 일들을 세세하게 밝힐 필요는 없을 것이다. 의심이나 두려움이나 유혹 같은 것을 이야기할 때에 "여러분"이라고 하지 않고 "우리"라고만 말해도 큰 효과가 있을 것이다. 때에 따라서는 설교자 자신의 경험을 기술적으로 잘 전달해 주어도 큰 도움이 될 경우도 있다.

단 한 사람이라도 자기를 지지해주고 있다는 확신이 있는 사람은 살아남을 수 있다. 그렇다면, 하물며 교회원 전체가 우리를 지지하고 있다는 것을 알면 오죽하겠는가. 현실적으로 보면, 목회자를 강건하게 해 주는 그룹은 큰 그룹 속에 있는 작은 그룹일 경우가 많다. 중요한 것은 다음과 같은 진리를 인식해야 한다는 것이다: "너희는 그리스도의 몸이요 지체의 각 부분이라"(고전 12:27). 존 웨슬리의 사역 가운데 가장 도움을 주었던 것 가운데 하나는 바로 속회였다고 한다. 이런 모임을 통해서 복음으로 말미암아 삶이 변화된 사람이 그 고귀한 믿음을 함께 나눈 다른 사람과 접촉하게 하여 이 믿음을 일상 생활 속에 드러내기 위하여 불가피한 싸움을 함께 싸우도록 해 주는 것이다. 기독교 공동체 속에 깊이 관여하지 않고서는 복음을 듣고 변화되었다 하더라도 그리스도인의 장성한 분량에까지 성장할 수가 없다. 또한 기독교 공동체가 거기에 속한 지극히 작은 회원 하나라도 잘 돌보지 못하면, 성숙한 공동체라 할 수가 없는 것이다.

어떤 설교자가 당시의 상황을 아주 놀랍게 분석했다고 한다. 설교가 끝난 다음 청중 가운데 한 사람이 그에게 다가와서, "그러면, 우리가 어떻게 했으면 좋겠습니까?"라고 물었다. 그러자, 그 설교자는 "당신이 알아서 하면 돼요!"라고 대답했다고 한다. 로버트 맥크래켄(Robert McCracken)은 말하기를, 언젠가 자기가 산상수훈을 설교했는데, 후에 한 교인이 이렇게 말했다고 한다: "목사님은 우리에게 아주 무거운 짐을 지우셨습니다. 어떻게 하여야 거기까지 도달할 수 있지요?"[25] 이 경우, 그는 그 문제를 좀더 구체적으로 다룰 필요가 있다는 것을 깨달았다고 한다. 모든 문제점들이 거기에 합당한 손쉬운 해결책이 있다거나 모든 어려움들을 쉽게 속히 극복할 수가 있다는 식으로 생각하여 우리 자신은 물론 청중까지 속이는 일이 있어서는 안된다. 그러나 그럼에도 불구하고 기독교 신앙이 어떤 문제들에 대해서 해결책을 제시해 주는 것은 사실이다. 어쨌든, 도저히 제거할 수 없는 짐을 지고 가도록, 여전히 극복하지 못하고 있는 유혹거리와 용감하게 싸우도록, 침체와 걱정거리와 함께 살아 가도록 은혜를 베풀어 주는 것이다. 하나님이 살아 계시는 한 어느 누구도 절망 가운데서 입을 닥치고 그냥 있을 이유가 없다. 그럴 이유가 절대로 없는 것이다.

어떤 문제점이나 어려움들은 강단에서 적절하게 다룰 수가 없는 경우도 있다. 시시콜콜하게 이야기하고 분석해야 할 필요가 있고, 또한 대안들을 함께 제시해야 하며, 옆에서 알고 보살펴 주는 사람의 따뜻한 도움이 필요한 문제들이다. 포스딕은 설교의 가치를 시험할 수 있는 한 방법으로서 설교 후에 설교자와 사적으로 이야기하기를 구하는 사람이 얼마나 많으냐를 보는 것을 제시했다.[26]

신뢰나 믿음이 가지 않는 설교자에게는 사람들이 사적으로 찾아가지를 않는다. 우리의 설교를 듣는 사람들이 우리가 예화 등의 방법을 사용하는 것을 들으면서, 우리가 그들을 우습게 여긴다거나 그들의 신뢰를 저버린다거나 그들을 배척하는 것이 아니라는 확신을 가져야 하는 것이다. 그러나 그들이 우리를 신뢰하도록 하기 위해서 그들의 악행을 인정해 주는 따위의 발언을 할 필요는 없다. 그들이 자기들의 행동을 점검할 필요성을 느끼고서 우리에게로 나아올 수도 있을 것이다.

어떤 사람이 우리가 자기의 문제점을 이해한다고 — 우리 자신도 그 문제를 당했거나 해서 — 믿게 되면, 동질감이라는 끈끈한 끈이 형성된다. 이런 끈이 홀로 고립되어 있다는 느낌을 없애주며 삶의 싸움을 할 수 있는 용기를 주는 것이다.

롤로 메이(**Rollo May**)는 정신 치료 요법 중에 환자는 치료하는 의사를 무조건적으로 신뢰하고 의지하며 또한 그 의사를 마치 인간 이상의 어떤 존재로까지 숭배하는 경향이 있다는 점을 지적하였다. 영혼이 병들어 있는 환자가 이제는 자기의 과거의 실수들에 대한 죄책감과 고통과 짐을 질 수 있도록 도와줄 수 있는 사람을 발견했다고 느끼기 때문에 그런 일이 일어나는 것이다. 설교자와 교인들 사이에도 이 비슷한 일이 일어난다. 그것은 지극히 자연스러운 일이다. 그러나 설교자에게 집착하는 것이 반드시 현실로 돌아와야 한다. 그렇게 하려고 하지를 않고 그저 우리 자신과 우리의 탐욕을 위하여 우리만을 계속 더 의지하도록 만들려고 하면, 우리도 모르는 사이에 우리 자신이 도움을 받아야 할 절박한 상태에 이르고 마는 것이다. 회중을 이끌어 우리의 객관적인 요소를 신뢰하도록 인도하지 않으면, 그들을 망치는 일이 되고 말 것이다.[27]

헌신 설교(devotional preaching)

홀튼 데이비스(Horton Davies)는 존 헨리 자우엣(John Henry Jowett)에 대해서 말하기를, 그는 "지나치게 공리적인 시대에 헌신적인 타입의 설교를 대변한 정말로 탁월한 인물이었다. 그는 기독교 예배를 통하여 높이 우러러 받드는 일(adoration)이 없이는 하나님이나 사람을 희생적으로 섬기는 일을 절대로 이룰 수가 없다는 사실을 대부분의 동료들보다 더 잘 깨닫고 있었다"[28]라고 하였다. 위더스푼은 한 강의에서 말하기를, 설교에 있어서 헌신의 목표는 "하나님을 향하는 방향으로 삶을 개선하려는 노력"이라고 했다. 어떤 설교는 사람들로 하여금 곧바로 하나님을 예배하도록 이끌어 준다. 또 어떤 설교는 하나님을 예배할 수 있는 다양한 수단들을 제시해 주기도 한다. 이런 설교들이 헌신 설교라 하겠다. 혹은, 강단 사역 전체를 가리켜 헌신 설교라고 말할 만큼 헌신 설교의 특징이 설교자에게서 강하게 나타날 수도 있을 것이다. 이런 타입의 설교는 그 이외도 중요한 목표를 직접 간접으로 이룰 수 있다. 자우엣의 설교가 바로 그런 설교다. 여러분의 설교 중에서 어떤 것은 의도적으로 헌신적인 성격을 띠기도 하고 어떤 것은 우연히 그런 성격을 띠게 될 것이다. 여러 교회들은 교회력을 설교를 포함해서 예배 프로그램의 기본 틀로 사용하고 있다.

교회력은 그리스도의 탄생부터 시작하여 삼위일체 주간 혹은 오순절로 끝나는 교회의 주요 절기에 맞도록 예배의 패턴을 짜 맞춘 것이다. 기독교

기관들은 거의 예외 없이 교회력을 부분적으로라도 지키고 있다. 성탄절을 지키지 않는 교회가 과연 있는가? 어쩌면 부활절을 지키지 않는 교회가 간혹 있을 것이다. 그러나 그것은 주님의 부활을 믿지 않기 때문이 아니라 그들에게 타당한 다른 어떤 이유 때문이다.

조지 깁슨(George M. Gibson)은 교회력에 주의를 기울이게 만드는 요인이 되는 것들을 다음과 같이 열거하고 있다: 예배에 대한 새로운 관심, 교회연합에 대한 의식의 급성장, 계획에 대한 강조, 그리고 위기를 당할 때에 더 깊어지는 헌신적인 노력이 그것이다.[29] 과거에는 교회력에 대해 거의 주의를 하지 않던 그룹들이 이제는 그것을 진지하게 대하는 것이다. 이렇게 해서 그들은 헌신의 보다 충만한 차원을 발견하고 있는 것이다.

설교자는 누구든지 성경이 말씀하는 것을 말씀하고 그 의미를 설명해 줄 의무가 있다. 예수께서 나사렛 회당에서 설교하셨는데, 그 때는 예배 의식이 진행되는 상황이었다. 그는 성경을 읽고 그 의미를 설명하고, 그리고 그 당시의 사정에 적용시키셨다. 앞에서 언급한 바와 같이, 저스틴 마터(Justin Martyr)는 기원 후 140년 경에 초기 기독교 예배를 묘사하는 글을 썼다. 그는 사도들의 언행록(memoirs)이나 선지자의 글들을 읽은 다음, 그 집회를 인도하는 의장 — 아마도 감독이나 목사 — 이 설교를 하면서 그 앞에 읽은 내용에 포함되어 있는 덕스러운 모범들을 본받으라고 모든 사람들을 권면하였다고 한다.[30] 이론적으로, 그 당시로부터 지금까지 교회의 역사를 통틀어서 아무것도 달라진 것이 없다. 그러나 성경을 읽지 않고 신학적인 주제에 대한 논의를 하지 않고, 그냥 모임을 가질 수도 있을 것이다. 성경을 올바로 이해하고 신실하게 설명하고 적용되는 일과 조화를 이루는 가운데 예배하고자 하는 의미 있는 동기가 살아나는 법이다.

가장 먼저 시편이 떠오를 것이다. 시편은 유대인 교회의 찬송가로 불리워왔다. 한동안 개혁파 그룹에서는 공예배 시에 오로지 시편으로만 찬송을 부르기도 했다. 신약 성경의 많은 부분이 찬송과 찬송가의 단편들로 되어 있다. 신학, 윤리, 역사가 헌신적인 설교 속에 담겨 있을 수가 있는 것이다. 그리고 성경 본문이 헌신적인 범주에 속할 경우에는 특히 이 점을 더 분명하게 기억해야 할 것이다.

예수 그리스도께서 오시기 전에, 한때 우상 숭배의 유혹이 이스라엘 백성에게 아주 끈질기고 강한 적이 있었다. 하나님이 멀리 계신 것 같고, 그저 추상적인 존재처럼 생각되었다. 그런 상황을 도무지 견디지 못하여, 백성들은 그 빈 공간을 우상으로 채운 것이다. 하나님의 속성 가운데 어느 하나를 따로 떼어서 무언가 만질 수 있고 눈에 보이는 형상으로 제시하려 한 것이다. 사람들은 인간 존재의 각 방면마다 신들을 만들었다. 여러 민족들 가운데서 그런 현상이 있었던 것이다.

그런데 그리스도께서 오셔서 참된 하나님이 인격적인 방식으로 가까이 나아오신 것이다. 사도 바울은 "그 안에 신성의 모든 충만이 육체로 거하신다"(골 2:9)고 하였다. 그러므로 예수 그리스도를 주(主)시요 또 구주로 전파하면, 하나님을 드러내시는 유일무이한 분으로 제시하면, 그리스도께서 설교에 침투하시면, 하나님이 매우 인격적인 분이 되신다. 그러므로 설교의 말씀 그 자체 속에서 회중이 하나님이 직접적으로 사랑으로 하시는 말씀을 듣게 되는 것이 전혀 놀랄 일이 아닌 것이다.

롤로 메이는 그의 책 가운데서 이렇게 쓰고 있다: "사람들은 그리스도께 무조건적인 신뢰를 드리며, 그의 형체를 마음 속에 불러들이기를 즐거워하며, 찬송을 부르는 일과 예배 의식 속에서 그에 대해서 환상을 갖는 데서 기쁨을 찾는다. 하나님의 마음인 로고스가 인간의 형체 속에 임하셨다는 관념은 수백 수천만의 사람들에게 놀라운 즐거움을 가져다 주며, 하나님의 아들이 이 땅에 임하셔서 사람들의 삶을 함께 나누시고 그들의 죄들을 이해하실 수 있었다는 사실을 생각만 해도 사람들에게는 경의와 영원한 소망이 가득하게 된다."[31]

예수께서는 사도들에게 명령을 주셔서 내어보내시면서 이런 확신을 주셨다: "내가 세상 끝날까지 너희와 항상 함께 있으리라"(마 28:20). 이것은 하나님께서 지극히 인격적인 방식으로 임재하신다는 의미이다. 사도 바울은 "이제는 내가 산 것이 아니요 내 안에 그리스도께서 사신 것이라"(갈 2:20)라고 말씀했는데, 이것은 하나님께서 그의 삶 속에 지극히 인격적인 방식으로 임재하신다는 의미인 것이다. 신비주의자들은 하나님과의 교제를 개인의 자아가, 말하자면, 하나님의 존재 속으로, 환희의 심연(深淵) 속으로 녹아들어가는 그런 황홀경으로 이야기하기도 한다. 토마스 아 켐피스(Thomas a Kempis)는 하나님과의 복된 교제를 이렇게 묘사하였다: "예수 없이 있다는 것은 비통한 지옥이요, 예수와 함께 있다는 것은 달콤한 낙원이다."

또한 바울이 "그의 고난에 참예함"(빌 3:10)이라고 말하는 그것이 하나님과의 교제일 수도 있다. 한 개인이 하나님과의 교제를 경험하는 방식은 주로 기질, 기대, 그리고 준비의 문제이다. 수많은 위대한 하나님의 성자들은 황홀경이나 절제할 수 없이 고조된 감정 속에서가 아니라 일상적인 순종과 신실한 섬김 속에서 하나님을 가장 절실하게 발견하였다. 하나님과의 교제는 영적 엘리트들만이 아니라 하나님의 뜻을 행하기를 진정으로 원하는 보통의 그리스도인들도 얼마든지 경험할 수 있는 것이다.

그런데 참 안타까운 일은, 모든 사람들이 다 하나님을 예배하고자 하는 열심으로 가득 차서 교회에 나오는 것이 아니라는 사실이다. 여러 가지 이유로 교회에 나온다. 올리버 골드스미스(Oliver Goldsmith)의 말을 빌면, 어떤 사람은 "조롱하러 교회에 나오고, 나머지는 기도하러 나온다." 그러나 예배하기를 진정으로 배우기만 한다면, 그들이 무슨 이유로 교회에 나왔든지 별로 문제될 것이 없다. 우리의 태도, 우리의 끈질긴 가르침, 그리고 하나님의 주도적인 역사에 응답하도록 하는 방법의 발견을 통해서, 때가 오면 최소한 청중 가운데 몇명은 순수한 헌신의 열매를 맺게 될 것이다.

가장 좋은 기도는 가정에서 드리는 것이다. 공중 기도가 가장 오래된 타입의 기도이지만, 사적인 기도야말로 개인이 가장 큰 힘을 들이는 기도이다. 예수께서도 제자들에게 기도하는 법을 가르쳤듯이, 목사도 회중에게 기도하는 법을 가르칠 수 있다. 그들의 문제점들을 예상하여 해결책들을 제시해 줄 수가 있다. 그들의 실망을 잘 파악하여 용기를 내게 해 줄 수 있는 것이다.

설교가 내향적인 예배로 이끌 수가 있다. 즉, 자연스러운 예배 — 우리 자신에 대한 예배 — 를 유지하게끔 만들 수도 있다는 뜻이다. 조셉 시틀러(Joseph Sittler)는 오늘날의 횡포 가운데 하나로 "자아의 횡포"를 들었다.[32] 실존주의 철학의 어떤 분파에서 자아를 높이고 기리는 일을 조장하고 있지만, 그것은 도덕성의 신경줄을 자르는 것이나 마찬가지다. 넘버 원이 되고자 하는 것이 수많은 사람들의 종교가 되고 있는 것이다. 거짓 신앙이 기독교화되고 거룩한 옷을 입어서, 현실성 있게 전하기 위해서 마련된 설교 속에서 등장하는 것이다. 그러나 거짓 예언은 어디까지나 거짓 예언일 뿐이요, 오늘날의 문제도 구약 시대에 당했던 일과 전연 다를 바가 없는 것이다.

우리의 자아중심의 예배가 반드시 상스럽고 육체적인 요소들의 형태를 취하는 것은 아니다. 겉으로는 좋게 보이면서도 속이 텅 빈 경건의 모습보다 나을 게 없는 그런 식으로 나타나기도 한다. 또한 교회 내에서 일어나 형식주의나, 행위가 없는 믿음이나, 자기만 구원받았으면 그만이고 잃어버리고 눌린 자들에 대해서는 관심 갖기를 거부하는 식의 태도 등에서도 잘 드러난다. 에두아르드 슈바이처는 "흔히 '신적 예배'(divine service)라고 부르는 그 사건은 도대체 무엇인가?"라고 질문하고, 또한 이렇게 대답하고 있다: "그것은 간단히 말해서 교회가 '함께 나아오는 것'(coming together)이며 그 속에서 그 하나님에게서 봉사를 받는 것이다. 이것은 곧 예배란 주로 하나님께 듣는 기회이며 우리로 하여금 그를 찬양케 하고 그의 봉사를 세상에 갖고 나아가도록 만들어주는 기회다."[33]

설교자가 사적으로 기도하지 않으면 절대로 다른 사람을 기도하도록 이끌 수가 없다고 단정적으로 말하는 것은 잘못된 일일 것이다. 학생이 선생보다 배움이 능가할 경우도 많고, 자녀가 부모보다 훨씬 더 많은 것을 성취하는 예가 많다는 것은 잘 알려진 사실이다. 목회자와 교인도 이와 마찬가지일 수 있는 것이다. 그러나 다음과 같은 리처드 백스터(Richard Baxter)의 권면을 귀담아 들어야 할 것이다: "여러분의 모범이 여러분의 가르침과 상충되지 않도록, 눈먼 자 앞에 걸림돌을 놓아서 그 사람으로 하여금 넘어지게 만들지 않도록, 여러분이 입으로 한 말을 여러분의 삶으로 뒤집지 않도록, 여러분 자신의 수고가 성공을 거두는데 여러분 스스로가 가장 큰 장애거리가 되지 않도록 스스로 조심하십시오."[34]

찰스 스펄전(Charles H. Spurgeon)은 이 문제를 아주 회화적으로 표현해 준다: "하나님과 교제를 갖는 습관은 계속 유지되어야 한다. 그렇지 못하면 우리의 공중 기도가 무기력해지고 형식만 남게 될 것이다. 산골짜기 깊숙한 곳에 있는 얼음 덩어리가 녹지 않으면, 시냇물이 흘러내려 평원에 생기를 주는 일도 있을 수가 없다. 사적인 기도는 우리의 공적인 사역들을 위한 훈련장이다. 그것을 무시해 버리면 머지 않아 사람들 앞에서 고장나 버리고 마는 것이다."[35]

설교는 언제나 사람을 염두에 두어야 한다. 설교는 복음의 진리로 사람들에게 다가가도록 마련되는 것이다. 그러나 설교는 설교자의 헌신의 행위일 수도 있다. "노래할 때면, 언제나 하나님께 한다네!"라고 말한 제니 린드(Jenny Lind)의 헌신처럼 말이다.

IV. 설교의 작성

9. 설교의 준비

강단을 위해서 어떻게 설교를 준비하면 좋은가? 이 질문에 답변하려면 아주 길게 이야기할 수밖에 없을 것이다. 분명한 사실은 토요일 밤에 급하게 머리를 짜내는 것으로는 좋은 설교가 나올 수가 없다는 것이다. 심지어 주일이 오기 닷새 전부터 무거운 부담을 가져도 거기서 좋은 설교가 나오는 것은 아니다.

토요일 밤에 짜냈다는 것이, 아니 심지어는 즉시 현장에서 만들어냈다는 것이 금방 드러나는 그런 설교를 들은 일이 우리 모두에게 있을 것이다. 설교자가 며칠 씩 여러 시간을 들여서 설교를 준비한 것이 분명한 데도 사람들에게 좋은 감동을 주지 못하는 경우가 있다. 무언가 빠진 것이 있는 것이다. 어쨌든 문제는 설교자가 바로 눈 앞에 있는 것에서만 지나치게 끌어내려 한다는 것이다. 그런 설교는 얕고 진흙탕인 우물물에서 길어놓은 흙탕물과도 같다 하겠다. 그러나 바람직한 설교는 멀리 있는 깊은 샘에서 흘러내려오는 신선한 샘물과도 같은 것이다.

일반적인 준비

강단에서 나오는 진실은 평생의 연구 프로그램을 요구한다. 연구 프로그램이라 할 때에 가장 먼저 책부터 떠올릴 것이다. 물론 책이 중요하고 필수불가결한 요소인 것은 분명하다. 그러나 삶 그 자체와 또한 삶에 대한 진지한 각성이 설교자의 교육에 가장 중요한 부분인 것이다.

폭넓은 독서

독서에 관해서는, 폭넓게 책을 읽어서 삶의 여러 방면에 대해서 정보를 얻는 것이 매우 중요하다. 모든 설교자에게 다 들어맞는 그런 한 가지 도서 목록이란 없을 것이다. 학교를 다니는 동안 학교에서 중요한 책들을 소개받게 되고, 그 다음에는 우리 자신의 성향에 따라서 이런저런 방면의 책들을 접하게 된다. 어떤 설교자들은 아주 다양한 문헌들을 접하려고 노력하는 한편, 자기들의 취향과 필요에 맞게 한두 분야에 대해서 전문적인 독서를 통해서 그런 분야에 대해서 전문가들이 되기도 한다. 설교자가 신학계의 최신의 논의에 관한 책들과 설교, 상담, 교회 행정 등의 최신의 책들을 읽기를 기대한다는 것은 별로 지나친 것이 아니다. 그러나 우리의 독서의 일부는 우리 속 사람을 풍요롭게 하고 영혼을 살찌우는 데 투자되어야 한다는 점을 항상 명심해야 할 것이다. 너무나 전문적인 분야에만 몰두해 버릴 위험성이 있기 때문이다. 찰스 다윈(Charles Darwin)은 시(詩)를 읽음으로써 영혼을 풍성하게 하는 가벼운 일조차도 정기적으로 할 만큼 시간을 내지 못했다는 사실에 대해서 후회하였다고 한다. 과학적 연구에 너무도 많은 시간을 보냈기 때문에, 그저 30분 정도만 시간을 내면 할 수 있는 그런 일조차도 거의 할 수가 없었던 것이다. 그의 아주 편협한 관심사가 더 높은 감각성을 무디게 만들었던 것이다.

조심스러운 저장

사람의 지적인 발달과 영적인 발달에 있어서, 읽은 것들이나 느끼고 본 것들이 얼마나 중요한지 모른다. 처음에 한 생각이나 임시적으로 한 생각은 무가치한 것들일 수도 있다. 성숙한 다음에 보면 아주 부끄러운 것들이겠지만, 그래도 그런 생각들을 기록해 놓는 것이 좋다. 필립스 브룩스(Philips Brooks)가 전성기 때에 한 설교 중 몇 편은 신학교 시절에 기록한 일기에 기록해 놓은 아이디어에서 비롯된 것들이다. 랠프 월도 에머슨의 경우 그렇게 좋은 글들을 쓸 수 있었던 것은 늘 일기를 기록해 놓고 또한 책을 읽을 때마다 인상적인 내용을 인용하여 적어 놓음으로써 거기서 통찰을 얻었기 때문이었다.

설교자가 분명한 인용과 예화를 사용할 수 있는 유일한 방법은 그 많은 자료들을 잘 저장하여서 많은 가능한 자료들에서 적절한 것을 택할 수 있도록 하는 것뿐이다.

폴 쉬러에게서 나는 설교를 위해서 필요할 때마다 사용할 수 있도록 자료를 정리하는 간단한 방법을 배웠다. 나는 낱장을 떼어냈다 붙였다 할 수 있는 노트를 사용하여 거기에 인용문이라든가 관찰한 내용들이나 나 자신의 생각들을 기록해 놓았다. 그리고는 설교를 준비할 때에 최근의 생각들에다 그 노트의 내용을 첨가시킬 수가 있었다. 이런 방법을 사용하게 되면 계속해서 노트가 늘어나서 설교의 내용을 살찌우는 자료들이 계속 많아질 것이다. 자료를 다루는 과정에서 중요한 것은 중요한 것을 파악하여 그것을 필요할 때에 사용할 수 있도록 보관해 놓을 뿐 아니라 잠재 의식 속에 집어넣어야 한다는 것이다. 그렇게 하면 새것이나 오래된 것이나 보배와 같은 것들을 계속해서 끌어낼 수가 있는 것이다. 최근의 연구나 생각이나 관찰의 결과들을 새로운 노트에서 보기 때문에 옛날에 만들어 놓은 노트들을 이제는 전혀 들여다 보지 않는다 할지라도, 그 노트들은 우리의 정신과 영혼에 양식을 주는 일에 소임을 다한 것이다.

또한 로버트 맥크래켄(Robert J. McCracken)이 제시한 방법이 정말 정확하게 들어맞는다고 느낄 설교자도 있을 것이다.[1] 그는 설교자들에게 노트를 세 부분으로 나누어 사용하라고 권했다. 하나는 본문을 위하여, 하나는 주제를 위하여, 하나는 예화를 위하여 사용하는 것이다. 앞의 두 부분은 각 본문이나 주제별로 노트의 양면을 할애하라고 한다. 그리고 세번째 부분에는 난외에 간략한 색인을 붙여가면서 문단별로 나누라고 한다. 예화에는 일련 번호를 붙이고, 그 앞부분의 해당 본문이나 주제에다 그 번호를 적어두는 것이다. 이 방법은 표준성구집을 사용하든 하지 않든 장기적인 계획을 위하여 유용하다. 그리고 이 두 방법 모두 아주 간단하고 간편하다.

개방성

설교자는 삶에 대해서, 그리고 새로운 경험에 대해서 개방적인 자세를 유지해야 한다. 사람에 따라서 정도의 차이는 있지만, 인간은 모두가 "미래의 충격"을 받기 마련이다. 우리는 지금까지 되어온 방식에 아주 편안함을 느낀다. 정기적이고 정상적인 것에서 크게 벗어나기만 하면 충격파가 우리에게 전달되는 것이다. 그럼에도 불구하고, 삶은 계속되며, 우리는 그런 삶과 함께 나아가면서 온갖 장애물이나 도전 거리들을 만나게 된다. 그렇지 않으면, 과거의 관습이나 사상, 혹은 인간 관계라는 보루 속에 우리 자신을 가두고 방벽을 치기도 할 것이다.

삶이 진행되는 동안, 그 삶을 안전하게 대처하려고 노력할 수도 있을 것이다. 어떤 사람들에게는 이것이 가능할지 모르지만, 적어도 설교자들에게는 불가능하다. 예수께서는 "모든 세상 속으로 나아가라!"고 명령하셨다. 예수님 자신부터가 전통적으로 신앙을 가진 자들에게 얽매이지 않으셨다. 그는 의인이 아니라 죄인을 부르사 회개케 하시기 위하여 보내심을 받았기 때문이다. 삶의 방식이 이미 체계화된 기존의 종교에 여러 가지로 저촉되는 그런 "그 땅의 백성들"이야말로 예수께서 하나님의 사랑과 용서의 복음을 가지고 나아가셨던 사람들이었다. 그는 사람들과, 또한 어떤 사람들은 눈살을 찌푸리지만, 그들의 삶의 방식에 대해서 개방적인 자세를 가지고 계셨던 것이다. 그럼에도 불구하고, 과거를 돌아보면서 그에 대해서 말씀하기를, "죄가 없으시니라"라고 하였다. 거기에 어려움이 있다. 주위에 일어나는 일들에 대해서 개방적인 자세를 갖고, 그것들을 객관적으로 평가하고, 거기에 창조적으로 대처하면서도, 그릇된 것을 피하는 것 — 이것이 어려운 일이다. 그러나 이렇게 하는 과정 속에서 그리스도인으로서의 성격을 강화시키며 선교의 당위성을 개발할 수도 있을 것이다.

어떤 목회자가 은퇴할 나이가 되어 오랜 세월 목회하던 목회지에서 은퇴하여, 새로이 주립 학교의 종교 교사로 일을 시작하였다고 한다. 그런데 그는 그 학교에서 가장 인기 있는 사람 중의 하나가 되었다. 학생들이 그에게 친절한 상담을 받기 위해서 그의 사무실 앞에 줄을 서는 것이었다. 그의 비결은 바로 이것이었다. 곧, 젊은이들이 고정적으로 갖고 있는 관심사들을 자기의 관심사로 만들어 유지한 것이다. 그들이 즐거워하는 것이나 그들이 압박을 느끼는 것이나 그들의 문제점에 관심을 가진 것이다. 학생들은 절대로 그를 삶의 현실에서 벗어나 있는 일종의 학자나 교회의 요새 속에 있는 사람으로 여기지 않았다. 그리하여 그는 그 학생들에게 도움을 줄 수 있었던 것이다. 확실히 말하지만, 그런 효과적인 사역은 목회지에서 은퇴한 후 무슨 새로운 방법을 발견했기 때문에 가능했던 것이 아니다. 그가 목회지에서 오래 전부터 계속 해오던 일상적인 일이 새로운 환경 속에서 확장된 것에 불과했던 것이다.

계속적인 교육

계속 교육은 이러한 창조적이며 생산적인 개방성을 유지시키는 특별하고도 필수적인 수단이 된다. 회중에게 실망을 주지 않는 설교자들은 대부분 재교육을 받았다든가, 세미나나 수련회에 참석한 사람들이다. 정신과 병동의 한 과장은, 자기는 의사들이 의사직을 유지하기 위해서는 정기적으로 학술 논문을 제출하거나 혹은 지속적인 연구를 하고 있다는 것을 증명해 줄 수 있는 의미 있는 증거들을 제시할 것을 필수로 해야 한다고 믿는다고 말했다. 의사들에게 그런 일이 중요하다면, 설교자 역시 그에 못지 않게 그 일이 중요할 것이다.

설교에 대한 연구

효과적인 설교자들의 설교를 연구하는 일은 도전과 영감을 주며 또한 모범을 제시해 준다. 어거스틴(기원 후 354-430년)은 수사학의 규칙을 설교에 적용시키는 문제에 대해 최초로 공식적인 논문을 쓴 인물인데, 그는 유능한 설교자들의 설교를 공부할 것을 주장하였다. 그는 이렇게 모범을 통해서 배우는 것이 규칙들을 습득하는 것보다 훨씬 더 중요하다고 믿었다. 해리 에머슨 포스딕은 대가(大家)들의 설교들을 한 문장씩 연구해서 많은 유익을 얻었다고 말하고 있다. 로버트 루이스 스티븐슨(Robert Louis Stevenson)이 글 쓰는 법에 대해서 제시한 방법은 설교자에게도 그대로 적용된다. 그는 자기가 습작을 하며 배우던 시절 "끈질기게 원숭이 짓을 했다"고 한다. 곧, 존경하는 몇몇 작가들의 문체를 모방하였고 그리하여 자기 나름대로의 독특한 문체를 발견하게 되었다는 것이다. 존 브로더스(John A. Broadus)는 모방의 위험에 대해 잘 경고해 준다. 다른 사람들의 스타일에 영향을 받아서 우스꽝스럽고 바보 같은 효과를 내는 사람들을 우리는 많이 보았고 또 들었는데, 그들은 그 사람들의 이상스러운 면을 흉내내기만 했을 뿐 그들의 강점(强點)의 진정한 근원은 파고들어가지를 못한 것이다. 그런 한계성이 고착되어 설교자로 하여금 다른 사람을 그대로 본따게 만든다면, 그런 모방은 나쁜 것이다. 그러나 반대로, 모방이 자신의 가능성을 계발하도록 해주며 또한 자신이 할 수 있는 최고의 것을 발견하게 해 준다면, 그런 모방은 아주 좋은 것이 된다. 세계적인 위대한 예술가들도 처음에는 대가들을 모방하는 것으로부터 시작했던 것이다.

표절, 차용, 그리고 독창성

이제 표절의 문제를 살펴 보자. 누군가 말하기를, 아무리 힘들게 노력해도 표절을 하지 않으면 밋밋한 설교자가 될 수밖에 없다고 했다. 이것은 물론 농담으로 한 이야기이다. 그런 말은 문제의 진정한 의미를 밝혀주지도 않을 뿐더러 문제를 지적해 주지도 않는다. 표절이란 다른 사람의 문학적 재산을 합법적으로든 비합법적으로든 불공정하게 사용하는 행위를 의미한다.

이에 대한 설교자의 주 관심사는 이것이다: 다른 사람의 설교 전체나 혹은 그 설교의 큰 부분을 갖고 설교하는 것이 과연 도덕적으로 올바른가? 어거스틴은 이런 식으로 말했다: "그런 일은 도덕적으로 아무런 문제가 없다. 단, 설교자는 그 원 저자의 것을 정확하게 재생할 경우와, 그리고 그 설교문이 가르치는 내용에 합당하게 설교자가 살고 있을 경우라면, 문제가 없다."[2] 윌라드 플류트너(Willard A. Pleuthner)는 말하기를, 능력이 적은 설교자들은 더 큰 은사를 받은 다른 사람들의 설교를 자기의 말로 전용하여 설교하여야 한다고 했다.[3] 또한 여러 세기 동안 엄청난 양의 설교 자료들이 출간된 사실 때문에 설교문은 다시 설교하라고 출간된 것들이라고 믿게끔 되어 버린 현실이라는 점도 인정치 않을 수가 없다.

그런데 이 문제에는 또 다른 면이 있다. 데이빗 폴링(David Poling)은 교회와 교회의 설교가 다시금 존경을 회복하는 중요한 수단 가운데 하나는 바로 우리 자신이 우리의 자료로 설교를 준비하는 일이라고 주장한 바 있다.[4] 우리의 설교가 그저 다른 사람이 경험한 내용의 메아리에 불과하다면 과연 어떻게 효과적인 증거를 할 수가 있겠는가? 우리로 하여금 해석하고 오늘 우리의 시대에 적용하라고 우리에게 전해 내려오는 성경의 자료를 우리 스스로 씨름하고 다루지 않고서 과연 어떻게 우리가 지적으로 영적으로 자랄 수가 있겠는가? 우리 자신이 자료를 만들어 내지 않으면, 과연 강단에서 과연 어떻게 창의적인 의미 있는 도움을 회중에게 줄 수가 있겠는가?

설교자들은 한 주에 한 편의 설교는 독창적으로 작성할 수가 있다. 그러나 그 이외의 설교의 경우는 설교자가 다른 사람의 자료를 상당 부분 이용해서 설교를 준비하는 것을 규칙으로 삼아도 좋을 것이다. 그런 일을 분별 있게 행하면, 옳고 공정한 범위를 지나치게 넘어서는 법이 거의 없게 될 것이다.

최근 두 작가가 가끔씩 다른 사람의 설교문으로 설교하라고 추천한 바 있다. 그렇게 하면 설교를 듣는 회중들에게 교회의 위대한 설교자들과 그들의 설교를 접하게 해줄 수가 있으며, 또한 동시에, 일상적인 강단의 스타일에 약간의 다양성을 제공해 줄 수도 있다는 것이다. 그리고 이런 설교들을 — 현대의 강단에서 하기에는 너무 길 경우가 많다 — 적절하게 줄여서 하라고 한다. 이 때에 중요한 것은 교회 주보를 통해서든 설교자 자신이 말로 하든, 그런 사실을 분명히 밝혀 놓는 일이다. 그렇게 하면 설교자 자신에게도 유익할 것이다. 그런 일을 통해서 설교자 자신의 스타일이 개선될 수가 있기 때문이다.

구체적인 준비

그런데, 탁월한 설교자의 설교의 이면을 잘 살펴서 그런 설교를 어떻게 준비했는지를 배우게 되면 그보다 훨씬 더 많은 유익을 얻을 수가 있다. 19세기 후반의 가장 탁월한 설교자의 한 사람으로 널리 인정받는 필립스 브룩스(Philips Brooks)는 항상 세 단계로 설교를 준비했다고 한다. 설교의 기본 사상이 잡히면, 주요 사상에 대한 간단한 예비적인 스케치를 하는데, 보통 10-12줄 정도를 넘지 않았다. 그 사상에 대해서 며칠 동안 생각한 후에, 하루 오전 시간을 할애하여 그 사상들에 대한 충실한 스케치를 작성하였다. 이 설교문은 대략 1,300자 정도 되는데, 여기에는 완성된 원고에 나타나게 될 모든 사상들이 다 들어 있다.

그리고 이 스케치를 단어와 문구를 구별하여 기록하고 문단을 나누었다. 브룩스는 각 문단마다 옆에 번호를 붙여 놓고, 완전한 원고를 작성할 때에 그 문단을 기초로 확대시켰다.

세번째 단계는 원고를 완전하게 작성하는 일인데, 이 때에 미리 정해 놓은 페이지 번호를 정확히 따른다고 한다. 어떤 경우에는 완전한 원고를 작성하지 않고, 스케치된 원고를 들고 강단에 올라가 말씀을 전하기도 했다. 브룩스의 말하는 속도는 1분에 평균 200단어 정도 되었는데, 느릴 때에는 185단어, 빠를 때에는 215단어까지 했다고 한다. 이는 곧 30분짜리 설교를 하는 데 전부 6,000단어 가량이 소요된다는 뜻이다.[5]

조지 버트릭(George Buttrick)도 브룩스와 비슷한 방식을 취하여 아주 철저하게 지켰다. 그는 그렇게 함으로써 동기부여와 독창성과 효율적인 생산성이 높아졌다는 느낌을 받았다고 한다. 한 강좌에서 농담 섞인 말로 이렇게 말했다고 한다: "나는 본래 아주 게으른 사람입니다. 그래서 나 자신에 대해서 온갖 트릭을 다 쓸 수밖에 없습니다."

해리 에머슨 포스딕은 자기가 보통 사용하는 방법을 비교적 상세하게 전해 주고 있다.[6] 그는 목표 — 그 설교에서 이루고자 하는 내용 — 에서 시작했다고 한다. 그 다음에는 그 목표를 이루는 데 도움이 되는 의미 깊은 진리를 선택하였다. 이런 현실감 있는 진리는 보통 성경의 한 구절 —
혹은 그 진리가 여러 구절에 나뉘어 있을 수도 있다 — 에서 나온다. 그
다음 포스딕은 그 주제에 관한 내용을 난상토론식으로 순서도 없이 마구
적어 놓는다. 자유로이 연상하는 이 과정을 할 수 있는 만큼 다 하고 나면,
여러 가지 질문들을 제기하여 그 주제를 더 가다듬는 과정을 거친다(제6
장 "본문"을 참조할 것). 이 단계에는 관련 주제에 대한 연구 조사가 필요
하다. 이 때에 설교의 구조 문제가 생겨나기 시작한다. 어떤 때에는 설교의
개략적인 구도가 거의 다 되어 있기도 하고, 또 어떤 때에는 설교를 어디
서부터 시작할까 하는 점만 보이기도 한다. 그리고 그 다음에 원고를 쓴다.
포스딕은 자기는 자기가 설교한 모든 설교의 원고를 친필로 다 기록하였
다고 말한다.

　「회중과 선교」(*The Congregation and Mission*)에서 조지 웨버
(George Webber)는 몇몇 설교자는 물론 교회의 회중까지도 사용할 수
있는 한 가지 좋은 설교 준비법을 제시하였다.[7] 이스트 할렘 프로테스탄트
교구(East Harlem Protestant parish)는 여러 민족이 함께 모여 있는 지
역이며 교육을 제대로 받지 못한 사람들이 많이 있는 곳이었다. 표준 성구
집이 주중 평신도 성경 공부 그룹들과 주일 설교를 위해서 성경 본문을
제공해 주었다. 설교를 준비하는 데 다음과 같은 단계를 취하였다:

1. 월요일에는 다음 주일 설교할 본문을 직원 성경 공부 시간에 동료 교
   역자들과 함께 공부하면서, 본문을 이해하는 데 필요한 비평적인 모든
   도구들을 활용한다.
2. 수요일 직원 오찬 때에, 설교자가 설교 개요를 제출하여 비평과 아이
   디어와 제안들을 받는다.
3. 수요일 저녁 가정에서 모이는 평신도 성경 공부 그룹에 참석할 동료
   교역자들이 주일 설교에 대해서 함께 논의한다: 어떤 내용을 포함시
   키며 어떤 주제를 다룰까? 효과 있는 논의를 위해서 다음과 같은 질문
   들이 도움이 되었다: 본문에서 이해하지 못하는 것은 무엇인가? 아니

면 본문에서 혼동을 일으키는 내용은 무엇인가? 본문에서 가장 중요한 요점은 무엇인가? 본문의 요점에 대해서 동의하는가? 이 본문이 오늘 우리의 문제에 대해 어떻게 말씀하는가?

4. 목요일 오전에 동료 직원들이 그룹들로부터 모아온 보고서를 제출하고, 그 보고서의 도움을 받아서 설교자가 설교문의 초안을 작성한다.

이렇게 하면 설교가 설교자와 회중의 공동 노력에 의해서 되어지는 것처럼 보일 수도 있다. 그러나 그렇다고 해서 오직 설교자가 회중이 바라는 내용만을 설교해야 한다는 뜻은 아니다. 만일 회중이 설교의 내용을 장악할 경우, 그 폐해는 너무나도 분명하다. 오히려 이런 방법의 의도는 설교자가 회중의 질문과 그들의 문제점과 그들의 통찰을 진지하게 대하도록 한다는 데 있다. 그리고 나서 설교자는 그 주간의 나머지를 서재에서 설교를 작성하는 데 할애한다. "오직 말씀만으로" 설교를 준비하며, 말씀이 원할 때에는 회중의 뜻이나 "그 자신의 뜻이나 욕심을 물리치고"서 설교를 작성하는 것이다.

리츨은 이런 식의 준비는 주제 설교를 시의적절하게 행할 수 있는 이점이 있다고 지적한다.[8] 잉베 브릴리옷 감독은 스위스 종교개혁 당시 설교자와 신학생들이 디 프로페차이(Die Prophezei)라 불리는 곳에서 성경 해석을 위한 연구 모임을 가졌었다고 말한다. 그런데 훗날 그 중 한 설교자는 "교회에서 경건에 관한 강연을 하면서, 그 때에 거기서 모은 대화 내용을 사용하여 진행하였다."[9]

풀턴 쉰 대주교(Archbishop Fulton J. Sheen)는 자서전에서 자기 나름대로의 설교 준비법에 대해서 묘사하였다. 그는 그의 모든 설교를 "성례의 임재 속에서" 준비했다고 한다. 쉰에게 있어서 이는 하나님의 임재 속에서 설교 준비를 진행했다는 것을 의미한다. 설교에 대한 기본 계획을 세운 다음 그의 모든 생각들을 주님께 말씀드리고, "거의 입으로 생각을 중얼거리면서" 그것에 대해서 묵상하였다. 그는 이런 과정이 그 설교의 약점과 가능성을 동시에 발견하도록 도움을 준다고 느꼈다. "자료가 수집되고 요점들이 정리되면, 나는 묵상을 하든지 아니면 노트를 보지 않고 조용히 입으로 되뇌이는 방법을 따랐다. 설교의 자료는 노트에서 나와서 뇌로 전달되는 것이 전부가 아니다. 창조적인 정신에서 나와서 입술로 전달되는 것도 설교의 자료다. 여러 코미디언들에게 어떤 것이 가장 좋은 유머라고 생각하느냐고 물어 보았더니, 그들의 대답은 '가장 많이 입으로 이야기해 본 것이 가장 좋다"는 것이었다.' [10]

클라이드 판트(Clide Fant)는 "입으로 하는 원고"를 작성할 것을 제안하였다. 그의 방법은 의사 전달은 기본적으로 역사적으로 구두 스타일로 자유로이 발설하는 형태를 띤다는 분명한 사실에 의거한 것이다. 판트에 의하면, 설교자는 의사 전달의 가장 기본적인 스타일을 사용하여 설교를 준비하여야 한다는 것이다. 성경 본문을 보통 하는 대로 조심스럽게 연구하는 것도 필요하다. 그런 연구가 끝나면, 설교자는 연구를 통해서 발견한 주요 사상들을 노트에 기록하고서 설교의 주요 주제로 발전시키도록 준비할 것이다. 그리고 나면 설교자는 설교를 말로 하면서, 중요한 사상이나 예화가 떠오르는 대로 노트에 적어 놓는다. 이 단계에서는 구태여 순서를 따져서 조심스럽게 기록할 필요는 없다. 그런 일은 나중에 하면 된다. 설교자는 "요점"별로 생각하는 것이 아니라 "큰 주제"별로 생각하는 것이다. 그리고 나서 그렇게 난상토론식으로 끄집어 낸 사상과 예화들을 다시 정리한다. 가치가 없거나 해당 설교에 적절치 못한 것들은 삭제해 버린다. 크게 내용을 구분시켜 놓고 그 아래에 "성경의 상황과 현대의 상황을 논하는 방향을 제시해 주는 문장" 여섯 개에서 열 개 정도를 배치시킨다. 그런 문장 세 개나 다섯 개 정도만 있어도 서론과 결론으로 충분하다. 이것을 행하고 나면, 설교자가 마지막 설교하는 데 필요한 만큼 자주 크게 그 설교를 연습하는 것이다. [11]

설교자마다 각자 자기에게 맞는 가장 좋은 설교 준비법을 찾아야 한다. 이는 여러 방법들을 실험해 보고난 후에 결정할 수가 있을 것이다. 아마도 십중팔구는 여러 가지 형편에 맞추어서 다양한 방법을 사용할 것이다.

10. 설교의 구성

설교의 사상의 순서를 정렬하는 데 반드시 지켜야 할 어떤 규칙들이 있을까? 기존의 고정관념화된 그런 패턴은 무시하고 우리 나름대로 새로운 형식을 취해야 하지 않을까? 설교에 좀더 효과적인 무언가 새로운 방법을 우리 나름대로 개발하는 것이 합당한 것처럼 보이기도 한다. 프레더릭 로버트슨(Frederick W. Robertson)이나 필립스 브룩스나 해리 에머슨 포스딕 등의 설교들은 한결같이 탁월하다. 그러나 그러면서도, 독창적인 것은 아니지만 나름대로 독특한 특질들이 있다. 다른 사람이 일구어 놓은 설교 형식을 무작정 사용하게 되면, 그런 탁월한 설교자들이 나름대로 독특하게 기여한 점들을 사라지게 만드는 일이 될 것이다. 퀸틸리아누스(Quintilian)는 수사적인 규칙들을 준수할 것을 주장하면서도, 형편에 맞게 준수해야 한다고 하였다: "규칙들은 어느 한 부분이나 혹은 그 전체가 절대로 흔들리지도 뒤집혀지지도 않는 그런 성격을 지닌 것들이 아니다."[1]

디트리히 리츨은 한 걸음 더 나아간다. 그는 이렇게 말한다: "설교를 준비하고 시행하는 데에는 무슨 규칙이나, 법칙이나 원칙 같은 것이 없다. 설교의 구조와 기술적인 전달의 문제는 … 본문의 메시지를 이해하는 데에서 나오는 것이다." 그가 이렇게 믿는 이유는 "하나님이 일하고자 하시는 방식은 도저히 조직화시킬 수가 없다"는 것을 확신하기 때문이다.[2]

두 설교학 교수가 리츨의 탁월하고 아주 예리한 책을 논하고 있었다. 그 중에서도 특히 수사적인 규칙들에 대한 그의 견해에 대해서 논의하고 있었다. 그 중 한 사람이 이렇게 얼굴을 찌푸리면서 논평하기를, "수사적인 문제에 좀더 신경을 썼더라면 그의 책을 읽기가 더 쉬웠을 텐데"라고 하였다. 바로 여기에 문제의 초점이 있다. 규칙들이 메시지를 더 잘 전달하도록 도움을 줄 수 있으면, 그 규칙들을 따르고, 만일 규칙들이 메시지를 값어치 있게 효과적으로 전달하지 못하도록 막으면, 규칙들을 버리면 되는 것이다.

기본 사상의 정렬

설교를 위한 기본 사상들이 마련되었다고 가정해 보자. 좋은 것과 나쁜 것, 부적절한 것이 한데 뒤섞여 있다. 그리고 그것들이 한 편의 설교에 쓰기에는 너무나 많다고 하자. 그러면 그것들을 어떻게 하겠는가? 무엇보다 우선 이 설교를 통해서 무엇을 이루고자 하는지부터 결정할 것이다. 이 설교를 청중에게 전달함으로써 청중의 마음 속에 어떤 일이 일어나기를 원하는가를 결정하는 것이다. 그 다음에는 주로 청중의 어떤 면에 호소할지 그 대상을 생각할 것이다. 청중의 어떠한 사고 방식이나 느낌이나 결단에 호소하여 설교를 흥미있게 만들고 그들의 동기를 유발시키며, 그리하여 설교에서 제시하는 진리가 요구하는 바를 행할 수 있도록 만들겠는가? 처음에는 임시적인 중심 사상을 가지고 있었더라도, 여러 가지 사상들이 모여짐에 따라서, 또한 목표가 더욱 분명해짐에 따라서 이제 그 사상을 재검토할 필요가 있을 것이다.

브룩스는 이렇게 말한다: "좋은 설교를 만들어야겠다는 열심은 필요하지만, 그 맡은 임무를 다하지 못하는 설교를 좋은 설교라고 생각해서는 안 된다. 설교하고자 하는 목적이 자유로이 활동하도록 하고 그 목적이 설교의 형식을 수정하도록 해야 한다."[3]

기본 사상을 정렬하는 기본 규칙은 몇 가지 되지 않는다.

설교의 구조가 본문 혹은 중심 사상에서 자연스럽게 나오도록 하라. 설교의 목표와 호소할 대상을 분명하게 마음에 두게 되면, 중심 사상이 일정한 방향으로 모양을 갖출 것이다. 구조가 형성되어 가는 동안 그 중심 사상이 일정한 방향으로 발전해 갈 것이다. 왜냐하면 청중의 필요에 의해서 그것이 억제되기도 하고 장려되기도 할 것이기 때문이다. 설교에 아무런 역할을 하지 못하게 된다면, 본문이나 중심 사상이 무슨 필요가 있겠는가?

설교에 통일성이 있게 하라. 설교의 구조에서 나타나는 가장 큰 과오는 어쩌면, 부분 부분이 서로 잘 맞아떨어지지 않는다는 것일 것이다. 페넬롱(Fenelon)은 그의 책 「웅변에 관한 대화」(*Dialogue on Eloquence*)에서 설교에서 특정한 유의 구분법은 사용하지 말라고 한다: "겉으로 보기에는 좋으나 실제로는 그렇지 못한 그런 식의 구조를 사용하는 경우가 허다하다. 그러나 그런 구조는 이야기를 메마르게 만들고 딱딱하게 만든다. 그들은 전체를 두 세 부분으로 자르는데, 이것이 말하는 사람의 전달을 방해할 뿐 아니라 그 전달을 통해서 얻고자 하는 효과를 반감시키는 것이다. 그러니 거기에 통일성이 있을 리가 없다. 두 가지 혹은 세 가지의 독자적인 이야기가 그저 얼기설기 엮어져 있을 뿐이다."[4]

흥미있는 것은 어떠한 것이든 반드시 통일성을 갖추고 있다. 플로베르(Flaubert)의 「보바리 부인」(*Madame Bovary*)을 완벽에 가까운 소설로 인정받게 만든 것은 과연 무엇이던가? 모든 장면이, 모든 묘사가, 모든 대화가, 계속해서 펼쳐지는 한 가지 주제에 각기 다 기여하며 그것이 마지막 부분에 가서 아주 명확하게 드러난다는 점이 아닌가?

지나간 여러 세기 동안의 많은 성공적인 작가와 연사(演士)들은 아리스토텔레스가 제시한 진리에 착안하였다. 그는 말하기를 비극 속에는 시작과 중간과 결말을 갖춘 하나의 전체가 있다고 했다. 그는 이렇게 설명하였다: "시작 그 자체가 반드시 다른 것 뒤에 와야 할 필요가 없는 것이며, 또한 자연히 그것 이외의 다른 것이 뒤에 따라오는 것이다. 그리고 결말은 그 자체가 다른 무엇 뒤에 자연히 ― 필연적인 결과로든 일상적인 결과로든 ― 오는 것이며, 또한 그 뒤에는 올 것이 달리 없는 것이다. 그리고 중간은 본질적으로 다른 무엇 다음에 오며 또한 그 뒤에 또 다른 무엇이 따라 오는 것이다."[5]

이 설명을 보면, 시작과 중간과 결말이 함께 묶어져 있으며, 따라서 그 중 하나가 존재하지 않으면 논리적으로 다른 것도 존재할 수가 없다는 것이 분명히 드러난다. 여러 부분으로 나뉘어 서로 잘 연결이 되지 않는 그런 설교는 우연히 어떤 사람들에게 좋을 수도 있겠지만, 최대한의 효과를 낼 수는 없는 것이다.

어느 목사가 아주 성공적인 다른 목회자에게 어떤 보관 방식을 써서 예화들을 보관하느냐고 물었다. 그는 대답하기를, "나는 일정한 방식이 없습니다. 그냥 예화를 책상에 던져 놓습니다. 그것이 좋으면, 어떤 식으로든 다음 주일 설교에 쓰이겠지요"라고 했다고 한다. 이런 말은 분명 사실이 아니었을 것이다. 왜냐하면 이 목사의 예화는 언제나 아주 유효적절한 것들이었기 때문이다. 그러나, 설교 주제에 합당하다고 여겨지는 모든 사상들을 하나라도 희생시키지 않고, 어떻게 해서든 모두 다 설교에 집어넣으려 하면, 설교의 통일성이 깨어져 버리고, 그 효과가 반감되고 말 것이다. 주제를 묵상한 다음, 그 전까지 가지고 있던 사상들 가운데 삼분의 일 정도만을 한 편의 설교에 사용하여야 할 것이다. 그렇다고 해서 그 나머지를 그냥 버릴 필요는 없다. 나중의 다른 설교를 위해서 잘 보관해 놓으면 반드시 적절한 상황에서 아주 유용하게 쓸 수 있을 것이다.

설교에 알맞는 클라이막스가 있도록 하라. 설교가 처음 시작 부분에서 아주 충격적인 방식을 취하여 흥미있는 논의가 전개될 것을 기대하게 만들고, 나중에 거기에 합당한 적용을 하고 서서히, 그러면서도 확실하게 끝맺음을 할 수도 있을 것이다. 그러나 그렇다고 해서 설교가 사상이 뒤바뀌면 좋은 설교라는 뜻은 아니다. 마치 나쁜 달걀을 먼저 넣고 좋은 달걀을 뒤에 넣으면 좋은 오믈렛을 만들 수 있듯이 말이다. 설교를 통해서 제시되는 사상들은 모두가 다 값어치 있고 의미있는 것이어야 한다. 이 사상들을 제대로 정리하고 정렬해야만 비로소 그것들이 최고의 효과를 낼 수가 있는 것이다. 무엇을 말할지를 충분히 생각해 놓기도 전에 먼저 설교의 개요부터 만들면 그런 바람직한 효과를 내기가 아주 어려워진다. 몇분 동안에 앉은 자리에서 설교의 개요를 가볍게 만들어 내고 그 다음 그렇게 미리 정해 놓은 구조에 맞게끔 생각을 억지로 해내는 습관은 전혀 본받을 것이 없는 것이다.

실제로, 언제나 논리적인 순서로 사상을 정렬하는 것이 최상이 아닐 수도 있다. 청중의 느낌이나 욕망이나 필요를 고려하는 심리적인 순서를 따르는 것이 특정한 설교가 소기의 목적을 이루는 데 더 효과적일 것이다. 설교에서 알맞는 클라이막스는 논리가 소용이 없게 되는 그 시점이 아닌가 싶다. 곧, 진리가 이미 제시되어 그 타당성이 이미 청중에게 인정되고난 다음 청중이 점점 더 진리 속에 개입되어가는 그 시점이 클라이막스로 적당한 것이다. 브룩스는 독특하게 설교의 주된 사상을 먼저 제시하고 그 다음에 그 사상을 여러 가지 실제적인 관계에서 논하고 그 다음에 적용하는 방식을 취했다.[6] 포스딕도 같은 방법을 사용했다. 그러나 포스딕은 설교의 전반부에서 주제와 관련되는 지적인 문제점들을 아주 강도높게 다루고 거기서 지적인 클라이막스에 오르며, 마지막 결론 부분에 가서 감정적인 클라이막스를 유도하였다. 그리하여 그는 그의 목표를 이루는 데 설교 전체가 주는 영향력에 의존하였다.[7] 이것은 고대의 키케로(Cicero)의 권면과도 일치한다. 그는 가장 강한 요점이 가장 먼저 나와야 한다고 믿었다. 단, 연사가 지닌 탁월한 내용들을 이야기의 마지막 부분을 위해서 남겨 두기 위해서 그런 규칙을 지키는 것이다.[8] 그렇게 하지 않으면, 설교가 처음 시작 부분에서는 내용이 아주 풍성한데 마지막으로 갈수록 진부해지고 맥이 빠지게 될 것이다.[9]

설교의 사상들을 바른 전후 관계로 정렬하는 것은 그렇게 어려운 것이 아니다. 청중들의 정신과 마음과 행동 속에 어떤 효과를 일으키고자 하는가를 생각해 보라. 그 다음에는 그런 목적을 가장 확실하게 이룰 수 있는 그런 방식으로 자료를 정렬하면 된다. 여러분이 가진 생각들의 전후 관계를 바꾸는 데 주저할 필요는 없다. 처음 생각해낸 것이 반드시 가장 좋은 것은 아니며, 아무리 갑작스런 영감에 의해서 떠오른 것이라도 처음 작성한 설교의 개요가 신성불가침한 것일 필요도 없다.

에드가 앨런 포우(Edgar Allan Poe)는 다음과 같이 지적하고 있다: "대부분의 작가들 ― 특히 시인들 ― 은 자기들이 미친듯한 황홀경의 특별한 상황 ― 환상적인 직관의 상태 ― 에서 글을 창작한다는 것을 사람들이 알아주기를 바라는 편이다. 그리하여 사람들로 하여금 문장 속에 나타나는 장면 그 뒤로 들어가서 그 정교하면서도 아직 안정되어 있지 않은 천연의 생각 그 자체를 훔쳐보도록 하는 데 아주 전율을 느끼며 좋아한다. 그리하여 마지막 순간에 가서야 비로소 그 문장의 진정한 목적을 파악하도록 만드는 것이다." 포우는 자기의 경우는 효과를 가장 먼저 생각한다고 한다. 그는 "까마귀"(The Raven)라는 아주 유명한 그의 시를 예로 들면서, 어떻게 그 시의 각 연을 짜 맞추었는지를 단계 별로 설명하였다. 그는 이렇게 쓰고 있다: "나의 계획은 이 시의 어느 한 가지 내용도 우연이나 혹은 직관에 의해서 생긴 것이 아니라는 사실이 분명히 드러나도록 하는 데 있다. 수학 문제를 풀어나가듯이 정교하고도 엄정한 결과가 나타나도록 사전에 단계 별로 힘든 작업이 있었다는 것을 사람들이 알도록 하는 것이 나의 디자인이다."[10]

포스딕은 보통 주일 오전 예배 설교를 화요일 정오까지 정해 놓고, 수요일, 목요일, 금요일의 오전에 설교를 작성했다. 그리하여 금요일 정오가 되면 설교 작성이 완료되었다. 토요일 오전에는 자리에 앉아서 회중을 떠올리면서 설교의 내용을 처음부터 끝까지 생각하면서 자신이 준비해 놓은 것이 개인이나 그룹의 필요에 부응할 것인가를 살폈다. "그리하여, 토론을 거쳤다는 자만심이나 능란한 말솜씨의 유혹에 빠져서 사람들과 무언가 값어치 있는 것을 나누고자 하는 나의 주 목적에서 벗어나지 않고 있다는 절대적인 확신을 가지고자 한 것이다." 포스딕은 그의 목적을 감안하여, 심리적으로 설득력이 있도록 하기 위해서 설교문에서 어떤 부분들은 삭제해 내고 사상의 순서를 다시 정렬하는 경우도 많았다.[11]

또한 설교자는 반론에 대해서 답변해야 할 필요도 있을 수 있다는 사실을 간과해서는 안된다. 고대의 웅변가들은 이야기의 내용을 정렬할 때에 이를 위해서 상당한 여백을 남겨두도록 했다. 신학적·윤리적 견해를 논증하고 난 후, 예상되는 질문이나 항의나 이견(異見)들에 대해서 정직하고도 공정하게 다루어야 하는 것이다. 그렇다고 해서 논쟁이나 싸움을 하는 것이 아니라 동정심과 보살핌의 자세로 "반대 의견을 듣는 것"이요, 부드러운 자세로 답변해 주는 것이다.

설교의 구성을 위한 제안

설교의 내용 정렬을 위한 대략적인 지침이 세워졌으니, 이제는 이 지침과 관련된 몇 가지 제안을 생각해 보기로 하자.

1. 설교의 요점이라든지 주요 사상을, 다루기 전에 먼저 진술부터 하는 일이 많으나, 항상 그렇게 하지는 말라. 어떤 경우는 주요 사상을 미리 제시하는 것이 회중으로 하여금 설교자 자신의 사고의 흐름을 따르도록 도울 수도 있다. 특별히 정보를 제공하거나 설득을 시킬 목적으로 행하는 설교의 경우는 더욱 그렇다. 그러나 설교의 주된 사상을 미리 던져 버리면, 스릴이 사라져서 미스테리 이야기나 설교에 대한 흥미를 사라지게 만들 수가 있는 것이다. 그러나 그렇더라도, 주요 사상을 먼저 진술하는 것이 여러분의 목적을 이루는 데 도움이 된다면, 그렇게 하라!

2. 너무 많은 요점을 다루지 말라. 관심의 지속 시간이 한정되어 있으므로 각기 다른 사상들을 동시에 많이 파악하고 있을 능력이 실제로 없다. 클레멘트 로저스 교수(**Professor Clement Rogers**)는 "3의 원칙"을 주장했다. 문학이나 인류학이나 수학이나 문법, 논리학, 그리고 저 널리즘은 모두 설교가 세 대지(大支)로 되어 있고 중간 대지가 세 소지(小支) 이상을 넘지 않는 것이 이상적이라는 견해를 지지해 주고 있다. 예를 들어서 어떤 미개인은 셋 이상의 숫자를 세지를 못하고, 셋 다음에는 그냥 "많다"고 한다.[12] 그러나, 이것을 융통성 없는 규칙으로 고집하지는 말라. 필요하다면 설교를 여섯 가지 대지로 잡을 수도 있는 것이다. 포스딕의 설교 가운데 가장 도움을 주었던 설교 하나는 "잘못된 것과 올바른 것을 구분하는 여섯 가지 방법"이라는 제목의 설교였는데, 이 설교는 물론 여섯 가지의 대지로 되어 있었다.

3. 요점을 장황하게 진술하지 않도록 하라. 요점 그 자체에 의지하라. 여러분의 생각의 미묘한 내용들은 그 다음에 이어지는 논의에서 다루라. 청중이 여러분의 사상의 흐름을 분명하게 보며 따를 수 있어서 마치 숲에서 길을 잃어버리듯이 되는 일이 없다면, 어느 순간에든 지금 어떤 논의가 이루어지고 있는지를 알 것이고, 안전하고도 아주 관심 깊게 설교를 경청할 수가 있을 것이다. 그러므로 불필요한 형용사나 부사 같은 것을 제거해 버리고, 미숙한 언어 사용을 피해야 할 것이다.

4. 요점을 중복시키지 말라. 의식하며, 의도적으로, 분별 있게 사용하면, 반복이나 재진술도 아주 탁월한 수사적인 기법이 될 수 있다. 그러나 실제로는 동일한 사상을 형식만 약간 바꾸어 다시 진술하여 마치 새로운 사상을 논의하는 것처럼 생각하게 되면, 사상의 흐름이 산만해져 버린다. 히브리어의 평행법, 특히 시편에 잘 나타나는 평행법은 우리를 잘못 오도할 수도 있다. 시편의 모든 구와 절을 다 신실하게 다루려 하다가, 시편 기자의 사상의 다음 단계를 다룬다고 생각하고서 동일한 사상을 두 번씩 다루게 될 수도 있는 것이다. 그러므로 조심해야 한다. 시편 46:10에 "내가 열방 중에서 높임을 받으며, 내가 땅에서 높임을 받으리라"라는 말씀이 있지만, 모든 평행법이 이와 같이 분명하게 드러나는 것은 아니다.

5. 대지(大支)의 요점을 소지(小支)의 요점으로 만들지 말라. 그렇게 하면 설교의 균형이 깨져 버린다. 소지를 대지로 다루는 설교는 마치 팔이 자라야 하는데 손가락만 자라는 사람과 똑같다. 가령 삼위일체에 대해서 설교한다고 하자. 그러면 대지는 각기, 성부 하나님, 성자 하나님, 성령 하나님이 될 것이다. 그렇게 하면 아주 균형 잡힌 설교가 될 것이다. 그러나 만일 세번째 대지를 "성령 하나님"으로 하지 않고 "성령의 교제"로 잡는다면 설교가 어떻게 되겠는가? 균형이 완전히 망가져 버리고 말 것이다. 그러나 만일 하나님을 알거나 체험하는 방법에 대해 설교한다면, 그 설교의 개요는 다음과 같을 것이다: "하나님의 사랑, 우리 주 예수 그리스도의 은혜, 성령의 교제." 이러한 차이점을

주목하라. 이 설교의 개요에서는 각 대지가 동일한 무게를 갖고 있는 것이다.

6. 한 대지에서 논의할 수 있는 사상들을 한데 묶어 놓으라. 전하고자 하는 사상들을 넓은 대지 속에서 제시할 수도 있지만, 적절한 소지 아래 그것들을 한데 묶어 놓으면 더욱 강렬하게 전달할 수가 있다. 이는 곧 설교의 구체적인 내용들을 일반화시켜야 한다는 것을 의미한다. 구체적인 사상들의 공통적인 중심을 찾아서 그 공통적인 중심과 관련시켜서 사상을 논의하는 것이다. 그렇다고 해서 일반적인 사상에만 제한하고 구체적인 사상들은 억제해야 한다는 뜻은 아니다. 다만, 구체적인 사상들의 중심점을 찾아서 그것들을 한 집단으로 묶어줌으로써 그것들을 강화시켜야 한다는 것뿐이다. 사실, 구체적인 사상들은 정말로 중요하다. 그것들은 우리의 삶에 와 닿는 경험의 면을 지니고 있고, 진리를 의미 있게 만들어주는 그런 면을 지니고 있다. 그것들은 분명한 가르침, 힘 있는 신빙성, 그리고 효과적인 설득력을 지니는 수단이 되는 것이다.[13]

7. 사상들을 잘못된 대지나 소지에 집어넣지 않도록 하라. 생각이 나는 대로 모아서 순서 없이 그냥 적어 놓는 설교자가 때로 이런 실수를 저지른다. 이런 식으로 생각들을 모아 놓는 것은 아주 좋은 방법이다. 이언 매클라렌(Ian Maclaren)도 그 방법을 사용했다.[14] 월터 러셀 보위(Walter Russel Bowie)도 그 방법을 추천한 바 있다.[15] 그러나 어떤 설교자들은 이런 식으로는 작업이 되지를 않는 경우도 있다: 자기들의 생각들이 일정한 형식을 갖추어 진행하도록 하지를 못하는 것이다. 반면에, 설교를 구체화하기 전에 설교의 개요를 미리 정하는 설교자 역시 이와 동일한 실수를 저지를 수 있다. 나중에 전개하기로 계획한 사상을 앞에서부터 미리 예상할 수도 있고, 이미 논의한 것을 다시 재탕할 수도 있는 것이다. 반복이 탁월한 수사적인 기법인 것은 분명하지만, 반복은 언제나 전후의 문맥과 아주 편안하게 들어 맞아야 하는 것이다. 잘못된 대지나 소지에 집어넣는 실수를 피하기 위해서는, 여러

분의 작업을 비판적인 시각으로 바라보고 필요할 경우 열 가지 이상이라도 기꺼이 수정할 마음을 가져야 하는 것이다.

8. 대지나 소지를 표현할 때에 인위적이거나 부자연스럽게 운율에 맞추려는 시도를 피하라. 시작 부분에는 설교의 대지나 소지의 첫 단어나 주요 단어가 동일한 글자로 시작되는 경우가 많이 있다. 사실 그것을 사용하면 쉽게 기억할 수 있을 뿐 아니라 아주 흥미를 유발할 수가 있다. 제임스 스튜어트(James S. Stewart)의 어떤 설교 가운데는 개요를 압운(押韻)에 맞춘 것들이 많다. 그의 설교의 제목과 대지가 얼마나 인상적인지 보기 바란다. 디모데후서 4:11을 본문으로 한 설교인데 제목을 "네 막의 드라마"(A Drama in Four Acts)로 잡았는데, 제1막, "취소"(Recantation); 제2막, "후회"(Remorse); 제3막, "회복"(Restoration); 제4막, "보상"(Reparation)의 네 대지(大支)로 되어 있다(한글로는 압운을 표현할 수가 없으나, 영어로는 모두 "R"자로 시작된다 — 역자주).[16] 성경 전체를 다 포괄하는 한 설교 개요집에서 아서 달튼(Arthur E. Dalton)은 압운을 아주 폭넓게 사용하고 있는데 개중에는 아주 효과적인 것도 있다.[17] 그러나, 설교자는 시인이 단어 선택에 신중을 기하듯이 그렇게 신중하게 단어를 선택해야 한다. 그렇게 하지 않으면, 단어는 울리는데 사상이 서로 충돌하는 일이 일어날 것이다.

개요의 중요성

설교에서 담대한 공격을 시행할 수 있는 기법 중에서 가장 중요한 한 가지는 바로 잘 균형 잡힌 개요다.

좋은 설교는 대부분 최소한 아주 조심스럽게 준비한 개요가 있다. 개요는 설교자로 하여금 사상을 정렬하도록 해 준다. 사상들을 적절한 그룹으로 묶고 전후 관계를 설정하고 정리하여 최상의 심리적인 이점이 있도록 할 수 있다. 그렇다고 해서 설교의 완전한 개요 전체를 들고 올라갈 필요는 없다. 설교를 준비하면서 완전한 문장으로 개요를 완성할 수도 있겠지만, 강단에서 사용하는 개요는 오로지 설교자만이 알아 볼 수 있도록 요점으로 정리해 놓은 것이다.

다음은 여러분이 설교의 사상을 정리하는 데 도움이 될 수 있는 세 가지 형식의 개요이다.

첫째는 **단어로** 된 개요이다. 이것은 설교에서 다룰 사상이나 정보의 열쇠가 되는 주요 단어들을 정리해 놓은 것이다. 단어를 열거해 놓으면 특히 분류하는 데 아주 유용하다. 그러나 다른 면에도 사용할 수가 있다. 마태복음 28:18-20: 누가복음 24:49을 본문으로 한 "교회의 사명"이라는 제목의 설교의 개요를 예로 들어 보자.

I. 나아감
  A. 하나님
  B. 예수님
  C. 교회
II. 전함
  A. 목적
  B. 메시지
    1. 좋은 소식
    2. 나쁜 소식
  C. 전달
    1. 어디서나
    2. 누구에게나
III. 기다림
  A. 연약함
  B. 기다림
  C. 방법들
    1. 기도

  2. 굴복
  3. 믿음
  4. 행동

이런 형식의 개요의 약점들은 너무나 분명하다. 이 개요를 작성한 사람만이 무슨 뜻인지를 알 수가 있고, 또 그 사람도 오래 지나면 무슨 뜻인지를 알 수가 없다. 그러나, 만일 설교자가 사상을 기록해 주는 일에 관심이 없다면, 아무런 문제도 없을 것이다.

두번째 개요는 **어구(語句)로** 된 개요이다. 이것은 단어로 된 개요를 조금 확충시킨 것에 불과하다. 바로 앞에서 살펴본 개요의 한 부분이 어떻게 변하는지를 살펴 보라:

I. 교회가 나아감
  A. 하나님의 열심
  B. 예수님의 담대하심
  C. 교회의 창조성

어구로 된 개요는 단어로 된 개요보다는 분명히 좀더 많은 의미를 전달해 준다. 설교자가 그 설교를 위해서 보존하고 기억하고자 하는 사상의 전부가 여기에 들어 있을 수도 있다. 이런 개요는 후에 다시 보더라도 충분히 생각을 자극시킬 수가 있을 것이다.

여기서 형식 상의 평행법을 주목하라. 이런 평행법은 그런 형식 이외의 목적에도 도움을 주는 경우가 많다. 곧, 주요 사상과 거기에 종속되는 사상들을 논리적으로 배치시키는 데 도움이 되는 것이다.

세번째 형식은 **완전한 문장으로** 된 개요이다. 이런 형식을 사용하면, 우리의 주제에 대해서 과연 무슨 말을 할 것인가 말 것인가를 알 수가 있다. 무슨 말을 하려는지를 알 수 있고, 또한 그 말을 하고 나면, 무엇을 말했는지를 알 수 있는 것이다. 이런 형식은 합리적인 추론과 증거를 제시하는

것이 주류를 이루는 설교에 매우 중요하다. 합리적인 추론이나 증거 제시
는 그저 어구나 따로 떨어진 단어들만으로는 잘 이루어지지 않는다. 주어
와 술어를 포함하는 완전한 문장이 필요한 것이다.

자, 그러면 이제 최종적으로 완전한 문장으로 확충시킨 개요를 살펴 보
기로 하자:

서론:

A. 우리 가운데 교회가 우리의 것이라는 이기적인 생각을 가진 분들이
   있을지 모른다.

B. 그러나, 교회는 그리스도께 속하며, 그의 목적을 위하여 존재하는 것
   이다.

그리스도는 교회의 사명을 다음과 같이 정의하신다:

I. 교회의 사명은 나아가는 것이다. "너희는 가서 …"

   A. 하나님은 언제나 이 세상에서 활동하고 계신다.

   B. 예수님은 담대하셨고 그의 계획을 담대하게 실행하셨다.

   C. 그러므로, 오늘의 교회는 그리스도 안에 있는 하나님의 목적을 대
      변하는 존재로서 모든 존귀한 수단을 다 사용하여 그 사명을 이룰
      기회를 만들고 실행해야 한다.

II. 교회의 사명은 메시지를 들고 나아가는 것이다. "너희는 세상으로 가
    서 모든 만물에게 복음을 전하라 …"

   A. 그저 가는 것만으로는 안된다.

   B. 메시지를 들고 가야 한다.

      1. 그 메시지는 죄인을 위한 좋은 소식이다.

      2. 그러나 그것은 죄에 대해서는 나쁜 소식이다.

   C. 어디서나 누구에게나 그 메시지를 전해야 한다. 우리의 증거의 한
      계는 오로지 인간적인 필요만이 결정한다.

III. 교회의 사명은 하나님 자신의 능력으로 메시지를 들고 나아가는 것

이다. "위로부터 능력을 입기까지 기다리라 …"

　A. 그저 가는 것만으로는 안된다. 참된 메시지를 갖고 가는 것으로도 안된다.

　B. 그리스도께서는 하나님이 우리를 통해서 역사하시도록 하라고 명령하신다.

　C. 하나님의 능력을 힘입기 위해서 몇 가지 할 수 있는 일이 있다.

　　1. 기도할 수 있다.

　　2. 우리의 뜻을 굴복시킬 수 있다.

　　3. 믿음으로 하나님의 도우심을 받을 수 있다.

　　4. 그 다음에 신뢰를 갖고 나아가 일할 수 있다.

결론:

　A. 우리의 사명은 분명하다.

　B. 나와 함께 이런 합당한 일들을 하지 않겠는가?

클라이드 판트(Clyde Fant)가 제시한 설교 접근법을 사용하게 되면 설교의 주요 사상을 전개할 때에, 거기에 종속되는 요점들을 철저하게 논리적이거나 평행을 이루는 형식으로 정렬하는 식의 방법을 쓰지 않게 된다. 요점보다는 사상 군(群)별로 다루게 되어, 주요 대지마다 여섯 개에서 열 개 정도의 "방향을 지시해 주는 문장들"을 집어넣게 된다. 이 때에 그 문장들은 실제로 설교 시에 말하는 문장들인데, 본문 설명이나 논증, 혹은 예화 등을 이끄는 것들이다. 이것은 방금 제시한 개요의 예들과는 다소 다른 것인데, 거기에는 예화들이 열거되어 있지 않다. 판트의 방법이 아주 추천할 만하다. 그가 쓴 「오늘날의 설교」(*Preaching Today*)에서 이 방법을 상세하게 다루고 있다.[18]

그런데 한 가지 문제가 남아 있다. 온갖 종류의 뒷받침하는 자료를 과연 어떻게 개요에 표시하느냐? 하는 것이다. 개요 속에 소지(小支)를 가리키는 일정한 표시를 할 수도 있을 것이다. 그러나 여러분 자신의 사상과 다른 사람에게서 나온 사상이나 인용문을 분명하게 구분하고 싶으면, 다른 표시를 쓰면 된다.[19] 어떤 작가는 자기 자신의 것이 아닌 자료를 표시할 때에는 시작과 끝에 괄호를 사용하라고 제안하기도 했다. 어쨌든, 빌어온 사상이나 통계나 인용문의 마지막에 그 출처를 명기하는 것이 좋다.

실제 설교 작성

이런 작업이 끝나면, 설교 준비의 가장 힘든 부분이 끝난 것이다. 이제는 방향을 분명히 보면서 머리 속으로 설교를 쓸 수가 있게 되었다. 또한 그렇게 하는 과정에서 자유를 누릴 수 있게 되었다.

앙리 데스팽(Henry D'Espine)은 이렇게 쓰고 있다: "웅변(진정한 웅변, 좋은 웅변은 웅변 그 자체에 전혀 관심을 갖지 않는다는 말이 있다)을 죽이는 가장 확실한 방법은 그것을 가르치는 것이다. 어떤 형식으로 고정될 필요가 없고 오히려 자유로워져야 한다. 그렇게 하면 우리가 최소한 단순해지고 진실해질 것이다."[20]

그러나 단순함과 진실성에도 나름대로 원칙이 있다. 원근법을 잘 배운 화가라야만 단순한 풍경의 진실을 가장 잘 전달할 수가 있는 법이다. 스케일을 너무 잘 알기 때문에 악기의 선에 손가락을 위치시키는 데 의식적으로 신경을 쓸 필요가 없을 정도가 되어 있는 바이올린 연주자라야 악곡을 연주할 때에 그 곡의 내적인 의미를 그대로 힘 있게 전달하는 자유를 누릴 수 있는 법이다. 설교 준비의 몇 가지 금기 사항과 권장 사항을 잘 숙지하고 있는 설교자라야 그들만의 독특한 목적을 큰 확신과 신뢰로 이루어 갈 수 있는 것이다.

11. 설교 구성의 여러가지 옵션들

　설교의 중심 사상에서 완성된 설교에까지 결단과 신뢰를 가지고 나아갈 수 있는 가장 좋은 방법을 한 가지만 든다면 어떤 것을 들 수 있을까? 많은 사람들의 경우에는 우선 설교의 기본 구성을 조심스럽게 설정하는 것이 가장 중요할 것이다. 그 일을 하고 나면, 설교 준비가 아주 신속하게 이루어지는 것이다.

　그러나 어떤 설교자는 그런 식으로 하지를 못한다. 설교가 어떠한 개요를 갖고 있든지, 그들은 준비를 해나가면서 그 개요를 짜 나간다. 한 가지 생각이 다른 생각을 이끌어 결국 설교가 완성되는 것이다. 그들에게 그 방법이 더 나으면 그 방법을 그대로 고수하면서 그 과정을 강화시키면 될 것이다. 그러나 그럴지라도 다른 방법을 실험해 보는 것도 중요하다. 그렇게 해야 어떤 방식이 가장 좋은 결과를 내는지를 확실히 알 수가 있는 것이다. 어쨌든, 설교자는 설교를 어떤 논리적인 혹은 심리적인 전후 관계 속에 집어넣을 수밖에 없다. 청중에게서 무슨 반응을 바라는 한 그렇게 할 수밖에 없는 것이다. 결국 나중에 가서 보면, 설교를 정규적으로 어떤 패턴에 맞추면 설교가 더 좋아지는 것을 보게 된다.

　아리스토텔레스가 제시한 패턴 — 시작, 중간, 결말 — 도 아무런 문제가 없다. 너무나 분명하기 때문이다. 이와 비슷하게, 설교의 중간 부분의 전개도 사상들이 특정한 전후 관계로 연결될 때에 아주 자연스럽게 보일 수가 있다. 물론 설교자가 우연히 어떤 방법을 썼는데, 그것이 진정으로 진리를 전달하게 하는 효과를 낼 수도 있을 것이다. 그러나, 다른 사람들이 이미 걸었던 길을 주목해 보면 설교라는 광야의 여정을 단축시킬 수가 있는 것이다. 2권으로 된 「이십 세기 강단」(*The Twentieth Century Pulpit*)[1])에 실린 육십사 편의 설교는 모두가 설교 구성상 특정한 범주들로 나뉘어져 있다. 이러한 구성의 타입과 그 범주들을 알면, 우리의 설교에서 말하고자 하는 바를 잘 조직화시킬 수 있는 가장 적절하고도 효과적인 수단들을 찾을 수가 있는 것이다.

이제 몇 가지 구성의 옵션들을 살펴 보기로 하자.

설명(explaining)

유대인과 그리스도인들은 그들의 신앙이 역사에 근거하며, 역사 속에서 풍성해지며, 또한 언제나 역사적 상황 속에서 표현되는 것으로 생각한다. 그러므로 계속해서 건전한 믿음을 유지하려면, 우리의 유산을 알아야 하는 것이다. 그 이야기를 살아 있게 만드는 것이야말로 설교자의 주된 책임이요 엄청난 사명인 것이다.

교회는 목회자를 가장 큰 선생으로 바라본다. 회중으로서는 기독교 유산이나 윤리, 예배에 대한 일반적인 지식이나, 교회 학교에서 얻은 정보면 족하다는 식으로 생각할 수는 없다. 그러므로, 사실적인 데이타를 무시하고 감동 혹은 헌신을 호소하는 메시지만 전한다면, 그것은 회중을 속이는 행위이다. 기독교 유산에 대한 일반적인 지식마저도 아주 빈약하고 고르지 못한 것이 현실이다. 더구나, 교회 학교의 신앙 교육도, 물론 좋은 면도 있으나, 여러가지 점에서 아주 부적절하다. 그렇다고 해서, 그 결핍된 모든 것을 설교자가 다 채워줄 수는 없을 것이다. 그러나 설교자의 역할은 절대적으로 필요하다. 설교자는 그들의 소명과 훈련과 지속적인 연구를 통해서 특별한 존경을 받기 때문에 가장 본질적인 가르침을 줄 수 있는 기회를 얼마든지 갖고 있는 것이다.

강해 설교가 다른 방식의 설교와 다른 독특한 점은 주로 성경을 설명하는 데 큰 강조점을 둔다는 것이다. 물론 설교자가 본문을 파고 들어가는 세세한 내용과 다루는 본문의 길이는 설교마다 다를 것이다. 어떤 때에는 설교가 아주 내용이 꽉 차 있기도 할 것이고, 어떤 경우는 생생한 예화를 통해서 아주 흥미를 유발하기도 할 것이다. 신학자들은 전자의 스타일을 선호할 것이고, 일반 회중은 후자를 선호할 것이다. 어쨌든, 성경 본문과 성경의 사건들은 설명을 필요로 하는데 설교가 그런 설명을 제공해 줄 수 있는 것이다.

본문의 설명

성경을 설명하는 가장 오래된 방법 중의 하나는 본문을 한 절씩 혹은 한 부분씩 차례로 다루어 나가는 것이다. 전통적으로 이것을 가리켜 호밀리(homily, 해설)라고 한다. 물론 넓은 의미에서 복음을 읽은 다음 설교자가 이야기하는 모든 것을 다 '호밀리'라고 통칭하기도 하지만, 엄밀하게는 본문을 설명하는 것을 지칭하는 것이다. 호밀리는 본문을 있는 그대로 다룬다. 곧, 처음 시작부터 설명해 나가서 마지막 절을 맨 마지막에 설명하는 것이다. 그러나 화가가 풍경을 그릴 때에 모든 세세한 부분까지 다 살릴 수가 없으므로 어떤 것들은 삭제해 버려야 하듯이, 호밀리를 하는 설교자도 긴 본문을 다룰 때에는 본문 가운데 어떤 상세한 내용은 그냥 지나쳐야 하기도 하는 것이다. 그러나, 설교자가 짧은 본문에 초점을 맞추어 전체의 메시지의 기초로 삼을 때에는 상세한 내용이 아주 두드러지게 드러날 것이다.

호밀리는 설교의 도구로서 아주 나쁘게 알려져 왔다. 그 이유는 주로 조심스럽지 못하게 다루어지는 경우가 많았기 때문이다. 설교자가 긴 본문을 택하고는 그 표면적인 내용만을 전하고, 그 깊은 의미를 드러내지 못하며 본문의 내적인 흐름을 파악하거나 따라가지 못하는 경우가 많았다. 그 결과로, 서로 전혀 연결되지 않는 짤막한 작은 설교들이 이어지고, 본문에 나타나는 단어나 문구들에 대한 논평들이 서로 전혀 연결이 없이 계속 제시되는 것이다. 그러나 최소한 몇몇 본문들에 대해서만큼은, 수사적으로 잘 구성된 설교가 할 수 있는 모든 일을 호밀리라고 해서 하지 못할 이유가 없는 것이다.

호밀리를 효과적으로 하기 위해서는 우선 통일성 있고 순서대로 사상이 전개되는 본문을 선택해야 한다. 그 다음, 본문 속에서 연결점들을 찾고, 전체의 기본적인 흐름과의 관련 속에서 각 부분을 준비하는 것이다. 그 다음, 여러분 나름대로 흥미있는 서론을 마련하고, 설교 전체의 의미를 최종적으로 감동적으로 바라볼 수 있도록 모든 것을 이끌어내는 그런 결론을 마련하면 된다. 마틴 루터나 칼 바르트, 그리고 에두아르드 슈바이처는 호밀리의 최상의 특질을 잘 보여 주었다.

슈바이처는 빌립보서 4:4-7을 본문으로 설교했다. 그 본문은 "주 안에서 항상 기뻐하라 내가 다시 말하노니 기뻐하라 너희 관용을 모든 사람에게 알게 하라 주께서 가까우시니라 아무것도 염려하지 말고 오직 모든 일에 기도와 간구로 너희 구할 것을 감사함으로 하나님께 아뢰라 그리하면 모든 지각에 뛰어난 하나님의 평강이 그리스도 예수 안에서 너희 마음과 생각을 지키시리라"라는 말씀이다.[1] 그 설교의 서론은 "주께서 가까우시니라"라는 말씀에 초점을 맞추는데, 그것은 설교 본문의 한 중간에 나오는 말씀이다. 그 말씀이 설교의 몸체를 구성하는 네 개의 문장의 중심을 이루는 것이다. 그 초점이 되는 문장을 그렇게 제시해 놓고 나서, 슈바이처는 그 네 개의 문장을 하나씩 다루어 나가면서 그것들을 주께서 가까우시다는 사상과 연관짓는다. 그 다음 결론에서 그는 그때까지 논의한 진리들을 끌어모아서 설교의 클라이막스와 목표를 이루는 하나의 통일성 있는 진술로 제시하며, 그것을 일컬어 '마지막 주제'라고 부른다. 슈바이처의 설교를 "강해"적인 설교라 부를 수 있을 것이다. 왜냐하면, 의식적이든 무의식적이든 수사적인 원칙들을 설교의 구성에 적용시키고 있기 때문이다.[2]

칼 바르트의 경우는 그보다 짧은 본문을 이와 비슷하게 다룬다. 곧, 시편 34:5, "저희가 주를 앙망하고 광채를 입었으니 그 얼굴이 영영히 부끄럽지 아니하리로다"가 그 본문이다. 그는 본문을 몇 부분으로 자르고 그 부분을 각각 구분하여 다루며, 그러면서도 모든 부분을 한데 묶어주는 통일성 있는 방식을 취하는 것이다. 그 설교는 그리스도 승천일 설교인데, 그 본문의 첫 부분을 설교의 첫부분에서 다루고 있다. 그 설교는 다음과 같이

전개된다:

   I. 그를 앙망하라!

   II. 그를 앙망하라!

   III. 그를 앙망하면 **얼굴에 광채를 입을 것이라.**

   IV. 그를 앙망하면 얼굴에 광채를 입을 것이요, **영영히 부끄럽지 아니하**
     리라.

이 경우, 본문에 나타나는 것 이외에 별도의 서론이 없고, 또한 본문의 마지막 부분, 곧 "영영히 부끄럽지 아니하리라"라는 말씀 이외에 별도의 결론이 없다. 본문의 마지막 부분이 클라이막스가 되고 설교를 끝맺음하는 마지막 말씀으로서 아주 적절한 것이다. 그는 그 설교를 시편 103편에서 인용한 말씀인데, 그냥 "이 말씀을 의지하여 주의 성찬을 맞이 합시다. 아멘"이라는 말로 끝을 맺고 있다. 바르트의 설교는 "본문 설교"라고 부를 수 있을 것이다. 왜냐하면 성경 본문으로 대개 이해하고 있는 그것을 — 성경의 짧은 한두 절을 — 취하여 각 부분을 강해 설교와 비슷한 방식으로 논의하되, 호밀리의 주요 특질을 그대로 유지하고 있기 때문이다.[3]

교리의 설명

칼 바르트는 이렇게 말했다: "교의학이란 교회가 시대시대마다 지니고 있는 그 지식의 상태에 따라서 그 선포하는 내용을 비평적으로, 즉 성경의 표준과 교회의 고백의 인도를 따라서, 다루는 학문이다."[4]

에밀 브루너(Emil Brunner)는 기독교 교리가 필요한 세 가지 이유를 지적한 바 있다.[5] 첫째로, 거짓 교리와 대적해야 하기 때문이다. 인간은 진리의 일면을 취하여 그것을 과장하거나 그릇된 경로로 발전시키고 그 다음 그것에 대한 성경의 증거를 찾는 성향이 있기 때문에 객관적으로 이끌어낸 교리적 판단의 기준을 통해서 교정해 줄 필요가 있는 것이다.

둘째로, 의문을 가진 사람들의 필요를 충족시켜야 하기 때문이다. 어느 개인이 복음의 주장에 눈을 뜨거나, 기독교 메시지에만 독특하게 나타나는 사상과 용어들을 접했을 때에, 필연적으로 의문이 생기기 마련이다. 그리하여 지적인 해답을 원하게 된다. 그런 해답이 완전하지 못해서 의문을 가진 당사자에게 충분한 만족을 주지 못할 수도 있지만, 우리의 인간의 한계에 비추어 볼 때에는 그것이 가능한 최상의 답변일 수도 있다.

셋째로, 활기 있는 그리스도인들은 진리를 조각조각 던져주는 것만으로는 만족하지 않는다. 그들은 성경의 어느 한두 구절에 나오는 진리의 어떤 특정한 면보다 더 많은 것을 보기를 원한다. "죄"나 "은혜" 같은 교리를 폭넓게 다루어 주기를 원하며, 성경 전체가 무엇을 말씀하는지를 알기를 원할 것이다.

베일리(D. M. Baillie)는 "삼위일체의 교리"라는 제목의 한 설교를 통해서 삼위일체의 성경적 교리를 설명한다.[6] 그는 이렇게 말한다: "나는 기독교 복음 전체가 성부, 성자, 성령의 삼위께서 한 하나님이시라는 이 신비한 교리로 집약된다는 것을 알 수 있다고 믿는다." 그리고는 계속해서 그 교리가 무슨 의미인지를 설명한다:

I. 이방 세계의 무수한 신들이 아니라 한분 하나님이 계시다.

II. 예수 그리스도 사건이 새롭고도 놀랍게 하나님을 인간의 삶 속에 들어오게 했고, 그리하여 사람들이 하나님을 성부와 성자로 말씀할 수 있게 되었다.

III. 예수께서 떠나가신 이후에도 오순절의 사건으로 말미암아 하나님의 능력과 임재하심이 놀랍게 드러났다. "그리하여 오순절에 그들은 이렇게 말할 수 있었다: '이것이 바로 요엘이 예언한 바요, 예수께서 약속하신 바다. 그의 아들 예수 안에서 우리에게 임하신 하늘에 계신 우리 아버지 하나님께서 이제로부터 영원까지 그의 성령을 통하여 이렇게 새롭고도 놀라운 방식으로 우리와 함께 계시도다.'"

베일리의 설교는, 물론 설교로써 할 수 있는 범위 내에서지만, 브루너가 제시한 교리의 세가지 기준을 모두 충족시키고 있다. 거짓 교리를 대적하

고 있고, 의문에 답변하고 있으며, 또한 성경의 가르침에 대해서 포괄적인
안목을 제시하기도 한다. 베일리는 설명이라는 수단을 통해서 이를 이루고
있는 것이다.

폴 틸리히(Paul Tillich)의 교리 설명은 다소 암시적이다.[7] 믿음으로 말
미암는 칭의라는 용어 자체는 다루지 않으면서도, 다른 용어를 사용하여
그 교리를 설명하는 것이다. 그는 본문에 나타나는 죄와 은혜라는 단어들
을 취하여 그것들과 동일한 뜻을 지닌 오늘날의 용어들을 제시한다. 그런
식으로 현대적으로 변환시킴으로써 고대의 교리를 오늘날의 청중들이 더
쉽게 이해할 수 있도록 만들려 했던 것이다. 전달하려는 의미가 친숙하지
못한 언어 가운데서 오히려 감추어지는 예가 많기 때문이다. 그의 설교의
본문은 로마서 5:20이다: "율법이 가입한 것은 범죄를 더하게 하려 함이
라 그러나 죄가 더한 곳에 은혜가 더욱 넘쳤나니."

서론:
    A. 본문의 말씀은 바울의 사도적 경험과 그의 신앙적 메시지 전체,
       그리고 삶에 대한 기독교의 이해를 요약한 것임.
    B. 죄와 은혜라는 단어가 이상스럽다.
      1. 죄에 대한 우리의 오해. "분리"로서의 죄.
      2. 은혜에 대한 우리의 오해. "재결합"으로서의 은혜.
    C. 분리와 재결합 사이의 갈등.
 I. 분리의 경험.
    A. 서로로부터의 분리.
    B. 자기 자신으로부터의 분리.
    C. 우리 존재의 터전으로부터의 분리.
 II. 은혜의 경험.
    A. 은혜에 대한 그릇된 사고.
    B. 은혜의 올바른 의미. 영접을 받는다는 느낌.
    C. 은혜는 어떻게 오며, 우리에게 어떤 영향을 주는가.

확증(affirming)

우리 믿음의 진리들을 확증하고자 할 때에, 우리는 그 타당성을 따지지 않고 그것을 단정짓고 그저 그것들을 선포한다. 때로는 오래되고 무시를 당해 온 가르침들을 먼지를 털어내고 다시 진술해야 할 경우도 있고, 지금 통용되는 가르침들도 다시 반복하고 강조할 필요가 있는 경우도 있다. "성도들에게 단번에 전해진 믿음"과 함께 오는 진리의 체계 전체가 반드시 선언되어야만 하는 것이다. 복음이나 그 복음에 대한 대화의 내용은 구태여 설명하지 않는다. 전령(傳令)이 하듯 그저 선포하고 이야기해 주는 것이다.

제임스 스튜어트의 "왜 교회에 가는가"(히 12:22-25)라는 제목의 설교는 이러한 전령 식의 설교 방법의 분명한 모범을 제공해 준다.[8] 그는 히브리서 기자가 전하는 "교회에서 행하는 기독교 예배의 교제에 대한 다섯 가지 말씀"을 듣는다:

I. 그것은 영적인 교제이다.
II. 그것은 보편적인 교제이다.
III. 그것은 불멸의 교제이다.
IV. 그것은 신적인 교제이다.
V. 그것은 구속의 교제이다.

본문의 내용 자체에서 오는 제약만 아니라면, 스튜어트는 기독교 예배의 교제가 갖는 다른 면들을 몇 가지 더 제시할 수 있었을 것이다. 이런 패턴을 가리켜 때로 "보석" 개요(the 'jewel' outline)라고도 부른다. 왜냐하면 진리의 몇 가지 중요한 면을 보여주기 — 필요한 만큼 전부 보여주는 것이 아니라 — 때문이다.

어얼 귀인(G. Earl Guinn)은 "예수의 부활"을 세 가지 진술로 확증한다:[9]

Ⅰ. 예수의 부활은 논란의 여지가 없는 역사이다.
Ⅱ. 예수의 부활은 감동적인 철학을 제공해 준다.
Ⅲ. 예수의 부활은 천하무적의 소망을 준다.

귀인의 설교의 성경 본문 그 자체는 설교에서 다루는 요점들을 제시해 주지 않는다. 그러나 그가 자기 방식대로 전개하는 그 주제를 본문이 제공해 주는 것은 분명하다.

"만물이 새롭다고?"(계 21:2,5)라는 제목의 미래의 삶에 대한 한 설교에서 엘람 데이비스(Elam Davies)도 확증의 모범을 보여주고 있다. 그는 이렇게 말한다: "우리가 묻는 질문은 과연 우리가 다른 세상이나 그 세상의 존재를 믿고 있느냐 하는 것이 아니다. 그리스도인으로서는 이미 이 문제에 대해서 이미 분명한 해답을 갖고 있는 것이다."[10] 그는 보통 정도로 긴 서론을 계속하면서, 믿음의 문제점들 가운데 몇 가지를 다룬다. 그리고는 "신약의 기자들과 이전 시대의 성도들"이 "장래"에 대해서 가진 적극적인 확신들을 천명한다.

Ⅰ. 장차 올 삶은 비전의 삶이다.
Ⅱ. 장차 올 삶은 섬김의 삶이다.
Ⅲ. 장차 올 삶은 사랑 안에서 사는 삶이다.

추론(reasoning)

베드로전서는 그리스도인들에게 이렇게 권면하고 있다: "너희 마음에 그리스도를 주로 삼아 거룩하게 하고 너희 속에 있는 소망에 관한 이유를 묻는 자에게는 대답할 것을 항상 예비하되 온유와 두려움으로 하라"(3:15). 강단의 변증적인 사명은 정말로 필수적이다. 어거스틴은 이 점에 대해서 논증하고 있다. 그는 「기독교 교리에 관하여」(*On Christian Doctrine*)(본사 역간 「기독교 교육론」)라는 그의 논고 제4권에 쓰기를, 진리를 대적하는 자들이 그릇된 것을 위하여 수사학이라는 무기를 사용한다면, 진리를 사랑하는 자들로서는 무방비 상태로 그냥 있을 것이 아니라 똑같은 무기를 같이 사용해야 한다고 했다.[11] 그러나 베드로전서가 말씀하듯이, "온유함과 두려움으로" 해야 할 것이다.

모든 설교자들이 이런 사명을 잘 감당할 수 있는 것은 아니다. 어쩌면 변증과 관련된 도전적인 면들은 전문가들이 담당해야 할 몫일 것이다. 어떤 설교자들은 과학과 종교의 문제를 아주 우스꽝스럽게 다루는 예도 있다. 자기들이 다루려 하는 문제에 대한 적절한 이해가 없으면서, 그런 문제를 다루려 하기 때문이다.

설교에서 추론이 갖는 목적은 합리성이라는 사다리를 세워서 하나님에게까지 타고 올라가는 데 있는 것이 아니다. 믿음에 대한 추론이 하는 일은 두 가지이다: (1) 어떤 오해와 편견을 제거함으로써 진리를 보다 밝히 정의할 수도 있도록 하는 일과, (2) 기존의 신자의 믿음을 뒷받침해 주는 일이다.

전도자 찰스 피니(Charles G. Finney)는 법률가의 훈련을 받아서, 불신자에 대해서도 마치 법률가가 소송 사건을 변론하듯이 그런 식으로 접근하였다. 논증을 계속 이어나가서 한 편의 설교에서 열두 가지 정도의 논증을 해나가기도 했다. 그리하여 죄인으로 하여금 도저히 피할 곳이 없도록 만든 것이다.

청중들의 의지를 완전히 압도하고자 하는 그런 시도가 없이도, 우리의 전하고자 하는 바를 효과적으로 제시할 수가 있다. 곧 "온유함과 두려움으로" 하는 것이다. 그 한 가지 방법이 추론의 방법을 사용하는 것이다. 어쩌면 확대된 삼단논법이나 생략된 삼단논법을 사용할 수도 있을 것이다. 렌스키(R. C. H. Lenski)는 "가능성과 현실성, 그리고 필연성의 범주들"을 논함으로써 이 문제를 다룬다. 그는 누가복음 12:49-57을 본문으로 한 "그리스도께서 이 땅에 두신 불화"라는 제목의 설교를 제시하였다.[12]

I. 처음에는 그것이 우리를 혼동하게 한다.

Ⅱ. 두 번 생각하면 이것이 사실과 일치한다.
Ⅲ. 더 나아가서, 우리의 유일한 소망이 이 불화에 있다.

마틴 루터 킹(Martin Luther King Jr.)은 "곤란한 질문에 대한 답변"이라는 제목의 설교에서 정-반-합(正-反-合)의 모델을 따른다.[13] 그 설교의 본문은 마태복음 17:19이다: "우리는 어째서 쫓아내지 못하였나이까?" 그 설교는 악을 제거하고자 하는 인간의 노력에 관한 것이다. "어떻게 하면 악을 쫓아낼 수 있을까?"

Ⅰ. 사람이 자기 능력으로 악을 제거하고자 노력했으나, 성공하지 못했다.
Ⅱ. 사람이 주께 굴복하여 그를 기다렸으나, 이것은 하나님과 사람 모두를 그릇되게 만드는 것이었다.
Ⅲ. 하나님도 사람도 개별적으로는 세상에 구원을 가져다 줄 수 없다. 오히려, 하나님과 사람이 목적이 하나되어 함께 일할 때에 기적이 일어난다.

가장 결정적으로 설득력 있는 추론은 가장 현명하게 정렬되어 있는 논증 속에서 이루어지는 것이 아니다. 오히려 청중들의 경험이나 관찰과 일치하는 신빙성 있는 실례들 속에서 찾아진다. 예를 들면, 우리 자신의 능력으로 아무리 노력해도 악이 제거되지 않는다는 것이나, 가만히 앉아서 하나님이 행동하시기를 기다린다고 해서 무슨 일이 일어나는 것도 아니라는 것이나, 우리가 기도하고 하나님을 신뢰하며 그를 적극적으로 순종할 때에 실제로 좋은 결과가 일어난다는 것이나, 스스로 생각해 보면 다 아는 일인 것이다.

적용(applying)

필립스 브룩스가 흔히 사용한 설교 방법은 본문의 진리를 제시하고 그 다음에 그 함축된 의미를 보여주는 방법이었다. 언젠가 유명한 과학자가 창세기 1장에 대해서 하는 강연을 들은 일이 있다. 그는 자기가 보기에 본문의 진리라고 여겨지는 내용을 제시하고난 다음, 그 본문에서 이끌어낸 열 가지 교훈들을 열거하고 그것에 대해서 논의하는 것이었다. 그 논의는 아주 투박하고 직설적인 것이었지만 아주 힘이 있었다. 보통 우리는 적용의 범위를 다섯 가지 이상 다루지 않는다. 그러나 그 강사는 열 가지를 다루었는데, 이것이 신학적인 교육을 위해서나 정치적 현안에 대한 논의의 경우에도 아주 의미심장한 것이다.

로마서 12:1-2에서 사도 바울은 아주 요약된 진술을 통해서 그 이전에 행한 논의를 실제적이며 윤리적인 일반적인 교훈과 마주치게 만든다: "너희는 이 세대를 본받지 말고 오직 마음을 새롭게 함으로 변화를 받으라." 그 다음에 구체적인 윤리적인 지침들이 이어진다. 곧, 1-11장에 묘사된 그 엄청난 신학적 진리 — 하나님의 긍휼하심이라는 진리 — 가 날마다의 생활에 주는 함축된 의미들이 제시되는 것이다. "사랑 장"이라고 불리는 고린도전서 13장에서도 이와 비슷한 것을 보게 된다. 교회에게 주시는 성령의 갖가지 은사를 논의한 후에 바울은 말하기를, "너희는 더욱 큰 은사를 사모하라"고 한다. 그리고는 계속해서 말씀하기를, "내가 또한 제일 좋은 길을 너희에게 보이리라"고 한다(12:31). 가장 좋은 길이란 바로 사랑의 길이다. 곧, 아가페(agape)의 길, 보살핌의 길인데, 바울은 계속해서 이것을 아주 실제적으로 적용시키는 것이다.

그리스도께서 우리로 하여금 "율법"으로부터 자유케 하셨지만, 그렇다고 해서 우리가 윤리적인 선례와 지침을 적용해야 할 필요에서도 자유를 부여받은 것은 아니다. 사랑이 율법을 이루는 것임은 분명한 사실이다(롬 13:10). 그러나 시험을 받을 때에 자기 마음대로 임의적으로 그 사랑을 해석해 버리면, 감상적인 자세에 의해서 사랑이 조롱을 받을 수 있는 것이다. 우리가 도덕적인 위기를 당할 때에, 하나님은 우리의 믿음의 경험이라는 천연의 자료에서 어떤 인격적인 윤리 체계를 새롭게 세워서 우리에게

씌우시는 것이 아니다.

앞에서 성경 강해의 한 가지 모범을 제시했던 것이지만,[14] 다시 에두아르드 슈바이처의 "피할 수 없이 가까이 오시는 하나님"이라는 제목의 설교를 살펴 보기로 하자. 그 설교는 또한 "주께서 가까우시다"라는 주제에 대한 구체적인 적용의 실례가 되기도 한다. 설교의 주제가 이 설교에서는 이렇게 적용되고 있다:

   I. 기뻐하라
   II. 다른 사람과 그들의 필요와 문젯거리들을 관찰하라
   III. 염려하지 말고 기도하라
   IV. 그러므로, 하나님의 평강이 우리 마음과 생각을 지키시리라.

폴 쉬러는 무엇을 해야 할지에 대해서 아무런 방향 제시가 없을 때에 어떻게 할지를 말씀한다. 그의 설교는 "창조적인 불안정"에 관한 것으로 본문은 사도행전 9:15,16이다: "이 사람은 내 이름을 이방인과 임금들과 이스라엘 자손을 앞에 전하기 위하여 택한 나의 그릇이라."[15] 바울의 경험에서나 우리의 경험에서나, 무언가 견고하고 안정되어 있는 것을 빼앗긴 상태에서 무언가 불안정한 것으로 강제로 떠밀려 들어가고 있다. 쉬러의 요점은 다음과 같다:

   I. 우리는 우리의 "안정" 속에 잃어버린 존재가 되어 있다.
   II. 우리는 우리의 "불안정" 속에서, 즉 하나님과 함께 나아가고자 하는 마음 속에서 구원을 받는다. 심지어 주께서 "내가 그 이름을 위하여 해를 얼마나 받아야 할 것을 내가 그에게 보이리라"(지금 보이겠다는 것이 아니라 일이 진행되어 가는 동안에 보이겠다는 것이다)라고 말씀하실 때에도 그와 함께 나아가고자 하는 마음 말이다.
   A. 바울과 마찬가지로, 우리에게도 미래에 대한 청사진이 없다.
   B. 그러나 우리는 하나님이 계획하신 그 일을 위하여 택함 받은 사람

들이다. 우리는 우리 자신의 길이 아니라 하나님이 가시는 곳으로 나아가는 것이다.

1. 그것은 갈보리의 길이다.
2. 최소한 그것은 삶을 제어하는 길이다.
3. 어쨌든, 그것은 어떤 일이 일어나든 순종을 요하는 길이다.

쉬러의 설교에서 얻는 구체적인 안내는 우리의 삶의 큰 사건들 속에는 산뜻한 해결책이라든가 뚜렷한 해답이 없다는 분명한 확신이 전부다. 유일한 확신은 우리 주위에서 일어나는 일들이 절대로 이상한 일이 아니며 그것이 아주 당혹스럽기도 하지만 그럼에도 불구하고 하나님이 그 모든 일 속에서 우리와 함께 하고 계시다는 확신이 있는 것이다. 쉬러는 명령법을 사용하지 않아야 한다는 강한 확신을 가졌고, 복음의 직설법이 적용에 무게를 실어줄 것으로 기대했다. 그에게 있어서 적용은 복음에 함축된 의미로 이루어지는 것이었다.

반면에, 해리 에머슨 포스딕은 필요할 때에 구체적으로 행동할 것을 주저하지 않고 강하게 권하였다. 호소가 그의 설교의 가장 두드러진 특징이었다. 그의 설교 중 하나는 "우리의 의심을 그대로 갖고 의심하는 일의 중요성"을 강조하였는데, 그것은 어느 귀신들린 아이의 아버지가 예수께 한 말씀, "주여 내가 믿나이다. 나의 믿음 없는 것을 도와주소서"(막 9:24)을 본문으로 한 것이다.[16] 그의 설교는 두 대지로 나뉜다.

I. 예비적 관찰:
　A. 의심의 능력은 사람의 가장 고귀한 능력 가운데 하나이다.
　B. 가장 강한 믿음은 언제나 의심과 씨름하는 데서 나온다.
II. 중대한 문제: 믿음은 우리의 의심을 그대로 갖고 의심함으로써 의심을 극복한다.
　A. 하나님에 대하여 의심함.
　B. 그리스도에 대하여 의심함.

C. 사람과 그의 가능성들에 대하여 의심함.

이 간략한 스케치가 의심에 대한 포스딕의 생각 전체를 충분하게 표현하지는 못한다. 어쩌면 먼저 의심을 추켜세운 후에 다시 돌아와서 의심을 부정적인 면에서 다시 조명할 것처럼 생각할 수도 있겠지만 그렇지 않다. 예를 들어서, II. A.에서는, "하나님에 대한 관념들 중에는 의심해야 할 것들이 많다. 성경 자체도 하나님에 대한 어떤 관념을 버리고 더 고상한 관념으로 나아가는 것을 볼 수 있다. 이는 사람들이 감히 의심을 하기 때문이다"라고 한다. 그 다음에야 비로소 하나님에 대한 우리의 기본적인 의심들에 대해서 의문을 갖기를 강권하는 것이다.

탐구(questing)

우리가 어떤 사람에게 억지로 어떤 답변을 주입시킬 때보다는 그 당사자가 질문을 제기했을 때에 그 사람이 그 답변을 더 쉽게 받아들이는 것이 분명하다. 이것은 인간 본성의 부패성의 한 단면을 보여주는 것이기도 하나, 설교에 있어서는 반드시 고려해야 할 중요한 요인이 된다. 이러한 요인은 설교자가 많은 청중과 몇 가지 문제들을 다룰 때에나, 적은 청중과 많은 문제를 다룰 때에나 다 해당된다. 여기서 살펴보고자 하는 것은 설교에 있어서 귀납적인 접근법의 문제이다.[17]

설교에 있어서는 진정한 귀납적 방법이 불가능하다고 주장할 수도 있을 것이다. 왜냐하면 설교자는 설교가 어느 쪽으로 귀착될지를 미리 알고 있기 때문이다. 물론 대부분의 경우 이 주장이 옳을 것이다. 그러나 설교가 결론이 개방되어 있을 수도 있을 것이다. 그럴 경우, 설교 중에나 설교 후에 반응을 보임으로써 청중이 설교의 과정에 기여하는 바가 바로 그 설교의 결론이 될 것이다. 그렇게 되면, 듣는 사람에 따라서 결론이 달라질 것이다. 그러나 그런 설교는 아주 희귀할 것이다.

귀납적인 방법은 가능하다. 우리가 어떤 진리나 교훈에 어떻게 도달하게 되었는지 그 과정을 그저 묘사할 수 있다. 그리하여 청중에게 우리에 대한 신뢰를 심어주고, 우리가 도달한 그 마지막 결론에 함께 이를 수 있도록 그들을 함께 이끌어갈 수가 있는 것이다. 이 때에 아주 공정해야 한다. 문제를 아주 정직하게 제시하고 그 문제에 대한 반대의 증거도 심도 있게 다루어 주어야 한다. 악의 문제 같은 것을 다룰 때에, 우리는 그 문제의 아주 곤란한 면을 있는 그대로 제시하여야 한다. 그렇게 하려고 하지 않거나 그렇게 할 수 없다면, 그 이외에 다른 방법 — 더 전통적인 연역적인 방법 — 을 쓰는 것이 더 나을 것이다.

해리 오버스트릿(Harry A. Overstreet)은 "추적법"(the chase technique)이라 부르는 방법을 추천했다.[18] 설교자가 몇 가지 가능한 옵션들을 하나씩 차례로 다루면서 각각의 약점이나 한계점을 보여주고, 그리하여 결국 설교자와 청중이 함께 바른 옵션에 도달하도록 하는 방법이다. 물론, 가장 바람직한 옵션에도 문제점이 있을 수 있을 것이다. 그러나 이것까지도 인정하면 설교는 클라이막스에 도달하는 것이다. 청중이 함께 따라오고 마음을 다하여 동의해 주기를 바라는 것이다.

조지 버트릭(George A Buttrick)은 마태복음 7:12, "무엇이든지 남에게 대접을 받고자 하는 대로 너희도 남을 대접하라"라는 말씀을 본문으로 하여 설교를 했다.[19] 그 설교의 처음 세 대지는 "내 신앙이 황금률이다"라는 사고에 함축된 여러 가지 의미들을 반박하는 것이다. 그는 그 말씀을 해석하는 특정한 방법들을 전적으로 거부하지 않음으로써 우리에게 흥미를 주며, 어떤 상황에서는 그런 방법들이 옳을 수도 있다고 한다. "… 때까지는"이라는 단서를 붙이고, 그 다음에 한동안 말을 멈추어서 문장을 완결 짓지 않은 채로 남겨둠으로써 관심을 고조시키는 것이다. 그리하여 "그것이 과연 황금률인가?"(설교의 제목)라는 질문에 대한 완전한 해답을 향해서 청중이 함께 긴장하고 나아가게 되는 것이다.

I. 그것은 "우리가 하고 싶은 대로 마음껏"하는 것을 뜻하지 않는다.
II. 어느 누구도 황금률을 지킨 적이 없다.

III. 황금률 그 자체는 그것을 지킬 능력을 주지 않는다. 게다가 규칙들은 모두가 우리를 소외시키는 경향이 있다.

IV. 그것이 황금률인 것은 오직 그것을 말씀하신 그분의 삶과 사랑 속에 그 규칙이 들어 있기 때문이다. 그 분은 또한 "내가 너희를 사랑했듯이 너희도 서로 사랑하라"고 하셨다.

이야기 전달(storytelling)

설교체의 이야기라는 주제는 그저 성경 이야기를 단순히 전달하는 차원을 넘어서는 영역이다. 이야기(story)란 창조로부터 구원의 완성까지, 창세기로부터 계시록까지의 광범위한 성경 이야기는 물론 그 광범위한 틀 속에 들어 있는 온갖 작은 이야기들까지도 다 포괄하는 설교의 개념이다. 여기에 하나님의 목적들을 위하여 무언가를 밝혀줄 수 있는 이야기들 — 인간의 이야기들 — 도 포함된다. 예수의 비유들도 여기에 포함되며, 현대의 비유들이나 실화나 자전적(自傳的)인 일화 같은 것도 포함된다. 여기서 중요한 것은 문맥, 즉 이야기들과 하나님의 목적 또는 활동과의 관계이다. 예수의 비유들이 그저 공중에 띄워 놓은 풍선처럼 싫든 좋든 떠다녀서 사람마다 마음대로 해석할 수 있도록 주어진 것은 아니다. 오히려, 비유들은 예수께서 말씀하셨듯이 청중 가운데 "귀 있는 자"가 들어서 합당하게 해석하도록 일정한 문맥 속에서 주어진 것이다.

이야기 전달의 가장 두드러진 실례는 역사적 사건을 서술하는 일일 것이다. 그런 이야기들은 잘 알려져 있는 드라마식의 패턴을 따른다:[20]

I. 상황 혹은 설명, 어떤 바람이나 기대나 목적이 여기서 대두된다.

II. 상황의 얽힘, 여러 가지 장애로 인해서 바라는 목표가 방해를 받음.

III. 해결, 혹은 조명, 바람이나 기대나 목적이 결국 성취되거나 혹은 더 나은 것을 위해서 포기된다.

설교자는 이런 구도를 사용해서 아담과 하와의 이야기나, 이사야의 회심의 이야기나, 탕자의 이야기나 베드로의 부인과 회복의 이야기 같은 것을 전달할 수 있다. 밀튼 크럼 2세(Milton Crum Jr.)는 그의 설교 "성탄절 이야기와 우리의 이야기들"이라는 설교에서 정확히 이 구도를 따르고 있다.[21] 첫째로, 그는 만일 자기가 성탄절 이야기를 쓴다면, 예수를 가장 이상적인 상황에서 제시할 것이라고 말한다. 그 다음에는 성경의 성탄절 이야기는 자기가 썼을지 모르는 그런 이야기와는 전연 다르다는 사실을 지적한다. 예수의 탄생과 유아기에 실제로 온갖 어려움과 곤란한 일이 있었다는 것을 보여주는 것이다. 그리고 마지막으로, 성경이 말씀하는 성탄절 이야기는 자신이 썼을지 모르는 그런 아주 부드럽고 아름다운 이야기보다 훨씬 더 삶에 의미를 전달해 주며 또한 새로운 결과를 이끌어낸다는 사실을 인정한다. 성경 이야기가 이렇게 극적인 긴장 가운데서 다른 이야기들과 교차하고 또한 그런 교차점에서 하나님의 역사하심이 나타나는 식으로 전개된다는 것을 제시하는 것이다.

또한 우리는 서신서 본문 가운데도 그 표면 밑에 활기찬 이야기들이 있다는 사실을 주목하여야 한다. 에베소서 2:8-10에 나타나는 드라마를 생각해 보라:

I. 우리는 우리의 선한 행위로 하나님과 좋은 관계를 맺고자 한다. (상황)

II. 그러나 행위로는 되지 않는다. (상황의 얽힘)

III. 우리의 연약함과 실패, 죄에도 불구하고 하나님이 우리를 구원하신다. 그의 은혜로 말미암아 예수 그리스도에 대한 우리의 믿음을 통하여 우리를 구원하시며, 이것이 선한 행위를 만들어낸다. (해결)

이것은 사도 바울의 이야기이며, 동시에 우리의 이야기이며, 또한 우리의 청중들 가운데 많은 이들의 이야기이기도 하다. 그런 설교를 듣는 사람들은 최소한 그 첫 대지는 마음에 와 닿을 것이다. 교회에 나오는 사람들 가운데 하나님을 기쁘시게 하려고 값진 노력을 들여서 그에게 좋은 점수를 받을 것으로 기대하지 않는 사람이 어디 있겠는가? 그 다음에 이 청중 가운데 어떤 이들에게는 둘째 대지도 마음에 와 닿을 것이다. 그들의 노력이 아무런 확신도 주지 않았고, 하나님과의 관계도 분명하게 만들어 주지 못한다는 것을 알기 때문이다. 그들은 심지어 자기들이 아무리 애써 노력해도 마틴 루터가 경험한 깊은 고민을 충분히 이해할 수 없다는 것을 알고 있기도 할 것이다. 그는 금식으로도, 기도로도, 성지 순례로도 은혜의 하나님을 자기 것으로 만들지 못했던 것이다. 그런 사람들에게는 마치 기나긴 캄캄한 터널이 지나고 빛이 비치듯이 마지막 대지가 바로 구원의 말씀이 될 수 있을 것이다.

프레더릭 스피크먼(Frederick B. Speakman)은 "어느 날 밤 빌라도가 한 말"이라는 일인칭의 사화(史話)에서 이야기를 전달한다.[22] 이것은 빌라도와 가이우스라는 한 로마 시민과의 사이의 가상적인 대화이다. 물론 그 이야기의 내용이 빌라도와 가이우스 사이에 대화가 있었다는 것을 상정하지만, 그러나 사실 이것은 독백(獨白)이다. 그 이야기의 상세한 내용은 알려진 역사와 전승의 사실에 충실한 것이다. 우선, 빌라도가 예수와 관계하는 그 결정적인 사건의 배경을 제시한다. 유대 지방의 총독직이라는 것이 어떤 것이며 거기에 어떤 문제들이 있는가를 가이우스에게 말하는 것이다. 무엇보다도 빌라도는 가이사를 기쁘게 하기를 바랐고, 그리하여 거의 불가능해 보이는 예루살렘의 상황에서 현상을 유지하려고 애를 쓴다. 둘째로, 환영받지 못하는 나사렛 예수가 장면에 등장하여 빌라도와 백성 사이에 놓여 있는 아주 위태로운 평화와 가이사의 인준을 위협한다. 빌라도는 자기 자신의 행동으로는 자기나 자기 아내를 위해서 문제를 종식시킬 수 없음을 인정한다. 그리고 마지막으로, 예수의 어떤 점이 그에게 일말의 소망을 준다: "저주보다 깊은 것은 홀리는 것이다. 그가 아직도 어디엔가 가까이에 있다는 확신을 갖게 한다. 나는 아직도 그와 해결할 일이 남아 있다." 여기서 우리는 아주 혼란스런 상황 속에 있다. 결정적인 상황이 갑자기 깊어져 개인적으로 다가오며(정치적인 위기는 차치하고라도) 빌라도 자신의 계속되는 문제가 해결될 가능성의 기미가 나타나는 것이다.

"계시와 응답"에서 설교자인 테오도어 파커 페리스(Theodore Parker Ferris)는 자신에게 어떻게 계시가 임했는지를 자전적(自傳的)으로 이야기해 준다.[23] 그는 다른 사람에게도 그런 일이 일어날 수 있음을 다음과 같이 설명한다: "제 자신의 경험을 이야기하려고 합니다만, 제 경험이 독특하다거나 여러분의 경험에 비길 만하다든가 한 것은 아니지만 한 사람의 경험이 때때로 다른 사람이 자기 경험을 해석하고 이해하는데 도움을 줄 수도 있기 때문입니다. 자기 경험과 남의 경험이 아주 대조적이거나 비슷하거나 상관 없습니다." 우선 페리스는 하나님의 계시가 그의 삶 속에 실체화되는 과정을 제시함으로써 그 경험의 무대를 설정한다. 그는 어린 시절 부모가 서로 사랑했고 또한 그를 사랑해 주었던 "그 작고 친근한 세계"에 대해서 말한다. 그리고 그 다음 그의 싹트는 믿음을 실망시키고 위협한 삶의 여러 가지 시련들을 묘사한다. "그러나 그 중심에는 여전히 사랑과 의미가 있었고, 나는 우주의 광대한 스크린에 그것을 투사했다"고 한다. 마지막으로 그는 그가 참이라고 느껴온 그것에 대한 그의 이론적 해석을 제시한다.

결합(combining)

설교의 주요 사상이 설교가 진행되는 흐름 속에서 대개 직선적으로 나아갈 수도 있다. 아니면, 지그재그식으로 진행해 나갈 수도 있을 것이다. 어느 쪽이든, 어떠한 목표를 향해서 나아가는 것은 사실이다. 그러나, 각 흐름은 제각기 다른 흐름과 다른 특징을 지니고 있다. 전후 연결이 자연스럽게 이루어질 수도 있지만, 각 단계마다 그 나름대로 독특한 특질이 있게 마련일 것이다.

앨런 먼로(Alan Monroe)의 "동기를 부여받는 단계"(Motivated Sequence)를 예로 들어보자.[24] 이것은 세일즈맨이나 연사가 어떤 상품이나 사상을 사람들에게 효과적으로 제시하기 위해서, 심지어 자기의 믿음을 제시하기 위해서도, 실제로 취하는 다섯 가지 단계에 대한 관찰을 근거로 한 일종의 화법(話法)이다. 각 단계마다 이사야 55장의 성경적인 뒷받침이 있다:

    I. 주의를 *끄는* 단계: "보라 …"
    II. 필요를 인식시키는 단계: "목마른 자들아 …"
    III. 만족을 주는 단계: "… 물로 나아오라 …; 너희는 와서 사먹되 …"
    IV. 시각화시키는 단계: "너희가 어찌하여 양식 아닌 것을 위하여 은을 달아주며, 배부르게 못할 것을 위하여 수고하느냐? …" "너희는 귀를 기울이고 내게 나아와 들으라. 그리하면 너희 영혼이 살리라 …"
    V. 행동 단계: "너희는 여호와를 만날 만한 때에 찾으라 …"

이런 구도는 물론 비윤리적으로 아전인수격으로 어구를 조작하는 데 쓰일 수도 있지만, 최고의 공정성과 정직성의 기준으로 최고의 목적을 위한 최고의 동기에서 이를 사용할 수도 있다.

그 다음에는, 먼로의 구도를 취하여 작성한 설교의 개요가 각 단계마다 달라질 수도 있다는 사실을 관찰할 수가 있다. 다음은 그저 우리의 현재의 논의에 대한 한 가지 예일 뿐, 반드시 이상적인 설교라고 할 수는 없다.

본문: "죄의 삯은 사망이요 하나님의 은사는 그리스도 예수 우리 주 안에 있는 영생이니라"(롬 6:23).

I. 주의를 *끄는* 단계
    A. 많은 사람들이 아예 죄라는 단어를 사용하지 않고 있다.
    B. 그러나 그 단어를 없애기는 쉬워도 그 단어가 뜻하는 실체는 없앨 수가 없다: "모든 사람이 죄를 범하였으매 하나님의 영광에 이르지 못하더니"(롬 3:23).
II. 필요를 인식시키는 단계

A. 죄는 삶이 안락하다는 생각에 사망을 가져다 준다.

B. 죄는 삶이 의미 있다는 생각에 사망을 가져다 준다.

C. 죄는 삶의 수많은 희망적인 관계들에 사망을 가져다 준다.

D. 죄는 우리의 영적 자아에 사망을 가져다 준다.

III. 만족을 주는 단계

A. 그럼에도 불구하고, 죄를 지은 우리들 각자에게 영생이 가능하다.

B. 그것이 가능한 것은 하나님의 성품 때문이다. 곧, 그의 은혜로우심 때문이다. 그리고 은혜로우신 것은 그가 우리를 사랑하시기 때문이다.

C. 하나님이 예수 그리스도를 통하여 구원을 이루신다.

IV. 시각화시키는 단계

A. … 하지 않으면, 사망이 계속해서 여러분의 존재에 침투할 것이다.

B. … 하면, 삶이 완전히 달라질 수 있다.

V. 행동 단계

A. 할 수 있으면, 하나님의 값없는 은사를 받기로 지금 당장 결단하라.

B. 세례를 받고 계속해서 그를 따르라. 세례는 옛 사람이 죽고 새 사람이 사는 것을 보여준다.

C. 새 생명 가운데서 행하라.

먼로의 구도는 신축성이 있어서, 그 가운데 주의를 끄는 단계와 필요를 인식시키는 단계를 하나로 묶을 수도 있다. 그리고, 필요의 구체적인 면들을 다루고 그 다음에 그 각각에 대해서 만족을 주는 방식을 취함으로써 필요를 인식시키는 단계와 만족을 주는 단계를 여러 갈래로 제시할 수도 있을 것이다. 또한 만족을 주는 단계와 시각화시키는 단계도 역시 마찬가지로 운용할 수 있을 것이다.

설명이나 설득을 위한 설교나 정보를 제공하기 위한 목적을 가진 설교의 경우는 마지막 두 단계 — 시각화 및 행동 단계 — 는 필요치 않을 것이다. 어떤 행동을 목적으로 하는 것이 아니라 이해나 믿음을 목적으로 하기 때문이다. 그 설교의 요점들을 요약해서 정리해 주면 될 것이다. 그리고 재검토를 통해서 설교의 요점을 강화시킬 수도 있을 것이다.

구성의 전개의 양식들을 합치는 또 다른 타입의 설교는 보통 "평범한 스타일"의 설교라고 불리는 것이다. 제임스 클릴랜드(James Cleland)는 그런 타입의 설교를 자기 나름대로 변용하여 그것을 "옛날의 강해식" 설교(old expository sermon)라고 불렀다. 그 핵심은 단순하고 자연스럽다는 데 있다. 퀘이커교 철학자인 엘튼 트루블러드(Elton Trueblood)는 설교의 단순성을 묘사하면서 자기 교파의 평신도 설교의 전통을 반영시켰다. 그는 설교학 강의를 하면서 말하기를, 설교자는 첫째로 본문을 반드시 설명해야 하며, 그 다음에는 그것이 무슨 의미인지를 말해야 하며, 그리고 마지막으로 그것을 청중의 삶에 적용시켜야 한다고 했다.

이 간결한 묘사를 좀 확대시켜서 내용 전개상의 특수한 타입 몇 가지를 살펴 보기로 하자.

그런 설교는 다음과 같은 형식을 띨 것이다:

본문

서론

본론:

I. 성경 본문에 대한 비전문적인 해석, 또는 이야기를 전달해 주는 타입의 본문일 경우(역사적 사건, 사건 묘사, 비유, 이적 등)는 본문에 나타난 이야기를 서술함. 이는 대체로 귀납적인 방법으로서 중심 사상에로 이끌어 가고, 그 중심 사상을 논지, 명제, 논증으로 제시함. 이것은 시간의 제약을 받는 진리(time-bound truth)이며 그 중심 단어는 그 때(then)이다.

II. 그 중심 사상의 의미 혹은 진리를 제시함. 이는 논리적인 증거, 성경의 증거, 역사적 실례, 혹은 교리적 진술과 설명의 형식을 취할 수도 있다. 이것은 시간의 제약이 없는 진리(timeless truth)이며, 그 중심 단어는 항상(always)이다.

III. 설교의 메시지를 회중 전체에게, 혹은 회중 내의 몇몇 개인이나 그룹에게, 혹은 현 시대에게 적용함. 어쩌면 이 세 가지 모두에게 적용시킬 수도 있을 것이다. 이것은 시의적절한 진리(timely truth)요, 그 중심 단어는 지금(now)이다.

결론: 설교에 별도의 결론이 필요할 수도 있고 필요 없을 수도 있다.

다음의 스케치는 "옛날 강해식" 설교의 한 예이다. 듀크 대학교(Duke University)의 교목실장인 제임스 클릴랜드는 1958년 두번째 강림절에 대학교 채플에서 이 설교를 했다.[25]

본문: 누가복음 4:16-30

서론: (이 기간은 시장 상인들을 정죄하거나 산타 클로스의 정체를 폭로하거나, 어린 아이들을 추켜 세우는 기간이 아니라, 성탄절을 준비하는 기간으로서 목적을 갖는다는 사실을 설명함.) "새로 탄생하여 강보에 싸여 구유에 누인 아기는 오직 그의 지상 생애 전체에 대한 교회의 해석에 비추어서만 인식하고 이해하며 칭송하여야 한다."

"강림절의 준비 기간을 올바로 사용하려면, 예수가 누구신가를 알아야 하는데, 이는 예수님 자신의 말씀을 통해서 알 수가 있다."

I. 본문 주해(중심 단어, 그때):

"이 사건은 … 예수의 공생애 첫 설교와 그 결과를 그대로 기록한 것이든지, 아니면 복음서 기자의 생각에 예수께서 공생애 사역을 시작하시면서 말씀하셨을 것이라고 여겨지는 내용일 것이다."

A. 예수는 자신이 하나님과 독특한 관계를 맺고 계심을 공개적으로 확언하신다.

B. 예수는 자기의 메시지가 — 지치고 눌린 자들에게 — 좋은 소식임을 지적하신다. 그러므로 "그것은 하나님의 성품과 뜻에 대한 하나의 계시이다." (이것이 설교의 중심 사상이다.)

C. 이것은 효과적인 설교였다 — 반응이 있었다. 사람들이 분노하여 그

를 절벽에 밀어뜨리려 한 것이다.

II. 본문 강해(중심 단어, 항상):

"지나간 여러 세기 동안 이 복음을 들은 사람들이 모두 나사렛 사람들처럼 반응을 보이지 않았다는 사실에 기뻐해야 할 것이다. 그러나, 지나치게 안일에 빠지지 않기 위해서는 교회사를 생각하고, 그 구성원이 어떠했으며 또한 가난한 자들을 위한 복음을 과연 바로 인식했는지를 살펴 보아야 한다."

A. 고린도 교회의 회원들에 대한 바울의 묘사를 생각하라. 고린도전서 1:26-28.

B. 한 세기가 지난 후 켈수스(Celsus)는 회심자들의 불명예스러운 모습을 지적했다.

C. 콘스탄티누스 황제가 기독교를 공식 종교로 만든 사실은 차치하고라도, 성 프란체스코, 웨슬리, 윌리엄 부스(William Booth)와 또한 억눌린 자들에게 나아가고자 하는 그들의 노력들을 상기하라.

D. "기독교는 그냥 가난한 자만이 아니라 심령이 가난한 자들에게, 자기 자신에게나 세상에게 포로가 되어 있어서 영혼의 일들에 대해서 무지하며 정신이 억눌려 있는 자들에게도 호소하는 것이다." 샤프츠버리 경(Lord Shaftesbury), 윌리엄 윌버포스(William Wilberforce), 그리고 플로렌스 나이팅게일(Florence Nightingale)과 "사회 복음"에 대한 그들의 표현들을 기억하라.

E. 예수께서 나사렛에서 받았던 핍박은 형태는 다르지만 오늘날에도 반복되고 있다. "베들레헴의 예수 안에서 육체를 입은 하나님 나라의 복음이 반드시 교회가 듣고 전하기를 원하는 것은 아니다."

III. 적용(중심 단어, 지금):

A. 우리 중에 많은 사람들이 긍정적인 반응을 보였고 "보았고 영접했고 그리고 — 어느 정도는 — 주의 은혜의 해 속에서 살아 왔다."

B. "그러나 우리 스스로 우리의 응답을 고정화시키고, 진부하게 하고, 판에 박힌 것처럼 만들어 버리지 않았는가? … 하나님에게는 전혀 예기치

않은 순간이 가득 차 있다. 따라서 그의 자녀도 그래야 한다 … 일반 사람들은 좋아하지 않을 것이다 … 개인의 자존심과 사회의 우상 모두를 건드리기 때문이다."

C. "만일 조용하고 평범한 보수적인 성탄절을 원한다면, 베들레헴의 말구유에 너무 가까이 다가가지 말자 … 왜냐하면, 최소한으로 보더라도, 성육신에는 성가신 점이 있기 때문이다. 곧, 우리가 신앙이 있다고 하지만 그분의 생각이 우리의 생각과 반드시 같지가 않기 때문이다."

마치 사람의 몸이 구조가 필요하듯이, 설교도 적절한 구조가 필요하다. 설교에 형식을 제공하고 흐름을 가능케 해 주기 때문이다. 특정한 구성이 없이 아무렇게나 짜여진 설교도 해를 주지는 않으나, 유익을 주는 일이 거의 없을 것이 분명하다.

12. 이야기의 중대성

이야기는 설교에서 가장 많이 논의되는 항목인데, 그럴 만한 가치가 충분하다. 이야기는 처음부터 유대-기독교 전통의 특징이었다. 사실상 성경 전체가 하나의 장엄한 이야기다. 이 큰 이야기 내에 수많은 작은 이야기들이 들어 있다. 가족의 이야기, 부족의 이야기, 민족의 이야기들이 들어 있고, 개인의 이야기들도 있다. 그 가운데 가장 장엄한 이야기는 바로 그리스도 사건 기사이다. 어떤 작가는 이 사건을 가리켜 지금까지 전해진 이야기 가운데 가장 위대한 것이라고 했다. 그리스도 사건 속에는 기적 이야기와 비유들이 있다. 심지어 바울 서신서에도, 때로는 아주 추상적인 것처럼 보이지만, 그 표면 바로 밑에서 이야기들이 약동하고 있는 것이다.

기독교 신앙의 이러한 이야기적 특질을 중요시하며 또한 이 사실을 설교에 그대로 적용시키는 설교자의 설교는 반드시 청중이 귀담아 들을 것이다. 어린 아이들은 이야기를 아주 좋아해서, 어른들에게 항상 "이야기 하나 해주세요! … 하나만 더 해 주세요!"라고 간청한다. 살아 있는 한 우리는 잘 전달되는 이야기의 매력에 무심할 수가 없을 것이다.

유명한 심리학자인 조지 크레인(George W. Crane)은 자주 기고하는 신문 칼럼에서 설교의 "일화(逸話)식의" 스타일의 장점을 주장하곤 한다. 그 자신이 초청 강사로 늘 다니는 사람으로서 또한 인간 본성에 대한 예리한 관찰자로서, 그는 아주 무디고 지루한 강연이나 설교도 구체적인 이야기를 곁들여서 하면 흥미가 살아난다는 사실을 굳게 믿었다.

그러나 강단에서 이야기를 할 때에는 그 이야기가 성경에 있기 때문에 해서도 안되고, 사람들에게 흥미를 줄 것 같기 때문에 해서도 안된다. 설교에 있어서 이야기의 진정한 가치에 대해서 내가 처음 감동을 받은 것은 앤드루 블랙우드(Andrew Blackwood)가 쓴 어느 책을 읽고서였다. 그는 예를 들어서, 설교자가 시몬 베드로의 회개의 이야기를 통해서 전달하면 회개에 대한 논의를 추상적으로 하는 것보다 회개의 교리를 훨씬 더 의미 있게 전달할 수가 있다고 말했다. 지금 회개의 과정 중에 있는 어떤 사람을 내게 묘사하라. 그러면 회개가 무엇을 의미하는지를 내가 더 잘 배우게 될 것이다!

물론 잘 전달되는 이야기에는 다른 가치도 있다. 그 이야기들은 흥미가 있다. 그러나 그런 흥미있는 가치는 반드시 마이너스만이 아니라 플러스가 될 수도 있는 것이다. 더욱이, 이야기는 진리를 여러 각도에서 묘사해 준다. 성경 자체에도 얼마나 다양한 드라마가 나타나는가!

이야기는 듣는 자들에게 영감을 줄 수도 있다. 청중들이 이야기를 듣는 동안 그들이 하나님이나 이웃과 갖고 있는 관계에 대해서 진실을 발견할 수도 있다. 듣는 사람 자신이 그 이야기의 일부가 되어 바깥의 방관자로서가 아니라 거기에 직접 관련되어 있는 자로서 그 이야기를 자신의 이야기로 이해하는 것이다. 그렇기 때문에, 예수께서는 비유를 말씀하신 후에, "들을 귀 있는 자는 들으라!"고 말씀하신 것이다.

그러나 이야기를 전달할 때에 신중을 기해야 한다. 전해 줄 만한 가치가 없이 아주 하찮은 이야기도 있다. 심지어 성경에 나오는 이야기도 어떤 것은 상황에 따라서 덕이 되지 못하기도 한다. 예를 들어서, 다윗이 밧세바와 간음한 이야기는 청중의 음탕한 관심을 조장하는 그런 식으로 전달할 수도 있는 것이다. 또한 사람들이 다른 이야기들에서 그릇된 상상을 할 수도 있다. 어떤 부분은 취하고 다른 부분은 놓쳐서 이야기를 엉뚱하게 이해해서 우리의 책임으로 돌아올 수도 있는 것이다. 비유의 달인(達人)으로 인정받는 우리 주님도 때로는 좀더 직설적인 교육 방법을 사용하셨다. 이처럼 구체적인 설교의 전달을 선호하여 무슨 말을 하든지 간에, 사람들에게는 기독교 신앙을 체계적으로 바라보는 안목, 즉 이야기들을 통해서 전달되는 단편적인 통찰과 느낌들을 모두 한데 묶어서 전체적으로 일관성 있게 종합하는 방법이 필요하다는 사실을 반드시 인식해야 할 것이다.

이러한 경계의 요인들을 염두에 두고서, 다음과 같은 사실을 강조할 수가 있다: 좋은 이야기가 설교 전체일 수도 있다. 곧, 설교가 그냥 이야기 이외에 아무것도 아닐 수도 있다는 말이다! 그레이디 데이비스가 "드라마의 연속성"이라고 부른 그것이 설교자가 말하고자 하는 모든 것을 다 말해 버릴 수가 있다는 것이다. 탕자의 비유나, 아레오바고의 바울, 또는 삭개오의 이야기 등 세 가지 성경 기사 가운데 아무것이나 생각해 보라. 여기에는 이야기가 세 가지 부분으로 나타난다: (1) 상황 (혹은 해설), 여기서 목적이 나온다; (2) 상황의 얽힘 (또는 방해), 여기서는 목적이 방해를 받거나 좌절된다; (3) 해결 (혹은 조명), 여기서 목적이 실행되어 만족스러운 결론에 이르거나 결국 포기된다.

그러나 주의하라! 탕자의 이야기에서는 해결처럼 보이는 부분(큰 기쁨의 잔치)이 이야기가 전개되면서 또다시 새로운 상황이 된다. 그리고 그 새로운 상황에 대해서 또 얽히는 부분이 나타난다(형이 불평하며 잔치에 참석하기를 거부함). 그러나 이에 대한 해결은 없다! 예수의 다른 비유들도 마찬가지이다. 해결 또는 적용이 듣는 사람의 판단에 맡겨진다. 손으로 떠먹여주듯이 직접 적용까지 가지를 않는 것이다. 메시지를 깨닫느냐 못깨닫느냐 하는 것은 그 진리가 눈앞에 전개되어 "내가 여기 있으니 나를 바라 보라!"고 할 때에 과연 그것을 깨달을 의지가 있느냐 없느냐에 달려 있는 것이다.

물론 이야기는 다른 방식으로도 역할을 한다. 그냥 이야기를 전달해서 그 이야기의 내적인 힘이 적용을 유도할 수도 있지만, 그 이야기를 다른 삶의 상황에 드러내놓고 적용할 수도 있는 것이다. 항상 청중이 우리의 말하는 요점을 알아들었을 것으로, 아니면 그 요점을 자기들의 것으로 만들었을 것이라고 단정한다면, 그것은 사람들에게 지나친 기대를 하는 것일 것이다. 마틴 루터가 본문을 그저 설명하고 적용시키기만 했다고 해서 그가 잘못되었다고 말할 사람이 어디 있겠는가? 어떤 설교자들은 성경의 이야기를 그런 방식으로, 색깔을 넣고 호소력 있게 다루기를 배워서, 청중들이 어린 아이 취급을 받는다는 느낌이 없이 설교를 들을 수 있게 되기도 한다. 그러나 이것은 설교의 형식 덕분에 얻은 효과이기도 하지만, 동시에 설교자의 성품 덕분에 얻는 효과이기도 하다. 자기 중심적인 태도와 오만한 태도는 최소한으로 줄여야 하는 것이다.

이야기의 의미를 적용시키는 또 한 가지 방법으로서, 이야기를 완전하게 혹은 요약하여 제시하고, 중심이 되는 사상을 정제하여 제시하며 그 다음에 몇 가지 적용을 통해서 그 함축된 의미를 드러낼 수도 있을 것이다.

지금까지 우리는 주로 이야기를 설교 전체의 기본이 되는 요소로서 살펴 보았다. 좋은 이야기가 설교의 일부에 ─ 물론 중심적인 부분이기는 하지만 ─ 지나지 않을 수도 있다. 그리고 이야기가 어떤 진리에 대한 실례나 예화를 제공해 주는 경우도 있다.

19세기의 유명한 설교자인 헨리 워드 비처(Henry Ward Beecher)는 예화 사용법의 대가였다. 그의 설교에는 중심 사상을 뒷받침하는 자료들이 놀라우리 만큼 다양하게 나타난다. 그러나 그는 예화의 가치를 열거하면서 주로 이야기를 염두에 두고 있다. 예화의 가치는, 사상을 분명하게 정리해 주며, 청중으로 하여금 기억하도록 도우며, 상상력을 자극하며, 다양한 청중에게 망원경식 혹은 단거리식 논증을 제공해 주며, 미묘한 이슈들을 간접적으로 다룸으로써 어려운 곳에 다리를 놓아주며, 또한 청중 스스로 모범이 되도록 하는 법을 보여 줌으로써 그들을 교육하는 데 있다.[1)]

그러면 이제 한 가지 논란의 여지가 있는 문제를 생각해 보자. 자전적 (自傳的)인 이야기나, "자기 고백적인" 설교는 어떤가? 필립스 브룩스가 내린 설교의 정의처럼, "인격을 통한 진리 전달"이 그 나름대로 일리가 있다는 사실을 누가 부인할 수 있겠는가? 구원받은 삶의 모든 관계는 그 진실이 인격을 통해서 나타나는 법이다. 어거스틴의 「고백록」(*The Confession*)이나 존 번연(John Bunyan)의 「넘치는 은혜」(*Grace Abounding*) 등의 자전적인 글들이나, 인간의 체험 속에 나타난 하나님의 은혜의 역사를 드러내 주는 설교들이 세상에 너무나 풍성하다. 그러나 이런 자전적인 이야기를 할 때에는, 흥미를 잃지 않는 동시에 적절한 겸손이 반드시 있어서 주제를 통제하고, 또한 그와 마찬가지로 중요한 여러 가지 문제들의 빈번한 사용과 비밀성을 함께 통제하여야 한다. 불행하게도, 설교자가 자신이 몸소 체험한 그대로가 아니면 그 어떠한 진리도 가치가 없다는 식의 인상을 받게끔 만들 수도 있는 것이다. 개인의 인격은 하나님의 광활한 진리를 담기에는 너무나 작은 것이다.

자기의 개인적인 경험에 대해서 이야기를 잘 하지 않는 설교자들 — 그런 사람들이 많다 — 은 자기의 경험과 유사한 다른 사람의 실례를 인용함으로써 똑같은 목적을 이룰 수가 있을 것이다. 어떤 설교자는 신학생 시절 자신이 겪은 감정적인 위기에 대해서 말하기 싫어서, 그 대신 젊은 나이에 자살한 윌리엄 제임스(William James)의 절망과 비관에 대해서 이야기한 경우도 있다. 그는 자기 개인에 대해서는 한 마디도 하지 않고서도 자기의 메시지를 효과적으로 전달한 것이다. 그러나 일 년이 지난 후 상황이 바뀌자, 그 설교자는 자기 자신의 이야기를 일인칭을 써서 전했다. 이야기의 최고의 가치는 그것이 우리의 이야기와 교감한다는 점에 — 하나님이 그 교차로에 서 계실 때에는 특히 더 그렇다 — 있는 것이다.

13. 서론, 결론, 그리고 제목

설교의 중간 부분 — 또는 본론 — 이 설교의 중심이다. 그러나 서론과 결론, 그리고 제목도 — 물론 이유는 다르지만 — 그와 마찬가지로 중요하다.

설교 준비에서 서론이나 결론 혹은 제목을 맨 나중에 준비할 수도 있고 그렇지 않을 수도 있다. 서론을 맨 나중에 준비할 수도 있을 것이다. 그것은 서론을 만들기 전에, 그 서론을 통해서 소개할 내용이 있어야 한다는 논리 때문이기도 할 것이다. 혹은, 먼저 어떤 문제를 서론을 통해서 소개한 다음, 어떤 해결을 향해서 방향을 잡아 나아가기도 할 것이다. 아니면, 설교 준비를 할 때에 결론부터 생각하고서 그 앞에 오는 내용을 그 후에 잡아 나가는 것도 합당하지 않다고 말할 수는 없을 것이다. 그러나 물론, 결론을 가장 나중에 준비하는 경우가 더 많기는 할 것이다. 어쨌든, 결론은 설교의 주요 내용 전개에 부록처럼 따라붙는 아주 중요한 부분인 것은 사실이다. 그리고 마지막으로 설교에는 제목이 필요하다. 이 장에서는 서론, 결론, 그리고 제목을 각기 별도로 살펴 보기로 하자.

서 론

서론은 설교의 주제나, 그 설교가 말하고자 하는 문제를 제시하는 것이다. 청중은 처음부터 설교가 무엇에 관한 내용인지를 알 필요가 있다. 물론 설교의 첫 문장부터 그래야 할 필요는 없을 것이다. 설교의 첫 문장에다 가능한 한 많은 내용을 묶어서 제시하기를 좋아하는 설교자들도 있다. 그러나, 대개 설교의 주제는 조금 후에, 어쩌면 본론으로 들어가기 직전에, 나오게 된다. 그 시점에서 청중으로 하여금 설교가 어떤 방향으로 나아갈 것인지를 알게 할 수 있는 것이다.

그러나 서론은 그저 설교에서 배울 사실을 진술하거나 드러내는 곳만은 아니다. 서론을 통해서 청중들은 지적으로 뿐 아니라 심리적으로도 앞으로 전개될 내용에 대해서 준비를 하게 된다. 자기들 개인의 문제가 그 장차 다루어질 내용 속에 있다는 것을 일찌감치부터 인식하고서 그 내용에 대해서 흥미를 가져야 하며, 설교의 내용 전체 속에 깊이 연루되어야 하는 것이다. 만일 청중이 그 설교의 메시지가 자기 개인에게 어떤 의미가 있다는 것을 — 자기의 필요나 열망을 채워준다든지 하여 — 알아야 할 이유가 있다면, 서론이야말로 그것을 이해할 — 아니면 그것을 느끼면 더욱 좋고 — 적절한 곳일 것이다.

개인에게 대단히 중요한 많은 설교들이 무시를 받거나 곧바로 잊혀지는 이유는 설교자가 그 설교와 청중의 삶을 연결시키지 못하기 때문이며, 또한 설교에서 청중에게 속히 적절한 주의를 끌지 못하기 때문이다. 설교가 효과가 있느냐 없느냐 하는 것은, 설교 속에서 분명히 다루어지고 있으면서도 의식하지 못하는 중대한 이슈들을 의식하도록 만들어주는 작업에 달려 있는 것이다. 어떤 주제나 진리에 관심을 끌 수 있는 다른 수단들도 유용하게 사용할 수 있을 것이다. 어떤 주제들은 중요하기는 하지만 실제의 삶과는 상당히 거리가 있어서 아무리 설득력 있게 동기를 부여해도 관심이 생기지 못할 수도 있는데, 이런 경우는 서론에서만이 아니라 설교 전체에 걸쳐서 갈등이나 유머 등 관심을 끌 만한 다른 요인들을 사용하는 것이 좋을 것이다.

서론의 또 한 가지 역할은 본문과 주제를 전달해 주는 것이다. 보다 광범위하게 적용되는 일반적인 진리를 설교의 본문이 구체화시켜 준다는 것을 보여 줄 수도 있다. 그 진리를 부각시키고 그 다음에 그것을 다른 경험의 영역에 적용시키는 것이다.

제임스 스튜어트는 "거룩한 결합"이라는 제목의 설교에서 그렇게 하고 있다. 본문은 마가복음 10:9이다: "그러므로 하나님이 짝지어 주신 것을 사람이 나누지 못할지니라." 그 설교자는 이렇게 말을 시작한다: "우리 주님의 이 깊은 말씀을 그 본래의 정황에서 살펴 봅시다. 본문에 나타나는 대로, 이 말씀은 바리새인이 결혼과 이혼 문제에 대해서 한 질문에 대답하기 위해서 말씀한 것입니다. 그러나 주님의 말씀들이 흔히 그렇듯이, 이 말씀은 그 본래의 의도를 훨씬 넘어서서까지 적용됩니다. 이 말씀의 의미가 예수님으로 하여금 이런 심오한 말씀을 하도록 만든 그 당시의 정황 속에만 있는 것이 아니라는 뜻입니다. 사실, 여기 나타나는 말씀은 그저 한 가지 문제에만 해당되는 것이 아닙니다. 그것은 인생 전체를 통해서 계속 적용될 수 있는 원리인 것입니다."[1] 그 다음 스튜어트는 계속해서 세 가지 "하나님이 의도하신 결합"에 대해서, 즉 신앙과 성품의 결합, 믿음과 이성의 결합, 그리고 인간의 영혼과 예수의 결합에 대해서 논의해 나간다.

더 나아가서, 서론은 청중으로 하여금 설교의 주제를 개인적으로 접촉할 수 있도록 만들어 줄 수가 있다. 설교가 나 개인과 관계가 된다면, 그것이 그렇다는 사실을 설교가 끝날 때에 가서 비로소 알도록 그 때까지 기다리게 만들 이유가 어디에 있는가? 해리 에머슨 포스딕은 설교의 적용은 설교의 마지막 부분에 가서 이루어져서는 안되고 서론에서부터 시작되어야 한다고 주장했다. "우리가 문젯거리인가 해답인가?"라는 그의 설교가 좋은 실례가 될 것이다. 그 설교의 서론에서 떼어낸 몇개의 문장을 살펴 보자:

> 오늘날 우리는 어디서나 문제라는 단어를 접하게 됩니다.
> 하나님은 이 우주를 마치 알라딘의 궁처럼 만드실 수도 있으셨습니다. 우리가 게으름을 피우면서 거할 수 있도록 모든 것이 완비되어 있고, 도대체 어려움이란 접할 수도 없고, 무언가 새로운 것을 발견할 필요도 없으며, 머리를 싸매고 해결해야 할 곤란한 문제 같은 것도 없고, 아무것도 필요 없고 그저 편안하게 거하면서 안락하게 지내면 그만인 그런 세상으로 말입니다. 그러나, 그런 세상에서 몇 주간만 지내 보십시오. 그보다 더 지루하고 무미건조한 것이 또 있겠습니까?
> 싫든 좋든, 우리는 모두 세상에서 행해지는 온갖 게임 속에 있는 것입니다…
> 고속도로의 교통 문제도 있습니다… 자, 여러분 자동차를 운전하시지요? 여

러분은 과연 문제를 일으키는 사람입니까, 아니면 해결하는 사람입니까?
　이 나라에 가정 문제가 있습니다 … 자, 우리는 과연 문제를 일으키고 있습니까, 아니면 해결하고 있습니까?

　그런 다음 포스딕은 계속해서, 우리는 우리 자신들을 예외로 취급하고픈 강력한 유혹을 받으며, 또한 그런 문제가 너무도 커서 우리의 삶이 거의 달라지지 않을 것처럼 보인다고 말한다. 그러나 그럼에도 불구하고 우리의 삶이 적극적인 감동을 줄 수 있도록 사용을 받을 수가 있다는 것이다.

　또 한 가지 서론의 목적은 청중의 호응을 얻는 데 있다. 만일 사람들이 우리를 저항하거나 반대한다면, 설교에서 많은 것을 이룰 소망을 가질 수가 없을 것이다. 우리가 회중에게 잘 알려져 있거나 일정 기간 동안 그들을 섬겨서 그들의 마음 속에 우리가 어느 정도 심어져 있다면, 그들의 호응을 받기 위해서 별도로 노력할 필요가 없을 것이다. 이미 그런 호응을 받고 있거나, 아니면 아무리 서론을 잘 짜내도 그런 호응을 받을 꿈조차 꾸지를 못할 것이다.

　우리가 만일 이따끔씩 방문해서 설교하는 설교자거나 처음, 어떤 특정한 청중 앞에서 설교하는 설교자라면, 우리는 우리의 정서를 — 우리의 지적·영적·인간적 신임을 — 심어 놓을 필요가 있을 것이다. 그럴 경우에는 유머를 쓴다든가, 개인적인 일을 언급한다든가, 청중을 위해서 칭찬하는 말을 한다든가, 혹은 그들과 함께 나눌 수 있는 어떤 것을 말한다든가 하는 방법을 쓸 수가 있을 것이다. 어쩌면 사도 바울이 다메섹 도상에서 자기가 경험한 바를 자주 이야기한 것도, 그가 회심하기 전에 그리스도인들을 박해했다는 사실 때문에 그에 대해서 의혹을 갖고 있는 청중에게 호응을 얻기 위해서 필요해서 그렇게 했을지도 모른다. 그러나 설교할 때마다 똑같은 사람들에게 똑같은 내용을 반복해서 말할 필요는 없었을 것이다.

특징

서론은 생활에 관계된 것이어야 한다. 사람들을 있는 그대로 대하고서, 그들과 함께 그들이 가고 싶어하는 곳으로 혹은 그들이 반드시 가야 하는 목적지를 향해서 함께 여행을 떠나는 것이다. 어떤 서론은 희랍어 문법이나 어떤 전문적인 신학적 이슈나, 혹은 고고학적인 발견 같은 그런 것을 늘어놓고 논의하여 김이 빠지게 만들기도 한다. 그러나 그런 문제는 상상 속에서나 살아 숨쉬는 인간에게 관계되지, 현실에서는 그렇지 못한 것이다. 또한 많은 설교자들의 경우, 서론에서는 그저 삶의 정황을 부각시키고 설교의 나머지 부분에서 그 상황이 요구하는 바를 다룸으로써 자기들의 설교가 혁명적으로 변화된 것을 깨닫기도 했다. 그러나, 그렇다고 해서 모든 설교가 이처럼 삶의 정황 중심의 설교이어야 한다는 것은 아니다. 그러나, 어떠한 서론이든, 그것이 생활과 접촉하게 되면, 훨씬 더 낫고 또한 흥미도 더해지는 것이다.

서론은 앞을 내다보는 것이어야 한다. 즉, 앞으로 전개될 본론을 잘 소개해주는 것이어야 한다는 뜻이다. 설교의 본론은 흥하여야 하는 반면에, 서론은 쇠하여야 한다. 서론이 너무 좋으면, 그 다음에 이어지는 모든 것이 내리막길을 걸을 수밖에 없을 것이다. 그러므로 아주 힘있는 예화는 결론 부분에서 사용하는 것이 훨씬 더 효과적이다.

서론은 간결한 것이 정상이다. 그러나 모든 경우마다 다 간결해야 하는 것은 아니다. 포스딕의 서론은 주제와 목적에 따라서 그 길이가 달랐다. 너무 길다는 인상을 주는 경향이 있지만, 대개는 그 길이가 아주 적절했다. 반면에, 조지 버트릭(George Buttrick)은 항상 똑같은 길이의 짤막한 서론을 사용했다. 그는 줄곧 한 페이지 반 정도의 패턴을 고수했다.

전략

첫 문장이 아주 유망하도록 만들라. 이를 부정적인 표현을 써서 이렇게 말할 수도 있겠다: 첫 문장으로 설교를 죽여 버리지 말라. 포스딕은 설교학 강의에서 학생들에게 이렇게 말하곤 했다고 한다: "여러분이 알고 있는 모든 것을 첫 문장에서 말하시오. 그래서 '큰 진리'가 처음부터 부각되도록 말입니다."[3] 유능한 설교자요 설교학 강사인 찰스 브라운(Charles R. Brown)은 말하기를, 그는 설교에서 다섯 문장은 항상 신중하게 준비하고 암기하는데 첫 문장과 마지막 네 문장이 그것이라고 했다.[4] 어떤 설교자는 항상 본문을 읽고 설교를 시작하면서, "이 구절은 깊은 의미가 있습니다"라고 말하는 습관이 있었다고 한다. 그런데 얼마 지나자, 이 말이 설교 본문을 아주 하찮은 것으로 만들어 버리는 경향이 보이더라는 것이다. 만일 그 본문이 그의 말처럼 그렇게 깊은 의미가 있는 것이었다면, 이런 식으로 말하는 것이 훨씬 좋았을 것이다: "이 본문은 생각하면 할수록 큰 감동이 있습니다." "이 말씀은 정말 너무나 좋군요." "이처럼 좋은 소식을 과연 어디서 또 들을 수 있겠습니까?" "이 말씀을 통해서 우리는 지성소로 들어가게 됩니다." 물론, 이런 예들은 설교자가 설교 직전에 본문을 읽을 경우에 해당되는 것이다. 그러나 반드시 그럴 필요는 없다. 본문과 설교를 동시에 소개함으로써, 그 설교의 성경 본문이 서론의 중간이나 끝 부분에 오게 할 수도 있을 것이다.

가능하다면, 청중과 공통되는 배경에서 설교를 시작하라. 나중에 청중이 익숙하지 않은 어떤 주제에 대해서 말씀할 예정일 경우에는, 우선 사람들이 아주 잘 아는 내용에 대해서 먼저 이야기하라. 허바트(Herbart)의 교육 이론이 가르치는 내용 중의 하나가 바로 이것이다. 학생이 이미 가지고 있는 지식에서 시작함으로써 지식의 범위를 넓히라; 아는 것에서 시작하여 모르는 것으로 옮아 가라는 것이다. 클리벌리 포드(D. W. Cleverley Ford)는 그의 설교 첫 문장에서 이 원칙을 자주 사용했다. 그의 설교에서 몇가지 실례를 들어 보자:

"모세야, 매우 어렵도다. 하나님을 묘사한다는 것은 매우 어려운 일이야. 사람들은 지나간 시대를 통틀어서 줄곧 하나님을 묘사하려고 애써왔지."

"관중들은 사도들에 대해서 바로 이렇게 말했습니다. '저 사람들은 취한 거야!'"

"오늘 아침에는 은행 통장에 대해서, 예금 통장에 대해서 잠시 말씀드리고 싶습니다. 그것이 여러분의 것이라고 합시다. 여러분이 스물 한 살 때부터 은행과 행한 거래 내역이 모두 거기에 기록되어 있다고 합시다."[5]

설교를 시작할 때에 아주 다양한 방법을 사용하라. 유명한 설교자의 설교를 모아 놓은 「이십 세기의 강단」(*The Twentieth Century Pulpit*) 제1권에 수록된 서른 일곱 편의 설교를 보면, 설교의 첫 문장이 다음과 같이 시작된다: 열네 편은 진술로 시작하고, 여덟 편은 본문에 대한 언급으로 시작하며, 다섯 편은 이야기나 일화로 시작하고, 두 편은 인용문으로 시작하며, 한 편은 개인에 대한 언급으로 시작하며, 한 편이 단어의 정의로 시작하고 있다.[6]

진술로 시작하는 열네 편의 설교를 보면, 물론 예외도 있기는 하지만, 최소한 상상력을 사용하고 있다. 포스딕은 과연 "성(聖)과 속(俗)은 서로 분리되는 것이 아니다"라는 그의 설교를 어떻게 접근할 수 있었을까? "마치 물이 수소와 산소로 분리되듯이 인간의 삶도 성스러운 것과 세속적인 것으로 구분할 수 있습니다. 그러나 물이 먼저 수소 둘을 주고 그 다음에 산소 하나를 주는 식으로 우리에게 주어지는 것이 아닙니다. 물은 반드시 그 둘이 함께 결합된 상태로서만 주어지는 것입니다."[7]

서론이 본문을 지향하거나 아니면 본문에서 이끌어 오도록 하여야 한다. 다시 말하면, 핵심이 되는 성경 구절이 어떤 식으로든 서론 속에 효과적으로 섞여 있어야 한다는 것이다. 청중으로 하여금 성경의 어느 부분에 대해서 더 잘 이해하도록 해 주지 않으면 설교는 그 최대한의 가능성에 도달했다고 할 수가 없다. 그런데 이해가 얻어지려면 설교가 본문과 더불어 진행되든지 아니면 본문을 향하여 나아가야 한다. 그리고 그런 진행은 서론에서부터 시작된다. 만일 본문이 어떤 역사적 사건에 대한 것이거나 긴 이야기에 대한 것이라면, 몇 마디 강한 말로써 짧게 윤곽을 잡아 줌으로써 본문을 요약할 수 있을 것이다. 그 다음에 본문을 구체적으로 언급하면 청중이 분명하게 받아들일 것이다. 만일 본문이 설명을 필요로 하는 내용이라면, 본문을 풀어서 설명하거나, 아니면 특정한 단어나 어구에 초점을 맞추어서 그것을 설명해 줄 수도 있을 것이다. 그러나 서론은 장황한 설명을 할 만한 곳이 못된다. 흥미있는 이야기를 지루하게 만들거나 상상력을 가

두어 놓음으로써 청중으로 하여금 성경의 그 고귀한 말씀에 대해서 흥미를 완전히 잃게 만들 위험이 있기 때문이다.

서론에서 성경에 대해서 아무런 언급을 하지 않더라도 서론은 성경 본문을 이해하게 하는 데 큰 도구로 사용될 수가 있다. 이론적으로는, 설교의 마지막 부분에 이르기까지 본문을 전혀 언급하지 않을 수도 있다. 그러나 실제적으로는 그럴 경우가 거의 없을 것이다. 서론에서는 주로 문제점이나 어려움을 제시하는 역할을 하며, 그 나머지 부분에서 그에 대한 성경적 해답을 제시하는 것이다.

강사들과 작가들은 혼동을 일으킬 만한 용어들을 강연이나 논문의 초기에 미리 정의하거나 설명해 두는 것이 매우 중요하다는 사실을 오래 전부터 잘 알고 있다. 이처럼 바탕을 분명히 하는 작업을 통해서 그 강연이나 논문에서 다루고자 하는 주제의 요점을 확실히 다루어 나갈 수 있게 되는 것이다.

서론을 유용하게 만드는 중요한 방법이 한 가지 더 있다. 곧, 회중과 일종의 "계약"을 맺는 것이다.[8] 이것은 설교에서 우리가 가고자 하는 방향을 다소 공식적으로 알려 주는 방법이다. 그렇게 하면 사람들이 설교를 계속 들으면서, 방향을 분명히 잡도록 도움을 주게 된다. 이를 실행하는 것도 여러 가지 방식으로 할 수 있을 것이다. 설교의 본론에 들어가기 직전에, 앞으로 본론에서 다루게 될 중심이 되는 문제를 제시할 수도 있을 것이다: "이러한 두려움을 성공적으로 처리하는 데에는 어떤 방법들이 있을까요?" 아니면, 설교의 중심 사상이나 중심 명제를 서론에서 진술할 수도 있을 것이다. 그리고 그 다음에 거기에 대한 설명과 논증과 적용을 이어가는 것이다: "하나님은 우리의 삶의 모든 사건들 하나하나마다 그의 높으신 목적을 이루도록 사용하실 수 있습니다."

아니면, 본론에서 전개할 주요 요점들을 진술할 수도 있다: "1) 하나님은 그의 아들을 보내심으로 세상을 향하여 그의 사랑을 보여 주셨습니다; 2) 이렇게 아들을 주신 목적은 우리에게 영생을 주시기 위함이었습니다." 아니면, "1) 하나님의 사랑의 척도; 2) 하나님의 사랑의 목적; 3) 하나님의 사랑에 대한 체험."

그러나 지나치게 이런 "계약"이 노골적이면 그 다음에 이어질 내용이 흐려져서 청중으로 하여금 그 내용에 대해서 기대하거나 놀라는 요소가 제거되고 말 수도 있다. 그러나 단어 선택을 조심스럽게 하면 그럴 위험성을 피할 수 있을 것이다.

설명이나 논증이 목적인 설교의 경우, 앞으로 다룰 내용의 바탕을 서론에서 제시하거나, 아니면 본론에서 해명하거나 논증할 내용을 분명하게 확언해 줌으로써, 전체의 설교에 도움을 줄 수 있을 것이다.

결 론

앤드루 블랙우드는 말하기를, 본문을 제외하고 설교에서 가장 중요한 부분은 바로 결론이라고 했다.[9] 청중이 결판 나야 하는 곳이 바로 결론이다. 결론에서 설교의 최종적인 작업이 완전히 마무리 되는 것이다. 대개의 경우 이런 생각이 옳지만, 그러나 예외도 있다.

설교를 결론 — 분명히 구분된 결론 — 으로 마무리하는 것은 설교를 끝내는 지극히 만족스러운 방법이라 하겠다. 그렇게 하면 설교가 하나의 전체라는 느낌이 드는 것이다.

더 나아가서, 계획이 잘되고 잘 실행된 결론은 설교의 주요 요점을 청중에게 밀착시킬 수 있는 기회가 된다. 이삼십 분 정도 설교를 하다보면, 상대적으로 중요성이 덜한 갖가지 이야기들 속에서 정작 설교의 주요 요점이 — 목표가 — 길을 잃어버릴 수가 있다. 물론 철저하게 구성된 설교에서는 그럴 일이 별로 없겠지만, 그럴 경우가 많은 것이다. 청중들 가운데 많은 사람들이 설교자가 그들에게 무엇을 알고 믿고 느끼고 행하기를 원하는지를 분간하지 못한다. 그러므로 결론을 통해서 청중에게 그 설교에 대해 마지막으로 응답할 기회를 주는 것이다.

그러나 설교에 정당한 이유로 결론이 전혀 없을 경우도 있다. 이슈가 분명하게 진술되었거나, 청중이 우리가 제기한 문제들에 대해 충분히 생각할 기회를 가졌거나, 혹은 설교에서 전개되는 이야기 속의 인물의 입장에 자기를 놓아서 충분히 반응했다면, 결론은 청중들이 내릴 수 있을 것이다. 이런 식으로 설교를 끝내면, 어떤 사람들에게는 아주 이상스럽게 느껴질 수도 있다. 그들은 설교가 산뜻하게 엮어져서 그들에게 전해져서 그것을 산뜻하게 호주머니 속에 집어넣고 갈 수 있게 되기를 바랄 것이다. 아니면, 다른 비유를 써서 말하자면, 진리를 숟가락으로 떠서 입에 집어넣어 주기를 바랄지도 모른다.

학자들은 예수께서 그의 메시지를 비유로 전한 경우가 있는데, 거기에 전혀 적용이 없었다고 본다. 결론은 정직한 청취자의 양심 속에 있었던 것이다. 예수께서는 "들을 귀 있는 자는 들을지어다"라고 말씀하셨다. 그 말이 결론의 전부였는데, 사실 그것은 결론이라 할 수가 없다. 탕자와 그의 형의 비유의 경우, 이천 년 전의 바리새인과 서기관들의 생각과 마음 속이나, 오늘날 스스로 의롭다고 여기는 그리스도인들의 생각과 마음 속이 아니라면, 과연 어디에 결론이 있겠는가?

특징

보통 결론은 간결해야 한다. 도무지 결론 짓는 것 같아 보이지 않는 결론은 결론을 모욕하는 것이다. 되는대로 주절대는 결론은 청중을 성가시게 해서 오히려 의사 전달의 큰 장애거리가 된다. 이와 거의 마찬가지로 나쁜 결론은 실제로 가능한 여러 가지 결론들을 늘어 놓는 것이다. 그 하나하나가 다 신중하게 생각한 것이고 의미가 깊은 것일 수 있다. 그러나 참다 못한 청중은 "몇 분 전에 끝마쳤더라면 완벽했을 텐데!"라고 생각하게 될 것이다.

회중의 편에서 듣기에 결론이 갑작스럽게 나올 필요는 없지만, 그렇다고 설교자가 이제 설교가 거의 끝나가고 있다는 것을 말로나 행동으로 표시해 줄 필요는 없다. "자, 이제 거의 끝나 갑니다. 조금만 더 참으세요!"라는 식으로 이야기하거나 암시해서 심리적으로 유익할 것이 아무것도 없는 것이다.

결론의 길이를 줄이는 한 가지 좋은 방법은 결론에서 절대로 새삼스럽게 새로운 자료를 소개하지 않는 것이다. 지금까지 소개되지 않은 내용을 결론에서 새삼 취급한다는 것은 너무나 늦은 것이다. 결론은 그때까지 다룬 사상을 예리하고도 단순하게 강조하여 정리하는 곳이다. 여러 가지 적용이 있을 수 있겠지만, 결론에서는 한 가지 주된 사상을 "가장 분명하고도 확실하게 심어지도록" 정리해 주어야 하는 것이다.

결론이 단순한 말로 표현되도록 하고, 문장의 구문도 복잡하지 않도록 하라. 표현을 이리저리 굴려서 할 때는 이미 지나갔다. 그런 표현은 본론에서 했어야 옳다. 결론은 강조가 담긴, 단서가 없는 진술이나, 예리하고 직설적인 질문을 위한 시간인 것이다. 그렇지 않으면 설교가 안개 속에 사라져 버릴 것이다.

결론 짓는 방법들

어떤 설교는 설교의 주요 요점들을 요약하는 것이 설교를 끝맺음하는 가장 좋은 방법일 수가 있다. 어떤 내용에 대해서 지식을 전달해 주거나 설명해 주는 설교일 경우에는, 특히 그러하다. 어떤 논지를 받아들일 것을 주장하는 설교 역시 마찬가지일 것이다. 어떤 논지를 주장하는 설교에서는 주요 논지를 간결하게 다시 진술하는 것으로 마칠 수도 있을 것이다. 그러나, 그렇게 정리한다고 해서 결론에서 다른 자료들을 사용하지 못하는 것은 아니다. 우리가 보통 한 설교에 여러 가지 목표들이 혼합돼서 있을 경우가 많은데, 즉 정보를 주는 목표, 잘못을 깨닫게 하는 목표, 감동을 주고, 설득을 시키는 목표 등이 한 설교에 다 들어 있을 경우에, 감정에 와 닿고 의지를 북돋아줄 수 있는 그런 요소들을 사용할 것은 두말 할 나위도 없을 것이다.

지금까지 이야기하려고 한 내용을 극적인 예화를 통해서 실례를 들어주는 것으로 설교를 종결짓는 것이 아주 효과적일 경우가 많다. 설교에서 우리가 지향하는 그 바람직한 행동을 그런 예화를 통해서 시범적으로 보임으로써 청중을 그런 방향으로 움직이도록 만드는 것이다. 하나님의 뜻을 행하도록 계속해서 노력할 용기를 북돋아 주기도 하고, 기쁨에 가득 찬 감사를 느끼도록 도움을 줄 수도 있을 것이다. 그러나 모든 설교가 다 감동적인 이야기로 끝을 맺어야 한다는 식의 생각은 잘못된 것이다. 결론 이전의 모든 내용이 정보를 제공해 주거나 추론을 하는 성격을 띠는 설교의 경우는 그런 식의 감정을 부추기는 이야기는 전혀 어울리지 않는 것이다.

더욱이, 전도에 강조점을 둔 설교의 경우는 호소가 논리적 결론이 된다. 그런 설교 역시 구원의 교리를 설명하거나, 개인의 필요를 다루며, 죄 용서와 영생의 복된 소식을 제시하고 결단을 촉구하는 등 정보 제공의 성격을 띠는 것은 사실이다. 그렇다고 해서 설교의 본론을 통해서 구원의 필요가 절실해졌고, 그리스도께서 베푸시는 것을 소유하고픈 열망이 솟아 오르는데, 결론에 가서 그것에 대한 아무런 호소도 없고, 결단을 촉구하지도 않고, 기도나 공적인 신앙 고백을 통해서 그런 열망을 터 놓을 계기를 전연 마련해주지 않는다면 과연 어떻게 되겠는가?

그렇게 접근해서 기성 교인들 가운데 몇 사람을 당황하게 만들 소지가 있는 바로 그때가 전도의 호소가 가장 필요한 시점일 것이다. 윌리엄 제임스는 다음과 같이 말했다: "실천적인 열매를 전혀 맺지 못한 채 결말이 나거나 감정이 그냥 증발해 버리도록 내버려 둔다면, 그것은 기회를 놓치는 것보다 더 나쁜 일이다. 그런 결과가 미래의 결단과 감정에도 적극적으로 영향을 미쳐서 그것들이 정상적으로 이루어지지 못하도록 방해하는 것이다."[10]

어떤 경우는 다른 유형의 결단을 촉구하기 위해서, 설교에서 우리 개인이 이렇게 저렇게 하겠다고 개인적인 선언을 할 수도 있다. 그 다음에 회중들에게 그런 결단에 함께 동참하자고 호소할 수도 있다. 그러나 이런 유형의 결론은 정직하지 못할 소지도 많아서 부적절할 경우가 많다. 그러나 이런 것이 필요한 상황이 되었을 때에, 그리고 어떤 가치 있는 목표를 위하여 우리 스스로를 내어 놓을 수 있는 내적인 은혜가 있다고 보일 때에는, 그런 목표를 공동체적인 언약으로 행하는 것만큼 큰 자극제가 되는 것도 없을 것이다.

시(詩)를 설교의 결론으로 사용하는 것은 어떨까? 설교를 아주 인상적으로 끝맺음하는 방법으로 때로는 시를 읊는 것이 매우 유용할 것이다. 세 대지와 시 한편으로 된 설교라는 유머가 있는데, 그것은 그저 유머일 뿐 아무것도 아니다. 우선, 그 시가 설교의 분위기와 목표에 적절해야 할 것이다. 시를 낭송하는 것이 그저 설교를 멋지게 꾸미기 위해서 사용하는 어떤 번지르르한 방법에 불과하다는 인상을 주어서는 안된다. 그 다음, 그 시의 내용이 결론의 의미를 산문만큼 분명하게 전달할 수 있는 것이어야 한다. 또한, 시가 간결해야 한다. 이행시(二行詩), 혹은 사행시(四行詩) 정도가 무난할 것이다. 조지 맥도널드의 "순종"(Obedience)이라는 시보다는 약간 길어도 괜찮을 것이다. 그 시는 처음 읽어도 금방 메시지가 분명하게 드러난다. 제임스 스튜어트는 "희생과 노래"(Sacrifice and Song)라는 그의 설교의 결론에서 일곱 연으로 된 시 가운데 여섯 연을 효과적으로 사용하였다.[11]

또한 잘 알려진 찬송가를 다소간 길게 인용해도 좋을 것이다. 그러나 로버트 브라우닝(Robert Browning)이나 딜런 토머스(Dylan Thomas)의 시를 결론으로 사용하면, 설교의 끝마무리가 아주 지루해 지고 말 것이다. 깊이 생각해 볼 때에는 의미가 있고, 또한 생각을 되씹어 보면 아주 아름답게 느껴지는데, 단 한 번으로써는 도무지 의미가 잘 전달이 되지 않는 그런 시(詩)는 설교의 결론으로서는 적당치 않은 것이다.

제 목

설교에는 제목이 필요하다. 교회가 예배를 신문에 알린다든지, 교회당 바깥의 안내판을 통해서 예배를 알린다든지, 주보를 우송한다든지, 예배 순서를 회중에게 배부한다든지 할 경우에 설교의 제목은 큰 가치를 지니게 된다. 설교에 대한 흥미를 자극할 수도 있고, 회중이 그 설교를 기억하도록 도울 수도 있는 것이다.

물론, 아주 좋은 설교를 제목이 없는 채로 그냥 전해서 회중이 들으면서 큰 유익을 얻는 경우도 많다. 사실, 어떤 신학자들은 제목을 무시한다. 왜 냐하면 아주 주제넘어 보이기 때문이다. 어떤 사람은 말하기를, "설교 제목을 찾으려 한다는 것은 곧 하나님이 설교 본문을 통해서 말씀하시는 내용을 자신이 요약할 수 있을 것 같은 느낌을 갖는다는 뜻이다"[12]라고 하였다. 목사인 한 친구는 내게 말하기를, 자기는 설교 제목이 성가시다고 하면서 설교 제목은 설교자를 위한 것이 아니라 회중을 위한 것이라고 느낀다고 했다. 만일 설교자가 아주 기가 막힌 제목을 붙여서 그 제목에 의해서 설교의 방향이 결정되도록 한다면, 그 설교는 성경 본문에서 벗어날 뿐 아니라 그 중심 사상과 목표에서 벗어나고 말 것이다. 그렇기 때문에, 설교 제목은 보통 설교 준비가 완료된 다음이나, 적어도 설교의 기본적인 준비가 끝난 후에 붙이는 것이 정상이다.

제목에 대한 반론이 있기는 하지만, 그래도 청중에게는 설교자의 메시지를 매달아 놓을 못이 필요하기 때문에 그들을 위해서 기억에 남을 만한 제목을 잡으려고 시간을 들여 노력하는 것은 시간을 아주 값어치 있게 소비하는 것이다. 예를 들어서, 제목은 나중에 다시 생각하고 논의할 수 있도록 초점을 제공해 준다. 또한, 설교자가 후에 가장 도움이 된 설교가 무엇인지 설문 조사를 하고자 할 때에도, 제목이 아주 유용할 것이다.

그러나, 설교 제목이 설교의 내용을 오도하는 것이어서는 안된다. 그렇기 때문에, 나아만 장군이 요단강에 일곱 번 목욕한 사실을 다루는 빌리 선데이(Billy Sunday)의 설교 제목 "흙탕물 속에 일곱 번 머리를 처박기"(Seven Ducks in a Muddy Stream, 여기서 "ducks"는 "오리"라는 뜻도 있으므로 이 제목은 잘못 읽으면 "흙탕물 속의 일곱 마리 오리"가 된다. — 역자주)은 다른 것으로 바꾸는 것이 더 좋았을 것이다.

또한, 설교 제목은 감정을 자극하는 것이어서는 안된다. 어느 전도자는 자기가 다음 날 "두 사람의 노파가 열쇠 구멍을 통해서 무엇을 보았을까?"에 대해서 설교하겠다고 광고를 해서 그 다음 날 집이 가득 찰 정도로 많은 사람이 몰려 들었는데, 그는 전혀 그 주제에 대해서 설교하지 않았다. 물론 그런 음탕한 이야기는 마땅히 하지 않는 것이 옳았지만, 그래도 그는 신뢰성을 잃어버린 것이다.

기억을 돕는다는 것 이외에 제목이 또 할 수 있는 다른 기능에는 어떤 것들이 있을까?

필요에 대해 초점을 맞출 수 있다. 해리 에머슨 포스딕의 다음과 같은 제목들을 생각해 보라.[13] "그것을 꿰어 볼 수 있는 능력", "삶이 깊은 수렁에 빠졌을 때," "삶의 차선(次善)을 다루는 법," "장애 있는 인생," 그리고 "옳고 그름을 분별하는 여섯 가지 방법."

호기심을 불러일으킬 수 있다. 데이빗 리드(David H. C. Read)는 성탄절의 환상에 대한 설교를 했는데, 그 제목은 "별이 궤도를 벗어나다"였다.[14]

테오도어 아담스(Theodore Adams)는 버지니아의 리치몬드 제일 침례교회를 담임할 때에 다음과 같이 말했다:

> 여러분은 항상 시의적절한 주제와 특별한 관심사에 대해서 주목하기를 원할 것입니다. 책이나 영화, 연극뿐 아니라 특별한 관심의 대상이 되는 중요한 시사에 대해서도 잘 알기를 바랄 것입니다. 어떤 잡지의 편집자가 기억나는 군요. 그는 "리치몬드 제일 침례 교회의 강단이 분명히 타락했다"는 사실을 한탄하는 기사를 썼습니다. 그 교회 목사는 많고 많은 주제 중에서 하필, "리틀 보이 블루가 어떻게 되었을까"에 대해서 설교했습니다. … 리틀 보이 블루(Little Boy Blue)는 유아용 책에서 나온 말이 아닙니다. 그 말은 유진 필즈(Eugene Fields)가 한 작은 소년과 그의 장난감 병정에 대해서 한 아름다운 구절에서 따온 것입니다. 그는 거기서 "그 아이가 입을 맞추고 거기 갖다 놓은 다음 리틀 보이 블루(소년의 장난감 병정을 가리킴 — 역자주)은 과연 어떻게 되었을까?"라는 영원한 질문을 합니다. 그 설교의 주제는 물론 영원불멸이라는 기독교의 교리였습니다. 그리고 리틀 보이 블루가 그 교리를 소개하는 데 도움을 준 것에 불과합니다.[15]

문제를 제기할 수 있다. 조지 버트릭(George A. Buttrick)은 다음과 같은 설교 제목들을 통해서 문제를 제기하였다:[16] "그리스도께서 우리를 버리셨나?," "누가 지구의 소유주인가?" 핼퍼드 루콕(Halford E. Luccock)은 이렇게 물었다:[17] "신앙 — 장난감인가 능력인가?," "회복자들인가 창조자들인가?"

아서 존 가십(Arthur John Gossip)은 아주 탁월하고 고전적인 설교에서, 우선 본문의 질문에서 착안한 질문을 물으며, 그 다음 그 주제가 전체 설교의 전략을 주도하게 하였다:[18] "그러나 삶이 뒤죽박죽 되면, 그 다음엔 어떻게 될까?" 포스딕은 아주 절묘한 설교에서 이렇게 물었다:[19] "이 모양인 세상에서 과연 어떻게 선한 하나님을 믿을까?"

진술을 할 수 있다. 헨리 워드 비처(Henry Ward Beecher)의 한 설교는 성경 본문의 표현을 거의 그대로 사용했다: "위로의 하나님." 그 말은 하나님은 위로의 하나님이라는 뜻이며, 설교자는 바로 그 진리에 대해서 말씀하고자 한 것이다. 토머스 찰머스(Thomas Chalmers)도 이와 비슷하게 그의 설교의 제목을 설교 내용을 그대로 진술하는 듯한 것으로 잡았다: "새로운 사랑의 터져 나오는 능력."[20]

앞에서 살펴 보았듯이, 버트릭은 십자가에 달리신 예수의 행방에 대한 질문을 제기해서 청중과 함께 그 해답을 구하고 찾는 방법을 취했다. 찰머스 코우(Chalmers Coe)는 "그리스도께서 살아계신다!"라는 제목에서 진리를 확언하고 있다.[21]

한 설교에서 포스딕은 진리를 — 오늘날의 세상의 갖가지 문젯거리 가운데서 우리는 문젯거리일 수도 있고 해답일 수도 있다는 진리를 — 암시한다. 그러나 그는 그 진술을 간접적으로 — 질문의 형식을 써서 — 표현하고 있다: "우리는 문젯거리인가 해답인가?" 다른 설교에서 그는 분명한 진술을 쓰기도 한다: "교회는 현대주의를 넘어서야 한다."[22]

본문에 초점을 맞출 수 있다. 제목을 통해서 자극을 주려고 특별히 노력하지 않을 경우도 있다. 버트릭은 가끔 그저 본문을 지향하는 제목을 붙이기도 했다:[23] "다시 오리라," "하나님의 방법과 사람의 방법," "판단하지 말라," "바벨과 오순절."

제임스 클릴랜드도 동일한 방법을 사용했지만 그처럼 간단하게 하지는 않았다: "요나: 아주 미미한 선지자." 폴 쉬러는 성경 본문의 표현을 그대로 제목으로 썼다:[24] "주를 기다렸으니."

주제를 암시할 수 있다. 윌리엄 엘러리 채닝(Williams Ellery Channing)은 "그리스도의 성품"이라는 제목으로 설교했다.[25] 빌리 선데이는 "천국"에 대해서 설교했고, 칼 바르트는 "회개"라는 제목으로 설교했다.

그렇게 일반적인 주제를 암시하는 제목만으로도 충분할 경우도 있다. 그러나 대부분의 다른 제목들과 비교해 볼 때에, 그런 제목은 색깔이나 활력이나 상상력이 결여되어 있다. 어쩌면 채닝, 선데이, 바르트는 설교 제목을 특별히 더 좋게 잡을 필요를 느끼지 못했을 지도 모른다. 그들의 명성부터가 사람들의 주목을 끌었기 때문이다. 그러나 대부분의 설교자들은 사람들의 흥미를 끌기 위해서 제목을 통해서라도 도움을 얻을 수 있다. 물론 매력적인 제목에는 호기심을 끄는 것 이외에도 다른 가치들도 많이 있지만 말이다.

14. 관심과 흥미의 요인들

설교 전체를 통틀어서 어떻게 하면 설교자가 회중으로 하여금 경청하도록 만들 수 있는가? 가장 분명한 방법은 사람들의 관심을 끄는 이야기나 유머를 섞어서 설교하는 것인 것처럼 보일 것이다. 누구나 설교를 들으면서 그 내용의 극적인 요소나 유머 때문에 시종일관 관심을 집중시킨 경험이 있을 것이다. 게다가 그 이야기들이나 우스갯소리나 위트가 모두 타당성 있고 아주 적절한 경우도 많이 있었을 것이다. 그러나 또한 설교나 연설에서 여러 가지 이야기와 유머를 사용했으나 그런 것이 아주 부적절하다는 느낌을 받은 때도 있었을 것이다. 이야기나 우스갯소리를 한다고 해서 반드시 관심이나 흥미가 집중되어 설교가 지향하는 바를 이룰 수가 있는 것은 아니다. 청중의 관심을 끌고 그 관심을 지속시키느냐 아니냐를 결정해 주는 것은 표현의 형식과는 전연 상관 없고, 어떤 특질이 있느냐 없느냐 하는 것에 달려 있는 것이다.[1]

지대한 관심을 끄는 문제들

만일 누군가가 다음의 진술들 가운데 어느 하나를 하고서 그 다음에 그것에 대해서 논평했다고 하자. 그러면 과연 그 말 하나하나를 들으려 하지 않겠는가?

- "당신 집이 들어서 있는 땅을 고속도로 건설을 위해서 정부가 사들인다네."

- "내가 지금 병원에서 오는 길인데 당신 남편이 중환자실에 있다네."
- "상속자 담당 공무원이 자네가 나가 있는 동안 전화를 해서 이렇게 이야기했다네."
- "저는 국세청 직원입니다만, 당신에게 할 말이 있습니다."
- "당신이 회사의 차기 사장의 물망에 올라 있습니다. 그 문제에 대해서 당신에게 이야기하라는 지시를 받았습니다."
- "우리는 오랜 친구 사이가 아닌가. 우리 둘 다 부자가 될 수 있는 확실한 방법이 내게 있다네."
- "검사 결과가 좋지를 않습니다. 이제 어떻게 해야 할지 저의 의사로서의 소견을 말씀드리겠습니다."

이런 진술과 설명들은 물론 영적인 가치는 별로 없는 것들이다. 그러나 그 진술들은 우리들에게 정말 중대한 관심을 끄는 것들로서, 우리들 대부분은 거기에 크게 관심을 집중시킬 것이다.

가장 본질적인 관심사는 누구에게나 다 있다. 그런 관심사는 도덕적으로 긍정적이거나 혹은 중립적이다. 그것들은 개인적이고 사회적인 종교적 의미를 지니고 있다. 부정적으로 문제로서 나타나면, 죄책, 두려움, 실망, 외로움, 분노, 실패, 좌절, 의기소침, 열등감, 강압감 등이 거기에 속한다. 이 문제들을 보편적이라고 부를 수 있는 것은, 그것들이 동시에 모든 사람에게 문제를 제기하기 때문이 아니라, 누구에게나 일어날 수 있고 또한 우리들 대부분에게는 조만간 일어날 것들이기 때문이다. 이런 문젯거리들 하나하나에 대해서 누구나 똑같은 정도로 관심을 갖는다고 생각한다면, 그것은 잘못일 것이다.

더욱이, 그런 본질적인 관심사의 문제를 다루는 설교를 하면 청중이 반드시 주의를 집중하게 될 것이라는 식으로 생각하는 것도 잘못이다. 우선, 그런 관심사에 대한 필요를 너무나 희미하게 진술하여 청중들이 거기에 대해서 분명히 초점을 맞추지 못하게 될 수도 있다. 그러나 그런 필요에 대해서 분명히 진술하고 명확하게 전달했다 할지라도, 온통 추상적으로만 논의를 진행시키게 되면 청중이 우리가 하는 말에 대해서 관심을 잃어버릴 수도 있을 것이다. 그러나 반대로, 우리가 똑같은 문제를 단순하게 다루지 않고 그 복잡미묘한 면을 그대로 드러내며 담대하고도 정직하게 다루게 되면, 그 때문에 어떤 부류의 청중들은 아주 강렬한 관심을 갖게 될 수도 있다. 「이십세기 강단」의 1권과 2권은 20세기의 대설교가들의 설교 64편을 수록하고 있는데, 그 가운데 어떠한 설교도 그런 본질적인 관심사를 최소한 한 가지씩은 다루고 있다. 그런데 어떤 설교는 다른 설교들보다 훨씬 더 흥미가 있다. 그것은 가장 흥미있는 설교의 관심사가 더 본질적이기 때문은 아니다!

열쇠는 그 본질적인 이슈를 과연 어떻게 다루느냐에 있다. 설교자가 과연 청중을 이해하며 그 문제를 제시하는가, 설교자가 그 설교에 얼마만큼의 신빙성을 갖게 만들고, 논의해 나가는 동안 어떻게 그 신빙성을 계속 유지하느냐 하는 데에 문제의 열쇠가 있는 것이다. 청중의 편에서 보면, 그들이 얼마나 알고 있고, 그들이 어떤 모습이며, 설교를 듣는 그 시간에 그들의 기분이 어떠하며, 그들이 무언가 새로운 것을 알기를 얼마나 사모하느냐 하는 것에 굉장히 많은 부분이 좌우되는 것이다.

친숙한 내용들

외교관들이나 혹은 어느 기관을 대표해서 본질적인 관심사에 대해서 타협을 하는 사람들은 오래 전부터 "공통의 배경"의 가치를 잘 알아 왔다. 우리가 서로 공통으로 갖고 있는 것에서 시작하는 것이 가장 좋다. 깃털이 달린 새들이 함께 무리를 이루어 다니듯이, "깃털"이 신학적이든, 사회적이든, 윤리적이든, 재무적이든, 예술적이든, 미각적이든 상관이 없다. 깃털이 있다는 사실만으로도 충분한 공통 분모가 이루어지는 것이다. 요한 프리드리히 헤르바르트(Johann Friedrich Herbart)는 교실에서 학생들을 가르칠 때에 교사는 먼저 학생이 아는 것에서부터 수업을 시작하고 그 다음에 새로운 정보나 경험을 전달해 주어야 한다고 주장한다. 학생들이 친숙하게 접하고 있는 것에는 일상적인 경험이나, 어떤 특별한 지식의 분야나, 잘 알려진 역사적 사건(설교에 있어서는 성경 이야기가 여기에 해당할 것이다) 등이 있을 것이다.[2]

이런 접근법을 흔히 사용한 설교자 한 사람을 들라면, 클리벌리 포드(D. W. Cleverly Ford)를 들 수 있을 것이다. 그의 설교에서 몇 가지 예를 들면 다음과 같다(172-173면):

- "제가 마태복음 첫머리에 나오는 족보를 처음부터 끝까지 읽으면, 여러분은 아마 지루해서 눈물이 날 지경이 될 것입니다. 그러나, 여러분의 이름이 그 속에 있다거나, 아니면 여러분이 잘 아는 어떤 분의 이름이 그 속에 있다고 한 번 생각해 보십시오."
- "여러분 혹시 오해를 받아본 적이 있습니까? 여러분은 분명히 의사를 전달하려고 최선을 다했는데, 듣는 사람들이 엉뚱한 뜻으로 이해하는 경우를 당해 본 일이 있습니까?"
- "여러분에게 혹시 적(敵)이, 개인적인 적이, 말하자면 항상 여러분을 대적하고 반대하는 그런 사람은 없습니까?"
- 여러분, 어떤 일을 끝내고 나면 어떻게 합니까? 앉아서 손으로 한 일을 감상하지 않습니까? 갈보리의 군병들이 바로 그렇게 했습니다. 그들은 예수님을 십자가에 못박았습니다. 그의 옷을 제비 뽑아 나누어 가졌습니다. 그런 다음 가만히 앉아서 그를 쳐다보고 있었습니다. 그것이 그들의 성 금요일이었던 것입니다."[3]

물론 친숙한 내용을 지나치게 장황하게 다룰 수도 있다. 뻔한 내용을 너무 길게 다룰 수도 있다. 셰익스피어의 말을 빌면,

제련된 금에다 금을 입히거나, 백합화를 색칠한다거나,
제비꽃에 향수를 뿌리거나,

얼음을 부드럽게 하거나, 무지개에 색깔을 덧입히거나,
 하늘의 아름다운 눈을 가느다란 빛으로 장식하는 일은
헛수고하는 것이요 어리석은 짓이다.[4]

더욱이, 설교자는 과거에 한 이야기를 똑같은 방식으로 다시 이야기하지 않도록 조심할 필요가 있다. 자주 듣는 성경 이야기들이라도 전혀 예상치 못한 방식으로 적용하거나 아니면 적절한 암시를 주어서 그런 친숙한 점이 최대한 활용되도록 할 필요가 있다. 존 프라이(John Fry)는 바디매오에 관한 설교에서 그렇게 했다. 그 소경 거지의 울부짖음을 가리켜서 이렇게 말한 것이다: "이것은 주제넘는 울부짖음이었습니다. 건방진 처사였습니다. 거지와 동냥을 주는 사람 사이의 불문율을 깨뜨리는 행위였습니다. 곧, 거지는 얌전하게 머리를 땅에 대고 공손하게 구해야 합니다. 그렇지 않으면 동냥을 주는 사람이 기분 나빠서 하늘을 쳐다보며 낙타를 무릎꿇게 해서 거기에 올라타고 그냥 지나가 버리고 말 것입니다."[5] 프레더릭 부크너(Frederick Buechner)의 「특별한 보물들」(*Peculiar Treasures*)에 나오는 성경 인물 스케치를 아주 멋지고도 신선하게 들리게 만드는 것이 바로 이런 것이다.[6]

이례적인 내용

여기서 이례적이라는 것은 "새롭고, 이상스럽고, 희귀하며, 친숙하지 못하며, 아주 독특한 것"[7]을 가리킨다. 주로 "오래된 이야기"를 전달하는 것이 주 임무인 설교에서 과연 어떤 것이 이례적일 수 있을까?

설교자가 아주 잘 알려진 본문은 아주 이례적인 방식으로 다룰 수도 있을 것이다. 성경 본문들은 설교의 세계의 동전과도 같은데, 어떤 본문들은 하도 많이 사용해서 닳아져서 하나님의 형상과 거기에 씌어져 있는 문구를 볼 수가 없을 정도가 되어 있기도 하다. 그런데 핼퍼드 루콕(Halford Luccock)이 묘사하는 "깜짝 놀라게 만드는" 설교는 한 가지 다른 접근법을 제시해 준다. 그는 이런 깜짝 놀라게 만드는 설교는 아주 드문드문 사용해야 한다고 한다. 그가 염두에 둔 방법은 예를 들어서 "주는 것이 받는 것보다 복되도다"라는 본문의 경우, 본문에서 출발해서 그 다음에 받는 것이 얼마나 좋은지를 긍정하는 논지를 편다. 그 다음에는 받는 은혜 혹은 기술을 다룬다.[8] 본문을 이런 식으로 접근할 때에 설교자는 성경을 너무 지나치게 재치 있게 다룬다는 평판을 듣지 않도록 유의해야 할 것이다. 그렇지 않으면 그 설교자는 본문 긁기의 명수라는 별로 듣기 좋지 않은 별명을 얻게 될 것이다.

내가 들은 것 가운데 가장 숨막혔던 설교 가운데 하나는 해리 에머슨 포스딕의 "세상이 이 모양인데 어떻게 선하신 하나님을 믿겠는가?"라는 설교였다. 이 설교에서 아주 이례적이었던 것은 정말 잔혹할 정도로 정직한 점이었다. 포스딕은 말하기를, "사랑의 하나님에 대한 기독교 신앙을 통해 얻는 첫번째 효과는 이 문제를 해결하는 것이 아니라 그 문제를 가장 어려운 형식으로 진술하는 것입니다"[9]라고 하였다. 그 문제를 계속 다루어 나가는 동안, 그는 지극히 의심 많은 철학자의 입에서나 나올 그런 용어를 써서 문제를 펼쳐간다. 그리고 그 다음에 기독교의 응답을 제시한다. 그 결과는 그야말로 한 편의 드라마와 같았다.

또한, 설교의 형식이 이례적인 관심과 주목을 끌 수도 있다. 설교는 드라마틱한 독백의 형식을 띨 수도 있고(프레더릭 스피크먼의 "어느날 밤 빌라도가 한 말"),[10] 대화의 형식을 취할 수도 있고(랄프 라이트바디와 윌리엄 톰슨의 "만일 내가 죽는다면"),[11] 아니면 심지어 기도의 형식을 취할 수도 있다(월터 버가르트의 "우리가 평화를 받을 만한가?").[12] 그러나 이러한 이례적인 설교 형식을 사용하는 데 가장 탁월한 몇몇 설교자들은 두 달에 한 번 정도 이상 그런 방법을 사용하지 말라고 권고한다. 이례적인 것이 습관이 되어 버리면, 그것은 이례적인 것이 아니기 때문이다.

신비(mystery)

신비감은 아주 폭넓고도 지속적인 호소력을 갖고 있다. 소위 미스테리 이야기에 대해 얼마나 관심들이 많은지를 주목해 보라. 사람들은 수수께끼를 풀고 싶어하고, 최소한 어떤 수수께끼를 어떻게 푸는지는 알고 싶어 한다. 많은 사람들이 점성술이나, 관상, 혹은 손금 보는 것에 끌린다. 그런 것을 그대로 인정하여야 한다. 요한계시록이 그렇게 매혹을 끄는 이유 중에 하나는 거의 해석이 불가능한 그 상징법 때문이 아닌가? 우리가 그것을 해석하는 열쇠를 알지 못하면, 어느 누군가 장차 될 일을 해석할 열쇠를 알고 있다고 생각하는 사람을 알기를 원할 것이다. 게다가, 성경을 알레고리식으로 해석하는 방법이 해석자와 청중을 더 혼란스럽게 만들었다는 사실을 주목해야 할 것이다. 간단히 말해서, 어떤 사람들은 성경에서 분명히 드러나는 부분, 즉 들을 귀 있고 볼 눈이 있는 사람이면 누구나 알 수 있는 그런 것보다는 감추인 부분에 대해서 더 매력을 느끼고 그것을 더 좋아하기도 하는 것이다.

그러나, 그러나 진지한 성경학도인 설교자들은 자기들의 설교에 흥미를 돋구기 위해서 그런 병적인 호기심에 호소할 필요가 없다. 물론 성경에는 설명을 요하는 이해하기 힘든 부분이 많고, 또한 분명히 드러내야 할 미스테리들(최소한 청중의 입장에서는 미스테리인 것들)이 있는 것이 사실이다. 그것에 대해서 우리는 무슨 신비한 통찰력이나 특별한 계시나, 영지적인 능력이 있는 것처럼 행동할 필요가 없다. 우리가 성경으로 살고 그것을 사랑한다면, 교인들에게 우리가 열심히 연구한 것과 하나님의 인도하심으로 얻은 것을 그대로 전달해 주는 데 신실하기만 하면, 성경의 어두운 구절들을 조명해 주는 우리의 설교가 청중들로 하여금 우리의 말에 이례적으로 주의를 집중하게 해 줄 것이다.

긴장

한 현대 소설에는 한 등장 인물이 연설을 하는 동안 어떻게 해서 청중의 주목을 계속 유지했는지를 설명하는 장면이 나온다. 그는 강단 모서리에 일부러 위태하게 균형을 잡고 서서 연설을 했고, 그래서 청중들은 그가 강단에서 떨어지지 않을까 불안해서 계속 그를 쳐다 보았다는 것이다. 그러나 설교자는 그런 식의 트릭을 쓸 필요가 없다.

그러나 긴장을 활용하는 한 가지 설교 전략이 있다. 해리 오버스트릿(Harry A. Overstreet)은 그의 「인간의 행동에 영향을 주기」(*Influencing Human Behavior*)라는 책에서 그것을 묘사하면서 그것을 가리켜 "뒤쫓기 기술"(the chase technique)이라고 부른다.[13] 연사는 청중에게 본질적인 관심을 불러일으키는 문젯거리를 해결할 목표를 갖는다. 그리하여 가능한 해결책을 하나씩 청중과 함께 생각하면서 그것을 검토하고 부적당함을 드러내고, 그 다음 해결책으로 넘어가서 그것을 다시 살펴 보고 하는 식으로 바른 해결책을 찾을 때까지 계속하는 것이다. 물론 그 문젯거리에 대해 애초부터 관심이 있어야 하겠고, 또한 설교자가 해결책을 찾아가는 과정에서 기술이 있어야 하겠지만, 이 방법은 높은 관심도를 유지할 수가 있다. 그러나 이슈가 별로 하찮은 것이거나 설교자가 그 임무에 별 열심이 없다면, 긴장의 질은 사라지고 말 것이다.

한 설교자가 로마서 8:28의 "우리가 알거니와 하나님을 사랑하는 자 곧 그 뜻대로 부르심을 입은 자들에게는 모든 것이 합력하여 선을 이루느니라"라는 말씀에 대해 일반 사람들이 흔히 갖고 있는 해석을 새롭게 도전했다. 그는 말하기를, 우리가 다 알고 있듯이 모든 것이 합력하여 선을 이룬다는 것은 사실이 아니라고 했다. 더 나아가서, 하나님을 사랑하는 자에게도 모든 것이 합력하여 선을 이루지 않는다고 했다. 두말할 것도 없이, 청중들 모두 설교자의 말에 굉장히 주목했고, 더구나 그 설교자가 외부 강사로서 그 교회의 담임 목사 청빙 대상이라는 점 때문에 그러한 관심과 주목이 더 고조되었다. 그 설교자는 적절한 순간에 본문이 말씀하는 진리를 새 영어 역본 성경(New English Bible)에 번역되어 있는 대로 정리하여 제시하였다.

갈등

적대 관계의 원리와 반대하는 자들 간의 상호 갈등이 드라마의 기본이 된다. 갈등이란 실제로 있는 것이든 있을 가망성이 있는 것이든 흥미를 끄는 이야기의 기본 자료인 것이다. 사실, 우리는 드라마틱한 사건의 통일성이 상황, 얽힘, 그리고 해결로 이루어져 있다고 말한다. 성경에서도 그 모든 것이 나타난다. 혼돈과 질서, 빛과 어두움, 하나님과 사탄, 선과 악, 여름과 겨울, 풍요와 빈곤, 천국과 지옥, 바리새인과 세리, 열매 맺지 못하는 땅과 좋은 땅, 반석 위에 세운 집과 모래 위에 세운 집 등이 그런 것이다.

어떤 사람이 개들이 싸우면 지나가는 사람이 다 길을 멈추고 구경하는 것을 발견했다. 설교를 전개하는 데에도 "개 싸움 기술"이 있는 것이다.[14] 곧, 설교자가 "적"(敵)을 선택하여 그것을 좇는다. 내가 "그것을 좇는다"고 했는데, 사람을 공격하는 것은 잘못이기 때문이다. 어쩌면 어떤 사람을 목표로 삼고 공격하게 되면 더 재미있고 신이 날지 모른다. 그러나 그런 것은 합당치 않다. 하나님을 위한다는 명목 하에서라도 그런 식의 인신 공격은 설교에 거의 필요가 없는 것이다.

그러나 변증(apologetics)은 필요할 때가 많다. 우리의 신앙을 제대로 변호하여야 할 때가 많은 것이다. 베드로전서 3:15에서 말씀하는 대로, "너희 마음에 그리스도를 주로 삼아 거룩하게 하고 너희 속에 있는 소망에 관한 이유를 묻는 자에게는 대답할 것을 항상 예비하되 온유와 두려움으로" 해야 하는 것이다.

「설교와 현대인의 정신」(*Preaching and the Contemporary Mind*)이라는 책에서 메릴 애비(Merrill Abbey)는 설교자는 현대인의 공리들(axioms)에 도전하는 것이라고 주장했다. 곧, 우리의 감정과 기호에 맞아서 늘상 반복하다 보니 대중적인 하나의 공리가 되어 버린 반쪽짜리 진리와 거짓된 생각들에 대해서 도전하는 것이 설교자의 일이라는 것이다.[15] 여기서 "수단이 목적을 결정한다"라는 포스딕의 설교가 즉시 떠오른다.[16]

나의 동료 클라이드 프란시스코(Clyde Fransisco)는 성경적 설교라는 팀 강좌에서, "당신의 설교는 생각은 좋은데, 긴장이 없다"라는 말을 자주 했다. 그가 강사로 널리 초청을 받는 것은 바로 그의 설교와 가르침에 이러한 긴장이 있기 때문이었다. 만일 본문 그 자체에 긴장이 없으면, 본문과 청중 사이에 긴장이 있게 하면 큰 관심을 불러일으킬 것이다.

관심을 일으키고 유지시키기 좋은 갈등은 옛날 옛적에 일어났거나 아주 머나먼 곳에서 일어나는 것이 아니다. 그런 갈등은 집 가까이에서 일어나는 것들이다. 곧, 가정에서나 일터에서, 학교에서, 마을에서, 친구 간에 일어나는 갈등이야말로 관심을 끌기 가장 좋은 것이다. 그러나, 성경에 기록된 갈등도 청중들이 완전히 빨려들어가도록 그런 식으로 얼마든지 묘사할 수가 있는 것이다. 왜? 그런 갈등들이 청중이 겪는 갈등과 똑같기 때문이다.

유머

유머는 관심과 흥미를 끌고 유지시키는 일을 마음대로 할 수 있는 가장 값진 수단 가운데 하나이다. 윌리엄 진서(William Zinsser)는 작가에 대해서 다음과 같은 말을 했는데, 여기서 "작가"를 "설교자"로 바꾸어서 이해하면 큰 도움이 된다: "유머는 [설교자]의 비밀 무기이다. 그것이 비밀 무기인 것은, 그것이 중요한 요점을 효과적으로 제시하는 가장 좋은 도구가 — 때로는 유일한 도구가 — 된다는 것을 깨닫고 있는 [설교자]가 거의 없기 때문이다."[17] 유머만큼 그렇게 신속하게 얼음을 깨뜨리고, 거부감을 누그러뜨리며, 기대감을 갖게 만들 수 있는 것이 없는 것이다.

연사가 연설 중간에 함께 가볍게 웃는 시간을 가진 다음에 아주 진지한 요점을 제시하면 큰 효과가 있다는 것이 나타났다. 코미디 작가인 에이브 버로우스(Abe Burrows)는 한 인터뷰에서 이렇게 말했다: "진지하다고 생각하는 그 어떤 방법보다도 코미디를 통해서 훨씬 더 진지한 사안을 전달할 수 있다고 생각합니다. 자, 보십시오. 웃음이란 인간에게 일어날 수 있는 일 가운데 가장 심오한 것 중의 하나입니다. 가령 당신이 어떤 사람을 웃게 만든다고 생각해 봅시다. 그러면 그것은 당신이 그 사람을 정통으로 깊이 찔렀다는 뜻입니다. 무언가 우주적인 일을 한 것입니다. 그 사람 자신이 감히 생각하지도 못했던 그런 곳으로 그 사람을 이끌고 간 것입니다. 그래서 그 사람이 웃음을 터뜨리게 된 것입니다."[18]

그러나 불행하게도 어떤 사람들은 강단에서는 유머가 적절치 않다고 생각해왔다. "불행하게도"라고 말했는데, 그것은 만일 설교자들이 그런 생각을 믿고 그대로 따른다면, 인생을 있는 그대로 자연스럽게 대하기를 거부하는 것이나 — 그리고 청중들도 그렇게 만드는 것이나 — 마찬가지이기 때문이다. 만일 청중이 유머에 대해서 거부감을 갖고 있다면, 그들은 자기 자신에 대해서 웃음으로써 심령을 회복시키고 그리하여 갖가지 어려움을 극복할 수 있는 수많은 기회들을 놓치고 있는 것이다.

사실, 복음의 분위기 그 자체 속에 유머가 숨쉬고 있고, 복음이 유머의 분위기 속에 있는 것이다. 그렇다고 해서 복음이 곧 유머라는 뜻은 물론 아니다. 그러나 프레더릭 부크너(Frederick Buechner)는 감히 예수의 비유들 가운데 어떤 것들은 일종의 "거룩한 우스갯소리"(holy joke)라고 하기까지 했다.[19] 예수의 가르침에도 상당한 유머가 들어 있다. 그래서 엘튼 트루블러드(Elton Trueblood)는 「그리스도의 유머」(*The Humor of Christ*)라는 책을 쓸 정도였다.

그러나, 강단에서 행한 어떤 유머는 — 혹은, 유머로 생각하여 시도한 것은 — 별로 효과가 없는 것도 많다. 억지로 웃음을 자아내려고 짜낸 유머가 그런 것이다. 또한 많이 써먹어서 완전히 닳아빠진 것도 거기에 속한다. 또 어떤 유머는 어떤 개인이나 그룹을 깎아 내리거나 그들에 대해서 그릇된 편견을 갖게 만드는 것도 있다. 어쨌든, 유머 자체를 위한 유머는 적당치 않다.

설교자가 유용하게 사용할 수 있는 유머러스한 도구들이 여러 가지가 있다. 과장이 어떤 한 가지 요점을 강조해 줄 경우가 많다. 예수께서는 부자가 천국에 들어가는 일을 낙타가 바늘 구멍으로 들어가는 것에 비유했다. 어떤 설교자는 한 부유한 귀부인의 집에 며칠 동안 손님으로 머물고 있었든데, 그는 욕실에 있는 값비싼 수건을 과연 목욕 후에 써도 괜찮은 것인지를 몰라 혼동했었다는 이야기를 하면서, "저는 일주일 동안 그냥 젖은 채로 다녔어요!"라고 했다고 한다.

반전(反轉, reversal)은 오 헨리의 단편에서 쓰는 기법으로 유머러스한 많은 사건들에도 나타난다. 예수의 포도원 농부에 관한 비유의 마지막 부분에서 "나중 된 자가 먼저 되고 먼저 된 자가 나중 되리라"(마 20:16)라는 진술이 나타난다. 그 비유가 재미있는 것은 전연 아니지만, 그런 반전의 원리의 실례를 잘 보여주는 것이다. 내 동생이 십대였을 때에, 한 번은 그가 식사를 마쳐가고 있을 때에 어머니가 "무 잎사귀는 하나도 안먹었구나!"라고 말씀했다. "그것은 좋아하지 않아요"라고 동생이 대답했다. 그러자 어머니는, "나도 그것을 좋아하지 않아. 그렇지만 나는 먹고 있지 않니"라고 하셨다. 그러자 동생은 대꾸하기를, "그건 엄마가 의지가 그만큼 약한 탓이예요"라고 했다.

반쪽짜리 인용문이 때로는 미묘한 메시지를 전해 주기도 하고 잘못을 교정할 수 있는 기회를 제공해 주기도 한다. 어떤 사람은 이렇게 말했다: "거짓말은 주님께는 망령된 것이지만, 어려운 시기에는 아주 유쾌한 도움이다."

재치 있는 정의도 적극적으로나 소극적으로나 도움이 될 수 있다. 암브로즈 비어스(Ambrose Bierce)의 「마귀의 사전」(Devil's Dictionary)은 그 냉소로 유명한데, 아주 당황스럽게도 진짜 정의들이 많이 들어 있다. 그리스도인에 대한 그의 정의는 우리들에게 그대로 적용될 수 있을지도 모른다: "신약 성경이 신적으로 영감된 책이며 또한 자기 이웃의 영적 필요에 아주 적절한 책이라고 믿는 사람."[20] 어떤 사람은 낙타는 협의회를 통해서 그 모양을 결정하여 그렇게 만들어 놓은 동물이라고 정의했다. 에이브러햄 링컨은 말하기를, "재치란 다른 사람을 그들 자신이 보는 자기의 모습대로 묘사하는 능력이다"라고 하였다.[21] 필립스(H. I. Philips)는 연설을 이런 식으로 정의했다: "가슴에서부터 깊은 소리를 내서 마치 머리에서 나온 중요한 메시지처럼 들리게 만드는 기술."[22] 어떤 사람은 설교자를 다른 사람이 잠들 때에 이야기하는 사람이라고 정의했다.

말을 억제하는 방법(그리고 중의법[重意法])의 한 가지 예를 메인 (Maine) 주(州)의 의원이 들려준 이야기에서 볼 수 있다. 어느 여자가 병원에 입원해 있었는데, 그녀의 남편이 소량의 비소를 커피 병에 넣어두었었기 때문에 그것을 먹고 위급한 상태에 빠졌기 때문이었다. 남편은 경찰에서 그 사실을 진술했다. 신문 기자가 병원에 누워 있는 그녀와의 인터뷰 중에 물었다: "지금 남편에 대한 심정이 어떻습니까?" 그녀는 대답했다: "아아, 그 사람은 나를 아프게 해요."(he makes me sick, 이는 또한 '그 사람이 진절머리 나도록 지겨워요'라는 뜻을 동시에 담고 있다 — 역자주).[23]

또 한 가지 예를 어떤 목사가 교회 예산 심의가 있는 날 행한 설교에서 볼 수 있다. 회중은 방금 오십만 달러의 일년 예산안을 통과시켰다. 그 설교자는 설교 중에 이렇게 말했다: "예산 위원회 의장께서 아주 야심찬 예산을 내어 놓으셔서 우리가 통과시키게 되었습니다. 그러니 그분이 우리에게 청지기로서의 모범을 보여야 하겠습니다. 그분이 매 주일마다 헌금 접시에 10전짜리 동전을 놓지 않으면, 절대로 우리가 예산한 목표에 이를 수 없다는 것을 여러분 모두 잘 아실 것입니다."

유머의 또 하나의 근원은 겉치레를 폭로하는 것(puncturing of pomposities)이다. 이에 대한 한 가지 예를 시인 알렉산더 포프 (Alexander Pope)의 시를 풍자적으로 변형시킨 것에서 볼 수 있다.[24] 19세기의 대중적인 성직자에 대해서 다음과 같은 말이 있다고 한다: 악을 다루는 그의 방법은 (1) 그것을 공격하고, (2) 그 다음 악의 유익한 점을 보여주며, (3) 마지막으로 그것을 포용하고 스스로 실천한다.

언제나 흥미를 끄는 설교자 가운데 내가 아는 어떤 사람의 비결 가운데 하나는 유머러스하게 딴전을 피우는 것(humorous asides)이었다. 예를 들어서, 제자들이 주님의 명령을 따라서 배의 다른 쪽에 그물을 던져서 이적적으로 고기를 가득 낚은 사실에 대해서 말씀하고 있다고 하자. 그러면 그는 고개를 갑자기 돌리면서, "짐! 내일 호수에 고기 잡으러 갈 때에 그걸 잊어버리면 안되겠지?"라는 식으로 이야기하는 것이다.

또 한 설교자는 한 백만장자에 대한 이야기를 했다. 그는 이야기하다가 중간에 갑자기 말하기를, "저는 백만장자들을 많이 알지는 못합니다만, 제가 아는 사람들을 위해서는 매일 기도하고 있습니다!"라고 했다. 그리고 혼자 재미있어 하면서 이야기를 계속해 나가는 것이었다. 제럴드 케네디(Gerald Kennedy)가 로스 앤젤레스 지역의 주교였을 때에 행한 어느 설교에서, 하와이가 그의 치리 지역에 속하기 때문에 일년에 한 차례씩 거기에 간다고 하면서 이렇게 말을 이었다: "그 일은 교회를 위해서 제가 감당해야 할 한 가지 큰 희생이지요!"

재담은 가장 유용한 도구는 아니지만 이따끔씩 회중에게 미소를 선사하기도 한다. 성경에도 재담이 나오지만, 그렇다고 해서 자주 사용할 만한 것은 아니다. 재담을 하는 사람의 재치를 주목하게 만드는 것 이상의 역할을 하지 못할 때가 많기 때문이다. 그러나 재담도 필요할 때가 있다. 파울러(H. W. Fowler)는 말하기를, "재담은 좋기도 하고 나쁘기도 하고 전연 상관 없기도 하다. 재담을 할 만한 재치가 없는 사람들만 그 사실을 모르고 있을 뿐이다"라고 하였다.[25]

유머 감각이 별로 없고 그런 재능도 없는 설교자에게는 어린 아이들에 대한 짧은 이야기도 때로 도움이 된다. 다음의 이야기는 이 점을 잘 보여 줄 수도 있고 청중의 관심을 집줄시킬 수도 있을 것이다. 잘 알려져 있는 대로, 어떤 교파에서는 유아 세례를 베풀지 않는다. 그런 교회에서는 어린 아이들이 열 살이나 열두 살 가량 되면 신앙 고백을 하게 해서 물 속에 완전히 침수하여 세례를 베푼다. 그런데 훨씬 어린 아이가 세례를 받고 싶어 할 경우가 있을 것이다. 목사가 한 세례 대상자를 세례주고 난 다음, 늘상 하던 대로 앞에 서서 회중에게 말하기를, "자, 여기에 물이 있으니, 네가 세례를 받음에 무엇이 거리끼겠느냐?"라고 했다. 그러자 여섯 살짜리 꼬마가 큰 목소리로 대답하기를, "엄마요!"라고 했다고 한다.

대학 시절 나는 여러 해 동안 인도에서 사역한 선교사요 정치가인 그 유명한 스탠리 존스(E. Stanley Jones)의 설교를 들으러 간 적이 있다. 그는 주일 오후 오천 명의 청중 앞에서 설교했다. 아마 그들은 이미 오전에 자기 교회에서 예배를 드린 사람들이었을 것이다. 존스는 약 한 시간 가량 설교했는데, 청중은 마지막까지 주의를 기울여 경청했다. 그런데, 나는 중간 중간에 이야기를 곁들여서 우리를 쉬고 숨을 돌리게 하는 것을 보았다. 그가 한 이야기 가운데 내가 지금도 분명히 기억하는 몇 가지는 어린 아이가 한 이야기다. 그런 유머 ― 그것을 유머라고 할 수 있다면 ― 는 유머에 자신이 없는 설교자를 실망시키는 법이 거의 없을 것이다. 설교자가 과연 유머러스한 재능이 있느냐 없느냐 하는 것에서 떠나서 이야기 속에 나오는 그 어린 아이에게로 청중의 관심이 집중될 것이기 때문이다. 물론 설교자가 자기 자녀들의 이야기를 하지 않도록 조심해야 하고, 청중 가운데 다른 어떤 사람의 자녀를 당황하게 만들어서도 안될 것이다.

어떤 주제에 대한 짧은 암시도 설교에 생기를 불어넣을 수 있다. 브릴크림(Brylcreme) 미용실은 다음과 같은 표어를 내어 걸었다: "가볍게 두드리기만 하면 됩니다." 이것을 보고 어느 설교자는 말하기를, "너무나 많은 사람들의 신앙이 브릴크림과 같아서, 가볍게 두드리기만 하면 되는 것으로 생각하지요"라고 하였다.

어떤 경우, 시리즈도 설교를 밝게 해 준다. 어느 원로 설교자요 교수는 신학생들에게 신학생 시절에 은퇴 준비를 시작하는 것이 얼마나 가치 있는 일인가에 대해서 말씀하였다. 그는 여러 가지 제안을 했다. 그 가운데 하나는 이런 것이었다: "위대한 음악을 감상하기를 배우시오. 브라암스, 베토벤, 모차르트, 그리고 돌리 파튼(Dolly Parton)의 음악을 들으시오." 교실에서 웃음이 터져 나왔다. 그렇지만, 학생들은 그 말씀의 진지한 요점도 함께 새긴 것이다.

구체적인 내용

지적인 사람이든 아니든 누구나 구체적인 것에 마음이 끌린다. 추상적인 생각은 우리들 가운데 불과 몇 퍼센트의 사람들에게만 해당되지만, 구체적인 것을 알고 사용하는 것은 누구나 할 수 있다. 우리의 생각의 대부분은 그림과 연관되어 있다. 그러므로 "백문(百聞)이 불여일견(不如一見)"이라는 속담이 있지 않은가!

데일 카네기(Dale Carnegie)는 웅변 강좌에서 구체성에 대한 실험을 한 결과를 보고한 일이 있다. 한 가지 특별 활동으로서, 학생 연사마다 각기 자기 연설에서 쓰는 문장 하나하나마다 그 속에 "어떤 사실이나, 분명한 명사나, 인물이나, 날짜"를 집어넣어서 하도록 결정했다는 것이다.[26] 물론 그런 일은 아주 힘이 들지만, 아주 유용한 과제였다. 설교의 모든 문장 가운데 절반만 이를 시도해도 설교의 흥미도가 증가할 것은 충분히 짐작할 수 있다.

서술체의 설교나 역사적 사건을 기술하는 본문에 대한 설교가 구체적인 내용을 사용하기에 가장 좋은 기회를 제공한다. 나는 언젠가 삭개오에 대해서 설교한 일이 있는데, 그 이야기를 실감나게 청중에게 와 닿도록 하는 방법을 연구했었다. 내가 발견한 것은, 첫째로, 청중이 쉽게 받아들일 수 있는 감정을 묘사하는 것이 중요하다는 것이었다: 반역자에 대한 반감, 속물 근성과 타협에 대한 적개심, 인정받고자 하는 욕망, 돈과 화려한 삶에 대한 사랑, 배척당한 기분과 외로움, 향수, 죄책감, 더 나은 사람들에 대한 그리움, 새로운 삶에 대한 소망.

둘째로, 단어와 문구들이 실제로 역사 서술의 근거가 되는 경향이 있었다는 것이다: 삭개오, 유대인, 여리고, 왁자지껄함, 스파이, 교회들, 광신자들, 관리들, 뽕나무, 유대 광야, 지중해, 돈, 사해, 요단강, 헤롯 대왕, 봄베이, 백만 달러, 정원, 분수, 벽, 어린 아이들, 노래, 법적 권력, 바리새인, 수로(水路), 찬 물, 시편 23편, 화려한 식사, 풍요로운 계곡, 찌르는 아픔, 얼굴, 눈, 애굽, 바벨론, 유대인의 율법.

셋째로, 청중의 감각을 향한 다음과 같은 간접적인 호소가 있었다는 것이다:[27]

• 시각적 호소: "남으로 눈을 돌려 보면 저 끔찍하지만 아름다운 사해를 볼 수 있고, 동으로는 요단 강이 눈에 들어옵니다."

- 청각적 호소: "시끌벅적한 웃음 소리와 어린 시절 들었던 노래가 계속 청아하게 반복되는 것을 듣고 …"
- 운동성 호소: "그는 무리보다 앞서서 달려가서 뽕나무에 올라갔습니다."
- 촉각에 대한 호소: "그 지치고 배고픈 여행자들은 차가운 물에 손과 얼굴과 발을 담갔습니다."
- 미각에 대한 호소: "다른 사람들도 그 맛있게 양념한 음식을 먹으며 서로 이야기하기에 너무나 바빠서 …"
- 후각에 대한 호소: "삭개오는 이른 아침 일어나 뽕나무 냄새를 맡았습니다."
- 열에 대한 호소: "… 높고, 바람이 불고, 때로는 차가운 예루살렘."[28]

15. 동기 부여의 윤리성

설교자는 과연 그들의 믿음과 삶의 스타일을 취하도록 사람들을 설득해야만 하는가? 이것은 문젯거리이다.

어느 설교자는 모든 사람이 다 예수 그리스도를 개인의 구주로 영접해서 구원을 얻어야 한다고 확신하고 있었다. 기독교 신앙의 주된 사상을 믿는 사람 가운데는 그의 견해를 전혀 잘못된 것으로 보지 않을 것이다. 그러나 이 사람은 남녀노소 모든 사람에게 할 수만 있다면 마술을 걸어서라도 그들을 그리스도인으로 만들고 싶다고 말했다. 이는 곧 그 일을 이룰 수만 있다면 거의 모든 수단을 다 동원하겠다는 뜻이다.

역사책을 보면, 사람들이 자기들의 신앙과 삶의 방식을 다른 사람에게 전하여 억지로 받아들이도록 만든 여러 가지 행위들로 가득 차 있다. "하나님의 영광"을 위하여 사람들을 회심시킨다는 명목으로 불에 태워 죽이는 위협, 감옥, 유배, 고문 등의 방법이 사용되었었다. 그보다 좀더 "교양있고", 좀더 "영적"이며 좀더 교묘한 방법들도 똑같은 목적을 위해서 많이 사용되었다. 예를 들어서, 지옥에 대한 끔찍한 그림들을 통해서 아주 두려운 감정을 자아내게 만든다든가, 분노하시는 하나님에 대한 형상을 과장하여 도덕적인 죄책감을 악용한다든가, 그리스도인 공동체에서 내어 쫓기면 죽는다는 식의 공포감을 조장하여 억지로 복종하도록 강요하는 등의 방법들이 사용되어온 것이다.

그러나, 여기서 공정하게 바라보아야 할 사실이 있다. 곧, 다른 사람의 도움이 없이 중요한 결단을 내리는 경우가 많지 않다는 사실이다. 어떤 신념이나 행동을 기꺼이 받아들일 수도 있는 것이다. 처음 그것을 들었을 때에 아주 좋은 소식인 것처럼 들렸고, 그리하여 그것을 무시할 수가 없는 심정이 될 수도 있다. 어떤 열광적인 감정이 마치 전류처럼 여러분에게 흘러서 믿음과 순종을 갖도록 만들 수도 있을 것이다. 그러나 그와 반대로, 여러분에게 분명히 좋은 것인데 처음에는 그것을 굉장히 적대시하고 싫어하다가 나중에 가서야 비로소 받아들이는 경우도 있다. 어째서 그럴까? 그것은 누군가가 그것이 왜 좋고, 왜 받아들이지 않으면 안되는지를 여러분에게 설득시키는 일에 끈질기게 노력을 기울였기 때문일 것이다. 그 사람의 격려와 도덕적인 지원을 받아서 결국 그런 올바른 결단을 내리게 된 것이다. 간단히 말해서, 여러분이 설득을 당한 것이다.

자라나는 어린 아이는 모범과 설득이라는 두 가지 힘의 상호 작용을 통해서 배운다. 이 세상에 사는 한에는 이런 힘이 계속해서 우리의 신념과 우리의 사랑과 미각과 습관을 형성시켜 가는 것이다. 개개인마다 각기 자기의 재료를 결단의 용광로 속에 집어넣는다. 그러나 다른 사람의 재료가 섞이지 않고 순수하게 자기의 재료만으로 만들어져 나오는 결단은 없는 법이다.

설교자들은 독특한 특권을 누린다. 그들의 영향력은 남녀노소 모든 사람에게 미친다. 관심을 가진 사람들로서 우리는 교인들의 결단을 내리는 과정 속에 아주 전략적인 위치를 차지하고 있다. 그러나 특히 하나님의 대변자들로서, 우리는 결정적인 영향력을 행사한다. 우리 뒤에는 기독교 역사와 전통의 그 엄청난 무게가 버티고 있고, 우리 위에는 살아계신 하나님의 능력이 있는 것이다. 우리가 교회와 교회의 주님의 무가치한 대변자들이 아니라면, 과연 우리가 다른 사람들에게 적극적인 영향을 미치기를 피할 수 있겠는가? 그러나 설교자들 — 선하고, 지적이며, 헌신된 하나님의 종들 — 가운데서도 어떤 사람들은 그들보다 나은 게 없고 지식도 적고 헌신도 잘 되어 있지 않은 다른 사람보다 효과가 적은 것을 보게 된다. 어째서 그래야 하는가? 과연 그것이 합당한 일인가?

그러므로 기본적인 의문은 이것이다. 곧, 우리 설교자들이 우리의 메시지를 받아들이도록 하기 위해서 설득의 기술을 사용할 수 있겠는가? 하는 것이다.

하나님을 위한 의사 전달자로서의 설교자

우선 유대-기독교의 다음과 같은 주장을 진리로 받아들이자: 하나님이 자신을 인류에게 계시하신다; 그가 백성과 의사를 소통하신다. 이것을 인정하게 되면, 계속해서 다음과 같은 몇 가지 진술을 할 수가 있다.

1. 하나님은 우리를 사용하셔서 우리와 동일한 다른 사람들과 의사를 소통하신다. 우리는 하나님을 전달한다; 우리는 그의 목적을 알린다; 우리는 그의 메시지를 말씀한다. 성경은 자기 자신을 계시하시는 하나님의 실체를 당연한 것으로 인정한다. 하나님의 의사 전달자로 쓰임을 받은 자들의 목록은 아주 인상적이다: 그의 사자들(인간이 특별한 전령으로 쓰임을 받기도 했다), 그의 선지자들, 그의 아들(말씀이 육신을 입으신 분), 그의 사도들, 그의 목사와 교사들, 그리고 안수받지 않은 증인들. 그들은 하나님이 말씀하시고자 하는 바를 계속해서 전함으로써 백성들이 하나님을 알고 그를 순종하며 사랑하게 만들었다. "전파하는 자가 없이 어찌 들으리요? 보내심을 받지 아니하였으면 어찌 전파하리요? … 그러므로 믿음은 들음에서 나며 들음은 그리스도의 말씀으로 말미암았느니라"(롬 10:14-15, 17).

2. 하나님은 의사 소통 과정에서 전령(傳令)의 인간성을 사용하신다. 하나님이 우리에게 말씀하는 방식은 우리가 듣고 생각하고 믿고 느끼며 행동하는 방식과 일치한다. 인간은 소리로, 합리적으로 진행되는 논증으로, 감정으로, 행동으로 서로서로 의사를 소통한다. 하나님께서도 무언가를 전달하시기 위해서 이와 똑같은 수단을 사용하시지 못할 이유가 어디 있는가?

3. 하나님은 부르심을 받아 설교의 임무에 헌신된 사람들을 사용하셔서 그를 위하여 말씀하게 하신다. 하나님과 함께하는 체험이 있는 "값어

치 있는" 개인들을 사용하시는 것이다. 그렇다고 해서 평신도들이 여기서 제외되는 것은 아니다. 그들 역시 안수받은 사역자들에 못지 않게 진정으로 하나님의 메시지를 전달할 수도 있다.

4. 하나님의 부르심을 받은 사람들은 그들의 의사 전달 방식을 통해서 하나님의 메시지를 보다 효과적으로 전달하도록 노력을 할 수도 있다. 사람들이 믿음과 행동에로 인도함을 받는 수단들을 분석하고, 청중에게 형체가 없는 동기를 부여하여 그것을 활용하고, 최소한 믿음과 행동에 장애가 되는 부정적인 편견의 요인들을 제거하게 되면, 그렇게 하지 않았더라면 귀를 닫고 있었을 사람들이 듣게 되고, 깊이 생각하게 될 수가 있는 것이다.

이것들은 정말 확고한 주장들이다. 그런데 이런 주장들이 과연 사실일까? 보다 면밀하게 조사해도 그대로 진실성을 유지할까? 그것들을 좀더 면밀하게 조사할 필요가 있다. 거기에 예외나 혹은 확대된 점은 없는가?

1. 우리의 경험과 지식의 범위 내에서 보면, 하나님은 우리와 똑같은 다른 사람들을 통해서 우리와 의사를 소통하신다. 그러나 이것이 하나님의 유일한 방법이라고 말할 수는 없다. 직관, 합리적 사고, 꿈, 환상, 또는 환청 등도 의미 심장한 역할을 할 수 있다는 것을 인정해야 할 것이다. 선견자나 선지자, 철학자, 신비가 등도 모두 자기들만의 고유한 방식으로 하나님에 대해서 어떤 특정한 내용들을 배웠다. 그러나, 사적인 묵상, 독창적인 생각, 자발적인 행동이 있다고 해서 개인 대 개인으로 이루어지는 접촉을 통하는 방법의 효과가 배제되는 것은 아니다.

2. 우리의 인간성이 우리의 메시지에 스며들어서 그 일부가 되는 것은 사실이지만, 이 인간성이 메시지의 진리를 전달하는 데 장애거리가 될 수도 있다. 복음은 기쁨을 뜻하는데, 설교자는 확인된 염세주의자일 수가 있다. 우리의 태도가 공격적이어서 하나님이 "천둥 번개를 통반한 폭풍우"와 같다는 인상을 전달할 수도 있다. 우리의 사고가 추상적이

고, 우리의 설교의 구성이 희미하고, 우리의 말에 문법적인 실수가 많이 들어 있을 수도 있다. 우리가 하나님을 위하여 말씀하는 일에 성공을 거두게 되면, 그것은 우리의 인간성 때문에 얻은 성공이 아니라, 대부분 우리의 연약한 인간성에도 불구하고 얻어지는 성공이다.

3. 하나님은 실제로 선한 사람들을 사용하여 그의 진리를 전달하게 하시지만, 그 사람들의 도덕적이고 영적인 한계에 매이시는 것은 아니다. 사도 바울의 시대에, 어떤 사람들은 질투와 분냄으로 그리스도를 전하기도 했다. 바울은 이렇게 물었다: "그러면 무엇이뇨? 외모로 하나 참으로 하나 무슨 방도로 하든지 전파되는 것은 그리스도니 이로써 내가 기뻐하고 또한 기뻐하리라"(빌 1:15, 16, 18)

4. 설득의 기술을 습득했을 경우 더욱 효과적으로 의사를 전달할 수도 있지만, 좋은 목적을 위해서라면 의심의 여지가 있는 수단까지도 사용해도 무방하다는 식으로 잘못 생각할 수도 있다. 어떤 사람들은 심리학은 바로 조작이요, 착취를 의미한다고 보기도 한다. 의사 전달이 마키아벨리식의 독재가 되어 버리는 것이다. 그러나, 특정한 동기 — 두려움, 인정받고자 하는 욕망 등 — 에 호소하는 일은 사람들을 진리와 접촉하게 하는 필요한 수단일 수도 있을 것이다. 설교에서는 두려움이 파괴하고 죽일 수도 있지만, 동시에 세우고 치유할 수도 있는 것이다.

설교와 관련된 함축된 의미

이것은 무엇을 뜻하는가?

정상적인 의사 소통의 수단을 반드시 사용하여야 한다는 것은 자명한 일이다. 여러분의 사고를 언어로 표현해야 한다. 들을 수 있도록 말을 해야 한다. 듣는 사람이 이해할 수 있도록 단어들을(또한 개념들을) 사용해야 하는 것이다. 여러분의 말과 태도가 달라서는 안된다. 이러한 사항들을 넘어서게 되면 이미 수사학과 신학의 범위에 들어가 있게 되는 것이다.

칼 바르트는 청중들을 우리의 메시지에 합당하게 만들려고 노력하는 일이 얼마나 정당한지에 대해서 의문을 제기하였다. 예를 들어서, 그는 설교자가 청중으로 하여금 하나님의 말씀을 받아들이도록 하기 위해서 "접촉점"(point of contact)을 사용하는 것을 전혀 인정하지 않았다. 그러므로, 그의 견지에서 보면, 청중의 신임을 얻고자 하여 전통적으로 사용해 오고 있는 메시지의 "서론"은 잘못된 것이다. 그러나 바르트는 이론적으로는 그런 것을 용인하지 않으면서도, 자신의 설교에서는 — 물론 그럴 계획을 가진 것은 아니겠지만 — 그것을 사용하였다. 그러면서도, 바르트는 설교에서 하나님의 말씀을 표현하는 "정상적인 수단"을 사용하려는 노력에 대해서는 의문을 제기하지 않았다. 그러면 과연 어느 정도까지 그런 방법을 사용할 수 있는가?

하나님의 말씀을 사람들이 듣도록 하려면 또한 비범한 방법들을 사용할 필요가 있을 것이다. 이 점과 관련해서 여러분이 하나님의 고유한 대권(大權)을 박탈할 수도 있다는 것을 알아야 한다. 하나님이 의사 전달 과정에 개입하지 — 적극적으로 개입하지 — 않으시면 인간의 노력은 아무런 소용이 없는 것이다. 그러나 하나님께서 최소한 여러분이 가진 행동 심리학에 대한 지식과 그 지식의 실제적인 적용까지는 그의 일의 일부로 사용하실 수 있지 않겠는가?

윌리엄 사전트(William Sargent)는 다음과 같은 충격적인 사실을 관찰한 바 있다. 곧, 사람의 인격의 패턴이 깊이 붕괴되는 일이 발생할 때에만 회심이 일어난다는 것이다. 그러므로 "세뇌"(洗腦)에 아주 가까운 어떤 작업이 필요할 수도 있을 것이다.[1] 몇몇 특정한 경우들을 보면, 지옥이나 죽음, 정신 이상, 혹은 소외에 대한 두려움만으로도 사람들이 하나님의 필요성을 깨닫고 하나님이 그러한 정죄의 상태를 극복시켜 주시기에 충분하시다는 것을 각성하게 되는 것이다.

심리학자인 프리츠 쿤켈(Fritz Kunkel)은 우리가 우리의 위기들을 미리 예상하고 상상 속에서 그 위기들을 미리 거쳐야만 실제적인 그 위기의 사건에 대해 대비할 수 있게 된다고 주장하였다.[2] 그렇다면 청중들로 하여금 현실을 직시하게 하고 장차 올 것을 대면하도록 만들어 주는 것이 설교자의 임무가 아닐까? 우리가 하나님의 사랑과 용서라는 맥락 속에서 그런 일을 한다면, 그 일이 아주 건설적으로 이루어질 수 있을 것이다. 피터 브루너(Peter Brunner)가 말한 대로 모든 설교는 제각기 용서와 사면(赦免)의 뜻으로 들려져야 하며[3], 또한 우리 시대의 사람들에게 이성(理性)과 거슬리면서까지 신앙을 세우도록 강요해서는 안될 것이다.

여러분 자신도 심판 아래 있다는 사실을 절대로 잊어서는 안된다. 하나님이 여러분 속에 어떤 악한 방법이 없는가 하여 여러분의 마음을 살피고 계신 것이다. 야고보서는 말씀하기를, "내 형제들아 너희는 선생된 우리가 더 큰 심판받을 줄을 알고 많이 선생이 되지 말라"(3:1)고 한다. 다른 사람에게 영향을 주어 유익하게 할 수 있는 그런 위치에 오른다는 것보다 인생에서 더 큰 특권이 없고, 더 큰 위험도 없다. 소경이 소경을 인도하면 둘 다 구렁텅이에 빠져 버리는 것이다.

우리가 우리 자신의 동기에 대해서 스스로를 기만하게 되기가 쉽다는 것을 기억하면 그것이 안전 장치가 될 것이다. 외과 의사는 미심쩍은 수술도 "좋은 예방"이 되기 때문에 시행할 수가 있다. 목사도 마찬가지로 사람으로 하여금 믿음을 받아들이고 거기에 합당한 어떤 행동을 하도록 동의를 얻기 위해서 미심쩍은 방법을 사용할 수도 있다. 그 일이 "하나님의 영광을 위한 일"이기 때문이다. 그러나, 이 두 경우 모두 다른 동기들이 더 결정적으로 작용했을 수가 있는 것이다.

미래가 우리의 사고와 생활을 너무 지배하고 있어서, 하나님과 인류에 대하여 큰 성공을 이루기 위해서 모든 가용한 수단을 — 윤리적으로 타당한 수단이든 아니든 간에 — 다 쓸 유혹을 받을 수가 있다. 그 성공을 성취하기 위해서 지금 어떤 일을 하든 간에 나중에 나타나는 결과가 그 모든 것을 정당화시켜 주리라는 사고에 빠질 유혹이 너무나 큰 것이다. 그러나 심판은 나중이 아니라 지금 이루어진다. 미래의 실패나 미래의 성공이나 간에, 그런 것이 현재의 행동의 도덕성 여부를 결정할 수 있는 것이 아니다. "수단이 목적을 결정한다." 이것은 설교에서는 어느 곳에도 적용되지 않는 명제인 것이다.

더 나아가서, 하나님은 우리의 인간적인 열심을 부끄럽게 만드는 그런 방식으로 그의 목적을 이루시는 경우가 많다는 사실을 절대로 잊어서는 안된다. "여호와의 말씀에 내 생각은 너희 생각과 다르며 내 길은 너희 길과 달라서 하늘이 땅보다 높음 같이 내 길은 너희 길보다 높으며 내 생각은 너희 생각보다 높으니라"(사 55:8, 9).

하나님보다 앞서서 달려갈 필요는 없다. 사실 그를 앞서서 달려간다는 것은 지극히 위험한 일이다. 어린 소년 시절, 나보다 약간 나이가 많은 다른 소년이 둥지 속에 품어져 있는 계란이 부화가 되는 것을 보여 주겠다고 자랑삼아 이야기했다. 그 아이는 그 말을 계속할수록 더 조바심이 생겼다. 자연의 때를 도무지 기다릴 수가 없었던 것이다. 그리하여 자기가 자연을 도와 주었다. 그런데 아주 잘못 도와주다가 새끼 병아리가 너무 일찍 미성숙한 채로 알에서 깨어나와 그만 죽어버린 것이다. 어느 목회자는 부흥회에서 몇명의 어린 아이들을 가르치느라 열심인 한 젊은 전도사에게 아주 지혜롭게 경고했다고 한다: "그렇게 너무 새파란 아이들을 따려고 하지 말게!"

설득을 위한 방법들의 필요성

이런 모든 것은 다음과 같은 한 마디 필요한 경고로 정리할 수가 있다: 잘못된 일을 저지를까 두려워서 사람들을 믿음과 순종에로 이끄는 일을 도무지 하지 않는 잘못에 빠지지 않도록 하라.

소년 시절, 나는 한 라디오 코미디언이 장사꾼 흉내를 내는 것을 듣곤 했다. 그 사람은 세상에서 가장 스트레스를 주지 않는 장사꾼이었다. 집집마다 문을 두드리고는 이렇게 말하는 것이었다: "여기 이 집에 아무도 없었으면 좋겠네, 없었으면 좋겠네!" 이러한 접근법이 잘 교육을 받고 교양을 갖추고 개방적인 자세를 가진 목사의 활동 양식이 될 소지가 많은 것이다. 다른 사람의 프라이버시를 침해하거나 자존심을 건드리기를 겁내는 나머지 아무 일도 못하는 것이다. 사회의 기준으로 볼 때에는 우리가 인격적으로 매우 윤리적이지만, 죄책감과 당황함밖에는 보일 것 없는 허약한 모습을 가질 수도 얼마든지 있는 것이다. 잘못된 일을 할 때도 물론 책임을 면키 어렵지만, 올바른 일을 행하지 않을 때에도 마찬가지로 우리에게 책임이 돌아오는 것이다. 다시 사신 그리스도께서 스스로 자기 만족에 빠진 유복한 그리스도인들에게 다음과 같은 말씀을 하신 것이 전연 이상한 일이 아니다: "내가 네 행위를 아노니 네가 차지도 아니하고 더웁지도 아니하도다. 네가 차든지 더웁든지 하기를 원하노라. 네가 이 같이 미지근하여 더웁지도 아니하고 차지도 아니하니 내 입에서 너를 토하여 내치리라" (계 3:15, 16).

개인으로나 그룹으로서나 우리는 온갖 권세에 눌려 있기 때문에, 어떤 식으로든 영향을 받지 않을 수가 없다. 그것은 불가피한 일이다. 동기와 관련해서 우리가 스스로 속기도 하고 우리의 믿음에 잘못된 점들이 있다는 것을 알고 있지만, 그러면서도 우리는 모범을 세우고 권면을 하고, 때로는 설득을 통해서 우리의 길로 사람들을 인도하기도 한다. 인생이 그런 것이다. 부모나 선생이나 친구들이나 남편, 아내가 항상 그렇게 하는 것이다. 그런 일은 불가피한 일일 뿐 아니라, 사실은 필수적인 일인 것이다.

그러나 이러한 사실은 진지하고도 사려 깊고 기도와 함께 하는 생각을 요구한다. 우리는 목회자로서 다른 사람들을 이끌어 무엇을 믿게 하려는지에 대해서 가능한 한 분명히 해야 하며, 또한 그렇게 하는 것이 과연 옳고 진실된 것인지를 분명히 알고 있어야 한다. 그 다음에 비로소 합당하고도 책임성 있는 설득의 방법들을 사용할 수가 있는 것이다.

설교에 수사학적 방법을 사용하는 문제에 대해서 공식적으로 변호한 최초의 인물인 어거스틴은 수사학을 합법적인 무기로 보았다. 그릇된 사상을 전파하는 자들이 그 거짓된 것을 위해서 수사학을 그렇게 효과적으로 사용하는데, 진리를 전파하는 자들이 그것을 무시해서는 안된다는 것이다.[4] 그리스도인들로서 우리는 예수가 "길이요, 진리요 생명임"을 믿는다. 제4 복음서 서언에서는 예수 그리스도께서 하나님의 말씀이 육신을 입은 분으로서 현실에 자신을 맞추셨다는 사실을 말씀한다. 예수 그리스도께서 그 현실에 대한 인격적인 표현이신 것이다. 그러므로, 다른 사람들이 설득을 받아서 그를 믿고 순종하게 될 수 있다면, 그들은 바람직한 인생에 가깝게 나아갈 수 있게 되는 것이다.

한 설교자는 자기의 성장 과정 중 겪은 반지성적이고 감정적인 설교에 대하여 반론을 제기했다. 그는 "지성적인" 설교자가 되었다. 그런데 나중에 그는 자기 설교에 무언가 본질적인 요소가 빠져 있는 것을 깨닫게 되었다. 곧, 청중에게 믿음을 주고 설득을 하는 선포의 요소가 빠져 있었던 것이다. 그리하여 그는 사실과 추론에 대한 열심은 그대로 두고서, 감정의 요소에도 관심을 두었다. 그는 더 이상 사실을 그냥 진술하고 논지를 펴는 것으로 만족하지 않게 되었다. 그는, "이제 나는 내가 가진 모든 것을 설교에 쏟아 붓는다!"고 강조하였다. 그가 먼저 자신을 하나님께 드린다면, 그렇게 한들 그것이 과연 무슨 문제가 되겠는가?

16. 내용 전개와 뒷받침의 형식들

설교자로서 우리의 사역의 효과는 주로 예화(illustration)라고 부르는 그것을 과연 어떻게 사용하느냐에 달려 있을 것이다. 예화를 잘 사용하는 설교자가 많은 청중을 끌고 신실한 교인을 얻는데 반해서 전혀 예화를 사용하지 않는 설교자는 어쩌다 주어진 청중도 계속 지키지를 못한다는다는 말이 있다. 오랜 동안 사람들에게 감동을 주고, 수많은 무리들을 가르치고, 의심이 있는 자들에게 믿음을 심어주며, 실망한 자들에게 용기를 불어넣고, 사람들에게 도전을 주어 고귀한 일을 하게 한 설교자들은 모두가 온갖 종류의 다양한 형식으로 설교를 전개하며 또한 그 내용을 뒷받침한 사람들이었다. 그런 형식에는 예화도 포함된다.

우선 우리는 예수께서 비유와 상징적인 어법과 실례들을 사용하신 사실을 생각하게 된다. 그런 이유만으로도 예수는 대 스승(the Master Teacher)이라 불릴 수 있는 것이다. 교회사상 가장 뛰어난 성경 해석가의 한 사람인 존 크리소스톰(John Chrysostom)은 그의 설교를 위한 예화로서 일상 생활에서 일어나는 갖가지 일들을 실례로 들었다. 여기저기를 돌아다니며 설교했던 중세기 교회의 수도사들은 주로 이야기를 통해서 메시지를 구체화시켰다. 수천 명이 모이는 교회에서 근 40년 동안 큰 설교의 열매를 낸 19세기의 위대한 설교자 찰스 하돈 스펄전(Charles Haddon Spurgeon)은 흔히 아주 적절한 실례를 들어서 요점을 명확하게, 청중의 마음에 와 닿게 전달하였다. 그와 동시대의 설교자인 헨리 워드 비처(Henry Ward Beecher)는 언제나 예화를 찾느라 애를 썼는데 그는 말하기를, "목회 사역 초기에 한 가지 예화를 썼다면, 이제는 오십 가지를 쓴다"고 했다.[1] 이십 세기의 설교자 가운데 해리 에머슨 포스딕만큼 다양한 자료를 사용하여 설교를 전개하고 그 내용을 뒷받침한 사람은 아마 없을 것이다. 동시에, 우리는 매 주일마다 교회당에서 크리소스톰이나 스펄전이나 비처나 포스딕이 사용한 그런 유의 자료들을 통해서 예수 그리스도의 복음이 표현되며, 삶을 변화시키고 소망을 준다는 사실을 기억하고 있다.

우리의 사상을 제시하는 방법에 조심과 신중을 기하도록 방법을 사용함으로써 우리의 메시지에 대한 청중의 반응이 향상되리라는 것을 예상할 수가 있는 것이다.

사상을 확충시킴

보통 한 가지 주된 사상이 설교의 핵심을 이룬다. 그러나 그 한 가지 사상이 설교 그 자체는 아니다. 그것을 이해시키고 믿게 하고 느끼게 하며 행동하게 하려면 그것을 확충시켜야 한다. 여기서 사상을 전개하는 네 가지 주요 방법들을 살펴 보기로 하자. 곧, 정의, 설명, 재진술, 논증이 그것이다.

정의

가장 먼저 할 일은 우리가 사용하는 용어들을 제대로 이해하도록 만들어 주는 일인데, 그 일을 위해서는 용어를 정의하는 일이 필요하다. 동의어를 사용해서 용어의 뜻을 말해 줄 수도 있고, 분명한 한 문장으로 정의를 내려 주거나, 아니면 설교 전체를 한 단어나 사상을 정의하는 데 소비할 수도 있다. 물론 논리적으로 정의할 수도 있고, 수사(修辭)적으로도 정의할 수 있다. 즉, 단어를 적절하게 분류해서 표현하고 그것을 같은 분류에 속한 다른 단어들과 비교하는 것이다. 아니면, 예를 들 수도 있고, 비교하거나 대조시키는 방법을 써서 청중으로 하여금 사상을 분명히 이해할 수 있도록 도울 수 있는 것이다.

설명

단어들을 수사적으로 정의할 때에는 설명의 단계로 들어가게 된다. 그러나 설명은 단어와 관계되는 것은 물론 과정들, 사건들, 연설들, 글들과도 관계가 된다. 예를 들어서 성화(聖化)가 무엇인지를 정의를 통해서 전달해 줄 수 있다. 그러나 그것으로 다 되는 것이 아니다. 정의가 설명을 가능하게 만들어 주는 경우가 많다. 왜냐하면 정의를 통해서 제시해 놓은 어떤 용어의 의미를 설명 과정을 통해서 더 완전하게 이해하도록 해 주기 때문이다.

설명 그 자체는 또한 여러 가지 형식의 뒷받침해주는 요소를 사용하게 되는데, 그것에 대해서는 나중에 좀더 상세히 살펴 보기로 하자. 설명 과정에 재진술이나 온갖 종류의 실례나 비교, 심지어 간증 같은 것이 필요할 수도 있는 것이다.

설명은 누가, 무엇을, 언제, 어디서, 왜, 어떻게 등의 질문에 답하는 것이다. 링 라드너 이야기의 제목 "입 닥쳐! 그녀가 설명했어"(Shut up! She Explained)는 실제로 말이 되지를 않는다. 왜냐하면 설명은 청중들이 정보를 얻거나 이해하는 데 필요한 모든 사항을 드러내고 풀어주며, 열어 놓는 것이기 때문이다. 물론 설명이 진부할 수도 있다. 너무나 자명한 사실을 구태여 설명할 필요가 어디에 있겠는가? 어쨌든, 필요하든 필요치 않든, 설명이 생색을 내는 것일 수도 있고, 또는 공손한 친절일 수도 있다. 또한 설교자의 우월감을 드러내 줄 수도 있다. 그러나 보통 우리는 정반대 방향에서 실수를 저지른다. 청중이 잘 모르는 데도 마치 잘 아는 것처럼 간주하여 그런 수준에서 설명을 시도하는 것이다. 훌륭한 과학자라 해도 신학이나 철학에 대해서 특별한 연구를 하지 않은 이상, 우리가 과학을 모르듯이, 그것에 대해서 잘 모르는 것이다.

재진술

재진술이 설명에 속하는 중요한 요소일 수도 있을 것이다. 그러나 재진술은 분명히 어떤 진술을 뒷받침하는 여러 가지 형식 가운데 하나인 것이다. 재진술은 어떤 진술에 새로운 의미를 덧붙히는 것이 아니고, 이미 진술한 의미를 다른 말로 다시 반복하는 것이다. 설교의 사상을 청중이 똑똑하게 볼 수 있을 때까지 청중의 마음의 눈 앞에 그 사상을 계속 붙여 놓는 것이다[2] 또는 강하게 반복함으로써 확신을 갖도록 해 주는 효과도 있다. 아니면, 계속 반복함으로써 감정에 호소하기도 하고, 혹은 반복적으로 끈질기게 도전함으로써 행동을 결단하게 하기도 하는 것이다.

분명히 말하자면, 재진술은 사람을 지루하게 만들 수 있다. 재진술은 오로지 높은 목적을 위한 것이지, 결코 시간을 때우거나 설교의 개요를 채우기 위한 것이 아니다. 그 목적이란 제시된 사상을 청중에게 더 가깝게 하여, 그냥 치고 도망하는 접근법(hit-and-run approach)으로 이룰 수 있는 것보다 더 큰 효과를 내고자 하는 것이다.

아서 에드워드 필립스(Arthur Edward Philips)는 재진술을 특별하게 사용할 것을 제안한 바 있다. 곧, 증명할 수 없는 명제를 제시하는 데 사용하라는 것이다. 그는 알렉산더 맥클라렌(Alexander Maclaren)의 설교를 그 실례로 인용하는데, 거기서 설교자는 이렇게 말한다:

죽은 자와 산 자는 서로 완전히 독립된 두 부류의 사람들을 일컫는 명칭이 아닙니다. 사실 죽은 자는 아무도 없습니다. 살아 있으되 영적으로 죽은 자들을 가리켜 죽은 자들이라 하는 것입니다. 그들은 죽어가고 있으나 살아 있으며, 죽은 다음에도 더 완전하게 삽니다. 모든 사람이 다 하나님을 향하여 삽니다. 하나님은 죽은 자의 하나님이 아니요 산 자의 하나님이기 때문입니다. 오, 이 땅에 나서 폭풍처럼 휩쓸고 지나갔고 이제는 망각 속으로 사라져 간 과거 시대의 모든 사람들이 여전히 살아 있다는 사실을 생각하면 얼마나 엄숙해지는지 모릅니다.

지금 이 순간에도 어디엔가 그들은 여전히 진정으로 살아 있습니다. 우리는 그들이 과거에 살았었다고 말합니다. 그러나 과거에 살았었다는 말은 가당치 않습니다. 삶은 영원한 것입니다. 존재한다는 것은 영원한 존재를 뜻합니다. 죽은 사람은 누구나 지금 이 순간 그의 모든 기능을 완전히 보유하고 있으며, 그 능력들을 가장 강렬하게 발휘하고 있으며, 하나님의 임재 가운데서 하나님의 위대한 우주 어디엔가 서 있습니다. 죽음 이후의 삶이 더 진정한 삶이요 더 큰 삶이요, 더 충만하고 강렬한 삶입니다. 이 땅에서 살면서 죽을 수밖에 없는 그런 운명 속에 휩싸여 있는 그런 복잡하게 뒤얽힌 삶보다도 훨씬 더 강렬하고 완전한 삶입니다. 죽은 자들이 곧 산 자들입니다. 그들은 죽었으나 살아 있으며, 죽은 이후에 영원토록 사는 것입니다.[3]

이것은 재진술을 특별하게 사용한 한 가지 귀한 예이다. 조지 버트릭(George Buttrick)의 설교들을 면밀히 살펴 보면, 제목 다음에 재진술을 사용하는 예가 많다는 것을 알게 된다. 어느 설교에서 그는 "현대의 걱정은 그 형식에 있어서만 현대적입니다. 왜냐하면 걱정 그 자체는 인간의 본성만큼이나 오래된 것이기 때문입니다"라고 주장하였다. 그리고는 그 다음 두 문장에서 똑같은 사상을 다른 표현으로 말씀하고 있다: "원자폭탄이 염려와 걱정의 원인이 된 것이 아닙니다. 그것은 과거부터 있던 염려와 걱정을 새롭게 일깨워주었을 뿐입니다. 물론 시대마다 정도는 좀 달랐을지 몰라도 과거부터 사람들은 언제나 걱정해왔습니다." 그 동일한 설교에서 그는 말하기를, "우리의 어두움을 알게 해주는 빛이 최소한 가끔씩은 우리에게 비쳐야 합니다. 그렇지 않으면 생명의 빛이 완전히 사라지고 말 것입니다"하고 하였다.

그런 다음 버트릭은 똑같은 사상을 다음과 같이 재진술하고 있다: "하나님에 대한 믿음은 하나님의 임하심을 알아야 합니다. 아니, 믿음이 하나님의 임하심에서 비롯되는 것입니다. 그렇지 않으면 그 믿음은 무기력해져 버릴 것입니다. 인생의 어느 분야에서든지 믿음은 먼저 부르는 것이요, 그 다음에는 거기에 응답하는 용기인 것입니다"[4]

월터 롤리 경(Sir Walter Raleigh)은 스타일에 대해서 논평하면서 이렇게 말했다: "글을 쓰는 데 있어서, 어느 한 가지를 세 차례 진술하되 그때마다 아주 형편없이 진술하는 것이, 박사들이 추천할 만큼 간결하고 충만하고도 결정적인 표현을 써서 한 번 진술하는 것보다도 훨씬 효과적일 수 있다."[5]

또한 재진술을 설교의 적절한 몇 군데에서 일종의 교향곡의 후렴처럼 사용할 수도 있을 것이다. 이 경우는 같은 단어를 계속해서 사용해서 청중으로 하여금 그것을 마음에 완전히 새기도록 하는 것이다. 이를 위해서는 본문의 단어들을 사용할 수도 있고, 한두 줄의 시구를 사용할 수도 있고, 우리 자신이 만들어 낸 경구(警句) 같은 것을 사용할 수도 있다. 불행하게도 성경 본문을 가지고 이 방법을 아주 형편없이 사용하는 것을 들은 일이 있다. 그 설교자의 설교는 내용이 아주 뒤죽박죽이었는데, 그는 자기 자신의 생각을 계속 제시하면서 성경 본문을 반복해서 이야기함으로써 그것을 정당화시키려 했던 것이다. 그러나 성경 본문과 설교자의 진술과는 전연 관련이 없었다. 그것은 참 부끄러운 일이었다.

올바로 행하면 재진술은 아주 중요한 역할을 하게 된다. 그러나, 여기서 명심할 것은 이미 명확하게 감동적으로 전달된 사상을 그저 다시 반복하기 위해서 재진술을 사용하지 않아야 한다는 것이다.

논증

그러나 어떤 진술을 정의하고 설명하고 재진술하는 것으로 조명하고 감동을 주는 것만으로는 충분치 않을 경우가 많다. 그 진술에 대한 증거가 필요한 것이다. 어떤 특정한 사상을 주장하는 이유는 무엇인가? 우리의 증거는 무엇인가?

설교에서는 주로 성경을 인용하게 된다. 또한 교부들의 글을 인용할 수도 있을 것이다. 아니면 현대의 권위자들의 말(이에 대해서는 "간증"에서 다룰 것이다)을 인용할 수도 있을 것이다. 그러나 순전히 논리적인 논증의 방식을 추구할 수도 있을 것이다. 삼단논법에 맞게 합리적인 추론을 해나감으로써 진술을 증명하는 방법이 그것이다. 아니면 우리의 요점을 입증하기 위해서 경험을 — 우리 자신의 경험이든 다른 사람의 경험이든 — 제시할 수도 있다. 혹은, 우리의 주장하는 문제에 대한 철저한 연구 결과에 의지하여 그 증거를 인용할 수도 있을 것이다. 어떤 사안을 논증할 때에, 기존의 상태에 대하여 알려진 원인들을 지적할 수도 있고, 어떤 사상이나 행동, 습관 또는 성격에 뒤따라 올 가능성이 많은 결과들을 지적할 수도 있을 것이다.

우리는 중생, 믿음, 그리고 성경의 가르침들이 모든 문제를 해결하기에 충분하다고 믿고 싶어할 것이다. "말씀을 토대로 하나님을 그대로 취하는 것"으로 족하지 그 이상 더 무엇이 필요하겠는가? 논증으로 사람을 하나님 나라로 인도할 수도 없고, 논쟁을 통해서 그 나라에 계속 거하게 만들 수도 없는 것이다. 사실이다. 그러나 성경은 말씀하기를, "여호와께서 말씀하시되, 오라, 우리가 서로 변론하자 …"(사 1:18)라고 한다. 사도 바울도 회심 직후 "각 회당에서 예수의 하나님의 아들이심을 전파하"였고, "힘을 더 얻어 예수를 그리스도라 증명하여 다메섹에 사는 유대인들을 굴복시키니라"(행 9:20, 22). 신앙을 갖기 이전이나 그 이후나 때로는 우리의 신앙에 대해 효과적인 논증을 할 필요가 있는 것이다. 상처는 — 개인적이거나 가정적이거나 국가적이거나 간에 — 최소한 그것들이 제기하는 절실한 문젯거리들을 정직하게 다룰 필요가 있는 것이다.

길버트 하이엣(Gilbert Highet)은 그것을 이렇게 진술하고 있다: "고통 중에 있는 사람들은 '왜?'라고 묻는다. '내가 어떻게 하면 좋을까?'라고 묻는다. '어떻게 하면 이것을 견딜 수 있을까?'를 묻는다. 때때로 그들은 잘못이라는 것을 스스로 알면서도 격렬하게 위협하기도 한다. 왜냐하면 누군가가 설득을 통해서 자기를 이겨주기를 바라기 때문이다."[6]

이것은 개인 상담자에게 주는 도전이다. 그러나 설교자의 설교 영역에도 대부분 해당되는 내용이다. 포스딕은 옛날의 설교자들은 두려움이나 사랑, 감사, 자기 보호, 이타주의 등의 주요 동기들에 호소하였다고 지적한다. 그는 이런 동기들 속에 인간의 행동의 근원이 있음을 보았고, 그 자신이 그것들을 효과적으로 사용하였다. 그에게 있어서 설교는 바로 "삶과 죽음의 문제들에 대해 개인과 씨름하는 것"이었다.[7]

폴 틸리히는 논증에 대한 한 가지 놀라운 실례를 제공해 준다. 그의 설교는 "불평등이라는 수수께끼"에 대한 것이다. 그는 그 설교에서, 우리들 각자 우리에게 주어진 것을 우리의 책임으로 알아서 그것을 늘릴 것인지 없앨 것인지를 깊이 생각해야 한다고 말했다. 그러나 다른 사람들에게는 그것을 적용할 수가 없다고 말한다:

자기 자신에 대해서 큰 고민을 갖고 우리에게 오는 사람에게, "당신에게 주어진 것을 사용하십시오"라고 말할 수는 없습니다. 그렇게 할 수 없으니까 그 사람이 우리에게 온 것 아니겠습니까! 또한 자기 자신에 대해서 절망에 빠져 있는 사람에게, "좀 달라지십시오"라고 말할 수도 없습니다. 스스로 달라질 수 없다는 것이 그 사람의 절망의 원인일 테니까요. 주변의 상황의 파괴적인 영향력을 극복하지를 못해서 범죄와 비참함 속에 빠져들어간 사람들에게, "좀더 강해지십시오"라고 말할 수도 없습니다. 그들이 환경이나 과거의 유산 때문에 빼앗겨 버린 것이 바로 그런 강건한 힘이기 때문입니다.[8)]

사상의 뒷받침

앞에서 정의, 설명, 재진술, 그리고 논증을 사상 전개의 주요 방법으로 살펴 보았다. 실례와 예화 그리고 증언 등은 위의 것들과는 별도로 다루어야 하지만, 이것들 역시 사상 전개를 뒷받침하는 기능을 발휘하는 것이다. 위의 주요 방법들이 이런 형식의 뒷받침하는 도구들을 함께 사용하는 경우가 많다. 이제 이것들을 좀더 상세하게 살펴 보기로 하자.

실례

우선, 실례란 우리가 말하는 내용의 실제적인 경우를 지칭한다. 때로는 경우(case)라고 말해도 무방할 것이다. 세 가지 종류의 실례를 나누어 살펴 보기로 하자: (1) 일반적인 실례, (2) 구체적인 실례, (3) 가상적인 실례.

일반적인 실례는 주장이나 주제를 표현한 문장 속에 포함된 내용을 보여 주는 역할을 한다. 주장의 핵심을 구체적으로 보여주는 것이다. 그러나, 그러면서도 이름이나 날짜나 시간이나 장소, 구체적인 사건은 언급하지 않는다. 일반적인 실례를 사용할 때에는 예를 들어서, '어떤 가정에' '초기에' '어느 큰 도시에' 라는 식으로 말한다. 구체적으로 어떤 가정인지, 어느 해인지, 어느 도시인지는 밝히지 않는 것이다. 우리의 주 관심사는 그저 우리의 주장을 좀더 충만하게 전달하는 데 있기 때문이다. 일반적인 실례는

"연사의 주장 속에 표현된 사상의 상세한 내용을 청중에게 제시해주는 뒷받침의 형식이다. 그것은 진술 그 자체 속에 포함된 일부나 그룹을 보여준다. 그러나 개별화시키지는 않는다."[9] 일반적인 실례는 설교의 목적 — 이해, 믿음, 느낌, 혹은 설득 — 을 이루는 데 아주 유용하다.

에두아르드 슈바이처는 우리 그리스도인들은 예수 그리스도 안에서 이미 일어난 일을 근거로 살며, 또한 장차 올 것을 근거로 산다고 말한다. 그 다음 이것을 구체화시켜서 이렇게 말한다: "바울의 안목을 가진 사람은 내일 저녁에 참석할 모임이나, 오늘 오후에 읽을 책이나, 내년 봄에 치를 시험이나, 내년 여름에 다녀 올 여행이나, 금년에 있을 결혼식이나, 다음 달에 행할 수술 같은 것만을 예상하며 사는 것이 아닙니다. 그는 하나님이 만유 가운데 만유가 되실 그 날을 바라보며 사는 것입니다."[10]

제임스 스튜어트는 그리스도께서 "티끌로 만드실" 장벽들에 대해서 말씀한다. 그 다음 그는 일반적인 실례를 든다: "인종 간의 장벽, 계급 간의 장벽, 분파, 교파, 정치적인 장벽, 맛과 기질 상의 장벽."[11]

테오도어 파커 페리스(Theodore Parker Ferris)는 하나님 나라는 인간이 세운 그 어떤 제국보다도 위대하다고 주장한다. 그 다음 이런 일반적인 실례를 든다: "그 나라는 모든 생물들과 모든 나라들과 모든 문화들과 모든 계급과 모든 인종들을 다 포괄합니다."[12]

구체적인 실례는 구체적이라는 형용사가 암시하는 그런 역할을 한다. 곧, 이름, 날짜, 시간, 장소, 사건들을 구체적으로 제시하는 것이다.[13] 그냥 어떤 가정이라고 하지 않고 존스의 가정이라고 하며, '초기에'라고 하지 않고 1776년 7월 4일이라고 하며, 어떤 큰 도시라고 하지 않고 런던이라고 구체적인 정보를 제공하는 것이다. 일반적인 실례는 더 포괄적이고 더 감동적일 수 있다는 이점이 있는데 반해서 구체적인 실례는 현실감을 더 해주고 그리하여 신빙성을 더 높여준다.

이 방법을 사용하려면 재진술이나 일반적인 실례의 경우보다 정보가 더 정확해야 하고 더 조심해야 한다. 우리의 기억에 의지하는 것만으로는 이 방법을 사용할 수가 없다. 여러 가지 참고 서적과 복잡하지 않은 파일 시스템을 갖추고 있어야 하고 폭넓은 독서를 통해서 이런 구체적인 실례의 방법을 마음껏 사용할 수가 있다. 기억력이 아주 좋아도 도움이 될 것이다.

칼라일 마니(Carlyle Marney)는 교회사에 대한 자신의 지식을 잘 활용한다:

> 여러분 그것이 깜짝 놀랍습니까? 편견에 대한 현대의 싸움은 최소한 팔백 년 전에 시작되었습니다. 우리와 영적인 친척 간이라 할 수 있는 12세기의 왈도파 사람들(Waldensians)에 대해서 들어보신 일이 있습니까? 그들은 자유로운 예배를 전하는 자유의 복음을 널리 보존하고 전파하기 위하여 알프스 산맥의 깊은 골짜기로 피해 들어갔습니다.
>
> 아니면, 파리의 존(John of Paris)과 파두아의 마르실리우스(Marsilius of Padua)에 대해서 들어보셨습니까?…
>
> 아마 단테 알리기에리와 그가 쓴 「신곡」(*Divine Comedy*)에 대해서는 아시겠지요. 그러나 1311년 그는 또한 민중의 평화를 선포했다는 것이나….
>
> 죽은 지 오랜 존 위클리프의 시체가 매장을 위해 발굴되었을 때까지도 그가 생전에 외친 외침이 그치지 않았다는 사실 등에 대해서는 잘 모르실 것입니다[14]

그 다음은 **가상적인 실례**가 있다. 그것은 실제적인 사례는 아니지만 그것과 똑같은 기능을 발휘할 수가 있다. 이것은 청중의 상상력에 현실처럼 다가간다. 실례가 삶과 경험에 아주 적절하게 되면, 설교의 몇 가지 목표들을 이루는 데 도움을 줄 수가 있다.

어떤 설교자들은 그들의 경험이 제한되어 있다는 것을 한탄한다. "내게는 무슨 짜릿한 경험도 없고, 그러니 예화로 사용할 만한 것이 있어야지!" 라거나, 혹은 "독서를 많이 못했기 때문에 거기서 무슨 자료를 끌어낼 만한 것이 없어"라고 할 수도 있다. 이처럼 구체적인 사례가 빈약할 경우, 가상적인 실례가 사상을 구체적으로 전달해 줄 수 있는 방법을 제공해 주는 것이다.

이 방법을 가장 효과적으로 사용한 설교자는 아마 필립스 브룩스일 것이다. 그는 일화나 구체적인 실례는 성경에 나오는 경우를 제외하고는 사용한 적이 거의 없다. 그러나 앤드루 블랙우드가 칭하듯이 여닐곱 가지의 사례를 가지고 설교를 세워나갈 수가 있었다. 곧, 성경에서 이끌어낸 원리가 어떻게 사람들의 삶에 적용되는지를 보여주는 것이다.[15]

"주님의 촛대"라는 유명한 설교에서 브룩스는 이렇게 말한다: "많은 것을 이루어 놓았고 자비로운 성품을 갖고 있고, 교양도 있고, 품행도 방정한 사람에 대해서, 스스로 다른 사람들의 빛이 되고 그들을 돕는 자가 되도록 훈련시킨 사람에 대해서, 이제 그 훈련이 완결되어 속수무책으로 어두움 가운데 있는 이웃과 함께 서 있는 사람에 대해서 과연 어떻게 대해야 하겠습니까? 그런 사람들은 굉장히 많습니다. 사람들이 자라도록 옆에서 돕는 사람들을 우리는 많이 알고 있습니다. 형제들이 주위에 서서 그들에게서 빛이 비치기를 기대하건만 빛이 나오지 않는 사람들도 있습니다." 또다른 설교에서 그는 간결한 가상적인 실례를 차례로 사용하고 있다:

가령 사람이 자기의 격한 감정과 싸운다고 생각해 봅시다. 지금까지 아무리 미워하고 경멸해도 한번도 이겨본 적이 없는 비참한 방종의 습관이 그 사람을 계속해서 괴롭히고 있습니다 …. 그는 연약한 가운데서 주위를 둘러보며 도움을 찾습니다. 도움을 과연 어디서 찾을까요? 그 도움은 그의 아주 가까이에 있는 것 같습니다. 욕심이 밀려 나오는 몸의 구조 그 자체 속에 말입니다. 건강을 위한 법칙들이 있습니다만, 그것들이 그의 방패막이게 되지 않을까요? … 아니면, 다른 경우를 봅시다. 어떤 사람이 친구와 사귀면서 정직하게 못하게 처신할 유혹을 받았다고 합시다. 이럴 경우 과연 어디서 정직의 힘을 얻겠습니까? 그의 부정직이 발각났을 경우 그 치욕이 어떠할 것인가를, 명성을 잃어버리고 친구의 존경도 잃어버릴 상황을, 그에게 보여주도록 하십시오. … 아니면, 사람이 잔혹해지거나 거치게 언쟁을 할 유혹을 받을 때에, 그렇게 싸우면서 마음이 불편한 것이 싸워서 이기는 만족감보다 더 크다고 생각해도 그런 유혹을 이길 수가 있을 것입니다. 또는 게으름의 약점이 자기에게 다가온다고 느낄 때에, 아주 능동적이고 정력적인 사람들 가운데 가 있으면 그들의 에너지가 자기에게도 전염되어와서 부끄러움을 일깨워 준다는 것을 알 수가 있을 것입니다. 이런 모든 것들이 유혹을 받는 사람들에게는 합당한 도움을 얻는 방법들입니다. 고통에 대한 두려움, 치욕과 부끄러움에 대한 두려움, 불편함에 대한 두려움 등은 우리가 인생가운데서 매우 연약할 때에 그 순간에 우리에게 도움을 줄 수 있는 도구가 될 수

있습니다.[16)]

　이런 가상적인 실례들은 개인이 경험이나 관찰한 것들에서 조금씩 떼어서 만들어낼 수가 있다. 그것들은 여러 사람들의 성격과 개성을 복합시켜 놓은 것일 수도 있다. 그러나 설교자가 자기에게 영감을 준 개인을 드러내려고 겉만 살짝 가리운 채로 그 사람의 이야기를 해서는 안될 것이다. 강단이 웃음거리가 되어서는 안되는 것이다. 그러나 그럼에도 불구하고, 이런 실례들의 한 가지 합당한 목적은 개인으로 하여금, 설교자가 자기를 지목하고 웃음거리로 만들고 있다는 식의 생각을 갖지 않고서도, 그 실례에서 묘사되고 분석되는 그 인물들과 자신을 동일시하도록 만들어 주는 데 있다. 사례를 다루되 간접적으로 다룸으로써, 듣는 자들이 방어적인 자세를 취하지 않고 그들의 삶의 방식에 대한 통찰을 얻고 하나님을 기쁘시게 하도록 자유로 결단하도록 할 수 있게 하는 것이다. 그러므로, 설교자의 편에서 요청되는 것은 좋은 감각과 다른 사람의 느낌과 필요에 대해서 민감할 것과 인간의 행동에 대한 통찰을 더 깊이 갖는 것이다.

예증

　예증(illustration)이라는 용어는 대중적으로는 실례(example)까지도 포함하는 뜻으로 사용되는데, 여기서는 약간 다른 의미로 사용할 것이다. 여기서는 어떤 사물을 다른 것과 비교하는 것을 지칭하는 뜻으로 사용한다. 예증이란 설교에서 논의하고 있는 내용의 실례나 경우가 아니다.

　첫번째 타입의 예증은 명확한 비교, 즉, 직유(simile)와 유추(analogy)이다.

　직유는 간결한 비교로서 두 가지 사물이 오로지 한 가지 면에서만 유사하다는 사실을 드러낸다. 직유는 시에서 흔히 사용된다. 그리고 성경도 이를 광범위하게 사용하고 있다. 그러나, 설교에서 이를 많이 사용할 수 있는데도 불구하고 정작 설교에서는 직유가 그리 많이 사용되지 않는다는 것을 발견했다. 성경으로 돌아가면, 이 직유들이 당장 눈에 띈다:

- 아비가 자식을 불쌍히 여김 같이 여호와께서 자기를 경외하는 자를 불쌍히 여기시나니 (시 103:13).
- 너희 죄가 주홍 같을지라도 눈과 같이 희어질 것이요 진홍 같이 붉을지라도 양털 같이 되리라 (사 1:18).
- 악인은 그렇지 않음이여 오직 바람에 나는 겨와 같도다 (시 1:4).
- 여호와의 말씀은 순결함이여 흙 도가니에 일곱 번 단련한 은 같도다 (시 12:6).
- 오직 여호와를 앙망하는 자는 … 독수리의 날개 치며 올라감 같을 것이요 (사 40:31).

나는 대학 시절 프레드 브라운(Fred F. Brown)이 침례교 방송 설교에서 행한 한 가지 직유를 지금까지도 기억하고 있다. 그는 플리머스에 청교도들이 상륙한 과정을 묘사하면서, 이렇게 말했다: "겨울 바닷물에 발을 담그고 걸어서 해변으로 갔는데, 옷에 젖은 물이 얼어서 마치 갑옷처럼 되었다"[17] 이런 묘사는 약간 과장된 것이었지만, 그래도 그런 비교는 아주 기억에 남을 만한 것이었다.

존 킬링거(John Killinger)는 큰 폭풍이 불 때에 작은 뗏목을 탄 사람이 느낀 느낌을 묘사하면서, "바다가 출렁거리고, 마치 큰 액체의 뱀처럼 뒤엉킬 때에"라고 하였다. 피터 마샬은 주께서 붙잡히신 후 시몬 베드로가 본 것을 묘사하면서, "이따끔씩 지나가는 행렬의 불빛이 나무 사이로 보였다. 마치 거대한 개똥벌레처럼 보였다"고 했다. 프레더릭 부크너는 성 베드로 성당 광장의 성탄절 이브의 상황을 말하면서, "마치 수풀에 불이 옮겨 붙듯이 찬양 소리가 여러 곳에서 터져 나왔다"고 한다.[18]

현대의 직유들은 설교에서 묘사하는 구절들 속에서 나오는 것들이다. 그리고 그렇게 사용하는 것이 또한 적절하기도 하다. 그러나 성경이 직유를 많이 사용하듯이, 그렇게 직유를 많이 사용할 수는 없을까? 그래서 도덕적 신앙적 비교의 예를 많이 들 수는 없을까? "두려움이란 마치 흰개미와도 같아서 우리의 평화와 안정의 내적인 구조를 먹어 치운다." "하나님의 은혜는 마치 어두컴컴하고 구름이 가득 낀 날에 태양이 환히 내리쪼이듯 그렇게 우리의 우울한 심령을 깨뜨리고 다가오는 것이다."

유추(analogy) — 비교가 확대된 것을 가리킨다 — 는 설교에서 직유보다 많이 볼 수 있다. 레슬리 웨더헤드(Leslie Weatherhead)는 하나님이 우주를 어떻게 보존하시는지를 이해하도록 돕기 위해서 이렇게 말한다: "어린 아이를 키운다고 생각해 봅시다. 어린 아이를 위한답시고, 벽을 오리털로 덮는다든지, 마루 바닥을 거품으로 만든 고무 재질로 깔지는 않을 것입니다. 어린 아이가 담장 모서리나 탁자 다리에 걸려 넘어져서 많이 다칠 수도 있을 것입니다. 그러나 면도날이나 양잿물 같은 것을 놓아두지도 않을 것입니다."[19] 존 스토트(John Stott)는 믿음과 이성의 서로 다른 기능을 다음과 같은 유추를 통해서 이해시키고 있다:

> 하나님이 마치 높은 벽이 쳐져 있는 아름다운 정원과 같다고 상상해 봅시다. 두 사람이 그 벽을 자로 재어서 하나님을 발견하려고 결심합니다. 한 사람은 이성이라고 불리고, 다른 사람은 믿음이라고 불립니다. 이성은 감정이 없고 사실에만 의지하는 친구인데, 그는 천천히 조심스럽게 발을 댈 수 있는 데로 벽을 타고 온갖 힘을 다 써서 올라갑니다. 그런데 아주 동작이 민첩하고 상상력이 많은 사람인 믿음은 이성이 그처럼 애쓰면서 더디게 올라가는 것을 도저히 참을 수가 없습니다. 그는 공중으로 뛰어 올라서 곧바로 거의 꼭대기까지 올라가는가 싶더니, 공중에 아찔하게 매어 달려 있다가는 밑바닥으로 다시 떨어지고 맙니다. 이렇게 각기 혼자서 노력했다가 실패하자, 이제는 믿음과 이성이 함께 협력하기로 결심합니다. 이성이 벽의 밑바닥에서 두 발을 땅 위에 든든하게 대고 서 있습니다. 그 다음 믿음이 이성의 어깨를 타고 올라갑니다. 그리하여 산뜻하게 벽을 뛰어 넘습니다. 여러분, 하나님은 믿음을 통해서 깨달을 수 있습니다. 그러나 그를 깨닫는 그 믿음은 이성에 기초를 두고 있는 것입니다.[20]

두번째 타입의 예증은 **암시적인 비교**인데, 곧, 은유(隱喩, metaphor)와 풍유(諷諭, allegory: 영어음 그대로 '알레고리' 라고도 한다 — 역자주)가 그것이다.

은유란 한 가지 대상을 지칭하는 단어나 문구를 다른 것을 지칭하는 의미로 사용하여 두 가지 대상을 서로 비교하는 뜻을 암시하는 비유적인 표현법이다. 우리의 언어에는 살아 있든 죽어 있든 은유가 가득 차 있다. 지극히 추상적인 진술 가운데 사용되는 단어들도 아주 구체적인 용어에서 비롯된 경우가 허다하다. 죽어 있는 은유에 대해서는 아무것도 할 수 없고 그저 사용하는 수밖에는 없다. 살아 있는 은유는 먼저 올가미로 매고, 우리에 가두고 그 다음에 사용하면 된다. 직유도 마찬가지이지만, 은유는 시(詩)의 언어이다. 설교에서 직유를 사용하는 예는 별로 없으나, 은유는 아주 풍성하게 사용된다. 은유의 중요성이 수많은 대중적인 연사들에게 널리 퍼져 있다 보니까, 사람들마다 제각기 연설에 색깔을 주고자 하는 열심으로 은유를 섞기도 하는데 때때로 아주 우스꽝스러운 결과를 내기도 한다.

예수께서 직유를 사용하셨다면, "너희는 세상의 소금과 같다"고 말씀하셨을 것이다. 그러나 그는 은유를 써서 "너희는 세상의 소금이니"라고 말씀하셨다. 직유는 어떤 것이 다른 어떤 것과 같다는 식으로 평상적으로 진술하는 것이다. 은유의 경우도 그것이 다른 어떤 것과 같다는 것을 암시하는 것은 분명하지만, 그런 식으로 표현하지를 않는 것이다.

부크너는 아주 그림 같은 은유들을 사용한다: "노래가 그 큰 미켈란젤로의 원형 돔 속으로 부풀어 올랐다. … 거룩한 절기에 거룩한 장소에서 누구나 느낄 법한 느낌이 그 굉장한 광경에 그냥 먹혀 버렸다. … 도덕적이고 영적인 갈등이 … 인간 역사 그 자체를 우리의 사사로운 내적인 역사만큼이나 뒤흔들어 놓을 만큼의 강력한 힘으로 공중으로 터져 나왔다."[21] 마샬(Marshall)도 은유를 굉장히 많이 사용한다: "침묵이 찔림을 당했다", "새벽 나팔", "농장 뜰에서 흔히 보는 풀", "도시의 유혹에 취해서", "베드로에게 깨달음이 흘러 들어왔다", "그의 마음을 사로잡은 얼음처럼 차디 찬 공포", "그녀의 믿음이 탄생했을지도 모른다. 그 이상스런 환경의 바람이 하나님의 아들의 마음 속 제단에 불어와서 그 제단 불에 스파크를 일으켜 불꽃이 피어난 것이다."[22]

부크너나 마샬이나 아주 거부감 가게 혹은 우스꽝스럽게 그의 은유들을 뒤섞지는 않았다. 버겐 에반스(Bergen Evans)는 은유를 뒤섞는 것 그 자체가 나쁜 것은 아니고 엉터리로 잘못 섞지만 않으면 된다고 주장한 바 있다. 절반쯤 미친 햄릿(Hamlet)이 문제의 바다를 향하여 무기를 들고 대항해야겠다고 말하면, 거기에는 이미지가 서로 상충되는 면이 있는 것이 분명한데도 아무도 거부감을 느끼지 않을 것이다. 그러나 아무런 스트레스도 받지 않는 사람이 마치 복지 과장이 한탄한 말처럼 "어린 아기들이 이미 목욕물에 들어갔는데 사람들은 베이컨을 아끼고 싶어서 우리에게로 온다"[23)]는 식으로 말하면, 그 경우는 전혀 문제가 달라진다. "분리주의 논쟁의 봇물이 터져서, 불화의 사과가 … 하원 한가운데에 던져졌다"는 표현도 마찬가지이다.[24)] 또한, "새로운 정책이 대중의 눈에 견실하게 정착되었다"[25)]라는 표현도 마찬가지이다.

찰스 퍼거슨(Charles W. Ferguson)은 이미지로 생각하고 말하기를 의도적으로 배워서 우리의 말을 활기있게 해야 한다고 제안한 바 있다. 그는, 예컨대 일 주일 중 하루를 정해서 특별한 직업이나 산업에 주의를 기울여 거기에서 잘 쓰는 용어들을 사용하자고 하였다. "그런 용어들에서 이미지를 골라내는 작업을 함으로써 그 가운데서 일상적인 말과 글에서 쓸 수 있는 것이 어느 정도나 되는지를 보는 것이다."[26)]

풍유는 옥스포드 「영어 사전」(*Oxford English Dictionary*)에 의하면 "확장되는 혹은 연속되는 은유"(an extended or continued metaphor)이다. 풍유 가운데 가장 잘 알려진 예 가운데 하나는 존 번연(John Bunyan)의 「천로역정」(天路歷程, *Pilgrim's Progress*)이다. 그것은 어떤 사람이 멸망의 도시(The City of Destruction)에서 천상의 도시(The Celestial City)로 가는 여정에서 벌어지는 사건들을 서술해 가는 것인데, 사실상 그 이야기를 통해서 더 중요한 이야기를 하는 것이다. 곧, 그리스도인이 갖가지 인생의 경험 속에서 얻는 영적 싸움과 승리를 서술하고 있는 것이다. 그런 전개와 뒷받침의 형식도 가끔씩은 사용할 수 있을 것이다. 그러나 잘 사용하면 이것도 아주 극적인 효과를 낼 수가 있다.

세번째 타입의 예증은 이야기인데, 일화(逸話, anecdote)나 비유나, 우화

(寓話) 같은 것이 여기에 속한다.

일화는 문서화되어 있지 않은 — 또 어떤 경우는 도저히 문서화할 수 없는 — 사건이나 소문이라고 정의할 수 있을 것이다. 그것은 사실로 생각되지만, 반드시 사실일 필요는 없다. 에이브러햄 링컨(Abraham Lincoln)은 이렇게 말했다고 한다: "사람들은 내가 아주 훌륭한 이야기를 많이 한다고 이야기하지요. 내가 생각해도 그런 것 같습니다. 그러나 오랜 세월 동안의 경험을 통해서 발견한 것은 보통 사람들은 … 다른 어떤 방식보다는 폭넓은 예증을 통해서 말할 때에 더 쉽게 알아듣는다는 것입니다. 비평만을 일삼는 소수의 사람들이야 어떻게 생각하든 제가 상관할 바가 아니지요"27)

일화에 있어서 요점은 그것이 과연 신빙성이 있느냐가 아니라 그 내용이 무엇이냐에 있다. 그러나 진리의 전달자인 설교자로서는 일화를 사용할 때에 그 이야기의 사실성에 대해서 책임을 지지 않는 방식으로 전달하는 것이 좋을 것이다. 이런 식으로 시작할 수 있을 것이다: "제가 들은 바로는 …"; " … 에 대해서 이런 이야기가 있습니다"; "그냥 지어낸 이야기일지도 모릅니다만 …"; " … 에 대해서 이런 이야기를 들어보셨습니까?"

비유는 어떤 사물을 설명하거나 드러내는 이야기이다. 어떤 문맥 속에서 그런 비유를 말함으로써 자동적으로 요점이 전달되는 것이다. 예수의 비유의 경우는 아주 현실적이면서도 그 가운데 깜짝 놀랄 만한 요소가, 즉 신적인 역전(逆轉)이 들어 있었다. 앞에서 지적한 바와 같이 부크너는 감히 말하기를, 그 비유들을 일종의 "거룩한 우스갯소리"(holy joke)로 생각할 수도 있을 것이라고 했다.28)

비유는 가상적인 실례와 다음과 같은 공통점이 있다: 허구일 수도 있지만, 그러면서도 사실에 아주 흡사한 면을 지니고 있다는 점이다. 오늘날의 설교자도 영적 진리를 드러내거나 요점을 잘 전달해 주는 비유들을 얼마든지 만들 수가 있다. 죄렌 키에르케고르(Soren Kierkegaard)는 그의 글로 쓴 "설교들"에서 아주 설득력 있는 비유들을 사용하였다. 그는 진리를 간접적으로 전달하는 것이 가장 효과적이라는 그의 확신을 그대로 그 설교들에서 실행에 옮긴 것이다. 그리고 그렇게 간접적으로 진리를 전달하는 방법으로서 비유만큼 좋은 것이 없다. 어떤 특정한 상황 속에서 아주 좋은 비유를 이야기하면 해석을 통해서 뜻을 설명해주지 않아도 진리가 잘 전달될 수 있는 것이다. 헨리 그레이디 데이비스(Henry Grady Davis)는 예수께서 비유를 설명하시지 않았는데도 그의 반대자들은 그 뜻을 알아차리고 그것 때문에 그를 죽이려 했다는 사실을 지적한다.[29]

우화는 이야기인데, 이야기 속에서 동물이나 생명이 없는 물체가 말을 하는 것이다. 다른 이야기들과 비교할 때에, 우화는 그 유용성에서 제한성이 있다. 그러나 이솝 우화(Aesop's fable)의 가치가 시대를 초월하여 지속되는 것을 보면, 우화도 예증의 수단으로서 아주 귀한 위치에 있다는 것을 알 수 있다.

증언

설교의 내용을 뒷받침해 주는 또 한 가지 중요한 형식으로 **증언**(testimony)을 들 수 있다. 물론 설교자 자신의 개인적인 증언도 여기에 포함될 수 있겠지만, 주로 바깥 사람의 증언을 뜻한다. 아주 유명하고 존경받는 사람들의 증언들을 흔히 들을 수 있다. 예를 들어서, 어느 특정한 상품의 효과에 대해서 혹은 이런저런 사람이나 그룹이 주최하는 특정한 활동에 참가할 이유 같은 것을 증언의 형식으로 전달하는 것이다. 그들의 이름이 마치 마법처럼 그 상품이나 활동에 계속해서 따라 붙는 것이다.

분명히 말해서, 설교에서 증언을 사용할 때에는 그만큼 가치 있는 목적이 있어야 한다. 즉시 생각할 수 있는 목적은 권위를 부여하는 것이라 할 수 있다: 다른 사람의 증언이 설교자의 말에 권위를 실어 줄 수 있는 것이다. 증언하는 사람이 잘 알려져 있고 존경을 받는 사람일 경우는 더욱 그럴 것이다. 또한 무명의 사람이라 할지라도 우리가 말하는 주제를 직접 경험한 경우는 그 사람의 말이 권위가 있게 될 것이다: "예루살렘에서 자라난 사람이 내게 말하기를 …"

"권위자들"의 증언을 사용할 때에는 청중이 그들을 권위자들로 인정한다는 것을 확신하고 있어야 할 것이다. 그들이 정말로 권위자들인데도 청중이 그렇게 받아들이지 않으면, 그들의 증언은 오히려 역효과를 내고 말 것이다. 그렇기 때문에 청중을 분석하는 일이 필요하다. 그러나 또다른 한 가지 시각을 고려해야 한다. 청중이 잘못된 편견을 가지고 있는 어떤 사람의 증언을 인용함으로써 그 사람이 최소한 어떤 문제에 대해서는 옳다는 것을 보여줄 수도 있고, 그리하여 그 사람들을 좀더 깊이 이해하게 하고 그들을 좀더 진지하게 평가하도록 유도할 수도 있는 것이다.

증언의 또 한 가지 용도는 인증 혹은 예증이다. 설교자가 인용한 어떤 사람이 설교자만큼 그 주제에 대해 권위가 없다 할지라도, 그 사람의 말을 첨가시킴으로써 논의를 더 활발하게 만들 수가 있는 것이다. 한두 줄의 시구를 인용하는 예가 종종 있는 것이 바로 그 때문이다. 다른 말로 하면, 설교자가 인용한 어떤 사람이 문제를 기억에 남도록 아주 충격적으로 진술하여 논의를 훨씬 쉽게 만들 수가 있는 것이다.

증언을 예증을 위하여 사용할 경우, 우리는 "이 사람이 나보다 문제를 더 잘 다루는가?" "이 인용문이 논의에 활기를 줄 만큼 야무진가, 아니면 느낌을 더 풍성하게 해줄 만큼 아름다운가?"라는 질문을 먼저 하는 것이 좋다. 설교 중간에 다른 사람의 증언을 인용함으로써 맥을 잠시 끊을 수도 있는데, 그럴 때는 그런 인용문이 주는 감동을 삭감시킬 만한 그런 내용은 생략하는 것이 더 나을 것이다. 어쨌든, 인용을 너무 자주 하면 많은 사람들에게 거부감이 생긴다. 생각 있는 사람들에게는 특히 더 심하다. 그들은 어떤 주제에 대해서든 아주 값싸게 인용문을 비축해 놓을 수 있다는 것을 이미 알고 있기 때문이다. 더 나아가서, 설교자가 인용할 때에, 인용문이 길어질수록 효과가 더 떨어진다. 그리고 인용문의 아름다움에 대해서는 각자 취향에 따라서 달리 느끼게 된다. 그러므로 지나치기가 쉬운 것이다.

과연 증언이 도대체 필요한 것인가? 이것은 설교의 목적에 의해서 결정된다. 여러분의 목표가 주로 본문을 해명하는 데 있다면, 뒷받침하는 증언을 위해서 구태여 본문 밖의 것에 도움을 구할 필요가 없을 것이다. 본문 그 자체가 여러분의 권위이기 때문이다. 그것이 설교와 증언의 중심 사상을 제공해 주는 것이다. 심지어 성경 다른 곳에서도 뒷받침해 주는 증거를 찾을 필요가 없을 수도 있다. 특히 본문의 편파성에 균형을 맞추기 위해서라면 더 말할 것도 없다. 에두아르드 슈바이처의 다음과 같은 말을 기억하라: "지나치게 균형이 잘 맞추어진 설교는 그 메시지를 진정으로 전달하지 못한다."[30]

17. 스타일

사람들은 누구나 나름대로 스타일을 지니고 있다. 이 스타일은 그것을 지닌 개인의 고유한 소유물이다. 물론 다른 사람의 것을 무분별하게 모방한 것일 수도 있고, 수많은 사람들의 스타일을 모방한 것일 수도 있지만 말이다. 마치 사람들 중에서도 다른 사람보다 더 좋아하는 사람들이 있듯이, 스타일 중에서도 우리가 선호하는 스타일이 있는 법이다. 프랑스의 디자이너 뷰퐁(Buffon)의 다음과 같은 말이 많이 인용된다: "스타일이 사람 그 자체이다." 과연 그렇다! 여러분의 스타일이 배우의 스타일일 수도 있고, 아니면 그보다 훨씬 더 독창적인 스타일일 수도 있다.

그러나, 함께 알고 흠모하는 사람들에게 아무런 감동도 주지 못하며 온갖 경험을 통해서도 남에게 감동을 주지 못한 사람이라면 아마도 가장 재미 없는 사람일 것이다. 개인들이 정말로 진실한 사람일 수도 있다. 하지만 그들이 보고 듣고 경험한 모든 것들이 그들의 스타일에 반영되어 나오며, 또한 그 스타일이 그들의 진실성을 유지해 주는 것이다. 여기서 과연 차이가 무엇인가? 그런 개인은 성격과 목적의 진실성이 그저 경험에서 반영되어 나오는 정도가 아니고, 그 진실성이 경험과 일치하여 계속 유지되는 것이다.

뷰퐁의 말은 옳았다: 우리의 스타일은 나쁘든 좋든 우리의 모습이다. 그러나 우리의 스타일을 개선할 수 있는 몇 가지 방법들이 있다. 즉, 우리의 모습을 개선시키며 또한 그럼으로써 우리 자신과 또한 우리가 전하는 내용을 더욱 바람직하게 만들어주는 그런 방법들이 있다는 말이다.

우선 청중에게 긍정적인 영향을 미치는 그런 스타일의 질(質)부터 살펴 보기로 하자. 그 다음에 스타일을 개선하는 데 사용할 수 있는 몇 가지 방법들을 살펴 볼 것이다.

분명한 스타일

가장 중요한 것은 명확성이다. 설교를 듣는 청중이 과연 설교에서 말씀하고자 하는 바를 이해하는지를 분명히 해야 한다. 표현의 명확성이 이해의 명확성을 결정해 주는 것이다.

단어

명확성에 대해서 우선 살펴 볼 것은 올바른 단어 선택에 대한 문제이다. 어떤 사람들은 단순한 언어를 경멸한다. 그것이 자기들이 받은 교육을 가린다고 여기기 때문이다. 또 어떤 사람들은 오직 자기와 자기 동료들만이 사용하는 전문 용어에 너무나 익숙해 있어서, 무의식적으로 그런 용어를 계속 사용해서 일반 사람들이 도저히 이해하지 못하게 만드는 경우도 있다. 설교자는 이 두 가지 모두에 해당될 수 있다. 다방면에 많은 독서를 하다 보니, 일반 사람들의 평상적인 언어와 괴리가 생기기가 쉽다. 물론 우리들이 쓰는 말을 대부분은 다 알아 듣겠지만, 그럼에도 불구하고 그들이 좀 더 많이 이해할 수 있도록 만들어 줄 수가 있는 것이다.

가장 많은 사람들에게 의미를 효과적으로 전달하는 데 목표를 둘 경우는, 전하고자 하는 의미를 가장 신속하게 가장 확실하게 전달해 줄 수 있는 그런 단어들을 선택할 것이다. 곧, 설교에서 라틴어에서 파생되어 온 단어들보다는 앵글로 색슨계의 고유한 단어들을 선호하게 될 것이다(이는 영어권에 해당되는 내용이다. 한글을 쓰는 우리들에게는 아마 순 한글식 표현과 한자어 표현 중에 한 가지를 선택해야 하는 상황을 생각하면 비슷할 것이다 — 역자주). 앵글로 색슨계의 단어는 일상 생활에 쓰이는 것들로서 보통 아주 사소한 단어들이다. 반면에 라틴어는 교회의 제도권이나 법, 혹은 학문계에서 사용하는 언어이다. 앵글로 색슨계 언어는 구어체의 영어다. 그러나 영어에 들어온 라틴어식 단어들은 전문 단어들이요 보통 문어체의 영어를 구성한다. 이런 구분이 물론 절대적인 것은 아니다. 의미가 거의 동일한 단어들을 두 그룹으로 다음과 같이 묶어 놓았는데, 그 두 가지를 서로 비교해 보라:

앵글로 색슨	라틴
get	acquire
greathearted	magnanimous
better(동사)	ameliorate
opening	fenestration
foreshadow	adumbrate
nightly	nocturnal
daily	diurnal

필요한 단어들 가운데 많은 것들이 라틴어에서 파생된 것들이다. 이런 단어들을 앵글로 색슨계의 단어들로 표현할 방법을 찾으려고 노력할 수도 있을 것이다. 그러나 어째서 그렇게 해야 할까? 라틴어에서 파생된 다음과 같은 영어 단어들은 우리에게 필요하기도 하고 우리가 이미 잘 이해하고 있는 것들이다: beauty, company, destroy, develop, example, flame, humor, interest, language, measure, nation, operation, pleasure, quality, relation, science, tendency, voice 등. 파울러(H. W. Fowler)는 그의 「현대 영어 용례 사전」(*Dictionary of Modern English Usage*)에서 작가는 물론 설교자들에게 다음과 같은 좋은 조언을 해 주고 있다: "어느 작가든지 자기가 쓰는 단어 가운데서 색슨계 혹은 고유의 영국계의 단어의 비율이 적다는 것을 알게 되면, 그것을 위험 신호로 받아들이는 것이 좋을 것이다. 그러나 그렇다고 해서 로마계 단어들을 무작정 색슨계 단어로 바꾸어 놓는 식으로 행동할 필요는 없다. 말하고자 하는 주제의 본질상 반드시 필요할 경우를 제외하고는 추상적이거나 빙 둘러가는 표현이나 딱딱한 표

현을 피하면 될 것이다."[1]

파울러는 다음과 같은 다섯 가지 원칙으로 이 문제를 간단명료하게 정리해 준다: (1) 무리한 단어보다는 친숙한 단어를 사용하라; (2) 추상적인 단어보다는 구체적인 단어를 사용하라; (3) 완곡하게 빙 둘러가는 단어보다는 단순한 단어를 사용하라; (4) 긴 단어보다는 짧은 단어를 사용하라; (5) 로마계 단어보다는 색슨계 단어를 사용하라. 그는 다시 덧붙이기를, "이 원칙들은 장점 순서대로 정리된 것들이다. 마지막의 원칙이 가장 장점이 적은 원칙이라 하겠다"라고 하였다.[2]

문장

의미가 통하려면, 단어가 적절한 순서대로 정렬되어야 한다. 즉, 단어들이 모여서 문장으로 — 복잡하지 않은 문장들로 — 만들어져야 한다. 영어 문장은 아주 놀랍도록 다양하게 만들어질 수가 있다. 아주 어색하게 문장을 시작해서 계속해서 뜻을 잘 통하게 하려고 애쓰다가 마지막에 가서 비로소 안전하게 — 그러나 완전히 지쳐서 — 끝을 맺을 수도 있는 것이다. 영어에 이러한 가능성이 있다고 해서 명확성까지도 보장이 되는 것은 아니다. 루돌프 플레쉬(Rudolf Flesch)는 명확성을 높이기 위해서는 짧은 문장을 쓸 것을 추천한다. 그는 한 문장에 사용된 평균 단어의 숫자와 문장의 이해의 난이도를 측정한 결과의 상관 관계를 다음과 같이 표로 정리하였다:

한 문장에 사용된 단어의 숫자	
매우 쉽다	8 단어 이하
쉽다	11 단어
대체로 쉽다	14 단어
적절하다	17 단어
약간 어렵다	21 단어
어렵다	25 단어

매우 어렵다   29 단어 이상

플레쉬는, "중간에 마침표가 없고 세미콜론(;)이나 콜론(:)이 있을 경우는 두 문장으로 계산하였다"라고 덧붙인다.[3]

작가들이 짧은 문장을 사용하기 위해서 스스로 훈련할 수 있듯이, 즉흥적인 연설자도 짧은 문장을 사용하도록 스스로 훈련할 수가 있다.

그러나, 이해를 쉽게 하기 위해서 반드시 짧은 문장을 써야만 하는 것은 아니다. 긴 문장도 짧은 문장과 똑같이 분명하고 이해하기 쉬울 수가 있다. 헨리 그레이디 데이비스는 긴 문장을 사용할 것을 주장하면서 아주 설득력 있는 논리를 제시하고 있다. 성경과 현대 문학에서 긴 문장이면서도 아주 효과가 있는 예들을 무수히 찾을 수가 있다. 그런데 그 각 경우를 살펴보면, 긴 문장이 그저 짧은 기본 문장 구조를 확대하여 긴 것으로 만들어 놓은 것에 불과한 것을 발견하게 된다. 또한 특정한 접속사들을 사용하면 문장의 여러 부분들의 상호 관계를 쉽게 볼 수가 있게 된다. 더욱이, 병렬 구문도 문장의 형식의 특징으로 나타난다.[4]

번호 붙이기와 전환법

의미를 명확하게 할 수 있는 또 한 가지 방법은 번호 붙이기와 전환법을 조심스럽게 사용하는 것이다. 연설이나 설교의 전개시에 첫째, 둘째, 셋째, 등의 단어들을 많이 접할 수 있다. 이 단어들은 연설자 혹은 설교자가 무언가를 설명하고 정보를 주고 논지를 제시하고자 할 때에 청중에게 상당한 도움을 준다. 이 방법은 메시지를 전달하는 방법으로서는 별로 좋은 것은 못되지만, 경우에 따라서는 가장 효과적인 방법이 될 수가 있다. 그러나 번호 붙이기를 아무렇게나 되는 대로 사용하면 오히려 청중에게 혼란을 주게 된다. 연설자가 번호를 붙이고 거기에 다시 작은 번호들을 붙이게 되면, 청중은 쉽게 혼란에 빠지게 된다. 그러나, 청중의 반응에 아주 민감한 연설자는 번호 속에 작은 번호를 붙이면서도 상황을 잘 유지해 갈 수 있을 것이다. 어떤 연설자가 둘째 대지(大支)를 말하면서 거기에다 또 다

섯 가지 작은 항목을 하나씩 차례로 이야기한다고 하자. 그럴 경우에는 이런 식으로 말하면 좋을 것이다: "제가 두번째 요점을 말씀드렸고, 그 요점에 대해서 다섯 가지 사실을 열거했습니다. 자, 이제 계속 하겠습니다. 셋째로 말씀드릴 것은 …" 이런 말이 어색하게 보이기는 하지만, 그래도 청중의 이해를 돕기 위해서는 반드시 필요한 것이다. 감동을 주고 찬양을 하는 메시지의 경우는 광범위하게 번호 붙이기를 사용할 경우가 거의 없다. 사실, 그런 식으로 번호를 붙이게 되면, 사상과 느낌의 흐름의 맥이 끊어져 버릴 것이다.

어떤 종류의 메시지에 있어서도, 전환을 유도하는 단어나 문구가 ― 심지어 문장까지도 ― 필요하다. 진술이나 질문도 그런 용도로 사용될 수 있을 것이다. 그런 것들이 설교의 한 대지에서 다음 대지로, 한 문단에서 다음 문단으로, 심지어 한 문장에서 다음 문장으로, 옮아 가도록 도움을 주는 것이다. 이런 각 부분 사이의 "연결"에 대해서, 폴 불(Paul B. Bull)은 다음과 같이 말했다:

> 주제를 전개하는 중에 한 부분에서 그 다음 부분으로 넘어갈 때에 아주 신중하게 해야 하며, 또한 전환의 의미를 전달하는 문구들을 사용하여야 하는 이유는, 정신적인 충격을 덜어주기 위한 데 있다. 우리는 이미 청중의 주의를 확보하느라 굉장한 노력을 해왔다. 우리는 그들을 교훈하고 기쁘게 해주며 감동시키고 설득시키기를 바라고 있다. 설교자는 설교에서 다음 부분으로 넘어갈 때에 청중의 주의에 틈이 생기지 않도록 최선을 다해야 한다. 아주 형편 없는 연결법이나 좋지 않은 전환의 문구를 사용하게 되면, 청중의 생각에 심각한 틈이 생겨서 이내 주의가 흐트러지고 마는 것이다. 그러므로, 마치 철로를 균등하게 잘 깔아 놓으면 열차가 그 위로 부드럽게 지나갈 수 있듯이, 각 부분을 잘 연결시켜 주면 틈이나 혼란이 없이 주의를 계속 유지시킬 수가 있는 것이다.[5]

폭풍우를 잠잠케 하신 사건에 대한 마태복음의 기사를 근거로 한 어느 설교의 예를 살펴 보기로 하자. 전환을 유도하는 다음과 같은 질문으로 설교의 서론을 끝맺음했다: "우리 그리스도인들이, 교인들이, 어떤 면에서 배

에 타고 있는 어리석은 자들과 같을까요?" 여기에 전환의 원칙을 보여주는 몇 가지 중요한 요점들이 있다:

I. 우선, 우리가 그리스도의 제자라는 사실을 진지하게 여긴다면, 모든 일상적인 안정 장치들을 포기해야 한다.
II. 사실 우리는 안정이 주는 안락한 위로와 시간에 맞추어서 제시된 가이드 라인을 누리기는커녕, 오히려 우리의 존재 그 자체까지 위협하는 폭풍우 속에 빠져 들어간다.
III. 과거의 안정 장치들이 모두 허사가 되었고, 우리의 새로운 경험들이 우리를 넘어뜨리려고 위협하고 있는데, 바로 그때에 우리의 진정한 안정을 발견하게 된다.[6]

사고를 전환시켜 주는 데 사용할 만한 문구와 단어들의 실례들 다음과 같이 들어 보기로 한다:

만일 … 그러면 …
… 아니고 … 아니다
… 과 … 둘 다
이런 이유로, …
한편으로는 … , 다른 한편으로는 …
이는 … 뜻이고 … 뜻이기도 하다
내 말은 … 뜻이 아니다
또한, …
다시, … . 그러므로, …
더욱이, … . 마지막으로, …
더 나아가서, … 그래서, …
그렇지만, … 그러니까, …
하지만, … 물론, …

그럼에도 불구하고, … 자연히, …
한 걸음 더 나아가서, … 이제 … 로 돌아가면 …
그러나 … 다만, …
그러나, … 불구하고, …
결과적으로, … . 이 모든 내용의 골자는 …
결국, … 다시 반복해서 말하지만, …
지금 말씀드리는 내용은 … . 다시 시작합시다
이를 정리하면 … . 또 한 가지 …
아니면, … 사실은, …
한 가지는 … 나머지는 … 자, …
물론, … 한 번 더, …
확실히 말해서, … 우선, …
다음은, … 그 다음은, …

즐거움을 주는 스타일

그 다음, 스타일에서 기분을 좋게 하는 면이 필요하다는 점을 살펴 보기로 하자. 설교자의 스타일이 청중의 신경을 건드리면, 그의 메시지는 형편 없이 듣게 마련이다. 그러나 그렇다고 해서 청중의 기분을 좋게 하기 위해서 최면을 쓰는 스타일이어야 한다는 뜻은 아니다.

찰스 스펄전은 매 주일 두 차례씩 교회당에 오천 명 가량의 청중 앞에서 설교를 했지만, 그는 그의 청중을 당연시한 적이 없다. 스타일이 너무 부드럽다고 느끼면, 그는 토머스 칼라일(Thomas Carlyle)의 글을 읽었다. 그의 경직된 스타일이 스펄전의 설교에 새로운 생명을 불어 넣는 데 도움을 주었던 것이다.

문법
설교를 들을 때에 청중의 신경을 많이 자극하는 것이 설교자의 허점 투성이의 문법이다. 물론 문법의 표준들이 계속 변하는 것은 사실이다. 과거에 부정확한 것으로 여겨지던 것이 이제는 공식적인 연설에서조차도 그대로 통용되는 경우가 있을 수 있다. 그러나 강단이 문법적인 반역을 주도하는 장소일 수는 없다. 설교자는 문법적으로 정확성을 목표로 삼아야 하며, 믿을 만한 영어 문법을(한국어의 경우도 마찬가지이다 — 역자주) 구사하여야 하고, 정기적으로 비평자의 도움을 받아 잘못된 것들을 고쳐가야 한다. 그러나 설교자가 강단에 있을 때에 이처럼 정확하게 말하고자 하는 노력이 선입관념이 되어 있어서는 안된다. 서재에서 연구하는 동안, 그리고 일상생활의 대화에서 그런 노력을 기울임으로써, 설교하는 동안에는 그저 조금씩만 주의를 기울일 수 있도록 되어야 하는 것이다.

스트렁크(Strunk)와 화이트(White)는 「스타일의 요소들」(*Elements of Style*)이라는 책에서, 듣기에 즐겁도록 해 줄 수 있는 기본적인 작문의 원칙을 지적하고 있다: "요약하는 부분에서는, 계속해서 한 가지 시제만을 사용하라." 이런 원칙에 몇 가지 예외가 있을 수 있겠지만, 대체로 이 원칙을 지키면 그만큼 효과가 분명해질 것이다. 한 가지 시제를 계속 사용하면 "확신이 없고 우유부단한 것처럼 보이는 것"을 피할 수가 있다.[7]

문법에 정기적으로 끈질기게 관심을 두는 설교자는 자신감을 얻으며 청중의 범위를 더욱 넓혀서 유용성을 한층 확장시키게 될 것이다.

문장 형식의 다양성

또 한 가지 청중의 기분을 좋게 해줄 수 있는 스타일 상의 방법은 바로 다양성이다. 여기서는 문장의 구성과 형식의 다양성을 뜻한다. 설교문을 읽어 가면서 문장 하나하나를 뜯어 보면, 문장 형식이 천편일률적으로 똑같아서 단조로움을 느낄 때가 많을 것이다. 그런 문장들을 재구성할 수 있는 몇 가지 방법들을 살펴 보자:

진술: 참된 신자는 끝까지 인내할 것입니다.
감탄: 그리스도를 진정 사랑하는 사람이 싸움을 포기한다고 상상해 보

십시오!

권고: 그러니, 그만 두고 싶은 유혹을 모두 물리칩시다.

명령: 형제들이여, 싸움을 계속하십시오. 모든 어려움에 맞서서 계속 싸워가야 합니다.

질문: 마지막에 우리 주님께 신실한 자로 남고 싶지 않은 사람이 과연 어디 있겠습니까?[28]

특히 즉흥적인 연설의 경우에는, 구어체의 스타일이 절제되지 않고 튀어나와서 상당히 다양하게 나타날 수도 있다. 자기의 감정과 청중의 감정이 함께 고조될 경우는 즉흥적인 연사가 그야말로 다양한 스타일을 드러낼 수가 있다. 어떤 주제에 대하여 감정이 격해지면, 자연히 감탄이나 권고의 스타일이 주를 이루게 된다. 그리고 청중의 반응 여하에 따라서 명령이나 질문의 스타일이 나타날 수도 있다. 또한 설교자가 자기가 상상하는 설교의 상황과 맞아 떨어지는 스타일로 설교문을 작성하기를 서재에서 공부해 갈 수도 있을 것이다.

구체성

추상적인 스타일보다도 구체적인 스타일이 더 기분을 즐겁게 해주는 것을 깨닫지 못한다면, 그런 청중은 아주 이례적인 자들일 것이다. 랄프 월도 에머슨(Ralph Waldo Emerson)은 많이 읽혀지는 작가로 남아 있는데, 그것은 보통 우리가 듣고 보고, 맛보고, 느끼는 일상적인 언어를 사용했기 때문이다. 그는 웅변에 대해서 이렇게 충고하고 있다: "일상의 경험을 반짝이는 상징 속에 압축시켜라. 그러면 청중이 큰 감동을 받을 것이다. 그들은 마치 자기들이 분간해 낼 수 있는 어떤 사실에 대해서 이미 어떤 새로운 권리와 능력을 소유하고 있다고 느껴서 전해지는 사상을 완전하게 흡수할 것이다. 그것은 기억을 돕는 데도 놀라운 도구가 된다. 이미지를 전달해 주기 때문에 절대로 잃어버리지를 않는 것이다. … 논지를 구체적인 형태로, 이미지로 만들어서 — 마치 둥글면서도 탄탄한 공처럼 만들어서 —

제시하라. 그러면 그들이 그것들을 보고 다루며 조작할 수 있을 것이고, 그러면 이미 목적이 절반은 이룬 것이다."[9]

설교자는 구체적인 단어와 이미지를 사용할 때에 주의를 기울여야 한다. 지나치게 많은 이미지를 사용하여 청중이 한 이미지에서 다른 이미지로 넘어가는 것을 따라오지 못할 수도 있기 때문이다. 시의 경우는 여러 가지 다양한 이미지를 한꺼번에 사용해도 별 문제가 없다. 왜냐하면 독자가 숨을 돌리며 천천히 다시 읽을 수가 있기 때문이다. 그러나 똑같은 시를 말로 낭송하게 되면 독자들이 완전히 혼동에 빠질 것이다. 설교도 마찬가지다. 폴 쉬러는 언젠가 이런 말을 했다: "우리는 우리의 메시지를 이해시키는 기술을 철저하게 훈련시켜야 합니다. 제가 기분이 나는대로 말을 하게 되면, 저는 사람들이 흔히 말을 잘하는 비결이라고 이야기하는 그런 기술을 너무 좋아해서 어떤 한 가지 문장을 제단 위에 그림 같이 올려 놓고 큰 비명 소리도 나지 않게 하고 그 목을 잘라 버리는 일이 한두 번이 아니었습니다."[10]

케첨(V. A. Ketcham)은 일곱 가지 주요 이미지를 가리켜 "정신을 일깨우는 일곱 문"[11]이라고 불렀다. 사람에 따라서 효과적으로 반응을 보이는 이미지가 각기 다르기 때문이다. 이 일곱 가지에 대해서는 이미 14장의 삭개오에 관한 설교의 인용문에서 이미 예를 든 바 있다.

쉬러 교수가 "메시지를 이해시키는 기술"에 대해서 좋은 교훈을 주었고 또한, 너무나 많은 생각을 요하기 때문에 도무지 즉석에서 이해할 수 없는 그런 이미지의 예를 들었지만, 신학교 시절 내가 기억하는 그의 설교에서는 아주 분명한 이미지를 사용하고 있다: "하나님이 지금 우리를 다루고 계시지만, 과연 어떻게 혹은 왜 그렇게 하시는지를 도무지 알 수 없습니다. 이것은 마치 거실에 있는 강아지가 주인의 그 신비한 생각의 움직임을 도무지 파악할 수 없는 것이나 마찬가지입니다."[12] 이와 같은 구체성이, 다른 방법으로 하면 쉽게 잊어버리고 말 그런 강력한 사상을 청중으로 하여금 잘 기억하도록 도와주는 것이다.

효과적인 스타일

이제는 스타일을 효과 있게 만들어 주는 특질들에 대해서 살펴 보기로 하자. 그 스타일은 분명하고 또한 기분을 좋게 해주는 것이어야 한다. 물론 우리의 궁극적인 목표는 우리의 스타일을 효과적으로 만드는 데 있다. 즉, 무언가를 이루도록 하는 데 있다.

일인칭 단수형으로 하는 말이 주의를 끈다는 것은 의심의 여지가 없는 사실이다. 설교자 자신의 사고와 느낌과 경험들이 청중에게는 중요하게 여겨지기 때문이다. 분명히 말해서, 설교자의 생각이 하찮은 것일 수도 있고, 느낌이 엉뚱한 것일 수도 있고, 경험이 지루할 수도 있다. 또한 설교자가 노골적으로 자기를 드러내는 과시형의 인물일 수도 있다. 그러나 일인칭을 사용하는 이야기나 힌트나, 사상은 주의를 기울여 사용하기만 하면 청중의 주목을 끌게 된다. 루돌프 플레쉬는 글을 쓰는 일에 대해서 진술했는데, 그것을 설교에 도맷금으로 다 적용시킬 수는 없겠지만, 그래도 다음과 같은 말은 아주 중요한 요점이라 여겨진다:

> 그것이야말로 글 쓰기의 큰 역설이다 — 먼저 잘 이해하고 있어야 그것을 잘 쓸 수 있다는 사실 말이다. 정보를 전달하려고 하면, 여러분이 배우기 시작하기 전에 어느 정도나 무지했었는지를 먼저 독자에게 보여 주어야 한다. 어떤 특별한 모험을 묘사하고자 할 때에는, 그것을 감행하기 전에 여러분이 그 위험에 대해서 두려워했었다는 것을 먼저 고백해야 한다. 건강에 대해서 쓰려고 하면, 여러분은 질병의 상태를 잘 아는 사람의 관점을 취해야 할 것이다. 글 쓰는 주제가 아름다움일 경우는, 추함에 대해서 익히 잘 알고 있어야 한다. 돈에 대해서 쓰고자 할 때에는 여러분도 독자와 꼭같이 재정적인 어려움이 있다는 사실을 먼저 진솔하게 밝혀야 하는 것이다.[13]

이런 일인칭 효과에서 아주 중요한 요소는 청중을 일종의 대화 속으로 끌어들인다는 점이다. 회중 가운데서 아무도 말을 할 필요는 없다. 그러나 처음부터 마지막까지 눈에 보이지 않는 교류가 계속 일어날 것이다. 낭송이 아니라 교류가 그런 설교의 특징이 되는 것이다. 이러한 교류야말로 존 브로더스(John A. Broadus)가 "공감"(sympathy)이라고 부르는 바로 그 것이다. 그는 말하기를, "연설을 효과적으로 잘 할 줄 아는 사람은 누구나 말의 힘은 주로 그것을 어떻게 듣느냐에 따라서, 그 말을 듣는 자들이 과연 거기에 공감하느냐에 따라서, 좌우된다는 것을 잘 알고 있다. 효과적인 설교에 있어서 가장 중요한 것이 무엇이냐고 내게 묻는다면, 나는 공감이라고 말할 것이다. 그리고 두번째로 중요한 것이 무엇이냐고 물어도, 나는 공감이라고 대답할 것이다. 그러면 세번째로 중요한 것이 무엇이냐고 물으면, 그래도 나는 공감이라고 말할 것이다"[14]라고 했다. 설교자의 증언이 설교의 스타일을 이루어 가는 동안 "인격을 통한 진리 전달"의 개념이 특유의 힘으로 작용하는 것이다.

효과적인 스타일은 언제나 **주제, 청중, 사정에 알맞는** 것이다. 키케로는 세 가지 스타일을 구분하였다. 곧, 평범한 스타일, 중간 스타일, 그리고 웅대한 스타일이 그것이다. 혹은, 억제된 스타일(교육을 위한 것), 온화한 스타일(즐겁게 해주기 위한 것), 위엄 있는 스타일(설득을 위한 것)이라고도 구분한다. 어거스틴은 키케로를 따르고 있다:

> 우리 스승이 위대한 것들을 말씀하셨지만, 항상 웅대한 자세로 말씀하지는 않으셨다. 책망한다든지 무엇을 칭찬할 때에는 억제된 자세로 하셨다. 그러나 무언가를 행하여야 하는 데도 하려고 하지 않는 자들에게 말씀할 때에는 그들의 마음을 설득하기에 적절하게끔 그 중요한 일을 웅대한 자세로 말씀하셨다. 그리고 똑같이 중요한 일에 대해서 말씀하시면서도, 가르칠 때에는 억제된 자세로 말씀하시고, 그것을 칭송할 때에는 온화한 자세로 말씀하시고, 완악한 심령을 감동시켜 회심케 하고자 할 때에는 웅대한 자세로 말씀하시는 것이다.[15]

물론, 우리가 과연 가장 효과적으로 설교하느냐 하는 문제는 최종적으로 하나님이 판단하신다. 그러나 우리의 설교를 듣는 청중도 우리를 판단한다. 그러므로 그 청중에게 적합하게 설교하느냐 하는 것이 하나님이 어떻게 보시느냐 하는 것을 결정하는 것이다. 만일 청중이 우리가 말씀하는 내용에 대해서 귀를 돌려버린다면, 그것은 그들이 바보거나 의심많은 자들이기 때문이 아니라 과연 그들에게 무엇이 적절한지에 대해서 우리가 민감하지 못했기 때문일 수도 있는 것이다.

효과적인 스타일은 **정직한** 것이다. 설교자는 진리를 전달하는 임무를 지니고 있다. 그러므로 최상급의 표현을 계속 반복한다든가 하여 과장을 하게 되면 설교의 신빙도가 훼손되고 만다. 재미있고 가벼운 과장은 유머를 유발할 수도 있지만, 부정직한 과장이나 조심성이 없는 과장은 불신을 낳는 것이다.

효과적인 스타일은 **의도한 분위기를** 단어 선택에서부터 그대로 반영시키는 것이다. 고등학교에 다닐 때, 영어 선생은 한 전국 라디오 방송이 전혀 예기치 못하게 해를 끼치는 결과를 낳게 된 이야기를 해 준 일이 있다. 청취자들은 한 시간 동안 줄곧 슬픈 노래와 아주 침울한 시를 들었다. 바람 소리와 빗소리가 노래의 가사와 시의 말에 아주 배경을 맞추어 주었다. 그 결과, 여러 사람들이 자살을 했고, 또 신경증으로 고통을 당했던 것이다. 고햄 먼슨(Gorham Munson)은 「기록된 말씀」(*The Written Word*)에서 말하기를, "침울한 단어들의 목록을 읽으면 여지없이 침울한 기미를 느끼게 되며, 명랑한 단어들의 목록을 읽으면 여지없이 감정이 고조되는 것을 느끼게 된다"[16]고 했다. 다음은 그 두 부류에 속하는 단어들 가운데 몇 가지이다:

침울함	명랑함
음산하다	유쾌하다
슬프다	기쁘다
외롭다	즐겁다
황량하다	춤추다
늙어 가다	웃음
눈물	너털 웃음
이슬비	상쾌하다
낙엽 지는	가을 새벽

<table>
<tr><td>개 짖는 소리</td><td>햇빛</td></tr>
<tr><td>한숨 소리</td><td>쾌청하다</td></tr>
<tr><td>무덤</td><td>개가 꼬리를 흔들다</td></tr>
<tr><td>두 번 다시 안 한다</td><td>할렐루야</td></tr>
</table>

우리가 어떤 단어를 선택하느냐에 따라서 우리가 복음을 과연 복된 소식을 받아들였는지 아니면 흉한 소식으로 받아들였는지가 드러날지도 모를 일이다.

효과적인 스타일은 **직설법을 선호하는** 것이다. 사람들은 대체로 설교라고 하면 권면을 연상한다. 설교자를 떠올리면 우선, "이것을 하십시오. … 저것을 하십시오." "우리가 … 합시다," "… 해야 합니다. … 해야 마땅합니다. … 하지 않으면 안됩니다 …" 등의 명령법 내지 청유형의 말투가 고정적으로 생각나는 것이다. 그러나 이런 식의 청유형의 표현들을 하나도 사용하지 않고도 효과적인 설교가 가능하다. 사실상, 우리의 표현들을 다시 검토함으로써 설교를 개선할 수가 있고, 말하고자 하는 바를 직설법의 형식으로 나타낼 수가 있다.

테오도어 파커 페리스(Theodore Parker Ferris)는 다음과 같이 제안한다: "설교문을 살펴서, **해야 한다, 반드시, 합시다** 등의 표현들을 모조리 지워버리라. 그러면 남는 표현이 별로 없다는 사실에 충격을 받게 될 것이고, 도덕적인 명령법들을 신앙적인 직설법으로 바꾸기 위해서는 예전에 하던 것보다도 훨씬 더 깊이 파들어가야 할지도 모른다. 복음이 좋은 소식이라는 것을 기억하라. 설교문을 읽어서 거기에 좋은 소식이 없다면, 그것은 기독교의 설교가 아니며, 따라서 오히려 설교하지 않는 것이 더 나을 것이다."[17]

처음 이 권고를 읽었을 때에, 나는 신학교 도서관에 꽂힌 페리스의 「가서 백성에게 전하라」(*Go Tell the People*)라는 책에서 그 부분을 발견했다. 나는 어떤 신학생이 그 책에 실린 페리스의 설교 가운데 저자가 명령법을 사용한 부분마다 빨간 펜으로 밑줄을 그어 놓은 것을 보고 웃음을 터뜨렸었다. 그러나, 페리스는 어떤 명령법은 반드시 필요하지는 않아도 아주 적절하다는 점을 시인했었다. 이에 대한 성경적인 전례가 있기도 하다. 그러나 유대교와 기독교 신앙의 윤리 구조는 그 전체가 하나님이 행하셨고, 행하고 계시고, 장차 하실 일에 대한 직설법을 근간으로 하고 있는 것이다. 십계명에 들어가기 바로 전에 다음과 같은 말씀이 서언 격으로 붙어 있는 것을 볼 수가 있다: "나는 너를 애굽 땅, 종 되었던 집에서 인도하여 낸 너의 하나님 여호와로라"(출 20:2). 산상수훈에 나오는 윤리적인 요구 사항들은 그 앞의 팔복에 나오는 말씀에 근거한 것들이다: 예수께서는 "복이 있나니"라고 계속해서 말씀하신다(마 5:3-12을 보라).

대개의 경우, "하나님을 섬겨야 마땅합니다. 하나님이 우리를 위해서 그렇게 많은 일을 행하시지 않았습니까?"라는 식으로 말하는 것보다는 "우리를 구속하시기 위하여 마지막까지 나아가신 하나님을 섬긴다는 것이 정말 얼마나 기쁜 일인지 모릅니다"라고 말하는 것이 훨씬 더 낫다. 폴 쉬러는 이를 다음과 같이 잘 지적해 주고 있다: "지상 명령이 마치 신앙의 총체인 것처럼 인용하는 경우가 가끔 있다. 그러나 그것은 그런 것이 아니다. 그것은 율법과 선지자의 총체이다. 그 앞에 복음이 없다면, 그것은 눈에 보이는 뒷받침의 수단이 전혀 없이 그냥 명령만 있는 것과 하나도 다를 바가 없다. 명령법에는 반드시 직설법이 먼저 있는 것이다. '하나님이 세상을 이처럼 사랑하셨으니': 그러므로, '네 주 하나님을 사랑하고, 네 이웃을 네 몸과 같이 사랑할지니라'라고 말씀하는 것이다."[18]

효과적인 스타일은 교향곡의 후렴 같은 성격이든 운율에 맞춘 반복 형식이든 기술적인 반복법을 사용한다. 설교 중간 아주 중요한 곳에서 그 본문 전체나 그 일부를 반복하면 도움이 되는 때가 있다. "하나님이 말씀하시되, 내가 결단코 너를 버리지 아니하리라" 같은 말씀을 반복하면, 감동이 계속 축적되는 효과를 얻을 수 있다. 마찬가지로, 시구나 찬송의 한두 소절을 반복하는 것도 도움이 될 수 있다. 여러분 자신의 표현을 규칙적으로 맞추면 그런 목적을 이루는 데 큰 도움을 얻게 된다.

프랭클린 루즈벨트(Franklin Delano Roosevelt)는 월트 휘트먼(Walt

Whitman)의 시를 좋아해서, 연설을 할 때에 휘트먼의 운율에 맞춘 병행법의 스타일을 적용시키는 예가 많았다. "나는 서서 밖을 보네"(I Sit and Look Out)라는 휘트먼의 시에 나타나는 다양한 운율이 정치 연설이나 설교에도 얼마든지 그대로 전용될 수 있다는 점을 별로 어렵지 않게 볼 수가 있다.

> 나는 서서 밖을 보네, 세상의 온갖 슬픔과 온갖 억압과 수치를,
> 나는 듣네, 잘못한 행동을 후회하며 스스로 고뇌에 싸인 젊은이들의 격렬한 흐느낌을,
> 나는 보네, 자녀들에게 학대 받아 죽어가고, 버림받고, 병들고, 자포자기에 빠진 어머니를,
> 나는 보네, 남편에게 학대 받는 아내를, 나는 보네, 젊은 여인네들을 꼬이는 색한(色漢)들을,
> 나는 보네, 질투의 괴롭힘과 보복 없는 사랑을 속에 숨기려 하는 것을, 나는 보네, 땅에서 이런 광경들을,
> 나는 보네, 전쟁과 전염병과 폭정(暴政)을, 나는 보네, 순교자들과 죄수들을,
> 나는 바라 보네, 바다의 기근을, 나는 바라 보네, 안식의 삶을 보존하고자 선원들이 죽임 당할 자를 제비 뽑는 것을,
> 나는 바라 보네, 거만한 사람들이 노동자들과 가난한 자들과 검둥이들을 멸시하고 천하게 대하는 것을;
> 이 모든 것들을 — 이 끝없는 온갖 비참과 고뇌를 — 가만히 앉아서 바라 보네,
> 보고, 듣고, 그리고 말이 없네.[19]

알버트 에드워드 필립스(Albert Edward Philips)는 "축적"(cumulation)이라고 부르는 원리, 곧, "동일한 요점에 대하여 여러 진술들을 계속 이어가는 일"의 중요성을 다음과 같이 말하고 있다:

연사는 축적의 방법을 사용함으로써 청중에게 필요한 시간을 줄 수 있고 또한 그 자신에게 필요한 에너지를 확장시킬 수 있다. 세부적인 내용이나 예증은 시

간 속에서 작용하며, 또한 제각기 주어진 힘이 있어서 그것이 모여 전체의 힘이 된다. 그러므로 그냥 에디슨이 인류에게 도저히 측량할 수 없을 만큼 엄청난 유익을 끼쳤다는 식으로 말을 해도 약간의 감동은 있겠지만, 축적의 방법을 통해서 시간을 들이고 힘을 모아, 예를 들어서, 그가 사진술, 등사 인쇄술, 전기, 그리고 활동 사진 영사기를 발명했다는 사실이나, 백열등으로 전깃불을 밝히는 방법을 생각해 내어 완성시켰고 그리하여 인류의 조명 방법에 혁명을 가져왔다는 사실이나, 전기로 철광석을 추출해 내는 과정을 발명하고 완성시켰고 축전지를 완성시켰다는 사실, 그리고 우연히 다른 유용한 발명품들에 대한 특허권을 수백 가지나 땄다는 사실 등 — 이런 모든 것들을 차례로 전달해 주면, 에디슨이야말로 인류에 엄청난 유익을 끼쳤다는 사실이 도저히 지울 수 없는 깊은 확신으로 자리잡게 되는 것이다.[20]

효과적인 스타일은 **경제성**이 있다. 말을 낭비하지 않는 것이다. 효과적인 스타일은 많은 말을 하면서도 언제나 목적에 합당하게 사용하는 것이다. 형용사나 부사가 아니라, 명사와 동사가 문장의 무게를 진다. 그러므로 형용사나 부사를 삭제해 버리면, 문장의 의미에 아무런 변화를 주지 않으면서도 문장이 훨씬 더 좋아질 것이다. 기억에 남고 또한 문집에 실리는 인용문들은 대부분 활기 있고 기지가 넘치는 특질을 지니는 것을 보게 된다.

스타일 개선을 위한 방법들

스타일을 개선하는 일은 평생토록 해야 하는 과제이다. 우리의 일반적인 교육이 거기에 이바지하는 것은 사실이다. 그러나 학교에서 배운 교훈들이 보충되어야 하고 또한 거기에 좀더 많은 것을 첨가시켜야 한다. 어떻게 하면 그렇게 할 수 있을까?

폭넓은 독서가 스타일을 엄청나게 풍요하게 만들어 준다. 독서를 통해서 갖가지 이미지, 단어, 표현들을 마음에 접하게 되면 설교자가 글을 쓰거나 말할 때에 그 모든 것들을 자유자재로 이용할 수 있게 된다. 활기와 신선함, 그리고 적절성을 보장해 주는 것이다. 속독(速讀)도 나름대로 쓸모가 있기는 하겠지만, 여기서 독서는 그것을 말하는 것이 아니다. 언어를 음미하고 소화시켜야 하는데, 그러기 위해서는 시간이 소요되는 것이다.

글쓰기도 우리의 스타일을 개선하는 데 도움을 준다. 동일한 주제를 이야기하는 여러 가지 방법들 — 좀더 효과적인 단어들, 좀더 효과적인 문장 구조들 — 을 발굴해 낼 수 있는 기회를 제공해 주는 것이다. 용어 사전이나 백과 사전 등이 귀중한 도움을 줄 것이다. 신뢰성 있는 문법은 필수적이다. 여러 작가들의 글을 모아 놓은 책은 여러 가지 다른 스타일의 실례를 연구하고 본받을 수 있게 해 주므로 이 역시 매우 도움이 된다. 설교자의 특수한 임무를 위해서는 여러 가지 다양한 설교들을 모아 놓은 설교집이 도움이 될 것이다. 도움이 되는 이런 도구들을 활용하면서, 다음에 지적한 제안들을 생각하기로 하자.

말하는 대로 기록해 보라. 열심히 연구하는 설교자라도 말하는 스타일은 쉽게 얻어지지 않는다. 의식적으로든 무의식적으로든 우리의 글 쓰는 스타일은 우리가 읽어온 교과서나 정기적으로 접하는 전문 서적의 스타일을 닮기 마련이다. 그런데, 우리의 친구나 동료들이 이해하고 또한 진지하고 활기 있는 대화나 편지에서 대하고 싶어하는 그런 유의 언어를 우리의 생각 속에 집어넣기만 해도 이러한 숨막히는 습관을 극복할 수가 있다. 자크 바르준(Jacques Barzun)은 말하는 대로 적으라는 충고를 "어리석은 짓"이라고 하는데, 물론 법정의 대화에서 특징적으로 나타나는 대로 "모호하고, 애매하며, 혼동 되며, 장황한" 말을 그대로 다 적으라는 뜻이라면 그의 말도 일리가 있을 것이다.[21] 그러나, 대화를 잘 이끌어가는 사람의 간결한 단어 선택과 직접적인 스타일에는 설교자가 본받을 만한 특질이 있는 것이다.

가장 효과적인 설교자들을 연습 삼아 모방하라. 어떤 설교자들은 설교를 어떻게 시작하면 곧바로 주의를 사로잡을 수 있는지 그 방법을 잘 알고 있다. 또 어떤 사람은 성경 이야기를 드라마식으로 서술하여 청중의 주목을 사로잡는 법을 알고 있다. 또 어떤 이들은 어려운 문제를 아주 선명하게 제시하는 기술이 있기도 하다. 설교의 이런저런 면들은 웅변이나 설교학의 원칙들을 그저 배우는 것보다도 모범을 따름으로써 더 잘 배울 수가 있다. 베스트셀러 소설 작가로서 수백 편의 단편을 쓴 아델라 로저스 세인트 존스(Adela Rogers St. Johns)는 여러 가지 다양한 스타일의 문학 책 80여권을 열거하면서, 그 책들은 그녀의 집필에 필수적인 도구들이었다고 했다. 그녀는 말하기를, "여행을 할 때에도 그 책들 가운데 최소한 몇 권은 가져가고, 보통 전부 다 갖고 간다"라고 했다. 그녀는 그 이유를 이렇게 설명하고 있다:

> 그 책들을 무시한다는 것은 마치 건축가가, "이미 세워진 것은 집이든 건물이든 절대로 보지 않겠다"는 식으로 말하는 것과 마찬가지이다. 아니면, 마치 음악가가 모차르트나 베토벤 연주회를 관람하기를 거부하는 것과 마찬가지이다. 아니면, 전기 기사가 에디슨의 말을 인정하고 활용하기를 거부하는 것이나 마찬가지이다. … 이 작가들은 오랜 세월 동안, 그 중에는 누구 못지 않게 영감을 주어 온 사람들이 많은데, 스트레스와 고뇌를 통해서 갈고 닦아 왔고, 불가능한 것들을 포기했고, 마치 모차르트가 음악의 세계 속에 일정한 패턴들을 세워 놓았듯이 그들도 일정한 패턴들을 세워 놓은 것이다. 그들은 그들의 정신과 작업의 횃불을 높이 들고 있다. 그런데 그런 밝은 빛을 어째서 보기를 거부한단 말인가?[22]

자유주의자들이나 보수주의자들이나 모두 해리 에머슨 포스딕을 이십 세기 전반부의 가장 탁월한 설교자로 인정한다. 그의 자서전 「이 세월을 살아가며」(*The Living of These Days*)에서 그는 그의 탁월함의 한 가지 중요한 근원을 다음과 같이 보여 준다:

> 나는 … 옛 설교자들이 우리에게 얼마나 많은 것을 가르쳐 주는지를 보기 시작했다. 그들이 최고에 달했을 때 그들은 결과들을 이루었다. 그들의 설교들은 배심원들을 설득하여 결단을 이끌어 내었다. 그들은 가장 큰 동기들이 어디에 있는지를 잘 알고서 그들에게 결정적인 힘으로 호소한 것이다. 나는 필립스 브룩스 같은 사람들의 설교를 연구하기 시작했다. 그저 읽기만 하는 것이 아니라 문장 하나하나까지 분석하여 청중을 움직여서 때때로 이적을 만들어내는 과정

들을 살핀 것이다. 그런 연구를 통해서 내가 얻은 결론은 현대의 설교자들이 과거의 선배들보다 인간의 심리에 대해서 말은 훨씬 더 많이 하면서도 실제 설교에서는 그들보다 훨씬 더 적게 사용한다는 것이다.[23]

자유롭게 기록하고 나중에 다시 수정하라. 교육을 통해서 비평할 수 있는 능력이 배양되지만, 교육이 오히려 우리의 독창성을 망가뜨리는 경우가 많다. 우리 중에는 백지(白紙)를 주고 거기에 무언가를 쓰라고 하면 도무지 무엇을 쓸지 생각이 나지 않는 사람들도 있다. 후대에까지 길이 남을 명작을 쓰기라도 하는 것처럼 말이다. 폴 쉬러는 간단하면서도 아주 지혜로운 제안을 해 준다: "원본을 잉크로 쓰지 말라고 말씀드려도 될까 모르겠습니다. 연필로 쓰게 되면 그것이 마지막이 아니라고 생각되어서 글이 훨씬 더 부드럽게 써지지요. 다시 수정 작업을 할 것이라는 생각을 하기 때문에 아무런 부담이 없이 마음을 자유자재로 표현할 수 있게 되지요. 특히 처음 글을 시작할 때에는 더욱 부담이 없습니다."[24]

피터 엘보우(Peter Elbow)는 "마음대로 글쓰기"(freewriting)의 가능성을 극대화시키는 방법들을 제시하는 두 권의 책을 썼다. 그는 마음대로 글쓰기를 자기가 아는 것 가운데 "종이에 글을 쓰는 가장 손쉬운 방법이며 글쓰기의 모든 면을 다 연습할 수 있는 가장 좋은 방법"이라고 묘사한다. "마음대로 글쓰는 연습을 하려면, 그저 10분 동안 멈추지 않고 마음에 생각나는 것들을 계속 써내려 가기만 하면 된다." 그는 이런 방법의 가치에 대해서 이렇게 말한다: "10분 동안 마음대로 써내려가는 것은, 정식으로 앉아서 글을 쓰고자 할 때에 미리 준비 운동을 하는 것과 같은 효과를 내는 아주 좋은 방법이다. 그렇게 하면, 정말로 글을 쓰고자 할 때에 어떻게 시작할지를 잘 몰라서 시간을 낭비하지도 않게 되며, 적당한 단어가 생각나지 않아서 어려움을 겪지도 않게 될 것이다."[25]

많은 설교자들이 워드 프로세서를 사용하고 있는데, 그것이 그런 목적을 위해서 아주 큰 도움을 준다. 수정 작업도 아주 손쉽다. 어떤 방법을 쓰든, 초안 작업 뒤에는 반드시 수정이 필수적이다. 글을 먼저 써 놓고 그 다음에 비평적이고 분석적인 능력을 발휘하도록 하는 것이다. 그렇게 함으로써 질서가 정연하고 감동적인 결과를 낳을 수 있을 것이다.

말하고, 녹음(기록)하고, 비평하고 수정하는 것이 어떤 설교자들에게는 최고의 도움이 된다. 찰스 하돈 스펄전은 실제로 설교하는 현장에서 그의 설교를 속기(速記)하게 하고 그것을 풀어 놓은 원고를 가지고 그의 스타일을 개선했다. 그는 즉흥적인 설교가요 보통 원고를 써놓지 않기 때문에, 그 속기를 풀어 놓은 원고를 가지고 마음에 들 때까지 작업을 한 것이다. 그는 어떤 설교든 절대로 자기가 말한 그대로 인쇄되도록 하는 법이 없다고 했다. 그처럼 편집 과정이 필수적이니, 그런 작업을 하면서 배우지 않게 될 수가 없는 것이다. 오늘날에 와서는 녹음기들이 널려 있으므로, 설교자가 마음만 먹으면 얼마든지 자기의 스타일을 개선시킬 수가 있게 되었다.

V. 설교의 전달

18. 메시지의 완전한 숙지

탁월한 설교자들은 갖가지 설교 전달법을 사용하였고, 그리하여, 물론 각 방법들마다 결점들이 있었음에도 불구하고 큰 효과를 거둔 것이다. 클래런스 에드워드 매카트니(Clarence Edward Macartney)는 설교 원고를 완전하게 작성해 놓고, 설교 시에는 원고가 없이 설교했다. 그리고 찰스 하돈 스펄전과 생스터(W. E. Sangster)는 원고를 쓰지 않았고 간단한 노트로 설교했다. 존 브로더스는 보통을 원고를 쓰지 않았지만 신중을 기해서 설교를 준비했고 설교할 때에는 원고 없이 했다. 토머스 거스리(Thomas Guthrie)는 설교문을 다 외웠다. 토머스 찰머스(Thomas Chalmers)는 원고를 완전히 작성하였고, "읽는 설교자"라고 불렸다. 조지 버트릭(George Buttrick)은 중요한 문장에 밑줄을 그어 놓은 원고를 가지고 강단에 올라가서 그것을 "지도"처럼 사용했다.

해리 에머슨 포스딕은 이 모든 방법들을 한 번 정도는 다 사용해 보았다고 말했다.[1] 후년에 가서 그는 다른 방법을 사용할 때나 완전한 원고를 읽을 때에나 효과는 똑같다는 것을 믿었다. 어느 때에나 효과가 있었던 것이다. 그러나, 포스딕 자신은 개인적으로 어떻게 믿든지, 그가 원고 없이 설교하는 것을 들은 사람은 이 즉흥적인 방법이 그에게 훨씬 더 좋은 방법이었다고 느꼈을 것이다.[2]

설교에 있어서 전달의 문제는 너무나 많은 것이 걸려 있으므로 설교자는 절대로 그 문제에 대해서 자기 기만에 빠져서는 안된다. 그러므로 다음의 내용은 모든 설교자마다 다 해당되는 유일한 원칙이 아니라 각기 나름대로 알맞는 방법을 찾을 수 있도록 도와주는 일종의 가이드로 보면 될 것이다.

노트 없이 설교하기

노트 없는 설교가 강한 지지를 받고 있다. 우선 듣는 사람들이 그런 설교를 가장 좋아한다. 그런 설교는 직접적인 대화의 느낌을 갖게 해 준다. 곧, 설교자 마음과 마음이 교차하는 그런 느낌으로 말을 하는 것이다. 그리고 이 때에 설교자와 청중 사이에 일종의 전기 같은 것이 흐르는 것도 사실이다. 설교자와 청중이 함께 생각하며 서로의 눈을 쳐다 봄으로써, 설교자가 청중의 표정에서 동의하는지, 동의하지 않는지, 의문을 갖는지, 아니면 공감하는지를 읽어낼 수가 있다. 이것은 계속 독창성을 발휘하는 데 엄청난 자극제가 된다. 고대의 웅변가로 추앙을 받는 키케로(Cicero)는 말하기를, "말을 전달하는 데 있어서 목소리 다음으로 효과 면에서 중요한 것은 바로 얼굴의 표정이며, 이것은 눈의 지배를 받는다"[3]고 하였다.

좀더 최근의 작가인 바우텐(M. Bautain)은 이 문제를 좀더 다른 시각에서 본다: "여러분이 노트가 가장 절실하게 필요하다고 느끼는 바로 그 때가, 사실은 노트가 전연 쓸데없는 것이다. 즉흥적인 설교를 진행하는 그 열정적인 순간에는 빛이 쏟아지고, 성스러운 불이 타오르며, 마음이 생각의 흐름을 급히 좇아가며, 또한 혀도 속에서 나오는 충동에 복종하여 놀라우리만큼 잘 움직여서 아름다운 표현의 보배들을 쏟아 붓게 되는데, 이런 때에는 모든 것이 속에서 우러나오는 법이다. 마음의 눈길이 속을 향하여 기울어져 있으며, 설교의 주제와 사상에 완전히 몰입되어 있는 것이다."[4]

어쩌면 이보다 더 중요한 것은 — 최소한 몇몇 청중이 보기에는 — 청중 속에서 일어나는 느낌일 것이다. 아주 중대한 이슈일 때에 설교자가 그런 느낌을 자아내도록 유도하게 되는데, 그럴 때에는 설교자와 청중 모두 그 주제 속에서 아주 중요한 역할을 담당하게 된다. 그렇게 되면, 어떤 방법을 쓰든지 상관이 없다. 그러나 이런 상황이 매일 또는 매주마다 있는 것은 아니다. 우리는 주어진 상황 속에서 우리와 청중을 위해서 가장 효과적인 그런 방법을 사용해야 하는 것이다.

설교 중에 회중을 바라볼 때에, 회중의 관심이 소멸하기 시작하는 것이 보이면, 우리 스스로 "저 장로의 관심을 어떻게 해야 다시 회복시킬 수 있을까?"라고 묻게 된다. 아주 예리한 표현을 써서 질문하거나, 그 장로에게 특별히 호소할 만한 비유를 사용하거나, 아니면 비공식적인 상황일 때는 그 장로의 이름을 부르면 다시 주의를 돌이킬 수가 있을 것이다. 노트에 파묻혀서 설교를 진행하게 되면 이러한 생생한 대화를 할 수가 없게 되고, 다른 식으로 기회를 살릴 수 밖에 없을 것이다.

물론, 이런 식의 설교 방법이 때로는 너무나 즉흥적이고 준비가 없어 보여서, 청중 가운데 그 내용을 진지하게 생각하지 않을 사람들이 있을 것이다. 경우에 따라서는 그들의 그런 생각이 옳을 수도 있을 것이다. 어떤 연사들은 언변이 뛰어나서 중요하거나 의미 있는 내용이 별로 없으면서도 몇 시간씩 유창하게 말을 계속할 수 있는 사람도 있다. 그런 언변을 타고난 사람이 반드시 가장 좋은 연사가 되는 것은 아니다. 어떤 설교자는 노트 없이 설교했다가 설교에 무언가 내용이 필요하다는 것을 깨달아서, 자기의 설교를 위해서 원고를 꼼꼼하게 작성하여 설교했다. 그러면서 그는 그렇게 하는 것이 그 자신에게는 가장 좋은 설교 준비라는 것을 믿게 되었다. 노트 없이 설교하는 것이야말로 자기에게는 가장 어려운 방법이라는 것을 안 것이다. 노트 없이 설교하는 것이 지름길은 아니었던 것이다.

그러나, 노트 없이 효과적으로 설교하기 위해서라면 원고를 완전히 작성할 필요는 없다. 존 브로더스는 설교의 표현을 준비하는 것보다는 설교의 내용을 준비하는 데 많은 시간을 쏟는 것이 가장 효과적인 설교를 할 수 있는 방법이라고 믿었다. 그는 설교자가 적절한 내용이 없이 원고를 완전히 준비해 놓은 경우와, 설교자가 조심스럽게 내용을 준비하여 그것을 토대로 설교하되 언어는 그 현장에서 떠오르는 대로 사용하는 경우를 대조시키면서 후자가 훨씬 효과적이라는 점을 지적했다. 물론, 설교자가 어떤 문장을 정확하게 작성하여야 할 필요가 있을 경우도 있다. 예를 들어서 어떤 단어나 개념의 정의 같은 것이 그럴 것이다. 그러나, 신중을 기하면 즉흥적인 스타일에서 누리는 자유를 잃지 않고서도 얼마든지 그렇게 할 수가 있는 것이다.

어떻게 하면 설교자가 이 방법을 사용할 수 있을까?

첫째로 중요한 것은 설교 내용을 질서정연하게 갖고 있어야 한다는 것이다. 논리적으로 혹은 심리적으로 앞뒤의 의미가 연결되지 않는 설교는 기억하기가 아주 힘든 법이다. 브로더스가 이 점을 아주 잘 지적해 준다:

> 주제나 소지(小支), 상세한 내용과 예증들이 자연스럽게 앞뒤가 맞게 잘 정돈되어 있을 경우는, 그 내용을 기억하려고 특별히 신경을 쓸 필요가 거의 없다. 각 요점들마다 그 다음에 올 것을 암시해 주기 때문이다. 그러므로 설교의 내용들을 기억할 수 있도록 함께 엮어 놓아야 하기 때문에, 설교자는 자기의 생각들이 서로 어떻게 연관되며 그 자연스런 순서가 어떻게 되는지를 분명히 찾아야 하는 것이다. 그렇게 하지 않으면, 그 설교나 강연은 움츠러들고 말 것이다. 여러 가지 사상들을 되는대로 묶어 놓고 그대로 전달하는 것보다는, 그 사상들을 마음 속에서 해결되어 가도록, 그 자체의 법칙에 따라서 분명하게 밝혀지도록 그렇게 정렬하는 것이 훨씬 더 낫다. 특별한 주제의 경우 예외가 있을 수 있겠지만, 일반적으로, 쉽게 기억할 수 없는 설교나 연설은 정렬이 잘 되지 않은 것이며, 또한 세세한 내용들 중에서 자연스럽게 나오지 않는 것들을 삭제하는 편이 더 낫다.[5]

19세기의 탁월한 설교가였던 스토어스(R. S. Storrs)는 설교 내용의 기본적인 전후 흐름을 마음 속에 고정시키는 한 가지 방법을 추천했다. 설교자가 설교의 개요를 적고 또 적어서 — 필요하다면 스무 번까지도 — 설교를 진행하는 동안 설교자가 느끼기도 전에 이미 그 사상의 흐름이 자동적으로 나오도록 하는 것이다. 여기서 적고 또 적으라는 것은 설교의 개요를 그저 베끼라는 것이 아니다. 진짜로 다시 적는 것을 뜻한다. 곧, 다시 적을 때마다 단어나 표현을 바꾼다든지 해서 설교의 개요를 새롭게 작성하는 것이다. 그렇게 하면, 설교자는 설교의 각 요점마다 특별히 신경을 쓰지 않고서도 전체의 사상의 흐름을 자연스럽게 따라갈 수가 있게 될 것이다.[6]

포스딕은 랠프 서크먼(Ralph W. Sockman)에 대해서 말하기를, "그가 신학생 시절 처음 행한 설교를 들었는데 얼마나 성숙한 능력과 기교를 보여주었던지, 나는 학생들에게 그가 마치 20년 이상 설교를 해온 설교자 같다고 학생들에게 이야기해 주었었다"[7]라고 했는데, 서크먼은 설교문을 완전히 작성해 놓고, 설교할 때에는 노트가 없이 ― 인용한 문구는 제외하고 ― 설교를 진행했다. 인용한 문구는 언제나 노트를 보고 읽었다. 그는 누군가의 말이나 글을 인용할 때에는 정확해야 하는 것은 물론이고 정확한 것처럼 보이는 것도 중요하다고 여긴 것이다. 출판된 그의 설교들은 그가 설교하기 전에 작성해 놓은 원고와 그가 실제로 행한 설교를 기록해 놓은 것을 합성시킨 것들이었다.[8]

나 자신의 설교 전달 방법은 그 당시의 필요와 형편에 따라서 아주 다양했다. 다른 방법도 자주 사용했지만, 약 10주간 동안 어느 교회의 임시 목사로 있을 동안에는 전혀 원고를 사용하지 않는 방법을 적용시켜 보았다. 매주마다 주일 오전에 두 번 같은 설교를 했고, 주일 저녁에 한 번 다른 설교를 했고, 수요일 저녁에 성경 공부를 인도했다. 그 일은 참 힘들었다. 가끔씩 예화나 중요한 내용을 한두 가지씩 빼먹기도 했다. 그러나 더 노력을 기울인 결과 아주 좋은 효과를 얻었다고 느꼈다. 그런 나 자신의 경험을 생각해 보면서, 원고나 노트가 없이 설교할 수 있도록 하는 법을 배우는 데 도움이 되도록 다음 몇 가지를 제안하고 싶다.

1. 설교의 전체적인 구성을 분명하게 숙지하라. 설교에서 전개되는 주요 사상을 생각하고 그것들을 혼자 말로 되뇌이며 한 가지 사상에서 그 다음 사상으로 논리적으로 옮아가도록 만들면 그렇게 할 수 있을 것이다. 이를 위해서 설교의 주요 요점을 하나씩 요약하면서 그것들이 서로 어떻게 연관되며 어떻게 하는 것이 가장 잘 어울리는지를 파악하려고 애쓰면 될 것이다.

2. 이 아주 간결한 개요를 약간 확대시키라. 쉽게 기억을 되살릴 수 있도록 여기저기 약간 상세한 내용을 기입해 놓으라. 그렇게 하면 설교의 주요 사상의 자연스런 연결을 분명히 하는 데 도움이 될 것이다.

3. 한 단락씩, 혹은 한 부분씩, 자세하게 말하기를 연습해서 각 부분이
완전히 숙지되도록 하라. 예를 들어서, 어느 부분이 예화일 경우는 그
상세한 내용을 완전히 숙지해서 적절한 감정을 살려서 정확히 말할
수 있도록 하라.

4. 각 부분마다 핵심이 되는 한 가지 단어나 문구를 작성하여, 그것들만
보면서 설교 전체를 미리 연습하라. 그렇게 하는 목적은 각 부분의 내
용을 그 단어나 문구와 연결시켜서 기억을 쉽게 할 수 있도록 만드는
데 있다. 이렇게 연습할 때에 필요한 대로 노트를 보면서 하라.

5. 이 개요를 쉽게 연상할 수 있도록 기호 따위를 써서 시각화(視覺化)
하라. 기억력이 어느 정도 있거나 뛰어난 사람에게는 이 과정이 필요
없을 것이다. 그러나 고대의 연설가들은 연설을 배울 때에 연상법을
사용하였다. 키케로는 연설을 연습할 때에 연설의 각 부분을 전개할
때마다 하나씩 방을 옮겨가면서 연습했다고 한다. 그렇게 해서 청중
앞에서 실제로 연설할 때에 그는 각 방마다 옮겨다니면서 겪은 그 상
황들이 떠올라서 연설을 진행하는 데 도움을 얻었다고 한다.[9] 이와 비
슷하게, 설교의 주요 단어들이나 문구들 하나하나를 구체적인 이미지
와 연관시키거나 마음 속으로 여러분에게 아주 익숙한 어떤 상황에
집어넣고 상상으로 그곳을 순서대로 다니도록 하면, 설교에서 그 다음
의 내용이 무엇인지를 쉽게 기억할 수 있을 것이다.

6. 연상을 통해서든 다른 방법으로 하든 그 주요 단어와 문구만을 보고
서 설교 전체를 몇 차례 연습하라. 똑같은 말로 반복하려고 하지 않는
다면, 설교의 사상들을 더 잘 배우고 더 오래 기억하게 될 것이다. 매
회 연습할 때마다 느낌을 재생하도록 노력하라.

7. 메시지를 완전히 마음 속에 고정시킬 수 있도록 필요한 만큼 설교의
간단한 개요를 다시 적으라. 단, 적을 때마다 같은 단어로 표현하려고
할 필요는 없다.

노트를 보고 설교하기

물론, 원고나 노트가 없이 설교하는 것이 이상적인 설교 방법이다. 그러나 여러 가지 이유로 해서, 준비가 덜 필요한 방법을 선택할 수도 있을 것이다.

원고를 쓰는 데 시간을 소비하기보다는, 브로더스 같은 몇몇 설교자들은 설교의 사상을 만들어 내는 데 시간을 쓰기를 선호한다. 그리고 이것은 추천할 점이 많다. 설교자가 문법적인 정확성과 적절한 어법을 이미 익혀서 즉흥적으로 표현해도 아주 적절한 스타일이 될 경우에는 특히 추천할 만하다. 또한 간단한 노트까지도 완전히 익힐 필요가 없기 때문에 그만큼 시간을 절약할 수가 있다.

노트를 가지고 설교할 계획을 세운다면, 강단에 설 때에 여러분이 가장 쉽게 사용할 수 있는 그런 형식으로 노트를 작성하는 것이 좋다. 사상을 분명히 하고 그 사상을 기록해 두는 목적을 위해서라면, 형식을 갖추어 개요를 작성하는 것이 하나의 예비적인 단계로서 도움이 될 것이다. 그러나, 이런 긴 개요를 몇 개의 단어나 문구로 줄일 수도 있을 것이다. 그래서 그것들을 보면 나머지 내용들이 떠오를 수 있도록 하는 것이다. 어떤 경우는 심지어 아주 괴상한 형태의 설교 개요가 강단에서 기억을 떠올리고 슬쩍 참조하기에 훨씬 쉬울 수도 있다.

완전히 암기하여 설교하기

이렇게 암기하여 설교하는 방법은 연설가들 사이에 그리 지지를 받지 못한다. 암기가 중요한 것은 분명한 사실이며, 뿐만 아니라 암기가 연설에서 가장 합당한 방법의 큰 부분을 차지하는 것도 사실이다. 그러나 대개의 경우 단어 하나하나까지 암기한다는 것은 시간이 너무 소비되고 연설자에게 불필요한 압박을 주기 때문에 암기의 방법이 그렇게 낮은 점수를 받는 것이다. 그러나 어떤 사람들은 탁월한 암기력을 갖고 있어서, 배운 것을 자연스럽게 재생시키기도 한다. 그런 사람들의 경우에도 자기가 하고자 하는 말을 단어 하나하나까지 암기해서는 안된다고 한다면, 그것은 주제넘은 짓일 것이다.

원고를 읽기

윈스턴 처칠 경(Sir Winston Churchill)은 암기하거나 원고를 무작정 읽을 필요가 없는 아주 효과적인 연설법을 일찍부터 터득하였다. 영어를 사용하여 굉장한 감동을 불러일으키는 그의 능력은 영어에 대한 그의 사랑만큼이나 널리 알려져 있다. 한 동안 처칠은 그의 연설 내용을 암기했고 의회의 그의 동료들에게 그런 "즉흥적인" 놀라운 효과로 큰 감동을 주었었다. 그러나 그는 언젠가 한 번 내용을 잊어버렸다가 사상의 흐름을 다시는 회복하지를 못하는 경험을 했다. 그 후부터 그는 단어 하나하나를 암기할 필요도, 원고를 읽을 필요도 없는 연설법을 개발하였다. 그는 완전한 원고를 준비하고는 그의 스타일을 보존하고 원고를 재생할 수 있을 만큼 많은 단어와 문구들을 삭제시켰다. 페이지마다 중간 중간에 단어가 삭제되어 있기 때문에, 그는 연설을 진행하면서 단어를 만들어 넣어야 했고, 그것이 그에게 자유와 자연스러움을 주었던 것이다. 그리하여 그가 연설할 때에는 원고를 읽는다는 느낌보다는 오히려 즉흥적인 연설이라는 느낌이 더 강하게 들었다.[10]

설교자가 완전한 원고를 사용할 필요가 있다고 느끼는 경우도 있을 것이다. 어떤 예식이나 공식적인 회합에서는 그럴 필요가 있을 것이다. 그렇지만, 개인적인 이유로 완전한 원고를 들고 강단에 서기를 바라는 설교자들도 있을 것이다. 여러분이 그런 설교자에 속한다면, 청중과의 교감을 지속할 수 있도록 모든 방법을 강구하여야 한다. 원고에서 주요 단어나 문구에 밑줄을 친다든지 해서 설교하는 중에 여러분이 감동을 받도록 해서 마치 간단한 개요를 사용하듯이 그것들을 사용하면 도움이 될 것이다. 말하고자 하는 내용을 잊어버릴 경우에, 다시 원고를 보고 읽으면 될 것이다.

원고에 있는 정확한 단어들을 그대로 재생하고픈 유혹을 강력하게 제지시키기만 하면, 원고를 사용해도 그 원고에 매이지 않을 수가 있을 것이다. 또 한 가지 도움이 되는 방법을 든다면, 원고를 작성할 때에 산문(散文)보다는 마치 시(詩)처럼 보이도록 그렇게 작성하는 것이다. 문장을 새로 시작할 때마다 왼쪽에 간격을 크게 남겨두도록 하라. 원고를 여러분의 개성에 맞게 작성하면 문단 전체를 한눈에 알아 보는 데 도움이 될 것이다. 피터 마샬(Peter Marshall)이 바로 이 방법을 사용했는데, 그는 원고를 아주 기술적으로 사용했기 때문에 청중들은 그가 완전한 원고를 갖고 설교하는지를 알아채지 못했다고 한다.[11]

여러 방법들의 장점과 단점

설교를 터득하고 전하는 여러 가지 방법들에는 어떤 장점과 단점들이 있을까?

노트 없이 설교하는 방법을 잘 사용하면, 청중들은 거의 보편적으로 그것을 선호할 것이다. 다른 방법보다도 더 자연스럽게 들리기 때문이다. 설교자가 청중과 일종의 대화를 유지하게 되고, 또한 설교하는 가운데 창조성이 발휘될 수도 있다. 그러나 설교자가 전하고자 하는 내용보다는 말솜씨에 의지하게 될 수도 있다. 설교하다가 설교자 자신이 흥분한 나머지 의도하지도 않은 말을 하거나 중요한 요점을 빠뜨릴 수도 있다.

노트를 보고 설교하는 방법을 잘 사용하면, 대부분의 청중들이 반대하지 않을 것이다. 즉각성과 자연스러움을 상당한 정도로 유지할 수가 있다. 또한 설교자가 중요한 진술이나 인용을 정확하게 할 수가 있다. 이 방법은 설교자가 산만하게 되지 않도록 막는 역할도 해 준다. 그러나, 아주 간단한 노트를 사용해도 설교자가 시선을 거기에 집중시키고 청중과 눈을 맞추지 않을 위험도 있다. 전반적으로 볼 때에, 정확성과 아주 세련된 스타일은 쉽게 이루어지는 것이 아니다.

완전히 암기하여 설교하는 방법을 사용하면 설교자가 의도하는 내용을 정확하고도 세련되게 전달할 수가 있다. 이 방법을 잘 쓰면, 다른 방법을 쓸 때와는 비교가 안될 정도로 청중들이 감동을 받을 수가 있다. 원고를 암기하려면 설교의 구조에 대한 명확하고 질서정연한 인식이 있어야 하고 또한 구체적인 자료를 풍성하게 사용하여야 하는데, 이 모두가 청중에게 감동을 주는 것이다. 그러나, 원고를 마음 속에 완전히 숙지하기 위해서는 너무나 많은 시간이 소비될 수 있다. 또한 잊어버릴 가능성도 있기 때문에 이 방법은 설교자에게 굉장한 압박감을 줄 수가 있다. 이 방법은 무작정 원고대로 읽는 방법보다 전혀 나을 것이 없을지도 모른다. 왜냐하면 설교자가 마음 속에서 설교를 읽어가느라고 청중에게서 멀리 떠나 있을 수도 있기 때문이다.

원고를 읽는 방법을 사용하면 설교자가 의도한 모든 내용을 정확하게 세련되게 전달할 수가 있다. 이 방법을 잘 쓰면, 청중과의 교감이 상당히 심도 있게 이루어지게 된다. 왜냐하면 설교 내용을 잊어버릴 걱정에서 해방되어 있기 때문에 메시지의 내용에 대해서는 물론 청중에 대해서 관심을 모을 수가 있기 때문이다. 그러나 완전한 원고를 사용하는 많은 설교자들이 별로 큰 효과를 거두지 못하고 있다. 원고를 읽게 되면 설교의 감정적인 요소를 저해하는 것이 보통이기 때문이다. 완전한 원고를 쓰는 데 필요한 시간을 오히려 설교의 다른 면이나 다른 목회 임무에 더 적절하게 쓸 수가 있을 것이다.

그리스도인으로서 우리는 하나님이 그의 백성들에게 각기 다른 수준의 능력과 다양한 은사를 주신다고 믿는다. 우리들 각자 그러한 능력과 은사의 정도에 따라서 설교 사역을 위한 사명을 감당해야 하는 것이다. 또한 우리의 사역이 얼마나 효과가 있느냐 하는 것은 우리가 우리 자신의 능력과 은사를 어떤 식으로 발휘하느냐에 따라서 결정된다는 것을 인식해야 한다. 여러 가지 다른 가능성들을 탐구하고 시도해 보고난 후에 어떤 방법이 자기에게 가장 알맞는지를 결정해 보지도 않고 어느 한 가지 설교 패턴을 너무 성급하게 자신에게 정착시키는 일은 절대로 금물이다. 윌리엄 오슬러 경(Sir William Osler)은 당대에 가장 탁월한 내과 의사 중의 한 사람으로 인정을 받았다. 그러나 그는 자기 자신이 한 가지 달란트밖에는 없는 사람(one-talent person)이라고 생각했다. 그러나 그는 그 한 가지 달란트를 효과적으로 사용함으로써 충만한 이윤을 남겼고 뚜렷한 족적(足迹)을 남겼다. 예수의 달란트 비유가 그에게 영감을 준 것이다.[12] 이와 마찬가지로, 설교자들도 처음에 스스로 가능하다고 생각한 것보다 더 많은 것을 이루는 경우가 많은 것이다. 그러기 위해서는 성실해야 하는 것은 물론이다.

19. 음성과 몸짓의 사용

설교자의 성품과 명성과 함께 복음을 전파하는 데 가장 중요한 자산이 되는 것은 음성과 몸짓이다. 그러나 음성과 몸짓도 성품을 반영하는 것이며 따라서 설교자의 명성을 높일 수도 있고 낮출 수도 있다.

음성

설교자가 자기 음성에 주의를 기울여야 할 실제적인 이유들이 있다. 버질 앤더슨(Virgil A. Anderson)은 아주 도움이 되는 그의 책 「음성 훈련」(*Training the Speaking Voice*)에서 이렇게 진술하고 있다: "생물의 세계에서는 정보를 전달하고 교환하는 것이 주된 기능들인데, 그것이 모든 인간의 문화에 나타나는 응집력을 형성하고, 우리들 각자 각자의 개인적인 삶에 주도적인 영향을 미친다. 의사 소통이 여러 가지 형태를 취할 수 있겠지만, 우리에게 가장 관심이 되는 것은 자연히 인간의 의사 소통 방법이다. 인간의 의사 소통 방법 중에서 구두로 하는 방법이야말로 지금까지 우리의 일상 생활에서 가장 직접적으로 대하는 방법이라는 데에는 의심의 여지가 없다."[1]

음성이 주의를 끌 수도 있다. 특이한 음성이나 거친 음성, 소리가 작은 음성 등은 메시지를 흘려 버리게 만들 수가 있다. 한 전도자는 음성을 잘못 사용하여 완전히 망가뜨렸는지 청중에게 자기가 화난 것이 아니라 거친 음성을 도저히 고칠 수가 없을 뿐이라는 말을 계속 반복하였다. 그의 이런 말이 도움을 주긴 했지만, 그의 거친 음성 때문에 오히려 부정적인 효과가 나는 경향이 있었다.

음성을 잘못 사용함으로써 설교자의 미래가 위협을 받게 되는 예도 있다. 신학교 시절 내게 말하는 법을 가르친 인맨 존슨(Inman Johnson)은 학생들에게 유머를 섞어서 경고하기를, 음성을 조심해서 사용하지 않으면 결국 나중에 가서는 보험 세일즈나 해야 할 것이라고 하곤 했다. 그것은 아주 시의적절한 경고였다. 젊은 시절에는 심각한 문제가 될 수 있는 음성의 문제도 쉽게 교정시킬 수가 있었다.

바람직한 음성과 관계해서 몇 가지 살펴 보아야 할 요인이 있다:

음성의 높낮이

우리는 음성을 높은 음성, 중간 음성, 낮은 음성 등으로 생각한다. 우리가 문제시하는 것은 본래부터 타고난 음성이 높으냐 낮으냐 하는 것이 아니라, 음성의 높낮이를 잘못 잡는 것이다. 우리는 보통 우리가 편안하게 낼 수 있는 가장 높은 음과 가장 낮은 음을 설정하고 그 사이의 음을 냄으로써 우리에게 적합한 음의 높이를 설정한다. 그러나, 어쩌면 심리적인 이유로, 오랜 동안 계속해서 음성의 높낮이를 부자연스럽게 내어온 사람에게는 이것이 매우 어려울 수도 있다. 언젠가 어떤 남자 신학생이 가성(假聲)을 써서 여성처럼 말을 하는 것을 들었는데, 그 학생은 그것을 목사로서의 그의 장래에 적지 않은 장애거리로 여기고 있었다. 언어 치료사는 그 학생의 경우 변성기(變聲期)에 음성이 변하는 것 때문에 친구들에게 놀림을 받는 것이 싫어서 그 때부터 가성을 써왔기 때문에 그렇게 되었다는 것을 발견했다. 그 치료사는 특별 전자 장치를 사용하여 그에게 그의 진짜 음성을 들을 수 있도록 만들어 주어서, 그 학생을 그 문제에서 해방시켜 주었다. 또 어떤 사람의 경우는 "모기 소리"처럼 작은 음성을 크게 하는 것이 중요한 문젯거리일 수도 있을 것이다. 너무 깊은 음성은 마치 "하나님의 음성"처럼 들리므로 그것도 높은 음을 발굴하여 조정할 필요가 있을 것이다. 목표는 아주 신축성이 있다. 그러므로 천성적으로 목소리가 높다, 혹은 낮다는 것은 크게 중요한 문제가 아니다.

음성의 질

우리가 추구하는 것은 듣기 좋은 음성의 질(質)이다. 거칠다거나, 긁는 것 같다거나, 숨소리가 들린다거나, 너무 얄팍하다거나, 아니면 콧소리가 너무 많이 혹은 너무 적게 들어 있다거나 한 상태가 아니면 이상적인 음성이라 하겠다. 그러나 설교에서 어떤 요점을 강조하기 위해서 때로는 귀에 거슬리는 음을 내서 극적인 효과를 연출할 필요도 있다. 경고음은 언제나 일상적인 음과는 완전히 구별되는 법이다. 설교자는 음성을 다양하게 변조시킬 수 있는 법을 배울 때에 음성 자체에 해를 주지 않도록 조심해야 한다. 음성을 부적절하게 사용하면 듣는 사람의 신경을 건드릴 뿐 아니라 성대(聲帶)에 이상을 초래하게 되는 것이다.

조음(articulation)

이는 자음과 모음을 어떻게 접합시키느냐 하는 문제에 관한 것이다. 소리를 (1) 빠뜨릴 수도 있다, 거번먼트(government)를 구브먼이라고 하는 경우; (2) 왜곡시킬 수도 있다, 파이트(fight)를 파아트로 발음하는 경우; (3) 다른 것으로 바꿀 수도 있다, 제너레이션(generation)을 지너레이션이라고 하는 경우; 라이브즈(lives)나 워즈(words)를 리브즈나 워스로 발음하는 경우; (4) 다른 것을 첨가시킬 수도 있다, 아이디어(idea)를 아이디어르로 발음하는 경우.[2] 말을 흐려서 바로 옆에 있는 사람들도 잘못 듣고 오해하게 하고, 멀리 떨어져 있는 사람은 전혀 알아듣지 못하게 하는 경우도 많이 있다. 목소리가 작은 설교자들의 경우에는 대개 쉽게 알아들을 수가 있는데, 그것은 그들이 조음을 분명히 하기 때문이다. 조음의 문제를 치유하는 방법은 치음(齒音), 설음(舌音), 굴리는 음 등을 정확히 하는 데에 지나치게 세심하고 꼼꼼하게 신경을 쓰는 것이 아니라, 단어와 문구를 말할 때에 자연스럽고도 올바르게 하도록 습관을 갖는 것이다.

발음

이는 단어의 음절에 액센트를 주는 것, 또는 특정한 자음이나 모음을 소리내는 것에 관한 것이다. 발음의 문제는 지역에 따라서 달라질 수도 있다. 지역적인 발음이 있고, 국가적인 발음의 표준이 있다. 또한 동일한 지역 내에서도 발음의 습관이 다를 수도 있다. 그러나 그렇다고 해서 발음을 되는 대로 아무렇게나 해서는 안된다. 설교자는 부득이 하여 지방 사투리를 쓰지 않으면 안될 경우를 제외하고는 반드시 그가 섬기는 그 나라의 표준적인 발음을 습득하여 사용하여야 한다. 물론, 교양 있는 지방 사투리가 매력을 끌기도 하고, 그 특정 지역 바깥에서 어떤 힘을 발휘할 수도 있다는 것을 인정하지 않는 것은 아니다.

말의 빠르기

효과적인 연설이나 설교에 있어서 말의 빠르기에 대한 규범은 없다. 미국 강단의 경우 1분당 120 단어 정도가 평균적인 빠르기이다. 가장 흥미를 끄는 말의 빠르기는 아주 빠른 말과 아주 느린 말 사이의 어느 빠르기인데, 이는 상황에 따라서 얼마든지 변할 수 있다. 또한 문구나 문장에 따라서 어떤 것은 빨리 말하는 것이 적당하고, 어떤 것은 천천히 말하는 것이 적절할 수도 있다. 역사적인 사실을 서술하는 데에는 말이 빨라도 무방하지만, 그러나 논리적인 논증의 경우는 천천히 말하는 것이 효과적이다. 너무 말이 느린 설교자는 졸린다. 그리고 너무 말이 빠른 설교자는 듣는 사람이 숨이 가빠서 지쳐 버린다.

어법(phrasing)

문장 속에 나오는 단어들은 대개 의미에 따라서 스스로 묶어지는 것이 보통이다. 그렇게 하여 말하는 사람이 의도하는 진정한 뜻을 전달하는 것이다. 그런데 어떤 설교자들은 문장에 어떤 일정한 패턴을, 예를 들면, 장단격, 5보격 등의 운율을 부여해서 아주 경직되게 그것을 지켜 가려고 한다. 그러나 이런 것은 오히려 의미를 혼동하게 만들고, 따라서 설교 전체에 해를 주게 된다.

중간 중간에 약간씩 사이를 두는 것도 어법과 관계가 된다. 그처럼 사이를 두게 되면, 사상의 단위가 분명하게 드러나게 된다. 각 사상의 단위마다 대개 한 가지 단어를 강조하는 것이 보통이다. 그러나, 그 강조되는 단어가 언제나 각 사상마다 똑같은 위치에 오는 것은 아니다. 예를 들어서, 강조되는 단어가 마지막에 올 수도 있고, 맨 처음에 올 수도 있다. 단어들을 어떻게 정렬하느냐에 따라서, 또한 어떻게 의미를 전달하느냐에 따라서, 강조할 단어들이 결정되는 것이다.

음량(volume)

음량은 언제나 정황과 주제에 아주 적절하게 맞아야 한다. 설교자는 회중 전체가 들을 수 있을 만큼 말을 크게 하려고 노력한다. 청중이 잘 들을 수 있도록 하기 위해서나 설교자의 성대(聲帶)를 보호하기 위해서 마이크로 음량을 증폭시켜야 할 필요가 있는 경우가 많은 것은 물론이다. 그러나 이와 반대로 음량을 줄여야 할 경우도 있다. 음량에 비해서 공간이 너무 좁을 경우가 그럴 것이다. 그런데 많은 설교자들은 조음(調音)에 적절히 신경을 쓰면, 음량이 크지 않아도 효과적으로 설교할 수 있다는 것을 발견했다.

말하는 사람이 음성을 적절히 사용하고 또한 메시지의 의미가 전달법에 적절하게 반영될 경우, 음량이 변할 것이다. 설교 중간 어느 지점에서 아주 중요한 선포를 하기 위해서 갑자기 음량을 높일 수도 있고, 또 어떤 데에서는 속삭이듯 말하는 것만으로도 충분할 수도 있다. 19세기의 최고의 설교자라 할 수 있는 헨리 워드 비처(Henry Ward Beecher)는 다음과 같이 아주 지혜롭게 말했다: "큰 목소리를 써서 청중에게 불을 지를 수도 있다. 그러나 그들을 포근하게 감싸서 설득하며 또한 그들에게 가까이 다가가서 여러분의 매력을 느끼도록 하고, 또한 그들이 여러분의 눈을 보게 해서 음성에 신경을 쓰지 않아도 되도록 만들고 싶으면, 마치 아버지가 자녀에게 이야기하듯이 그렇게 말하여야 할 것이다. 다른 방법으로는 전혀 할 수 없어도, 그리고 소리 지르는 것으로는 특히 더 그렇더라도, 아버지가 자녀에게 하듯이 그렇게 다정하게 말하면, 청중을 끌게 되고 여러분의 진술이나 명제에 대해 동의를 얻게 될 것이다."[3]

음성 코치의 도움을 얻는 것도 목소리를 개선하는 데 꾸준한 발전을 가져올 수 있는 한 가지 방법이 될 수 있다. 연극에 참여해서 경험을 얻기에는 신학생들로서는 이미 늦었다. 그러나 음성을 지도해 주는 개인 교사를 두기에는 아직도 늦지 않았다. 목회 사역을 이미 시작해서 왕성하게 감당하고 있는 설교자들도 그런 도움이 필요한 경우가 많다. 필립스 브룩스가 처음 웨스트민스터 사원(Westminster Abbey)에서 설교할 때에, 그는 목소리 때문에 많은 실망을 했었다. 그리하여 그는 보스턴으로 돌아와서 음성 선생의 도움을 받아 그처럼 목소리를 나쁘게 만든 잘못된 습관을 교정하기 시작했다. 그는 이런 노력을 수 년 동안 계속했다. 그의 전기 작가는 이렇게 쓰고 있다: "음성 선생의 지도를 받아서, 그는 그의 음성을 사용하고 조절하는 법을 배워서 나중에 다시 웨스트민스터 사원에서 설교할 때에는 모든 사람이 그의 말을 똑똑하게 들을 수 있었다."[4] 비처는 다음과 같이 충고하고 있다:

> 목소리를 최고도로 유지하고 또한 그 목소리를 가장 효과적으로 사용하고 싶으면, 목소리를 내는 훈련을 해야 한다. 그렇게 훈련하면 나중에 가서는 목소리 내는 일에 신경을 쓰지 않아도 자연스럽게 자동적으로 나오게 될 것이다. 그러나 이런 훈련은 기회가 된다면, 좋은 선생과 함께 해야 한다. 그럴 기회가 없다면, 좋은 책들을 공부하고 그 책들이 지시하는대로 성실하게 연습하도록 하라. … 어떤 것이든 거기에 깊숙이 들어가서, 그것이 어디에 있는지를 여러분이 거의 잊어버리는 상태가 되지 않으면, 그것을 정말로 이해한 것이 아니다. 피아노를 치면서, "자, 이것이 도(Do)고, 이것이 레(Re)지"라는 식으로 속으로 되뇌이며 치는 사람이 있다면, 그 사람은 절대로 피아노를 칠 줄 아는 사람이 아니다. 악기를 완전히 마스터했을 때에는, 어떤 건반을 두드리느냐, 어떤 현을 눌러야 하느냐 하는 것에 생각이 가지를 않는다. 그저 손이 자동적으로, 거의 무의식적으로 움직이는 법이다. 이러한 미묘한 능력은 그 사람이 그의 악기를 완전히 제압하고 자신을 잊어버린 상태에서, 오로지 자기가 표현하고자 하는 사상이나 하모니만을 의식하고 있을 때에만 나오는 것이다.[5]

설교자들도 적절히 주의를 기울임으로써 음성을 개선할 수가 있다. 목소리를 사용하는 옛 습관들을 버리고 새로운 습관을 가짐으로써 설교에 새로운 효과가 얼마든지 나올 수 있는 것이다.

나는 연극에 경험이 있는 학생들이 설교자로서도 아주 훌륭히 사역하는 것을 보았다. 물론 연극이란 허구이기 때문에 사실성과는 거리가 있어서, 그런 경향이 설교의 저해 요인이 될 수도 있겠지만, 그 학생들은 설교의 사상에 어울리는 감정을 자유롭게 표현할 수 있는 능력을 연극을 통해서 배우고 습득했기 때문에 아주 효과적으로 사역할 수 있었던 것 같다. 또한 유능한 지도자들의 조언이 그들의 잘못된 목소리 습관의 상당 부분을 제거하는 데 도움을 준 것도 물론이다.

몸

음성만이 아니라 몸도 진리를 전달해 주는 역할을 한다. 몸짓으로 하는 언어가 심령을 일깨우기도 한다. 사실상 몸짓으로 하는 행동이 음성으로 말하는 내용의 효과를 말할 수 없이 높여 줄 수 있다. 찰스 브라운 (Charles R. Brown)은 설교에 설교자 전부를 몰입시키는 것이 얼마나 중요한지를 극화(劇化)시켰다. 설교에 관한 예일 대학 강좌 중에서 그는 다음과 같이 말했다:

> 설교자의 가슴 정도의 높이까지 짙은 색깔의 나무로 옆면을 다 막아 놓아서, 설교자가 섰을 때 그의 양복의 첫 단추 정도까지 밖에는 보이지 않는 그런 강단은 이상적인 강단이 못됩니다. 제가 지금 서 있는 이 강단은 정말 지독하게 나쁘군요. 신학부 학생 가운데 마치 삼손이 가사의 성문짝을 들고 옮겨놓았던 것처럼 밤중에 들어와서 이 강단을 딴 데다 옮겨놓은 사람이 있었다면, 아마 그 학생에게 2학점을 공짜로 주어도 아깝지 않았을 것입니다. 설교자가 몸 전체로 청중 앞에 서서 말하도록 해야 합니다! 중대한 진리를 선포하는 일에는 사람의 태도와 몸짓 하나하나가 설교의 내용 그 자체만큼이나 많은 것을 말해 주는 것입니다.[6]

서 있는 자세나 발, 팔, 머리의 움직임, 그리고 얼굴 표정의 변화 등 몸짓을 통해서도 회중에게 얼마든지 많은 것을 말할 수 있다. 몸짓 언어에는 두 가지 종류가 있다: 자연발생적인 몸짓과 묘사를 위한 몸짓이 그것이다. 자연발생적인 몸짓은 느낌에 반응하여 나타나는 것이다. 입으로 하는 말의 내용과 연관되는 감정이 표출되는 것이다. 그러나 묘사를 위한 몸짓은 다분히 의도적인 것으로서, 크기, 방향, 형태, 과정 등을 묘사하는 것이다.

몸짓, 특히 제스처에는 몇 가지 바람직한 특질이 있다. 제스처는 자연스러워야 한다. 그렇다고 해서 제스처의 사용이 처음부터 편안해야 한다는 것은 아니다. 연설자가 말을 하면서 처음 행동을 덧붙이기 시작하면, 아주 어색하고 부자연스러워 보일 것이다. 그러나 연습을 거듭할수록 불편함이 없어질 것이지만, 동시에 연설자는 제스처를 자연스럽게 만들어 주는 몇 가지 요인들에 주의를 기울여야 한다. 한 가지 중요한 것은 타이밍이 적절해야 한다는 사실이다. 함께 나오는 말의 내용을 약간 예상할 수 있게 되거나 아니면 말과 동시에 제스처가 나와야 한다. 그렇지 못하면 제스처는 그야말로 우스꽝스러운 것이 되고 말 것이다. 또한 제스처가 너무 많아서도 안된다. 계속 몸을 움직이게 되면, 실제로 입으로 전달되는 말씀에 주목할 수가 없게 되고, 주의가 흐트러지게 된다. 더욱이, 제스처는 말하는 내용과 일치해야 한다. 하나님의 사랑을 이야기하면서 인상을 찌푸리게 되면, 그 말씀의 효과를 가로막는 꼴이 되는 것이다.

제스처는 너그러워야 한다. 제스처가 모가 났다거나, 거칠다거나 너무 작아서는 안된다. 설교자는 거울 앞에서 개인적으로 연습함으로써 이런 너그러운 몸짓을 개발할 수가 있다. 아무도 보지 않는 데서, 팔을 마음껏 돌린다든지, 부드럽게 감싼다든지 하는 것을 연습할 수 있을 것이다. 또한 연습할 때에 감정의 변화가 많은 시나 문학 작품을 낭송한다든지 소리내어 읽으면서 하면, 많은 도움이 될 것이다.

제스처는 다양해야 한다. 만일 설교자가 어떤 진술을 끝마칠 때마다 항상 손가락을 펴서 쭉 뻗는 제스처를 쓰거나, 기계적으로 팔을 올렸다 내렸다 하는 행동만을 계속한다면, 청중은 아주 신경이 거슬릴 것이다. 아주 너그럽고 부드러워 보이는 제스처도 그것만을 반복하면 아주 싫증나게 된다.

당대 영국의 가장 대중적인 설교자였던 찰스 하돈 스펄전은 젊은 설교자들에게 조언하는 가운데 다음과 같은 말로 결론지었다: "여러 가지 흉칙한 포즈와 제스처에 대해서 제가 비평하고 경고했다고 해서, 여러분이 강단에서 그런 말에 사로잡혀서는 안됩니다. 그런 제스처를 할까 두려워하는 것보다는 그냥 그대로 그런 제스처를 쓰는 편이 더 낫습니다. 그런 것을 두려워하게 되면, 여러분이 답답해 보이고 아주 어색해지기 때문이지요. 큰 실수를 하든 하지 않든 그냥 신경을 쓰지 말고 담대하게 하십시오. 제스처에 대해서 몇 가지 실수를 하는 것이 신경이 날카로워져 있어서 불안해 보이는 것보다 배나 낫습니다. 다른 사람에게는 아주 이상스럽게 보이는 것이 여러분에게는 아주 적절해 보일 수도 있습니다. 그러므로 어느 누구의 말이든 그것이 누구에게나, 혹은 여러분에게, 다 적용될 것이라고 생각하지 마십시오."[7]

전자 장비의 도움

여러 상황에서는 전자 장비의 도움이 필수적이다. 청중이 신경 쓰지 않고서도 잘 들을 수 있도록, 또한 설교자가 어려움 없이 말할 수 있도록 음성을 증폭시켜야 하는 것이다. 이런 전자 장비의 사용은 교회당이나 강단의 음향 효과나 크기 등에 잘 맞추어져야 한다. 몇 가지 실제적인 제안이 도움이 될 것이다.

마이크 시스템을 영구적으로 설치할 때에는 실내의 독특한 상황에 알맞도록 기술적으로 처리해야 한다. 소리가 대체로 골고루 퍼질 수 있도록 해서, 설교자가 청중을 난처하게 만드는 일이 없도록 해야 한다. 부자연스러운 마이크 시스템은 메시지의 성격에 대한 인식을 변화시킬 수도 있고, 설교자의 태도에 대한 인식까지도 바꾸어 놓을 수가 있는 것이다. 음색이 거칠게 나와서 청중으로 하여금 방어 자세를 갖게 만들 수도 있다. 난청(難聽)인 곳에는 특별 장치를 써서 스피커의 볼륨을 지나치게 크게 하지 않고서도 잘 들릴 수 있도록 해 주어야 한다. 고정 마이크는 표준적인 설비이다. 그러나 몸에 부착하는 무선 마이크도 추가 설비로서 아주 이상적인데, 이런 설비를 쓰면, 설교자가 자연스럽게 또 상황에 따라서 자유 자재로 이동하거나 움직일 수가 있게 될 것이다.

라디오와 텔레비전 설교

라디오와 텔레비전의 여러 종교 프로그램에서 예배 실황을 방송하는 예가 많다. 이 프로그램들은 대개 청취자나 시청자를 무시하는 것이 보통이다. 때로는 목사들이 특별한 노력을 기울여서 라디오나 텔레비전 시청자들이 진짜 예배에 참석하는 것처럼 느낄 수 있게 도와주는 경우도 있다. 어떤 목사는 시청자들을 교회당 현관에서 영접하여 교회당 문을 열고, 시청자들을 그리로 안내하여 함께 예배하도록 해주기도 한다. 또한 이 목사는 헌금 드릴 때나 좌석에 앉아 있을 때에 시청자들에게만 직접 조용히 이야기를 해 주기도 한다. 이런 상황에서는 설교자가 현장의 청중과 프로그램을 듣거나 시청하는 자들을 동시에 의식하여 프로그램 제작자에게 효과를 최대한으로 높이기 위한 갖가지 기술적인 수단을 사용할 것을 요구하는 것이 설교를 가장 효과적으로 만들기에 필수적일 것이다.

라디오나 텔레비전 설교의 경우 대화체로 설교하는 설교자가 가장 주목을 받고 관심을 끈다. 설교자 개인 대 개인의 대화처럼 느껴지기 때문에 시청자가 쉽게 무시할 수가 없기 때문이다. 아주 격앙된 설교나 혹은 열변을 토하는 설교는 얼마 후면 쉽게 무시해 버리기가 쉽다. 관심도가 떨어지고 말이 거칠어지면 시청자는 그냥 꺼버리고 말 것이다. 그러나 모든 경우가 다 그런 것은 아니다. 대 설교가의 감동적인 설교는 교회당에서든 라디오나 텔레비전에서든 언제나 주목을 끌기 마련이다. 그러나, 눈과 눈을 마주치고, 마음과 마음이 통하는 그런 스타일의 설교가 대체로 가장 주목을 끌고 시청자의 반응을 끄는 것을 볼 수 있다.

가장 효과적인 라디오와 텔레비전 설교들 가운데는 정상적인 주일 오전 예배의 순서를 제쳐두고 복음을 선포하고 성경을 가르치는 데 획기적인 방법들을 사용하는 경우도 있다. 설교는 전통적인 예배의 상황에 가장 어울리고 또 가장 효과가 있지만, 교회 바깥의, 비전통적인, 획기적인 방법들도 연구하고 실험할 필요가 있다. 여러 교회와 설교자들에서, 이러한 새로운 방법들을 사용한 결과 전도를 위한 새롭고도 놀라운 기회를 얻고 있기도 하다. 예를 들어서, 텔레비전은 많은 회중이 모여 예배하는 상황보다는 훨씬 더 친밀한 매개체가 되며, 설교가 아닌 다른 방식의 선포와 가르침, 증거들을 극대화시킬 수가 있다. 텔리비젼에 맞춘 토크 쇼의 형식이나 음악 프로그램, 다큐멘타리 등이 지교회의 사역을 돋보이게 해 주며, 또 어떤 경우에는 "난롯가에서 나누는 대화" 같은 방식도 전통적인 예배 실황 중계보다 지교회의 사역을 훨씬 더 효과적으로 확대시켜 준다. 이론적으로는 30분짜리 설교보다 30초짜리 라디오나 텔레비전 방송이 훨씬 더 효과적일 수 있다. 왜 그럴까? 전달 매개체와 메시지, 그리고 청중이 훨씬 더 서로 잘 어울리기 때문이다. 설교자는 시간과 에너지를 전통적인 예배와 설교에 많이 쏟아 부어야 하는 것은 물론이지만, 전자 매체를 통한 전도 수단과 기독교 교육의 가능성에 대해서도 관심을 기울여야 할 것이다. 이런 다양한 수단들을 사용하면 경우에 따라서는 설교가 줄어들고 다른 의사 전달 수단이 증가할 수도 있을 것이다.

20. 설교자의 인격성

목회 사역의 장기적인 효과를 위해서 필수적인 목회자 개인의 임무들을 목록으로 만든다면, 영적인 성숙(spiritual formation)이 최고의 자리를 차지할 것이다. 이 점은 다른 무엇보다 설교 사역에 해당되는 사실이다. 삶을 하나님께 온전히 드리는 사실이 결핍되어 있고 또한 그런 헌신을 시행하는 갖가지 절제와 훈련의 사실이 결핍되어 있으면, 그 결과가 강단에서 드러나기 마련이다. 설교자가 탁월한 지성을 갖고 있고 놀라운 언변을 지니고 있고 아주 친절하고 부드러운 면을 지니고 있다 할지라도, 정작 진정한 설교가 요구하는 대로 확신과 사랑을 갖고 하나님을 위하여 말씀하는 데 실패할 수가 얼마든지 있는 것이다. 사도 바울은 말씀하기를, 다른 사람들에게 말씀을 전한 다음 자기 자신이 버림을 받게 되지 않도록 자기 몸을 쳐서 복종시킨다고 하였다.

어느 설교자라도 스스로 동기와 행실이 완전하다고 주장할 수 있는 사람은 없다. 그러나 하나님이 그 자신의 음악을 연주하실 수 있도록 조율이 잘 되어 있는 악기가 될 수는 있을 것이다.

가장 근본적인 수준에서 볼 때에, 그렇게 되기 위해서는 고대의 웅변가들이 말한 에토스(ethos), 즉 성품에 주의를 기울여야 한다. 청중의 신뢰를 받지 못하는 설교자의 말을 오래 들을 사람이 어디 있겠는가? 설교자는 지적이어야 하고 성격이 좋아야 하고, 청중을 향하여 선한 뜻을 가지고 있어야 한다. 사람에게 믿음이 있고 신뢰를 받고 추종을 받기를 원하면 누구든지 이런 특질들을 갖고 있어야 마땅할 것이다. 그보다 더 깊은 특질들을 사모하고 추구해야 하겠지만, 최소한 지성, 선한 성품과 선한 뜻은 거의 당연하게 있어야 하는 것이다.

성경 읽기와 기도

영적 성숙으로 향하는 길은 아주 잘 알려진 이정표를 따라 가면 된다. 우선 성경에 대한 열심을 개발하는 것부터 시작할 수가 있다. 믿음 때문에 핍박을 받거나 성경을 개인적으로 소유할 수 없는 환경에 처해 있는 사람에게는 이것이 아무런 문제가 되지 않을 것이다. 그들은 이미 끊임없는 기근을 당하고 있다. 빵이 없는 기근이 아니라 하나님의 말씀을 아는 지식이 없는 기근 말이다. 성경에 대한 비평적인 연구는 목사들이 거쳐야 할 전문적인 훈련의 필수적인 부분이다. 신학교들은 목사 후보생들을 훈련하는 가운데 구약과 신약의 사실들에 대해 지식을 갖게 하고, 성경이 어떻게 존재하게 되었고 또한 우리에게 전수되었는지를 이해하도록 하며, 또한 오늘날의 회중을 향한 그 말씀들의 의미를 해석하는 기술을 지니도록 하는 데 큰 노력을 기울이고 있다.

그러나 신학교가 아무리 그런 방면에 노력을 기울이고 있다 할지라도, 학생들로 하여금 성경을 경건하게 사랑하도록 보장해 주지는 못한다. 신학교는 다만 학생들이 그 다음의 더 높은 단계로 올라가도록 방향을 제시하고 격려하며 희망을 주는 역할을 하는 것이다. 마커스 바르트(Markus Barth)는 이러한 사실을 대화에 비유하였다. 젊은 사람이 사랑에 빠지면 사랑하는 사람에게서 편지가 오기를 간절히 기다리다가 편지를 받으면 읽고 또 읽어서 행간 사이에 담긴 메시지까지도 듣는데, 그와 같이 성경을 읽는 자들도 그것이 하나님의 사랑의 메시지라는 것을 인식하면 그것을 마음으로 사모하며 대하게 될 것이라는 것이다.[1]

이런 수준의 이해와 느낌과 경건한 헌신에 이르기를 원하는 설교자는 그런 일이 이루도록 하는 데 효과적인 주도자 역할을 할 수 있을 것이다. 그런 수준에 이르는 가장 손쉬운 방법은 홀로 성경을 읽고 묵상하는 것이다. 이런 목적을 위해서, 성경의 작은 부분에 초점을 맞추라. 그것을 전체로 보고 그 정황을 살피라. 그리고 그 다음에 각 절마다, 각 문구마다, 단어 하나하나마다 주의를 기울여 읽으라. 그것에 대해 의문을 제기하고, 그 말씀과 함께 논증을 하고, 그 말씀을 귀담아 들으라. 마치 야곱이 한밤중에 여호와의 사자와 씨름하여 그에게 복을 받았듯이, 본문과 씨름하여 본문이 주는 복을 누려야 할 것이다. 아주 강하고 깊은 사랑의 관계가 언제나 달콤하고 평온하리라고 생각한다면, 그것은 잘못된 것이다. 폭풍과도 같이 쓰라린 싸움과 언쟁이 있을 때도 있다. 그런 것들도 사랑의 표현인 것이다.

탁월한 구약 학자인 한스 리츠만(Hans Lietzmann)은 이 문제를 다음과 같이 아주 회화적으로 표현해 준다:

> 본문을 공부하고 의미를 파악하여 무엇엔가 도달하게 되면, 성경 저자의 독백이 사라지고 이제는 쌍방 간의 대화가 시작된다. 내가 의심과 믿음을 갖고 말하기 시작하고, 질문과 대답이 오가는 대화가 시작되는 것이다. 그러면 성경 본문이 어느 정해진 시기에 속하는 하나의 강론이 아니라 역사를 통해서 울려 퍼지는 메시지가 되며, 또한 인류가 계속 늘어만 가는 고뇌 속에서 제기하는 수없는 질문들을 해결해주는 해답이 되는 것이다. 바로 그 메시지가 내게 임하며 나를 하나님의 임재 속에 있게 해 주는 것이다.[2]

설교자들이 경건 생활을 위하여 성경을 읽는 시간에, 혹은 경건을 위하여 묵상을 할 때에, 앞으로 할 설교를 의식하고 생각하지 말라는 권고가 있었다. 나도 거기에 동의한다. 설교를 염두에 두고 그런 일을 해서는 안된다. 설교에 사용할 가능성 따위는 전연 염두에 두지 말고 정기적으로 성경을 읽고 묵상해야 한다. 그러나, 그런 경건 생활을 위한 성경 읽기와 묵상 시간만큼 강단을 위해서 생산적인 시간은 없을 것이다. 설교가 그저 무의식 중에, 우연하게 튀어나올 수가 있는 것이다. 그러나, 설교자 역시 성경 읽기와 묵상에 대해서, 강단에 올라가 설교할 일이 없는 진지한 일반 그리스도인과 동일한 자세를 가져야 한다는 점을 강조해야 할 것이다.

물론, 기도가 이와 직접적으로 연관될 것이다. 성경 읽기와 그 의미에 대한 묵상은 기도로 나아갈 길을 열어 준다. 성경 구절을 통해서 말씀하시는 하나님의 말씀을 들으면 우리는 언제나 기도로 이끌림을 받아 그 속으로 들어가게 되는 것이다. 성경을 읽고 묵상할 때에, 우리는 여러 가지 다른 종류의 기도에 이끌려 들어갈 것이다. 찬양, 고백, 감사, 간구, 도고, 그리고 헌신 ― 이런 모든 형식이 우리의 기도로 표현되어 나오는 것이다. 우리가 읽은 내용에 민감해지면, 우리의 마음이 하나님이 우리에게 하시는 말씀에 대해 열려 있으면, 우리의 생각은 바로 그와 같은 기도로 돌아가게 마련인 것이다. 기도는 기도의 목적과 기도의 역할에 관해서 얼마든지 다른 의미를 붙일 수 있지만, 또한 하나의 배워가는 과정이라 할 수 있는 것이다.

성품

설교자가 기도하는 가운데 기술을 익히고 자신을 훈련시켜 감에 따라서, 거기에 상응하는 성품이 형성되게 된다. 만일 그런 일이 스스로 의식하는 가운데 이루어지면, 즉, 설교자가 자기 개인의 의에 계속해서 더욱 만족을 느끼게 되면, 영적인 진보가 이루어졌다고 보기가 매우 어렵다. 모든 사람들 가운데, 기도하는 사람은 반드시 자신의 인간적인 연약함과, 자신이 죄인과 같은 부류에 속해 있다는 사실을 인식하여야만 한다. 죄와 부족에 대한 건강한 감각이라는 것이 있는 것이다. 또한 죄와 실패에 대한 병적인 고정 관념도 있다. 전자의 경우는 영적 성취를 당연한 것으로 여기지 않고 계속해서 성장의 길을 걸어가며 언제나 유혹과 죄가 실재한다는 것을 각성하며 나아간다. 그러나 후자의 경우는 유혹 그 자체에, 자신의 초라함에 초점을 맞추어 심지어 자기 자신을 경멸하게까지 되는 경향이 있다.

어쨌든, 우리의 인간적인 상태를 진지하게 대해야 한다. 여기서 "우리"란 바로 "우리 그리스도인들"이라는 뜻이다. 이 과제에는 약속이 있고 동시에 위험 요소가 있다. 약속이란 인간의 연약함을 깊이, 그리고 계속해서 이해하게 된다는 것이다. 우리의 죄에도 불구하고 하나님이 우리를 사랑하셨고 우리가 그의 영광에 이르지 못하는데도 불구하고 계속해서 우리를 사랑하신다는 것을 우리가 진실로 믿는다면, 하나님이 우리를 바라보시듯이 그렇게 다른 사람들을 바라보며, 하나님이 우리에게 보여 주신 동일한 사랑으로 그들을 사랑하며 보호하게 될 것이다. 시편 기자의 다음과 같은 말씀이 현실이 되는 것이다: "아비가 자식을 불쌍히 여김 같이 여호와께서 자기를 경외하는 자를 불쌍히 여기시나니, 이는 저가 우리의 체질을 아시며 우리가 진토임을 기억하심이로다"(시 103:13-14).

위험 요소는 마땅히 저항하여야 할 유혹과 제거해야 할 죄를 오히려 변호하고 용인하게 될 수도 있다는 것이다. 설교자가 아무나 그리스도인이라고 할 수 있을 만큼 그리스도인의 삶의 표준을 낮추어 놓을 수도 있다. 또한 설교자가 좀더 높고 고귀한 삶을 향한 동기를 꺾어 버릴 수도 있을 것이다. 반율법주의의 이단이 초대 교회부터 계속 있어온 사실을 알아야 한다. 최근에 와서는 정상이 아닌 것을 기독교 윤리 속에 흡수시키고 망령된 것을 행하는 자들에게 신적인 승인의 확신을 주어 안심시키고자 하는 노력이 횡행하고 있는 것을 보아왔다. 어떤 이들은 사회적 억압에 저항하는 현상이 다른 무수한 죄악들을 덮어두고 있다고 보기도 하는데, 아주 옳은 것 같아 보인다. 그러나 뿌린 대로 거둔다는 법칙은 계속되고 있다. 그러므로, 육체의 온갖 죄악들에 대해서 일괄적으로 사면시키는 식의 행위가 그렇게도 자유롭게 자행되고 있으나 일단 그처럼 씨를 뿌린 다음에는 그 결과를 무효화시킬 수가 없는 것이다. 물론 탐욕, 착취, 부정, 그리고 억압 등이 크나큰 사회적 죄인 것은 분명하다. 그러나 육체의 죄도 죄이기는 마찬가지이다. 사회적 죄든 육체적인 죄든 모두 우리가 추구하는 가치를 말살시키는 것들이다. 그런데 불행하게도 설교자도 그런 죄에 함께 참여하고 있다. 설교자는 이사야 선지자처럼 "나는 입술이 부정한 사람이요 입술이 부정한 백성 중에 거하도다"라고 고백해야 마땅할 것이다. 위엄과 거룩한 중에 계시는 하나님을 뵈온 사람은 누구든지 선지자의 그 말씀과 같은 말씀을 할 수밖에 없을 것이다.

그러므로 설교자는 자기 자신의 개인적인 문제 때문에 그 누구도 도와줄 수 없는 처지가 될 수 있다. 시몬 베드로는 예수 앞에서 외치기를, "주여, 내게서 떠나 가소서 나는 죄인이로소이다"라고 하였다. 그러나 유혹과 의심이 있다 할지라도 그것이 설교자의 자격을 상실시키는 것은 아니다. 오히려 봉사할 수 있는 능력을 실제로 더 높여 줄 수도 있다. 더 많은 이해를 갖게 되고, 돕고자 하는 의욕이 더 커지며, 특정한 문제점들을 처리하는 방법들에 대해서 더 많이 알게 되기 때문이다. 도움을 받는 사람의 입장에서는, 그 "죄인"이 더 신뢰성 있고 더 개방적이라고 느끼게 되며, 자신이 지금 천사와 대면하여 이야기를 나누는 것이 아니라 "우리와 성정이 같은" 진짜 사람과 대면하는 것임을 잘 알게 될 것이다. 헨리 나우웬(Henry Nouwen)의 다음과 같은 말을 들어 보기로 하자:

> 목사가 누구를 구원할 수 있는 것이 아니다. 두려워하는 사람들에게 안내자 역할을 하는 것이 목사가 하는 일의 전부다. 그러나 역설적으로, 바로 이러한 안내 속에서 소망의 첫 표증이 드러나게 된다. 그것은 그들과 함께 나눈 고통을 해방으로 향하는 길로 이해할 때에 그 고통이 더 이상 그들을 무력화시키지 않고 오히려 활동을 촉진시켜 주기 때문이다. 우리가 우리의 고통을 회피할 필요가 없고 오히려 그 고통들을 활용하여 함께 생명을 찾는 길로 전환시킬 수 있다는 것을 자각하게 되면, 바로 그 고통들이 절망의 표현이던 것에서 소망의 표증으로 변화되는 것이다.[3]

그러나 그렇다고 해서 우리가 무미건조하게 비생산적인 방식으로 우리의 상처를 드러내고 알려야 한다는 뜻은 아니다. 늘상 자기의 연약함과 문제점들에 대해서 이야기하는 설교자는 다른 사람에게 힘과 용기를 감동적으로 전달해 주기는커녕 오히려 연약함밖에는 줄 것이 없게 될 수도 있다. 다른 사람들에게 건강을 전달해 주는 사람의 삶 속에는 반드시 건강한 회복이 있기 마련인 것이다. 테오도어 보벳(Theodore Bovet)은 이렇게 쓰고 있다: "목회자는 모든 것을 다 이해한다. 아무리 극심한 성적 타락이라도 그것에 충격을 받지 않고, 그 어떠한 범죄를 대하고서도 창백해지지 않는다. 이 세상에서 아무리 극악하고 비열한 악당보다도 자신이 우월하다는 느낌을 전혀 갖지 않기 때문이다. 그러나 그렇게 이해하면서도 연약해지거나 방종에 빠지지 않는다. 오히려 곧바로 회심을 향하여 나아가게 하는 것

이다: '나도 너를 정죄하지 아니하노니 가서 다시는 죄를 범치 말라'(요 8:11)."[4]

다양한 임무

설교자의 목표와 훈련을 위해서 네 가지를 강력한 지침으로 제시할 수가 있다. 보살핌, 일함, 믿음, 그리고 순종함이 그것이다.

설교자에게 있어야 할 가장 주된 특질은 바로 **보살핌**이다. 엘튼 트루블러드(Elton Trueblood)는 "사랑"으로 번역되는 신약 성경의 아가페라는 단어를 보살핌으로 번역해야 한다고 제안한다. 그것이야말로 하나님의 본성 그 자체이다. 하나님은 사랑이시기 때문이다. 이러한 특질을 부모가 자녀들에게 보여주는 태도에서 넌지시 볼 수 있다. 이교도든 그리스도인이든 부모라면 누구든지 자기 자식들을 보살핀다. 우리가 하나님의 보살핌 ─ 사랑 ─ 에 의식적으로 붙잡힌 바 되면 우리의 보살핌은 점점 다른 사람들에게로 확대되어 간다. 하나님의 보살피심이 우리 자신의 행동의 패턴이 되는 것이다. "우리가 형제를 사랑함으로 사망에서 옮겨 생명으로 들어간 줄을 알거니와 사랑치 아니하는 자는 사망에 거하느니라."

사도 바울은 불신의 상태에 있는 자기 동족 이스라엘을 향한 자신의 감정을 이렇게까지 말씀하고 있다: "나의 형제 곧 골육의 친척을 위하여 내 자신이 저주를 받아 그리스도에게서 끊어질지라도 원하는 바로라." 어떻게 그런 말을 할 수가 있었겠는가? 그것은 곧 "우리가 사랑하는 것은 그가 먼저 우리를 사랑하셨음이로라." 이런 보살핌은 여러 가지 다양한 방식으로 다양한 정도로 표현될 수가 있다. 의사와 간호사들이 환자를 성실하게 또한 부드럽게 치료하는 데서도 이런 보살핌의 특질이 분명하게 표현되는 것을 본다. 그러나, 병원의 일반 사무원 역시 분명하게 드러나지는 않지만 똑같이 보살핌의 일을 감당할 수도 있는 것이다. 이와 마찬가지로, 설교자에게도 개인적인 성격을 띤 사역이 있을 수 있다. 보살핌은 대개 어려움에 처한 사람들에게 행해지는 것이다. 아니면, 대개 일 대 일의 관계로 행해지는 것이다.

어쨌든, 설교자는 보살피는 사람이어야 한다. 멀리 떨어진 애인이 몇년 씩 수백 마일 이상 떨어져서도 그 사랑을 표현할 수도 있지만, 보살핌은 계속 가까이 가기를 배우는 것이다. 가정의 상황이든, 아니면 다른 상황이든, 사람을 가까이에서 사랑하는 것이 모든 보살핌의 전형이 될 수 있는 것이다. 보살핌은 가르치고 배우는 것이다. 우리는 그것을 보고 있고, 또한 그것이 무엇인지를 알고 있다. 먼저 작은 것부터 실천하기 시작하여, 점차로 그것이 우리 삶의 일부가 되도록 하여야 한다. 자기를 동정하는 상태에서 전환하여 상처가 깊은 사람들을 돌보는 끈질긴 노력을 행하고 그들을 구체적으로 풍성하게 — 그리스도의 이름으로 냉수 한 그릇 떠 주는 작은 일부터 행하여 — 보살펴 줌으로써, 많은 목사들이 그들 개인의 삶이 변화하며, 그들의 침체 상태가 제거되며, 그들의 사역이 새로운 성공으로 도약하게 되는 것을 보게 되는 것이다.

설교자가 자기 훈련의 목표로 삼아야 할 또 하나의 특질은 **일하는 것** (working)이다. 열살짜리 꼬마에게 장차 자라서 어떤 사람이 되고 싶으냐고 물어 보았다. 그랬더니 그는 "설교자가 되고 싶어요"라고 했다. "어째서 설교자가 되고 싶니?"라고 물었더니, 그 아이는 더 좋은 대답을 생각할 수가 없는지, "그건 쉽잖아요!"라고 대답했다. 물론 그 아이는 잘못 알고 있는 것이다. 설교자의 진실을 충분히 다 보지 못해서 그런 대답이 나왔겠지만, 그러나 그 꼬마는 자기가 진실이라고 알고 느끼는 대로 대답한 것이다. 설교자가 너무나 바빠 보여서 사람들이 접근하기가 미안하게 느낄 정도가 되면 안되겠지만, 그러나 설교자는 바빠야 한다. 대부분의 교인들은 설교 준비, 심방, 상담, 그리고 교회 행정은 모두 설교자가 해야 할 일이라고 생각하는 것이다.

어떤 교단 잡지의 편집장이 몇몇 신학교의 설교학 교수들에게 설문지를 보내어, 설교자가 설교를 개선하기 위해서, 즉, "설교를 보다 효과적으로 할 수 있기 위해서" 즉시 할 수 있는 일에 대해서 간략하게 진술해 달라고 부탁했다. 내가 한 대답은 "시간 낭비를 중지하시오"였다. 생활을 효율적으

로 운영하면서도, 나 자신에게 만족감을 주며 다른 사람들에게는 즐거움을
줄 수 있는 그런 가치들을 위하여 충분한 여유를 남겨두려고 노력하는 나
자신의 경우를 생각하고 그렇게 대답한 것이다. 또한 한 목사의 아내가 격
분하여 던진 다음과 같은 질문도 염두에 둔 것이었다: "설교자들이 세상
에서 가장 자기 절제가 없는 사람들인지 도대체 그 이유가 무엇입니까?"

나는 또한 설교자의 문제가 시간이 없다는 것이 아니라는 점을 지적했
다. 오히려 남아도는 시간을 비효율적으로 사용하는 것이 문제인 것이다.
우리에게는 현실적인 목표들을 향하여 즉각적이고, 정기적이고, 끈질긴 움
직임이 필요하다. 그런 자발적인 행동을 통해서 더 낫고 더 효과적인 설교
가 나올 것이며, 그렇게 되면 개인적인 필요나 기타 목사의 임무를 위한
필요를 위해서 필수적으로 필요한 상당량의 시간을 구태여 희생할 필요가
없게 될 것이다.

그러므로 우선 순위를 세워야 한다. 의무적으로 반드시 하여야 할 일이
가장 중요할 것이다. 회중은 우리에게 어떤 일들을 하기를 기대하고 있는
데, 우리가 그 일들을 성실하게 행하지 않으면, 타 교회 사역, 사회의 일이
나 교단의 일 또는 골프 같은 일 때문에 문제가 생기게 될 것이다. 지당한
일이다. 대부분의 교회는 목사에 대해 기대하는 일의 목록 가운데 효과적
인 설교를 최고의 자리에 올려 놓고 있다. 이것과 그 다음 부차적인 기대
거리들을 만족시키기 위해서, 우리는 다음의 일들을 해야 할 것 같다:

1. 묵상과 계획을 위해 홀로 고요히 보낼 수 있는 시간을 정해 놓고 날
   마다 지키라. 장기적인 개인의 목표와 전문적인 목표를 정하고, 기록하
   고, **정기적으로** 꺼내어 보라. 그런 장기 목표에 맞는 단기적인 목표를
   생각하라.

2. 밤에 잠자리에 들기 전에 두 가지 목록 ― 실행해야 할 일과 시급하
   지는 않으나 하는 것이 바람직한 일 ― 을 작성하라. 그 다음 날, 실행
   한 항목에 줄을 치라. 첫번째 목록에는 설교 준비의 각 단계를 정해진
   시간 내에 실행한 사항이 포함될 것이다.

3. 설교 준비를 위해서 깨뜨릴 수 없는 분명한 시간을 갖도록 노력하라. 전화 벨 소리가 울리기 몇 시간 전에 일어나고, 전화 벨 소리가 울리기를 그친 늦은 밤에 일을 하라. 아니면 낮 시간 동안 일할 수 있는 장소를 찾으라. 가능하다면, 집과 교회에서 벗어나서 긴급한 사항에만 연락이 닿는 그런 곳을 찾으라.[5] 나의 생각으로는 비효과적인 설교는 설교 준비에 너무 적은 시간을 할애하는 데서 오는 것이라 여겨진다. 설교자가 하나님의 말씀을 선포하는 특권을 부여받은 데 대해서 깊은 감사의 마음으로 설교 준비 시간을 지적으로 비평적으로 사용하기만 하면, 시간을 더 할애할수록 더 좋은 결과가 나올 것이다.

뒤로 미루는 것은 우리가 하는 심리적인 장난일 뿐이다. 시급하고 정말 중요한 일을 피하기 위해서, 무의미한 의례적인 일들이나 부차적인 일들로 우리의 삶을 가득 채우는 일이 얼마나 많은지 모른다. 일에 대해서 분명하고도 즉각적으로 결단을 내릴 수 있도록 해 주는 질문들을 몇 가지 생각해 보자:

- 필요한 일은 조만간 끝내야 한다. 그렇다면, 지금 그 일을 하면 좋지 않은가?
- 필요한 일이 천천히 참으면서 진행해야 할 필요가 있는 경우도 있다. 그러면, 미리 계획하면 좋지 않겠는가?
- 필요한 일의 양이 굉장히 많은 경우도 자주 있다. 그러면, 그것을 할 수 있는 만큼씩 나누어서 정기적으로 조금씩 해나가면 되지 않겠는가?
- 필요한 일이 예기치 않게 생기는 때도 있다. 그렇다면, 그런 예기치 않은 일들을 대비해서 미리 여유를 남겨 두면 좋지 않겠는가?

목표를 설정하는 일은 일을 행하는 과정에서 아주 중요한 부분이다. 조지 버트릭(George A. Buttrick)은 명확한 목표를 지향한다는 것이 얼마나 가치 있는 일인지를 목회 생활 초기부터 보았다. 그는 두 가지 명확한 목표를 세웠다. 그 하나는 매 주마다 두 권의 의미 있는 책을 읽는 것이었다. 일년을 그렇게 하면 그는 중요한 책 백 권을 읽게 되는 것이었다! 그 다음 그는 매 주마다 35회의 목회 심방 전화를 하는 일을 목표로 세웠다. 타 지역에 나가 있을 동안에는 물론 그 할당량을 지키지 못했지만, 돌아오면 그 동안 못한 그 일을 채워서 했다. 그는 이 두 가지 목표를 지켜감으로써 결국 오랫동안 신실한 목회 사역을 감당할 수 있었던 것이다. 저명한 내과 의사인 윌리엄 오슬러 경(Sir William Osler)은 4개의 대학교의 교수로 있었고, 성공적인 책을 썼고, 아주 훌륭한 명예를 얻었지만, 정작 자기 자신을 능력이 빈약한 사람으로 여기는 사람이었다. 그러나 그러면서도 그가 그렇게 성공을 거둘 수 있었던 것은 그가 날마다 부지런히 사는 그의 삶 덕분이었다. 그는 이렇게 말한다: "한 날(日)은 또 다른 날에게 말하고, 한 주(週)는 또 다른 주를 보증하며, 한 달(月)은 또 다른 달에게 똑같은 이야기를 증언한다. 그렇게 하면 여러분에게 습관이 생기게 되고, 열 달란트 받은 사람이 겨우 본전만 건질 때에 한 달란트밖에는 받지 못한 사람이라도 그 습관 덕분에 훨씬 높은 이윤을 얻게 되는 것이다."[6]

하버드 대학에서 행한 한 패널 토의에서 스키너(B. F. Skinner)는 장래 작가를 희망하는 학생들에게 한 가지 조언을 했는데, 이는 설교자들에게도 똑같이 적용될 수 있는 것이다. 그는 말하기를, 작가가 글을 쓰는 일을 위해서는 반드시 정해진 장소와 정해진 시간이 있어야 한다고 했다. 그는 이어서 말하기를, 자기의 경우 출판할 수 있는 내용을 하루에 일백 자 정도(영어의 경우임) 쓸 수 있으면 만족했다고 한다. 매일 일백 자를 쓰면, 2년 내지 3년이면 책 한 권을 완성할 수가 있다는 것이다.

설교자에게 있어야 할 세번째 특질은 **믿는 것**(believing)이다. 보살핌처럼, 이것도 설교자에게만 해당되는 것은 아니다. 일은 결정해서 실행하면 되지만, 믿는 것은 그렇게 할 수가 없다. 믿기로 마음을 정한다고 해서 믿을 수 있는 것이 아니다. 목회 사역에서는 항상 무슨 일에 대해 의심하는 사람들이 있기 마련이고, 때로는 모든 일을 다 의심하는 사람들까지도 있다. 그것이 인간의 상태인 것이다.

하나님의 위대한 종들 가운데 많은 사람들이 과거에 큰 의심을 가졌던 사람들이다. 수많은 사람들이 걱정과 공포 혹은 근심으로 사망의 음침한 골짜기를 걸었다. 많은 사람들이 채찍을 맞았고, 그 채찍을 견뎌냈다. 이제 그들은 그들의 그런 깊은 경험으로 인해서, "내가 사망의 음침한 골짜기로 다닐지라도 해(害)를 두려워하지 않을 것은 주께서 나와 함께 하심이라"(시 23:4)고 말할 수가 있는 것이다.

기독교 역사상 고전적인 설교 가운데 하나는 프레더릭 로버트슨(Frederick W. Robertson)의 "그리스도의 외로움"이라는 설교다. 우리 주님의 외로움과 그 고독이 주는 유혹을 깊이 있게 묘사한 후에, 로버트슨은 이렇게 말했다: "삶이 믿음의 삶이 되게 하십시오. 겁쟁이처럼 다른 사람이 어떻게 생각하는지, 무엇을 믿는지, 무어라고 말하는지를 궁금해 하고 그런 것을 물으며 다니지 마십시오. 하나님을 믿으십시오. 하나님을 믿는 것이야말로 인생에서 가장 쉬운 일이요, 또한 가장 어려운 일인 것 같습니다."[7] 이런 말은 그의 고통스런 체험에서 나온 것이 분명하다. 그는 노동자들에게 행한 한 강의에서 그의 체험을 이렇게 묘사한 일이 있다: "지금까지 그렇게 오랜 세월 동안 버팀목이 되어 오던 사실들이 대부분 썩어서 모두 의심의 대상이 되어 버리는 것을 깨닫기 시작했는데, 그때는 참으로 끔찍했습니다."[8]

무엇보다도, 설교자는 믿음의 사람이어야 한다. 이것은 필수불가결한 조건이다. 그러나 브라운(R. E. C. Browne)이 말하듯이, 설교자의 할 일은 자기가 믿는 **바를** 사람들로 하여금 믿게 만드는 것이 아니라 자기가 믿는다는 **사실을** 믿게 만드는 것이다. 기독교는 가르침을 받는 것이 아니라, 붙잡힌 바 되는 것이다.[9]

기질과 이례적인 경험 때문에, 특별한 사역을 감당하는 설교자들이 있다. 그들은 과거에 의심을 가졌었기 때문에, 그런 경험이 적은 다른 설교자들로서는 도저히 이해할 수 없는 그런 사람들을 얼마든지 이해하고 효과적으로 사역을 할 수 있는 것이다. 널리 인정받는 것들 가운데는 모든 사람이 의심하고 거부해야 할 것들도 있다. 또한 보통 의심을 받는 것들 가운데도 모두가 진지하게 생각하여 받아들여야 할 것들도 있는 것이다. 여하튼, 우리는 "머리부터가 아니라 발부터" 그리스도를 따르는 것이다. 버트릭은 이를 잘 표현해 준다: "사람이 낮에 잘 다니고 넘어지지 않는 것은 이 세상의 빛을 보기 때문이다." 그러나 그는 '걸어야 한다.' 그저 생각만 해서는 안된다. 그리하여 걸으면서, 도마 — 의심많고 까다롭고 완고한 사람이었지만 사도로 택함을 받은 도마 — 와 같은 처지에 이를 수도 있을 것이다. 불신앙보다도 사랑에 더 완고했던 도마일지라도 그리스도를 따랐다. 그리스도를 전혀 알지 못하고 그저 맹목적인 용기로만 따르던 그는 그리스도처럼 되었다. 그는 막바지에 이르러서 무릎을 꿇고 그리스도께 "나의 주 나의 하나님이시니이다"라고 기쁨으로 고백한 것이다.[10]

설교자가 지녀야 할 네번째 특질은 **행동하는 것**(behaving)이다. 설교자의 도덕적 윤리적 삶이 어떠냐 하는 것이 청중이 그들의 설교를 듣게 되는지의 여부를 결정한다. 그리스도인들에게 일반적으로 인정받는 행실의 지침을 깨뜨리게 되면, 선을 위한 우리의 영향력이 즉시 사라지고 만다. 냉소적인 자들은 쾌재를 부를 것이다. 그런 일은 자기들이 항상 믿어왔고 또한 자기들 자신의 죄책감을 상쇄시키는 데 이용해온 그런 사실을 확증해 주는 것이기 때문이다. 그러나 신실한 자들과 선한 성품을 지니고자 열심히 애쓰는 사람들은 상처를 받게 되고, 때로는 신앙이 — 회복할 수 없을 정도로 — 흔들리기까지 할 것이다. 그러나 완악하기 그지 없는 사람이 악을 행할 때에도 거기서 선을 이루시는 하나님이시므로, 그런 일을 당하고서도 오히려 신앙이 더욱 견고해지고 현실적인 확고한 기초를 세우게 되어 심령이 자랄 수도 있을 것이다.

설교자라고 해서 훈련된 도덕적 삶을 사는 일이 일반 보통 사람보다 반드시 쉬운 것은 아니다. 물론, 설교자는 공인(公人)으로서 악행을 막는 보호 장치를 더 갖고 있기는 하다. 우리가 잘못을 행할 때마다 우리의 신분 때문에 그것이 더 확대되고 더 가혹하게 다루어지는 것이다. 우리는 경제적이며 직업적인 결과까지도 생각해야 한다. 게다가, 우리의 형성기 동안 얻은 영성이 — 묵상, 기도, 예배, 순종 등 — 흐려져서, 대외적인 이름은 아무런 해를 받지 않으면서도 "소경이 소경을 인도하는" 슬픈 현실에 빠지기가 쉬운 것이다. "내가 달음질하기를 향방 없는 것 같이 아니하고 싸우기를 허공을 치는 것 같이 아니하여 내가 내 몸을 쳐 복종하게 함은 내가 남에게 전파한 후에 자기가 도리어 버림이 될까 두려워함이로라"(고전 9:26-27).

설교자로서는 본질적으로 새로운 시험이란 없다는 것을 아는 것이 매우 중요하다. 도덕적 표준이 이완된 시기에 살면, 우리와 함께 살고 함께 일하는 사람들의 행실에 대해서 더 관용하는 자세를 갖게 될 것이다. 그러나 그렇다고 해서 옛부터 내려오는 도덕적인 기준을 버린다거나 우리 자신이 그런 이완된 상태에 빠진다면, 그것은 정말 어리석은 짓일 것이다. 반율법주의가 언제나 교회의 문을 두드려왔다. 그리고 그것이 그리스도인의 자유라는 이름으로, 혹은 개인의 성취라는 이름으로 환영을 받고 높임을 받은 때도 많이 있었다. 알렉산더 포프(Alexander Pope)는 이 점을 잘 지적해 주고 있다:

> 악행은 너무도 끔찍한 모양을 한 괴물이니,
> 싫고 또한 보고 싶지도 않으나,
> 그러나 너무 자주 보아서 그 얼굴이 익숙해지면,
> 처음에는 참고 견디고, 그 다음에는 동정하며,
> 그 다음에는 포용하고 만다[11]

동료들에게서 받는 압박이 설교자의 삶의 방식에 영향을 줄 수도 있다. 때로는 아주 위험할 정도로 영향을 주기도 한다. 설교자가 물어야 할 질문은 이것이다. 곧, 나의 동료가 누구인가? 공통적인 그리스도인의 분별은 차치하고라도 소명과 안수가 과연 특별한 의미가 있는가? "우리에게 구름 같이 둘러싼 허다한 증인들이 있으니 모든 무거운 것과 얽매이기 쉬운 죄를 벗어버리고 인내로써 우리 앞에 당한 경주를 경주하며 믿음의 주요 또 온전케 하시는 이인 예수를 바라보자"(히 12:1-2상).

설교자는 누구나 신뢰성 있는 영적 선생을 필요로 한다. 보살핌, 일하는 것, 믿는 것, 행동하는 것과 관계된 온갖 문제점들이 필경 일어날 것이다. 우리가 이런 문제점들을 적절하게 처리할 수 있을 만큼 성숙하고, 지혜로우며 객관적일 수 있는 가능성은 별로 없다. "주님 이외에 다른 어느 누구에게도 도움을 받지 않고 이 문제를 처리하리라"고 말하고 싶은 유혹을 받기가 쉬운데, 그것은 곧 윤리적 실천적 문제들은 생각하지도 않고 무조건 내 방식대로 상황을 밀고 나가겠다는 뜻 이외에 아무것도 아닐 수가 있다. 그렇게 되면 그것은 나 자아에 문제가 생긴 상태인 것이다. 그것은 또한 하나님의 뜻을 우리 자신의 뜻에 맞추어 왜곡시키려는 것일 수도 있다. 우리가 아무리 영적으로 발전해 있고 목사로서 많은 경험을 쌓았다 할지라도, 다른 사람의 도움이 전혀 필요 없는 상태란 절대로 있을 수가 없는 것이다.

폴 투니에(Paul Tounier)는 말하기를, "그 어떠한 영적 행동에 있어서도 고백이야말로 필요충분한 문이다"라고 하였다.[12] 그 옛날의 야고보 사도의 지혜가 지금도 아주 유효적절하다: "이러므로 너희 죄를 서로 고하며 병 낫기를 위하여 서로 기도하라. 의인의 간구는 역사하는 힘이 많으니라"(약 5:16). 비단 "죄"의 문제가 아니더라도, 우리는 심사숙고하고 행하는 여러 행동들의 다른 면을 볼 필요가 있다. 그 다른 면이 우리의 시야에서 가리워져 있기가 너무나 쉬운 것이다.

나는 과거 신학생 시절 아주 중요한 직업적인 결단을 내려야 할 시기에 휴 피터슨(Hugh Peterson) 교수와 나눈 대화를 지금도 감사한 마음으로 기억하고 있다. 그는 내가 내리고자 하는 결단이 과연 지혜로운 것인지에 대해서 문제를 제기했다. 나는 그의 문제에 반박했다: "저는 이것이 하나님이 제게 요구하시는 것이라고 느낍니다." 그러자 피터슨 박사는 이렇게 덧붙였다: "그리고 그게 자네가 하고 싶은 일이기도 하지!" 그의 말이 옳았다. 나는 그가 지적한 말을 생각하고 깊이 따져 보았다. 나는 내가 생각한 대로 행동했다. 그러나 나의 생각에 대한 그의 반대 지적이 나의 결단에 결정적인 역할을 하였다.[13]

보다 어려운 문제에 있어서는 신뢰성 있는 영적 스승의 선택이 아주 결정적일 수 있다. 살레의 성 프란시스(St. Francis de Sales)는 "사람은 천 명 중에서, 아니 만 명 중에서 자기의 일을 고백할 사람을 택하여 한다"고 말했다고 한다.[14] 존 번연(John Bunyan)은 자기가 "성령을 대적하는 죄"를 범했을지도 모른다는 생각으로 고민에 빠졌을 때에 바람직하지 못한 사람을 택했다. 그는 이 "옛 그리스도인"에게 자기 자신에 대한 모든 이야기를 다 했다. 자신이 용서받을 수 없는 죄를 범한 것 같아서 두려워하고 있다는 말도 했다. 그런데 그런 고백을 받은 사람은 자기도 그렇게 생각한다고 대답했다고 한다. 번연은 이렇게 쓰고 있다: "그래서 여기서 나는 차가운 위로밖에는 받은 것이 없다. 그분과 좀더 대화를 나누어 보니, 그는 물론 좋은 사람이었지만 마귀와 싸우는 일에는 전혀 문외한(門外漢)이라는 것을 깨달았다."[15] 번연은 그의 비참한 상태를 계속해서 묘사한다. 만일 그의 말을 들은 그 사람이 어떤 어두운 길을 알고 있어서 번연 자신이 무지한 가운데서 그 어두운 길을 취할 수밖에 없었더라면, 과연 그의 상태가 얼마나 비참하게 되었을지를 묘사해 주는 것이다.

때로는 우리의 일상적인 방법으로는 도저히 해결할 수 없고 전문적인 도움을 받아야 할 문젯거리들이 쌓일 경우도 있다. 또 어떤 경우에는 그런 문제들의 원인이 우리의 믿음 없음과 또 어떤 불순종에 있는 것으로 잘못 생각하기도 한다. 그러나 우리의 직접적인 통제의 한계를 벗어난 심리적 혹은 정신적 질병에 문제의 뿌리가 있을 수도 있다. 도움은 언제나 얻을 수 있다. 기도만으로는 안되고 그 이상의 것이 필요할 때에 외과 의사의 기술이 도움을 주듯이, 그런 도움 역시 하나님의 선물인 것이다.

설교자의 인격성에 관한 이 장(章)이 본서의 마지막에 오게 되었지만, 이 장의 관심사가 가장 덜 중요하기 때문은 아니다. 아무리 조심스럽게 구사한 기술도, 아무리 탁월한 설교의 예술적인 성취도 — 만일 설교자가 사람들을 진정으로 보살펴서 그들의 유익을 위하여 성실하게 일하지 않는다면, 또는 자신이 설교하는 메시지를 본인이 믿고 그대로 살지 않는다면 — 하나님이 의도하신 일을 이루지 못하고 말 것이다. 그렇게 되면, 도저히 반박이 불가능할 정도의 해박한 성경 해석과 완전한 성경 지식이 있다 할지라도 전혀 소용이 없을 것이다. 그러므로 설교자가 과연 어떤 사람이냐 ― 또는 어떤 사람이 되어가고 있느냐 ― 하는 오랜 관심사가 오늘날에도 여전히 중요한 것이다. 설교자는 이러한 관심사를 통해서 하나님의 신실한 도구로 섬길 수가 있으며, 사도 바울처럼 교만이나 오만이 없이 오히려 놀라움과 감사한 마음으로 "내 안에 그리스도께서 사신 것이라"(갈 2:20)고 감히 믿을 수가 있는 것이다.

주

1. 설교의 본질

1. Cf. Walter Eichrodt, *Theology of the Old Testament*, vol. 2, trans. J.A. Baker (Philadelphia: Westminster Press, 1967), pp. 69-78.
2. Gerhard Kittel, ed., *Theological Dictionary of the New Testament*, vol. 22, trans. Geoffrey W. Bromiley (Grand Rapids, Mich.: Wm. B. Eerdmans Publishing Company, 1964), p. 710; Walter Lüthi and Eduard Thurneysen, *Preaching, Confession, The Lord's Supper*, trans. Francis J. Brooke, III (Richmond, Va.: John Knox Press, 1960), p. 222.
3. H. H. Rowley, *The Servant of the Lord and Other Essays on the Old Testament* (London: Lutterworth Press, 1952), p. 120.
4. Ibid., p. 119.
5. Phillips Brooks, *On Preaching* (New York: Seabury Press, 1964), p. 8.
6. Alfonso M. Nebreda, *Kerygma in Crisis?* (Chicago: Loyola University Press, 1965), p. viii.
7. Charles Haddon Spurgeon, *Lectures to My Students*, Second Series (London: Passmore and Alabaster, 1877), p. 185.
8. Cf. Melvin L. DeFleur and Otto N. Larsen, *The Flow of Information: An Experiment in Mass Communication* (New York: Harper & Row, 1958), pp. 22-23.
9. From "Karl Barth on the Christian Church Today," a television interview with Vernon Sproxton, reported in *The Listener*, 19 Feb. 1961.
10. Helmut Thielicke, *How Modern Should Theology Be?*, trans. H. George Anderson (Philadelphia: Fortress Press, 1969), p. 12
11. John Baillie, *Invitation to Pilgrimage* (New York: Charles Scribner's Sons, 1945), p. 91.
12. Karl Barth, *Church Dogmatics*, vol. 2, part 2 (Edinburgh: T. & T. Clark, 1957), p. 557.
13. Dale Moody, *The Word of Truth* (Grand Rapids, Mich.: Wm. B. Eerdmans Publishing Company, 1981), pp. 299-302.
14. Ibid., p. 300.
15. Spurgeon, *Lectures*, p. 181.
16. Davis Collier Woolley, ed., *Baptist Advance* (Nashville, Tenn.: Broadman Press, 1964), pp. 425, 426.

2 설교자의 권위

1. Charles Haddon Spurgeon, *Lectures to My Students*, Second Series (London: Passmore and Alabaster, 1877), p. 74.

2. R. E. C. Browne, *The Ministry of the Word* (Philadelphia: Fortress Press, 1976), p. 36.
3. Ibid., p. 40.

3. 문화적 정황

1. Carl Rogers, *Counseling and Psychotherapy* (Boston: Houghton Mifflin Company, 1942), p. 286.
2. See James A. Pike, *A New Look in Preaching* (New York: Charles Scribner's Sons, 1961), p. 37.
3. Paul Tillich, *Theology of Culture* (London: Oxford University Press, 1959), p. 204.
4. Ibid., p. 207.

4. 예배의 정황

1. William Temple, *The Hope of a New World* (New York: Macmillan Company, 1943), pp. 26-27, 114.
2. Justin Martyr, *The First Apology*.
3. Yngve Brilioth, *A Brief History of Preaching* (Philadelphia: Fortress Press, 1965), p. 8.
4. Karl Barth, *The Preaching of the Gospel* (Philadelphia: Westminster Press, 1963), pp. 78-80.
5. Raymond Abba, *Principles of Christian Worship* (New York: Oxford University Press, 1957), pp. 11-12.
6. Josef A. Jungmann, *Public Worship*, trans. Clifford Howell (Collegeville, Minn.: Liturgical Press, n.d.), p. 179.
7. George M. Gibson, *The Story of the Christian Year* (New York: Abingdon-Cokesbury Press, 1945), pp. 75-78.
8. Paul E. Scherer, *For We Have This Treasure* (New York: Harper & Brothers, Publishers, 1944), p. 160.
9. Hans P. Ehrenberg, ed., *Luther Speaks* (London: Lutterworth Press, 1947), p. 50.
10. Roy Pearson, *The Preacher: His Purpose and Practice* (Philadelphia: Westminster Press, 1962), p. 126.
11. P. T. Forsyth, *Positive Preaching and the Modern Mind* (London: Independent Press, 1907), pp. 66, 64.
12. Johan Huizinga, *Homo Ludens: A Study of the Play Element in Culture* (Boston: Beacon Press, 1955), pp. 14-16.
13. Karl Rahner, ed., *The Renewal of Preaching*, Vol. 23 Concilium (New York: Paulist Press, 1968), p. 62. Cf. Paul W. Hoon, *The Integrity of Worship* (Nashville, Tenn.: Abingdon Press, 1971), pp. 25, 48, 107-108, 145, 147, 166-168. Cf. Richard Paquier, *Dynamics of Worship*, trans. Donald Macleod (Philadelphia: Fortress Press, 1967), pp. 53-54.

14. Yngve Brilioth, *Landmarks in the History of Preaching* (London: S.P.C.K., 1950), p. 18.
15. Cf. Rahner, *Renewal*, p. 55.
16. Walter M. Abbott, ed., *The Documents of Vatican II* (New York: Corpus Books, 1966), p. 35.
17. Eduard Schweizer, *Divine Service in the New Testament and Today* (Montreal: Presbyterian College, 1970), p. 15.
18. Ferdinand Hahn, *The Worship of the Early Church*, trans. David E. Green (Philadelphia: Fortress Press, 1973), pp. 104-105.
19. Abbott, *Vatican II*, pp. 3-4.
20. John Killinger, *Leave It to the Spirit* (New York: Harper & Row Publishers, 1971), p. xiii.
21. David Randolph, *God's Party* (Nashville, Tenn.: Abingdon Press, 1975, pp. 111, 110-121, 49-60.
22. Geoffrey Wainwright, *Doxology: The Praise of God in Worship, Doctrine, and Life* (New York: Oxford University Press, 1980), pp. 324-325.

5. 의미를 나눔

1. Harry Guntrip, *Psychology for Ministers and Social Workers*, 3rd ed. (London: George Allen and Unwin, 1971), p. 69.
2. Quoted in *The Tie*, a publication of The Southern Baptist Theological Seminary, Louisville, Ky., April 1945, p. 3.
3. *The Merchant of Venice*, act 3, sc. 1, lines 61-70.
4. Don M. Aycock, ed., *Preaching with Purpose and Power* (Macon, Ga.: Mercer University Press, 1982), p. 54.

6. 본문

1. Cf. Karl Rahner, *Encyclopedia of Theology* (New York: Seabury Press, 1975), pp. 127-128.
2. Claus Westermann, ed., *Essays in Old Testament Hermeneutics* (Richmond, Va.: John Knox Press, 1963), p. 36.
3. G. W. H. Lampe and K. J. Woollcombe, *Essays on Typology* (Naperville, Ill.: Alec R. Allenson, 1957), p. 38.
4. Krister Stendahl, "Biblical Theology," *The Interpreter's Dictionary of the Bible*, vol. 4, ed. George A. Buttrick (Nashville, Tenn.: Abingdon Press, 1962), 431.
5. Gerhard Ebeling, *Word and Faith* (Philadelphia: Fortress Press, 1963), pp. 330-331.
6. Karl Barth, *Deliverance to the Captives* (New York: Harper & Brothers, 1961), p. 29.
7. Cf. James Sanders, "Hermeneutics," *The Interpreter's Dictionary of the Bible*, supplementary vol., ed. Keith Krim (Nashville, Tenn.: Abingdon Press,

1976), p. 405; and *God Has a Story Too* (Philadelphia: Fortress Press, 1979), pp. 17-19.
8. Erik Routley, *Into a Far Country* (London: Independent Press, 1962), p. 22.
9. Some of these questions were suggested in classroom lectures of Professor Paul Scherer, by James Black in his *Mystery of Preaching*, by Harry Emerson Fosdick in a symposium by Charles McGlon, "How I Prepare My Sermons," and by Halford Luccock in his *In the Minister's Workshop*. This list and an example of its use can be found in slightly different form in my *Guide to Biblical Preaching* (Nashville, Tenn.: Abingdon Press, 1976), pp. 48-58.
10. Westermann, *Essays*, p. 36.

7. 본문에 등장하는 진리

1. Austin Phelps, *The Theory of Preaching* (New York: Charles Scribner's Sons, 1911), pp. 310-311.
2. Henry Grady Davis, *Design for Preaching* (Philadelphia: Muhlenberg Press, 1958).
3. Cf. Eduard Schweizer, *God's Inescapable Nearness*, ed. and trans. James W. Cox (Waco: Word Books, 1971), p. 17.
4. Joseph Sittler, *The Ecology of Faith* (Philadelphia: Muhlenberg Press, 1961), pp. 28-29.
5. Henry Grady Davis, *Design for Preaching*, pp. 141-145.
6. Austin Phelps, *The Theory of Preaching* (New York: Charles Scribner's Sons, 1911), pp. 311, 312, 316, 331, 360.
7. James W. Cox, ed., *The Twentieth Century Pulpit*, vol. 1 (Nashville, Tenn.: Abingdon Press, 1978), pp. 9, 57, 75, 89, 154, 167.
8. James W. Cox, ed., *The Twentieth Century Pulpit*, vol. 2 (Nashville: Abingdon Press, 1981), pp. 165, 172, 194, 27.

8. 목표

1. See Paul W. Hoon, *The Integrity of Worship* (Nashville, Tenn.: Abingdon Press, 1971), pp. 149-191.
2. Herbert H. Farmer, *The Servant of the Word* (Philadelphia: Fortress Press, 1942), p. 6.
3. Charles Reynolds Brown, *The Art of Preaching* (New York: The Macmillan Company, 1922), p. 181.
4. Walther E. Eichrodt, *Theology of the Old Testament*, vol. 2, trans. J. A. Baker (Philadelphia: Westminster Press, 1961), p. 38.
5. William Temple in Samuel M. Shoemaker, *How To Become a Christian* (New York: Harper & Brothers, 1953), pp. 77-78.
6. William James, *Talks to Teachers* (1899; reprinted ed., New York: Dover Publications, 1962), pp. 34-35.

7. John A. Broadus, *On the Preparation and Delivery of Sermons*, rev. and ed. Jesse Burton Weatherspoon (New York: Harper & Brothers, 1944), pp. 145, 151.

8. Dietrich Ritschl, *A Theology of Proclamation* (Richmond, Va.: John Knox Press, 1960), pp. 139-140.

9. Leander Keck, *The Bible in the Pulpit* (Nashville, Tenn.: Abingdon Press, 1978), p. 55.

10. Fred B. Craddock, *As One Without Authority* (Nashville, Tenn.: Abingdon Press, 1979).

11. Donald G. Miller, *The Way to Biblical Preaching* (New York: Abingdon Press, 1957), p. 55

12. Walter Bülck, *Praktische Theologie* (Heidelberg: Quelle und Meyer, 1949), pp. 91-92.

13. Ronald Knox, "The Window in the Wall, in *The Twentieth Century Pulpit*, vol. 1, ed. James W. Cox (Nashville Tenn.: Abingdon Press, 1978) pp. 124-128.

14. James Stewart, *The Gates of New Life* (New York: Charles Scribner's Sons, 1940), pp. 102-111.

15. Karl Barth, *Church Dogmatics*, vol. 4, part 2 (Edinburgh: T. & T. Clark, 1958), p. 218.

16. Harry Emerson Fosdick, *The Three Meanings: Prayer, Faith, Service* (New York: Association Press, 1942).

17. John Dewey, *How We Think* (Boston: D. C. Heath and Company, 1910).

18. Frank C. Laubach, *Prayer: The Mightiest Force in the World* (New York: Fleming H. Revell Company, 1946), pp. 40-50.

19. Gordon W. Ireson, *How Shall They Hear?* (London: S.P.C.K., 1958), p. 99.

20. Peter Brunner, *Worship in the Name of Jesus* (St. Louis, Mo.: Concordia Publishing House, 1968), pp. 132-136.

21. Harry Emerson Fosdick, *The Hope of the World* (New York: Harper & Brothers, 1933), p. 201.

22. Eduard Schweizer, *God's Inescapable Nearness*, trans. James W. Cox (Waco, Tx.: Word Books, 1971), p. 71.

23. Henry Grady Davis, *Design for Preaching* (Philadelphia: Fortress Press, 1958), pp. 213, 214.

24. Wayne Oates, *The Revelation of God in Human Suffering* (Philadelphia: Westminster Press, 1959), p. 11.

25. Robert J. McCracken in the Edgar Young Mullins Lectures on Preaching, The Southern Baptist Theological Seminary, Louisville, Ky., 1955.

26. Harry Emerson Fosdick, "What Is the Matter with Preaching," *Harper's Magazine*, July 1928.

27. Rollo May, *The Springs of Creative Living* (New York: Abingdon-Cokesbury Press, 1940), pp. 223-225, 229.

28. Horton Davies, *Varieties of English Preaching, 1900-1960* (Englewood Cliffs: Prentice-Hall, 1963), p. 62.

29. George M. Gibson, *The Story of the Christian Year* (New York: Abingdon-Cokesbury Press, 1945), pp. 180-181.

30. Justin Martyr, *The First Apology*, trans. Thomas B. Falls (New York: Christian Heritage, 1948), p. 107.

31. Rollo May, *Creative Living*, p. 231.
32. Joseph Sittler, *The Ecology of Faith* (Philadelphia: Muhlenberg Press, 1961), pp. 12-14.
33. Eduard Schweizer, *Divine Service in the New Testament and Today* (Montreal: Presbyterian College, 1970), p. 15.
34. Richard Baxter, *The Reformed Pastor* (Richmond, Va.: John Knox Press, 1956), p. 34.
35. Charles Haddon Spurgeon, *Lectures to My Students*, First Series (London: Passmore and Alabaster, 1875), p. 55.

9. 설교의 준비

1. Robert J. McCracken, *The Making of the Sermon* (New York: Harper & Brothers, 1956), p. 90. Cf. Charles L. Rice, *Interpretation and Imagination* (Philadelphia: Fortress Press, 1970), p. 103.
2. St. Augustine, *On Christian Doctrine* (New York: Liberal Arts Press, 1958), pp. 166-168.
3. Willard A. Pleuthner, *Building Up Your Congregation* (Chicago: Wilcox & Follett, 1951), pp. 117-118.
4. David Poling, *The Last Years of the Church* (Old Tappan, N.J.: Fleming H. Revell, 1970), p. 65.
5. Cf. Raymond W. Albright, *Focus on Infinity* (New York: Macmillan, 1961), pp. 172-173.
6. Charles A. McGlon, ed., "How I Prepare My Sermons," *The Quarterly Journal of Speech*, 40, no. 1 (February 1954).
7. George W. Webber, *The Congregation in Mission* (New York: Abingdon Press, 1964), pp. 77-84.
8. Dietrich Ritschl, *A Theology of Proclamation* (Richmond, Va.: John Knox Press, 1960), pp. 149-156, 165.
9. Yngve Brilioth, *A Brief History of Preaching*, trans. Karl E. Mattson (Philadelphia: Fortress Press, 1965), p. 153.
10. Fulton J. Sheen, *Treasure in Clay* (Garden City, N.Y.: Doubleday & Company, 1980), pp. 75-76.
11. Cf. Clyde E. Fant, *Preaching for Today* (New York: Harper & Row, 1975), pp. 118-126.

10. 설교의 구성

1. Marcus Fabius Quintilian, *Institutes of Oratory*, trans. John Selby Watson, (London: George Bell and Sons, 1892), II, p. 14.
2. Dietrich Ritschl, *A Theology of Proclamation* (Richmond, Va.: John Knox Press, 1960), pp. 135, 177, 135.
3. Phillips Brooks, *Lectures on Preaching* (London: Richard D. Dickinson, 1881), p. 115.

4. Fenelon, *Dialogues on Eloquence*, trans. Wilbur Samuel Howell (Princeton University Press, 1951), p. 111.
5. Aristotle, *De Poetica*, trans. Ingram Bywater, in Richard McKeon (ed.), *Introduction to Aristotle* (New York: Random House, 1947), p. 634.
6. Raymond W. Albright, *Focus on Infinity: A Life of Phillips Brooks* (New York: Macmillan Company, 1961), p. 173.
7. Gilbert Stillman MacVaugh, "A Structural Analysis of the Sermons of Dr. Harry Emerson Fosdick," *Quarterly Journal of Speech*, 18 November 1932: 531ff.
8. Marcus T. Cicero, *De Oratore*, trans. E. W. Sutton (Cambridge: Harvard University Press, 1948) II, 313-315.
9. Athanase Coquerel, *Observations Pratiques sur La Predication* (Paris: J. Cherbuliez, 1860), p. 166.
10. Edgar Allen Poe, *The Philosophy of Composition* (New York: Pageant Press, 1959), pp. 68, 69.
11. Harry Emerson Fosdick, "Animated Conversation," *If I Had Only One Sermon to Prepare*, ed. Joseph Fort Newton (New York: Harper & Brothers Publishers, 1932), pp. 112-113.
12. *The Guardian*, 18 September 1936, in Charles Smyth, *The Art of Preaching* (London: Society for Promoting Christian Knowledge, 1940), pp. 47-49.
13. A. Vinet, *Homiletics*, trans. and ed. Thomas H. Skinner (New York: Ivison & Philley, 1854), p. 285.
14. John Watson (Ian Maclaren), *The Cure of Souls* (Cincinnati, Ohio: Jennings and Graham, 1896), pp. 26-32.
15. Walter Russell Bowie, *Preaching* (New York: Abingdon Press, 1954), p. 168.
16. James S. Stewart, *The Gates of New Life* (New York: Charles Scribner's Sons, 1940), pp. 220-231.
17. Arthur E. Dalton, *Brief and to the Point* (London: James Clarke, 1961).
18. Clyde E. Fant, *Preaching for Today* (New York: Harper & Row, 1975), pp. 122-124.
19. Kenneth G. Hance, David C. Ralph, and Milton J. Wiskell, *Principles of Speaking* (Belmont, Calif.: Wadsworth Publishing Company, 1962), pp. 176-179.
20. Henri D'Espine, "Comment proclamer le message?" *Sinn und Wesen der Verkündigung* (Zürich: Evangelischer Verlag A. G. Zollikon, 1941), p. 71.

11. 설교 구성의 여러 가지 옵션들

1. James W. Cox, ed., *The Twentieth Century Pulpit*, vol. 1, (Nashville, Tenn.: Abingdon Press, 1978); James W. Cox and Patricia Parrent Cox, eds., *The Twentieth Century Pulpit*, vol. 2, (Nashville, Tenn.: Abingdon Press, 1981).
2. Cox, *Pulpit*, pp. 197-201.
3. Ibid., pp. 15-19.
4. Karl Barth, *Dogmatics in Outline* (New York: Philosophical Library, n.d.), p. 9.

5. Emil Brunner, *The Christian Doctrine of God: Dogmatics*, vol. 1, (Philadelphia: Westminster Press, 1950), pp. 9-11.
6. Cox, *Pulpit*, pp. 9-14.
7. Cox and Cox, *Pulpit*, pp. 194-203.
8. Cox, *Pulpit*, pp. 226-236.
9. Cox, *Pulpit*, pp. 75-81.
10. Cox and Cox, *Pulpit*, pp. 59-65.
11. St. Augustine, *On Christian Doctrine* (New York: Liberal Arts Press, 1958), pp. 118-119.
12. R. C. H. Lenski, *The Sermon: Its Homiletical Construction* (Columbus, Ohio: Lutheran Book Concern, n.d.), pp. 178-179.
13. Cox, *Pulpit*, pp. 115-123.
14. Ibid., pp. 197-201.
15. Ibid., pp. 188-196.
16. Harry Emerson Fosdick, *What Is Vital in Religion* (New York: Harper & Brothers, 1955), pp. 89-99.
17. See Joseph Fort Newton, *The New Preaching* (Nashville, Tenn.: Cokesbury Press, 1930); Fred B. Craddock, *As One Without Authority* (Nashville, Tenn.: Abingdon Press, 1979); Ralph L. Lewis and Gregg Lewis, *Inductive Preaching* (Westchester, Ill.: Crossway Books, 1983).
18. Harry A. Overstreet, *Influencing Human Behavior* (New York: The People's Institute Publishing Company, 1925), pp. 13-15.
19. Cox, *Pulpit*, pp. 30-35.
20. Cf. Walter Russell Bowie, *Preaching* (New York: Abingdon Press, 1954), pp. 173-174; Henry Grady Davis, *Design for Preaching* (Philadelphia: Muhlenberg Press, 1958), pp. 182-184; Milton Crum Jr., *Manual on Preaching* (Valley Forge: Judson Press, 1977), pp. 15-45.
21. Cox and Cox, *Pulpit*, pp. 53-58.
22. Cox and Cox, *Pulpit*, pp. 214-219.
23. Ibid., pp. 50-56.
24. Alan H. Monroe and Douglas Ehninger, *Principles and Types of Speech*, 6th ed., (Glenview, Ill.: Scott, Foresman and Company, 1967), pp. 264-289.
25. James T. Cleland, *Eight More Sermons* (Durham, N.C.: Divinity School of Duke University, 1959), pp. 2-5.

12 이야기의 중대성

1. Henry Ward Beecher, *Lectures on Preaching* (New York: J. B. Ford and Company, 1872), pp. 155-169.

13. 서론, 결론, 그리고 제목

1. James S. Stewart, *The Gates of New Life* (New York: Charles Scribner's Sons, 1940), p. 132.

2. Harry Emerson Fosdick, *Riverside Sermons* (New York: Harper & Brothers, 1958), pp. 195-196.
3. Henry Grady Davis, *Design for Preaching* (Philadelphia: Muhlenberg Press, 1958), p. 191.
4. Charles R. Brown, *The Art of Preaching* (New York: Macmillan, 1922), p. 113.
5. D. W. Cleverley Ford, *A Theological Preacher's Notebook* (London: Hodder & Stoughton, 1962), pp. 49, 53, 60.
6. James W. Cox, ed., *The Twentieth Century Pulpit*, vol. 1 (Nashville, Tenn.: Abingdon Press, 1978), pp. 9-278.
7. Ibid., p. 57.
8. Thomas R. Lewis and Ralph G. Nichols, *Speaking and Listening* (Dubuque, Iowa: Wm. C. Brown Co., 1965), pp. 69-73.
9. Andrew W. Blackwood, *The Preparation of Sermons* (New York: Abingdon-Cokesbury Press, 1948), p. 162.
10. William James, *Talks to Teachers* (New York: Dover Publications, 1962), p. 36.
11. James S. Stewart, *Gates*, p. 41.
12. Dietrich Ritschl, *A Theology of Proclamation* (Richmond, Va.: John Knox Press, 1960), p. 138.
13. Harry Emerson Fosdick, *Riverside Sermons* (New York: Harper & Brothers, 1958), pp. 28, 46, 54, 63, 203.
14. G. Paul Butler, ed., *Best Sermons*, vol. 8 (Princeton, N.J.: D. Van Nostrand, 1962), p. 123.
15. Don M. Aycock, ed., *Preaching with Purpose and Power* (Macon, Ga.: Mercer University Press, 1982), p. 160.
16. George A. Buttrick, *Sermons Preached in a University Church* (New York: Abingdon Press, 1959), pp. 65, 89.
17. Halford E. Luccock, *Marching Off the Map* (New York: Harper & Brothers, 1952), pp. 25, 96.
18. Andrew Watterson Blackwood, ed., *The Protestant Pulpit* (New York: Abingdon Press, 1947), p. 198.
19. Fosdick, *Riverside Sermons*, p. 247.
20. Blackwood, *Protestant Pulpit*, pp. 86, 50.
21. Butler, *Best Sermons*, p. 157.
22. Fosdick, *Riverside Sermons*, pp. 195, 353.
23. Buttrick, *Sermons*, pp. 30, 72, 117, 195.
24. Butler, *Best Sermons*, pp. 279, 47.
25. Blackwood, *Protestant Pulpit*, pp. 63, 144, 173.

14. 관심과 흥미의 요인들

1. For the following discussion, compare Alan H. Monroe and Douglas-Ehninger, *Principles and Types of Speech* 6th ed. (Glenview, Ill.: Scott, Foresman and Company, 1969), pp. 209-223 and pp. 350-357; Arthur Edward Phillips, *Effective Speaking* (Chicago: Newton Company, 1914), pp. 63-78;

Percy H. Whiting, *How to Speak and Write with Humor*, (New York: McGraw-Hill Books Co., 1959), p. 28.

2. Cf. Clement F. Rogers, *The Parson Preaching* (New York: Macmillan Company, n.d.), p. 31.

3. D. W. Cleverley Ford, *An Expository Preacher's Notebook* (New York: Harper & Brothers, 1960), pp. 26, 47, 57, 67-68.

4. *King John*, act. 4, sc. 2, lines 11-16.

5. James W. Cox, ed., *The Twentieth Century Pulpit*, vol. 1 (Nashville, Tenn.: Abingdon Press, 1978), p. 71.

6. Frederick Buechner, *Peculiar Treasures* (San Francisco: Harper & Row, 1979).

7. Phillips, *Effective Speaking*, p. 64.

8. Halford Luccock, *In the Minister's Workshop* (New York: Abingdon-Cokesbury Press, 1944), pp. 142-143.

9. Harry Emerson Fosdick, *Riverside Sermons* (New York: Harper & Brothers, 1958), pp. 247-248.

10. Cox, *Pulpit*, pp. 214-219.

11. William D. Thompson and Gordon C. Bennett, eds., *Dialogue Preaching* (Valley Forge, Pa.: Judson Press, 1969), pp. 75-86.

12. James W. Cox and Patricia Parrent Cox, eds., *The Twentieth Century Pulpit*, vol. 2, (Nashville, Tenn.: Abingdon Press, 1981), pp. 20-25.

13. See also Chapter Eleven, "Structural Options." H. A. Overstreet, *Influencing Human Behavior* (New York: People's Institute Publishing Company, 1925), pp. 13-15.

14. Frank H. Caldwell, *Preaching Angles* (New York: Abingdon Press, 1954), pp. 113-116.

15. Merrill Abbey, *Preaching to the Contemporary Mind* (Nashville, Tenn.: Abingdon Press, 1963), pp. 66-81.

16. Harry Emerson Fosdick, *Living Under Tension* (New York: Harper & Brothers, 1941), pp. 102-112.

17. William Zinsser, *On Writing Well* (New York: Harper & Row, 1976), p. 134.

18. Larry Wilde, *How the Great Comedy Writers Create Laughter* (Chicago: Nelson-Hall, 1976), pp. 91-92.

19. Frederick Buechner, *Telling the Truth: The Gospel as Tragedy, Comedy, and Fairy Tale* (San Francisco: Harper & Row, 1977), p. 63.

20. Ambrose Bierce, *Devil's Dictionary* (1911; reprint ed., New York: Dover Publications, 1958), p. 22.

21. *The Reader's Digest Dictionary of Quotations* (New York: Funk & Wagnalls, 1968), p. 151.

22. *Fun Fare: A Treasury of Reader's Digest Wit and Humor* (New York: Simon and Schuster, 1949), p. 279.

23. Bob Bassindale, *How Speakers Make People Laugh* (West Nyack, N.Y.: Parker Publishing Company, 1976), p. 176.

24. Alexander Pope, *An Essay on Man*, Ep. ii, 1. 217.

25. H. W. Fowler, *A Dictionary of Modern English Usage*, 2nd ed., (New York: Oxford University Press, 1965), p. 492.

26. Dale Carnegie, *Effective Speaking*, ed. Dorothy Carnegie (New York: Association Press, 1962), p. 83.

27. Cf. V. A. Ketcham, "Seven Doors to the Mind," in William Phillips Sandford and Willard Hayes Yeager, *Business Speeches by Business Men* (McGraw-Hill Book Company, 1930), pp. 405-417.
28. James W. Cox, *Surprised by God* (Nashville, Tenn.: Broadman Press, 1979), pp. 17-23.

15. 동기 여부의 윤리성

1. William Sargant, *Battle for the Mind* (Garden City, N.Y.: Doubleday & Company, 1957), pp. 237-239.
2. Fritz Kunkel, *In Search of Maturity* (New York: Charles Scribner's Sons, 1946), p. 287.
3. Peter Brunner, *Worship in the Name of Jesus* (St. Louis, Mo.: Concordia Publishing House, 1968), pp. 132-133.
4. St. Augustine, *On Christian Doctrine*, (New York: Liberal Arts Press, 1958), Book 4.

16. 내용 전개와 뒷받침의 형식들

1. Henry Ward Beecher, *Lectures on Preaching* (New York: J. B. Ford and Company, 1872), p. 175.
2. Cf. Arthur Edward Phillips, *Effective Speaking* (Chicago: Newton Company, 1914), p. 92.
3. Ibid., pp. 95-96, quoting Alexander Maclaren.
4. George A. Buttrick, *Sermons Preached in a University Church* (New York: Abingdon Press, 1959), pp. 39, 41.
5. Quoted by Clement Rogers, *The Parson Preaching* (New York: Macmillan Company, n.d.), p. 30.
6. Gilbert Highet, *The Art of Teaching* (New York: Vintage Books, 1950), p. 239.
7. Harry Emerson Fosdick, "What Is the Matter with Preaching," *Harper's Magazine*, July 1928.
8. Paul Tillich, *The Eternal Now* (New York: Charles Scribner's Sons, 1963), p. 43.
9. Phillips, *Effective Speaking*, p. 104.
10. James W. Cox, ed., *The Twentieth Century Pulpit*, vol. 1 (Nashville, Tenn.: Abingdon Press, 1978), p. 198.
11. Ibid., p. 229.
12. Theodore Parker Ferris, *Selected Sermons* (Boston: Trinity Church, 1976), p. 72.
13. Phillips, *Effective Speaking*, p. 121.
14. Carlyle Marney, *These Things Remain* (New York: Abingdon-Cokesbury Press, 1953), p. 122.
15. Andrew W. Blackwood, *The Preparation of Sermons* (London: Church Book Room Press, 1951), pp. 160-161.

16. Phillips Brooks, *The Candle of the Lord* (New York: E. P. Dutton and Company, 1881), pp. 9, 274, 275.
17. Fred F. Brown, *The Church* (Atlanta: The Baptist Hour, 1942), p. 8. (A pamphlet.)
18. Cox, *Pulpit*, pp. 111, 143, 21.
19. Ibid., p. 264.
20. Ibid., pp. 239-240.
21. Ibid., pp. 21, 23.
22. Ibid., pp. 141-144.
23. Enid Saunders Candlin, *Christian-Science Monitor*, March 20, 1970, p. 12.
24. H. W. Fowler, *Modern English Usage*, 2nd ed. rev. (New York: Oxford University Press, 1965), pp. 361-362.
25. Porter G. Perrin, *An Index to English* (Chicago: Scott, Foresman, and Co., 1939), p. 390.
26. Charles W. Ferguson, *Say It with Words* (New York: Alfred A. Knopf, 1939), pp. 58-59.
27. Quoted by Edmund Fuller, ed., *Thesaurus of Anecdotes* (Garden City, N.Y.: Garden City Publishing Co., 1948), p. v.
28. Frederick Buechner, *Telling the Truth: The Gospel as Tragedy, Comedy, and Fairy Tale* (San Francisco: Harper & Row, 1977), p. 63.
29. H. Grady Davis, *Design for Preaching* (Philadelphia: Muhlenberg Press, 1958), p. 157.
30. Quoted by James W. Cox, *A Guide to Biblical Preaching* (Nashville, Tenn.: Abingdon Press, 1976), p. 53.

17. 스타일

1. H. W. Fowler, *A Dictionary of Modern English Usage*, 2nd ed. rev. (New York: Oxford University Press, 1965), p. 537.
2. Cited in Sir Ernest Gowers, *The Complete Plain Words* (Baltimore: Penguin Books, 1954), p. 80.
3. Rudolf Flesch, *How to Write, Speak, and Think More Effectively* (New York: Harper & Brothers, 1960), p. 30.
4. Henry Grady Davis, *Design for Preaching* (Philadelphia: Muhlenberg Press, 1958), pp. 282-293.
5. Paul B. Bull, *Preaching and Sermon Construction* (New York: Macmillan Company, 1922), p. 131.
6. James W. Cox, *Surprised by God* (Nashville, Tenn.: Broadman Press, 1979), pp. 39-42.
7. William Strunk, Jr., and E. B. White, *The Elements of Style*, 3rd ed. (New York: Macmillan Publishing Co., 1979), p. 31.
8. After John C. Hodges with Mary E. Whitten, *Harbrace College Handbook*, (New York: Harcourt, Brace & World, 1962), p. 318.
9. Ralph Waldo Emerson, "Eloquence," *Society and Solitude* (Boston: Houghton, Mifflin and Company, 1904), p. 90.
10. Paul Scherer, *For We Have This Treasure* (New York: Harper & Brothers, 1944), p. 196.

11. Cf. V. A. Ketcham, "Seven Doors to the Mind," in William Phillips Sandford and Willard Hayes Yeager, *Business Speeches by Business Men* (McGraw-Hill Book Co., 1930), pp. 407-417.
12. Paul Scherer, *The Place Where Thou Standest* (New York: Harper & Brothers, 1942), p. 97.
13. Flesch, *How to Write*, pp. 145-146.
14. John Albert Broadus, *Sermons and Addresses* (Baltimore, Md.: H. L. Wharton and Co., 1886), p. 39.
15. Saint Augustine, *On Christian Doctrine* (New York: Liberal Arts Press, 1958), pp. 145-146.
16. Gorham Munson, *The Written Word* (New York: Collier Books, 1962), pp. 83-85.
17. Theodore Parker Ferris, *Go Tell the People* (New York: Charles Scribner's Sons, 1951), pp. 56-57.
18. Paul Scherer, *The Word God Sent* (New York: Harper & Row, 1965), p. 52.
19. See Walt Whitman, *Leaves of Grass* (New York: New American Library, 1964), pp. 227-228.
20. Albert Edward Phillips. *Effective Speaking* (Chicago: Newton Company, 1914), pp. 81-82.
21. Jacques Barzun, *Simple & Direct: A Rhetoric for Writers* (New York: Harper & Row, 1975), p. 12.
22. Adela Rogers St. Johns, *How to Write and Story and Sell It* (Garden City, N.Y.: Doubleday & Co., 1956), pp. 147, 148.
23. Harry Emerson Fosdick, *The Living of These Days* (New York: Harper & Brothers, 1956), p. 100.
24. Scherer, *This Treasure*, p. 179.
25. Peter Elbow, *Writing with Power* (New York: Oxford University Press, 1981), p. 13, 14-15.

18. 메시지의 완전한 숙지

1. Charles A. McGlon, ed., "How I Prepare My Sermons: A Symposium," *Quarterly Journal of Speech* 40, no. 1 (February 1954): 51-52.
2. Edmund Holt Linn, *Preaching as Counseling* (Valley Forge, Pa.: Judson Press, 1966), pp. 148-149.
3. Cicero, *De Oratore*, III, 59, quoted by John A. Broadus, *On the Preparation and Delivery of Sermons*, ed. Jesse Burton Weatherspoon (New York: Harper & Brothers, 1944), pp. 350-351.
4. M. Bautain, *The Art of Extempore Speaking* (New York: Blue Ribbon Books, 1940), p. 141.
5. John Albert Broadus, "Essay on the Best Mode of Preparing and Delivering Sermons," *Religious Herald*, 14 December 1854.
6. R. S. Storrs, *Preaching Without Notes* (New York: Dodd and Mean, 1875), pp. 116-117.
7. Harry Emerson Fosdick, *The Living of These Days* (New York: Harper & Brothers, 1956), p. 84.
8. McGlon, "How I Prepare," p. 55.

9. See Chelsey V. Young, *The Magic of a Mighty Memory* (West Nyack: Parker Publishing Co., 1971), pp. 71-73.
10. Cf. Jack Valenti, *Speak Up with Confidence* (New York: William Morrow and Co., 1982), pp. 61-62.
11. An example of this format may be found in Marshall's sermon in James W. Cox, ed. *The Twentieth Century Pulpit*, vol. 1 (Nashville, Tenn.: Abingdon Press, 1978).
12. William Osler, *A Way of Life* (New York: Dover Publications, 1951), pp. 237-249.

19. 음성과 몸짓의 사용

1. Virgil A. Anderson, *Training the Speaking Voice*, 3rd ed. (New York: Oxford University Press, 1977), p. 3.
2. Dwight E. Stevenson and Charles F. Diehl, *Reaching People from the Pulpit* (New York: Harper & Brothers, 1958), p. 29.
3. Henry Ward Beecher, *Lectures on Preaching* (New York: J. B. Ford and Co., 1872), pp. 131-132.
4. Raymond W. Albright, *Focus on Infinity*, (New York: Macmillan Company, 1961), p. 169.
5. Beecher, *Lectures*, pp. 134, 133-134.
6. Charles Reynolds Brown, *The Art of Preaching* (New York: Macmillan Company, 1922), pp. 156-157.
7. Helmut Thielicke, ed., *Encounter with Spurgeon* (Philadelphia: Fortress Press, 1963), pp. 160-161.

20. 설교자의 인격성

1. Markus Barth, *Conversation with the Bible* (New York: Holt, Rinehart and Winston, 1964), pp. 9-10.
2. Hans Lietzmann, quoted by Jerome Hamer, *Karl Barth* (Westminster, Md.: Newman Press, 1962), p. 115.
3. Henri J. M. Nouwen, *The Wounded Healer* (Garden City, N.Y.: Doubleday & Co., 1972), p. 95.
4. Theodor Bovet, *That They May Have Life*, trans. John A. Baker (London: Darton, Longman & Todd, 1964), p. 216.
5. Adapted by permission from an article by James W. Cox in *Proclaim*, July 1980, p. 43. © Copyright 1980 The Sunday School Board of the Southern Baptist Convention. All rights reserved.
6. William Osler, *A Way of Life* (New York: Dover Publications, 1951), pp. 240-242, 247.
7. Frederick W. Robertson, *Sermons* (New York: Harper & Brothers, Publishers, n.d.), p. 177.
8. Stopford A. Brooke, ed., *Life and Letters of Frederick W. Robertson, M.A.* (New York: Harper & Brothers, Publishers, n.d.), p. 86.

9. R. E. C. Browne, *The Ministry of the Word* (London: SCM Press, 1958), pp. 69-71.

10. George Arthur Buttrick, *The Christian Fact and Modern Doubt* (New York: Charles Scribner's Sons, 1935), p. 16.

11. Alexander Pope, *An Essay on Man*, 1. 217.

12. Paul Tournier, *The Person Reborn*, trans. Edwin Hudson (New York: Harper & Row, Publishers, 1966), p. 217.

13. Cf. article by James W. Cox, *The Upper Room*, May-June 1977, p. 44.

14. See Tournier, *Person Reborn*, p. 221.

15. John Bunyan, *Grace Abounding to the Chief of Sinners* (London: SCM Press, 1955), p. 83.

참고문헌

서론:

수사학

Burke, Kenneth. *A Rhetoric of Motives*. New York: Prentice-Hall, 1950.

Campbell, George. *The Philosophy of Rhetoric*. Rev. ed. Boston: Charles Ewer, 1823.

Cicero, Marcus Tullius. *De Oratore*. 2 Vols. Cambridge, Mass: Harvard University Press, 1942.

*Cooper, Lane. *The Rhetoric of Aristotle*. New York: D. Appleton and Co., 1932.

Corbett, Edward P. J. *Classical Rhetoric for the Modern Student*. 2d ed. New York: Oxford University Press, 1971.

Quintilian. *Institutes of Oratory*. Translated by John Selby Watson. London: George Bell and Sons, 1892.

Richards, Ivor Armstrong. *The Philosophy of Rhetoric*. New York: Oxford University Press, 1964.

Whately, Richard. *Elements of Rhetoric*. Carbondale, Illinois: Southern Illinois University Press, 1963.

설교학

*Augustine, Saint. *On Christian Doctrine*. Trans. with introduction by D. W. Robertson, Jr. New York: Liberal Arts Press, 1958.

Barth, Karl. *The Preaching of the Gospel*. Translated by B. E. Hooke. Philadelphia: The Westminster Press, 1963.

Baxter, Batsell Barrett. *The Heart of the Yale Lectures*. New York: The Macmillan Co., 1947.

Black, James M. *The Mystery of Preaching*. New York: Fleming H. Revell, 1924.

Blackwood, Andrew W. *The Preparation of Sermons*. New York: Abingdon-Cokesbury Press, 1948.

__________. *The Protestant Pulpit*. Nashville: Abingdon-Cokesbury Press, 1947.

Bohren, Rudolf. *Predigtlehre*. 3 Auflage. München: Chr. Kaiser Verlag, 1974.

Bowie, Walter Russell. *Preaching*. Nashville: Abingdon Press, 1954.

---

*Especially recommended

Brilioth, Yngve T. *A Brief History of Preaching*. Translated by Karl E. Mattson. Philadelphia: Fortress Press, 1965.

*Broadus, John A. *On the Preparation and Delivery of Sermons*. 4th ed., rev. by Vernon L. Stanfield. San Francisco: Harper & Row, 1979.

Brooks, Phillips. *Lectures on Preaching*. New York: E. P. Dutton, 1877.

Brown, H. C., Jr., H. Gordon Clinard, and Jesse J. Northcutt. *Steps to the Sermon*. Nashville: Broadman Press, 1963.

Browne, Robert E. C. *The Ministery of the Word*. Philadelphia: Fortress Press, 1976.

Buttrick, George A. *Jesus Came Preaching*. New York: Charles Scribner's Sons, 1931.

Caemmerer, Richard R. *Preaching for the Church*. St. Louis: Concordia Publishing House, 1959.

Coquerel, Athanase Josué. *Observations Pratiques sur la Prédication*. Paris: J. Cherbuliez, 1860.

Cox, James W. *A Guide to Biblical Preaching*. Nashville: Abingdon Press, 1976.

*Cox, James W., ed. *The Twentieth Century Pulpit*. 2 vols. Nashville: Abingdon Press, 1978–81.

Crum, Milton, Jr. *Manual on Preaching*. Valley Forge, Pa.: Judson Press, 1977.

Dargan, Edwin Charles. *A History of Preaching*. Vols. I and II. New York: A. C. Armstrong & Son, 1905–12.

*Davis, H. Grady. *Design for Preaching*. Philadelphia: Fortress Press, 1958.

Fant, Clyde E. *Bonhoeffer: Worldly Preaching*. Nashville: T. Nelson, 1975.

————. *Preaching for Today*. New York: Harper & Row, 1975.

*Fant, Clyde E., and William M. Pinson, Jr., eds. *Twenty Centuries of Great Preaching*. 12 vols. plus index vol. Waco, Texas: Word Books, 1971.

*Farmer, H. H. *The Servant of the Word*. London: Nisbet & Co., 1941.

Fénelon, Francois de Salignac de la Mothe. *Dialogues Concerning Eloquence*. Trans. by William Stevenson. Glasgow: R. and A. Foulis, 1760.

Ford, D. W. Cleverley. *The Ministry of the Word*. London: Hodder and Stoughton, 1979.

*Forsyth, P. T. *Positive Preaching and the Modern Mind*. London: Hodder and Stoughton, 1907.

Holland, DeWitte. *Preaching in American History*. Nashville: Abingdon Press, 1969.

Holland, DeWitte, ed. *Sermons In American History*. Nashville: Abingdon Press, 1971.

Hyperius, Andreas Gerhard. *Die Homiletik und Die Katechetik*. Verdeutscht und mit Einleitungen versehen von E. Chr. Achelis und Eugen Sachsse. Berlin: Reuther & Reichard, 1901.

*Killinger, John. *Fundamentals of Preaching*. Philadelphia: Fortress Press, 1985.

Linn, Edmund Holt. *Preaching as Counseling*. Valley Forge, Pennsylvania: Judson Press, 1966.

Miller, Donald G. *The Way to Biblical Preaching*. New York: Abingdon Press, 1957.

Mitchell, Henry H. *Black Preaching*. Philadelphia: Lippincott, 1970.

Phelps, Austin. *Theory of Preaching*. New York: Charles Scribner's Sons, 1881.

Robinson, Haddon W. *Biblical Preaching*. Grand Rapids, Michigan: Baker Book House, 1980.

Rogers, Clement Francis. *The Parson Preaching*. New York: Macmillan, 1947.
Scherer, Paul. *For We Have This Treasure*. New York: Harper & Bros. 1944.
Skinner, Craig. *The Teaching Ministry of the Pulpit*. Grand Rapids, Michigan: Baker Book House, 1973.
Spurgeon, Charles H. *Lectures to my Students*. London: Passmore and Alabaster, 1875. (first series)
Stewart, James S. *Heralds of God*. New York: Charles Scribner's Sons, 1946.
Sweazey, George E. *Preaching the Good News*. Englewood Cliffs, N.J.: Prentice-Hall, Inc., 1976.
Tizard, Leslie James. *Preaching: the Art of Communication*. Foreword by Leslie E. Cook. New York: Oxford University Press, 1958.
Trillhaas, Wolfgang. *Evangelische Predigtlehre*. Fünfte, Neubearbeitete Auflage. München: Chr. Kaiser Verlag, 1964.
Turnbull, Ralph G. *A History of Preaching*. Vol III. Grand Rapids, Michigan: Baker Book House, 1974.
Vinet, Alexander R. *Homiletics*. Trans. and ed. by Thomas H. Skinner. Chicago: Ivison, Blakeman, Taylor & Co., 1854.
Wiersbe, Warren W. *Treasury of the World's Great Sermons*. Grand Rapids, Michigan: Kregel Publications, 1977.

I. 설교의 중요성

*Barth, Karl. *Church Dogmatics*. Vol I, *The Doctrine of the Word of God*. Trans. by G. T. Thomson. Edinburgh: T. & T. Clark, 1936.
*Dodd, C. H. *The Apostolic Preaching*. London: Hodder & Stoughton, 1936.
Ebeling, Gerhard. *Theology and Proclamation: Dialogue with Bultmann*. Trans. by John Riches. Philadelphia: Fortress Press, 1966.
Kraus, Hans-Joachim. *Predigt aus Vollmacht*. Neukirchen-Vluyn: Neukirchener Verlag des Erziehungsvereins, 1966.
Rust, Eric C. *The Word and Words*. Macon: Mercer University Press, 1982.
Scherer, Paul. *The Word God Sent*. New York: Harper & Row, 1965.
Sittler, Joseph. *The Ecology of Faith*. Philadelphia: Muhlenberg Press, 1961.
Smith, Charles W. F. *Biblical Authority for Modern Preaching*. Philadelphia: The Westminster Press, 1960.
Stewart, James S. *A Faith to Proclaim*. New York: Charles Scribner's Sons, 1953.
Wingren, Gustaf. *The Living Word*. Translated by Victor C. Pogue. Philadelphia: Muhlenberg Press, 1960.

II. 설교의 정황

*Berlo, David K. *The Process of Communication*. New York: Holt, Rinehart and Winston, 1960.
Book of Common Prayer. New York: The Church Hymnal Corporation and the Seabury Press, 1977.

Buber, Martin. *I and Thou*. Translated by Ronald Gregor Smith. Edinburgh: T. & T. Clark, 1937.

Burke, Kenneth. *A Rhetoric of Motives*. New York: Prentice-Hall, 1950.

Cairns, David S. *The Faith That Rebels*. 2nd ed. New York: Doubleday, Doran, & Co., 1928.

Craig, Archibald C. *Preaching in a Scientific Age*. London: SCM Press, 1954.

*Gibson, George M. *The Story of the Christian Year*. New York: Abingdon-Cokesbury Press, 1945.

Hoon, Paul W. *The Integrity of Worship*. Nashville: Abingdon Press, 1971.

Howe, Reuel. *The Miracle of Dialogue*. Greenwich, Conn.: Seabury Press, 1963.

MacGregor, Geddes. *The Sense of Absence*. Philadelphia: J. B. Lippincott Co., 1968.

*Oates, Wayne E. *The Psychology of Religion*. Waco, Texas: Word Books, 1973.

Paquier, Richard. *Dynamics of Worship*. Philadelphia: Fortress Press, 1967.

Rust, Eric C. *Religion, Revelation and Reason*. Macon, Georgia: Mercer University Press, 1981.

*______. *Science and Faith*. New York: Oxford University Press, 1967.

Segler, Franklin M. *Christian Worship*. Nashville: Broadman Press, 1967.

Underhill, Evelyn. *Worship*. New York: Harper & Brothers, 1957.

*Wainwright, Geoffrey. *Doxology: The Praise of God in Worship, Doctrine and Life: A Systematic Theology*. London: Epworth Press, 1980.

III. 설교의 내용

Common Lectionary. New York: The Church Hymnal Corporation, 1983.

*Cox, James W., ed. *Biblical Preaching: An Expositor's Treasury*. Philadelphia: The Westminster Press, 1983.

Frör, Kurt. *Biblische Hermeneutik*. München: Chr. Kaiser Verlag, 1961.

Fuller, Reginald H. *The Use of the Bible in Preaching*. Philadelphia: Fortress Press, 1981.

Hayes, John H., and Carl R. Holladay. *Biblical Exegesis*. Atlanta: John Knox Press, 1982.

*Mounce, Robert H. *The Essential Nature of New Testament Preaching*. Grand Rapids, Michigan: Wm. B. Eerdmans, 1960.

Ritschl, Dietrich. *A Theology of Proclamation*. Richmond: John Knox Press, 1960.

Smart, James D. *The Interpretation of Scripture*. Philadelphia: Westminster Press, 1961.

*Stewart, James S. *A Faith to Proclaim*. London: Hodder and Stoughton, 1953.

Westermann, Claus, ed. *Essays on Old Testament Hermeneutics*. Translated by James Luther Mays. Richmond: John Knox Press, 1963.

Wink, Walter. *The Bible in Human Transformation*. Philadelphia: Fortress Press, 1973.

______. *Transforming Bible Study*. Nashville: Abingdon Press, 1980.

IV. 설교의 작성

Aho, Gerhard. *The Lively Skeleton: Thematic Approaches and Outlines*. St. Louis: Concordia Publishing House, 1977.

Cleland, James T. *Preaching To Be Understood*. New York: Abingdon Press, 1965.

*Flesch, Rudolf F. *How to Write, Speak and Think More Effectively*. New York: Harper & Row, 1960.

*Lenski, R. C. H. *The Sermon: Its Homiletical Construction*. Columbus, Ohio: Lutheran Book Concern, n.d.

Linn, Edmund Holt. *Preaching As Counseling*. Valley Forge, Pennsylvania: Judson Press, 1966.

Lowry, Eugene L. *The Homiletical Plot*. Atlanta: John Knox Press, 1980.

Luccock, Halford E. *In the Minister's Workship*. New York: Abingdon-Cokesbury Press, 1944.

Mitchell, Henry H. *The Recovery of Preaching*. San Francisco: Harper & Row, 1977.

*Monroe, Alan H. *Principles and Types of Speech*. Rev. ed. New York: Scott, Foresman and Co., 1939.

Pearce, J. Winston. *Planning Your Preaching*. Nashville: Broadman Press, 1967.

*Phillips, A. E. *Effective Speaking*. Chicago: The Newton Co., 1908.

Robertson, Haddon W. *Biblical Preaching*. Grand Rapids, Michigan: Zondervan Press, 1980.

Sangster, William Edwin. *The Craft of the Sermon*. London: The Epworth Press, 1954.

*Schweizer, Eduard. *God's Inescapable Nearness*. Translated and edited by James W. Cox. Waco, Texas: Word Books, 1971.

Strunk, William, Jr., and E. B. White. *The Elements of Style*. New York: The Macmillan Co., 1959.

V. 설교의 전달

*Anderson, Virgil A. *Training the Speaking Voice*. New York: Oxford University Press, 1942.

*Baillie, John. *A Diary of Private Prayer*. London: Oxford University Press, 1936.

Baumann, J. Daniel. *An Introduction to Contemporary Preaching*. Grand Rapids, Michigan: Baker Book House, 1972.

Baxter, Richard. *The Reformed Pastor*. Ed. by William Brown. 5th ed. London: Religious Tract Society, 1862.

Doberstein, John W., ed. *Minister's Prayer Book*. Philadelphia: Muhlenberg Press, n.d.

Fant, Clyde E. *Preaching for Today*. New York: Harper & Row, 1975.

Lessac, Arthur. *The Use and Training of the Human Voice*. New York: DBS Publications, Inc., 1967.

*Niles, Daniel T. *The Preacher's Calling to Be Servant*. London: Lutterworth Press, 1959.

Nouwen, Henri J. M. *Creative Ministry*. Garden City, New York: Doubleday, 1971.
Spurgeon, Charles H. *Lectures to My Students*. London: Passmore and Alabaster, 1875.
*Stevenson, Dwight E., and Charles F. Diehl. *Reaching People from the Pulpit*. New York: Harper & Row, 1958.

설교학

초판 발행 1994년 11월 25일

중쇄 발행 2009년 2월 20일

발행처 **크리스챤다이제스트**

발행인 박명곤

주소 경기도 고양시 일산동구 정발산동 1193-2

전화 031-911-9864, 070-7538-9864

팩스 031-911-9824

등록 제 98-75호

판권 ⓒ 크리스챤다이제스트 1994

총판 (주) 기독교출판유통

　　　전화 031-906-9191~4

　　　팩스 080-456-2580

· 값은 표지에 씌어 있습니다.

● 본사 도서목록은 생명의 말씀사 인터넷서점 (lifebook.co.kr)에서 출판사명을 "크리스챤다이제스트"로 검색하시면 됩니다.